高等学校试用教材

Daolu Jiaotong Anquan Guanli Fagui
Gailun Ji Anli Fenxi

道路交通安全管理法规概论及案例分析

裴玉龙　马艳丽　张　琨　编著
刘建军　主审

人民交通出版社

内 容 提 要

本书为高等学校交通工程专业和交通管理专业本科生教材，从道路交通安全及管理的实际需要出发，以现行的《中华人民共和国道路交通安全法》及其他相关道路交通安全管理法规为基础，系统地介绍了道路交通安全管理法规的产生、发展及其作用，从不同的侧面阐述了道路交通安全管理法律法规制定的理论与方法；在对法规进行分析的基础上，进行了大量的案例分析，可为道路交通安全管理与执法提供理论依据或参考。本书主要内容包括：道路交通安全管理法规概述、车辆和驾驶人安全管理法规、道路交通秩序管理法规、道路交通事故调查与处理法规、道路交通安全管理执法监督法规及道路交通安全管理行政处罚法规。

本书除作为交通工程专业和交通管理专业本科生教材及其他专业教学参考书使用外，也可供公安、法律、交通管理、交通规划和设计等部门的技术人员，广大机动车驾驶人及其他交通参与者参考使用。

图书在版编目（CIP）数据

道路交通安全管理法规概论及案例分析/裴玉龙，马艳丽，张琨编著．—北京：人民交通出版社，2006.4（重印 2008.2）
ISBN 978－7－114－05949－0

Ⅰ.道... Ⅱ.①裴...②马...③张... Ⅲ.道路交通安全法－中国 Ⅳ.D922.14

中国版本图书馆 CIP 数据核字(2006)第 017247 号

高等学校试用教材
书　　名：道路交通安全管理法规概论及案例分析
著 作 者：裴玉龙　马艳丽　张　琨
责任编辑：赵　蓬
出版发行：人民交通出版社
地　　址：(100011)北京市朝阳区安定门外外馆斜街 3 号
网　　址：http://www.ccpress.com.cn
销售电话：(010) 59757969,59757973
总 经 销：人民交通出版社发行部
经　　销：各地新华书店
印　　刷：北京鑫正大印刷有限公司
开　　本：787×1092　1/16
印　　张：17
字　　数：395 千
版　　次：2006 年 4 月 第 1 版
印　　次：2011 年 7 月 第 5 次印刷
书　　号：ISBN 978-7-114-05949-0
定　　价：29.00 元
(如有印刷、装订质量问题的图书由本社负责调换)

21世纪交通版
高等学校教材(公路与交通工程)编审委员会

总　序

当今世界，科学技术突飞猛进，全球经济一体化趋势进一步加强，科技对于经济增长的作用日益显著，教育在国家经济与社会发展中所处的地位日益重要。进入新世纪，面对国际国内经济与社会发展所出现的新特点，我国的高等教育迎来了良好的发展机遇，同时也面临着巨大的挑战，高等教育的发展处在一个前所未有的重要时期。其一，加入 WTO，中国经济已融入到世界经济发展的进程之中，国家间的竞争更趋激烈，竞争的焦点已更多地体现在高素质人才的竞争上，因此，高等教育所面临的是全球化条件下的综合竞争。其二，我国正处在由计划经济向社会主义市场经济过渡的重要历史时期，这一时期，我国经济结构调整将进一步深化，对外开放将进一步扩大，改革与实践必将提出许多过去不曾遇到的新问题，高等教育面临加速改革以适应国民经济进一步发展的需要。面对这样的形势与要求，党中央国务院提出扩大高等教育规模，着力提高高等教育的水平与质量。这是为中华民族自立于世界民族之林而采取的极其重大的战略步骤，同时，也是为国家未来的发展提供基础性的保证。

为适应高等教育改革与发展的需要，早在 1998 年 7 月，教育部就对高等学校本科专业目录进行了第四次全面修订。在新的专业目录中，土木工程专业扩大了涵盖面，原先的公路与城市道路工程，桥梁工程，隧道与地下工程等专业均纳入土木工程专业。本科专业目录的调整是为满足培养“宽口径”复合型人才的要求，对原有相关专业本科教学产生了积极的影响。这一调整是着眼于培养 21 世纪社会主义现代化建设人才的需要而进行的，面对新的变化，要求我们对人才的培养规格、培养模式、课程体系和内容都应作出适时调整，以适应要求。

根据形势的变化与高等教育所提出的新的要求，同时，也考虑到近些年来公路交通大发展所引发的需求，人民交通出版社通过对“八五”、“九五”期间的路桥及交通工程专业高校教材体系的分析，提出了组织编写一套面向 21 世纪的具有鲜明交通特色的高等学校教材的设想。这一设想，得到了原路桥教学指导委员会几乎所有成员学校的广泛响应与支持。2000 年 6 月，由人民交通出版社发起组织全国面向交通办学的 12 所高校的专家学者组成面向 21 世纪交通版高等学校教材（公路类）编审委员会，并召开第一次会议，会议决定着手组织编写土木工程专业具有交通特色的**道路专业方向、桥梁专业方向以及交通工程专业**教材。会议经过充分研讨，确定了包括**基本知识技能培养层次、知识技能拓宽与提高层次**以及**教学辅助层次**在内的约 130 种教材，范围涵盖**本科与研究生用**教材。会后，人民交通出版社开始了细致的教材编写组织工作，经过自由申报及专家推荐的方式，近 20 所高校的百余名教授承担约 130 种教材的主编工作。2001 年 6 月，教材编委会召开第二次会议，全面审定了各门教材主编院校提交的教学大纲，之后，编写工作全面展开。

面向 21 世纪交通版高等学校教材编写工作是在本科专业目录调整及交通大发展的背景下展开的。教材编写的基本思路是：(1)顺应高等教育改革的形势，专业基础课教学内容实现与土木工程专业打通，同时保留原专业的主干课程，既顺应向土木工程专业过渡的需要，又保持服务公路交通的特色，适应宽口径复合型人才培养的需要。(2)注重学生基本素质、基本能力的培养，为学生知识、能力、素质的综合协调发展创造条件。基于这样的考虑，将教材区分为二个主层次与一个辅助层次，即基本知识技能培养层次与知识技能拓宽与提高层次，辅助层次为教学参考用书。工作的着力点放在基本知识技能培养层次教材的编写上。(3)目前，中国的经济发展存在地区间的不平衡，各高校之间的发展也不平衡，因此，教材的编写要充分考虑各校人才培养规格及教学需求多样性的要求，尽可能为各校教学的开展提供一个多层次、系统而全面的教材供给平台。(4)教材的编写在总结“八五”、“九五”工作经验的基础上，注意体现原创性内容，把握好技术发展与教学需要的关系，努力体现教育面向现代化、面向世界、面向未来的要求，着力提高学生的创新思维能力，使所编教材达到先进性与实用性兼备。(5)配合现代化教学手段的发展，积极配套相应的教学辅件，便利教学。

教材建设是教学改革的重要环节之一，全面做好教材建设工作，是提高教学质量的重要保证。本套教材是由人民交通出版社组织，由原全国高等学校路桥与交通工程教学指导委员会成员学校相互协作编写的一套具有交通出版社品牌的教材，教材力求反映交通科技发展的先进水平，力求符合高等教育的基本规律。各门教材的主编均通过自由申报与专家推荐相结合的方式确定，他们都是各校相关学科的骨干，在长期的教学与科研实践中积累了丰富的经验。由他们担纲主编，能够充分体现教材的先进性与实用性。本套教材预计在二年内完全出齐，随后，将根据情况的变化而适时更新。相信这批教材的出版，对于土木工程框架下道路工程、桥梁工程专业方向与交通工程专业教材的建设将起到有力的促进作用，同时，也使各校在教材选用方面具有更大的空间。需要指出的是，该批教材中研究生教材占有较大比例，研究生教材多具有较高的理论水平，因此，该套教材不仅对在校学生，同时对于在职学习人员及工程技术人员也具有很好的参考价值。

21 世纪初叶，是我国社会经济发展的重要时期，同时也是我国公路交通从紧张和制约状况实现全面改善的关键时期，公路基础设施的建设仍是今后一项重要而艰巨的任务，希望通过各相关院校及所有参编人员的共同努力，尽快使全套面向 21 世纪交通版高等学校教材(公路类)尽早面世，为我国交通事业的发展做出贡献。

面向 21 世纪交通版
高等学校教材(公路类)编审委员会
人民交通出版社
2001 年 12 月

前　言

道路交通安全关系到千家万户，加强管理是提高我国道路交通安全水平的重要途径之一。随着依法治国战略的实施，我国从交通安全管理的实际需要出发，制定和颁布了一系列道路交通管理法规和实施细则。这些交通管理法律、法规的制定与实施，为规范道路交通安全管理，预防和减少交通事故，建立道路交通管理法律体系奠定了坚实的基础。研究道路交通安全管理法规的制定原则、内容、方法及具体法律规定，不但可为我国道路交通安全管理提供法律依据和理论借鉴，而且对于提高交通参与者的交通安全意识，普及和完善交通安全法律、法规体系均具有重要的现实意义。

本书在编写过程中，认真吸取了相关教材的成功经验及国内外交通安全管理法规的研究成果，以新颁布实施的《中华人民共和国道路交通安全法》及相关道路交通安全管理法律、法规为基础，系统地介绍了道路交通安全管理法规的产生、发展及其所发挥的重要作用；在对道路交通秩序、机动车辆、驾驶人、违章处罚、事故处理等具体法律规定进行分析的基础上，根据课程教学大纲的要求，兼顾本课程的特点和理论与实践的需要，提供了大量的案例分析资料，使教材系统完整、通俗易懂、先进实用。

全书共六章。第一章为概论，主要介绍了我国道路交通管理法规的发展过程，通过对国内外道路交通管理法规的对比分析，指出了我国法规目前存在的问题，并介绍了道路交通安全管理法规的分类等内容；第二章阐述了车辆及驾驶人安全管理法规；第三章主要介绍了包括道路使用、车辆行驶与装载、行人与乘车人交通管理、停车场与铁路道口、高速公路管理等方面的道路交通秩序管理法规；第四章主要介绍了道路交通事故调查与处理，包括交通事故现场处理、责任认定、行政处罚、调解与损害赔偿、刑事法律责任等；第五章主要阐述了交通警察队伍管理及值勤执法方面的道路交通安全执法监督法规；第六章系统介绍了交通安全管理行政处罚规定。在介绍道路交通安全管理各项法规的同时，列举了较多的案例。

本书由裴玉龙(第二章、第四章)、马艳丽(第三章、第六章)、张琨(第一章、第五章)共同编著。尚大伟、邢恩辉、姜恒、刘兴旺、冯雨芹、丁千峰等参与了部分章节的修改与校核工作。全书由裴玉龙教授统稿、刘建军教授主审。

在本书编写过程中，参阅了大量的国内外相关文献资料。受条件所限，未能与原著者一一取得联系，引用及理解不当之处，敬请见谅！在此谨向这些文献资料的原作者表示衷心的感谢！

限于作者的学识和水平，书中论述不当乃至谬误之处在所难免，恳请读者和专家批评指正，并敬请告知作者或人民交通出版社。

作者

2006 年 1 月 5 日

目　　录

第一章　道路交通安全管理法规概论

第一节　道路交通安全管理法规概述

全世界自有机动车道路交通事故死亡记录以来，死于道路交通事故的人数已超过3200万。百年来累计死于道路交通事故的人数已超过两次世界大战中的死亡人数，全世界每年有120多万人死于道路交通事故，每年因道路交通事故造成的经济损失约为5180亿美元。交通事故死亡人数占非自然死亡人数的1/4左右，已成为世界最大公害之一。道路交通事故给社会、家庭带来的危害是巨大的。

我国的道路交通事故是随着国民经济的发展而逐步上升的。全国道路交通事故死亡人数，在1950~1960年间为几百至几千人，1970~1980年发展至1~2万人，1984年后事故死亡人数急剧上升，1988~1990年期间稍有回落。1991年后随着我国改革开放的深化、国家经济实力的不断增强，汽车工业和交通运输业迅速发展，机动车拥有量急剧增加，驾驶人人数激增，道路交通事故死亡人数也急剧增长。2004年全国公安机关交通管理部门共受理一般以上道路交通事故567753起，交通事故造成99217人死亡、451810人受伤，直接经济损失27.7亿元。这些交通事故让数万个家庭失去了亲人，数十万名群众受到交通事故带来的身体和心理上的创伤，平均每天有近300人死于车祸。道路交通事故已经成为和平年代威胁人们生命的一大杀手。道路交通安全管理法规是保障道路交通安全管理工作的核心，对道路交通安全起着举足轻重的作用。所以，道路交通安全管理法规的完善和实施势在必行。

一、道路交通安全管理法规的概念及特点

在我国，道路交通安全管理法规就是指维护交通秩序，保障交通安全的交通规则、交通违法罚款以及其他有关交通安全的法律法规等。道路交通安全管理法规是交通安全的核心，对交通安全起保证作用。交通法规必须具备三大条件：一是交通法规的科学性，即交通法规的制定应根据交通工程理论和实际的交通条件以及经济、社会状况；二是交通法规的严肃性；三是交通法规的适应性。

道路交通安全管理法规，从其规范的直接主体和目的上讲，是指规范交通参与者的交通行为，维护道路交通秩序的法律规范的总称；从其调整的对象上讲，是指规范和调整人、车、路、环境等参与交通的各要素之间交通安全关系的法律规范的总称。道路交通安全管理法规明确了道路的规划者、设计者、建设者、使用者，以及道路和道路交通安全的管理者等参与交通各方的法定权利和义务，包括道路交通参与者应该遵守的条款、禁令以及不执行和违反法规的制裁条款，从而规范道路交通参与者的交通行为，保障道路交通安全、畅通等，体现了法律的强制性和规范性。

我国现行的道路交通安全管理法规体系分以下几个层次：①道路交通安全法规的法律规定；②道路交通安全管理的行政法规；③道路交通安全管理的行政规章；④道路交通安全管理

的地方性法规和规章;⑤道路交通安全管理的涉外法规;⑥道路交通安全管理的技术规范和标准。

从世界各国关于道路交通安全管理立法的内容、发展趋势,以及我国现有的道路交通安全法规的立法和道路交通安全管理的自身性质来看,道路交通安全管理法规的特点是:内容涉及面广;适用范围大;形式多种多样;具有科学性、社会性、自然性;道路交通管理法规赋予交通指挥者一定的权威。

二、道路交通安全管理法规的作用

道路交通安全管理法规是在道路交通管理中起到强制性作用的重要管理手段。随着交通事业的发展,道路交通安全管理法规在加强道路交通管理,维护交通秩序,保障交通安全与畅通,减少交通事故,便利交通运输,促进社会主义现代化建设等方面都具有十分重要的作用。

1. 实现现代化道路交通安全管理的重要手段

道路交通安全管理法规能够使交通参与者有法可依,统一认识,不仅加强了交通管理的严肃性,而且提高了人们的自觉性与责任感;调动广大人民群众的积极性,加强法制建设,保证道路交通的安全正常运行。

2. 维护交通秩序,保障交通安全,提高运输效益

道路交通安全管理法规的重要内容体现在以强制的手段维护交通秩序,使人们走路行车及进行与走路行车有密切关系的社会活动时,都能严格按照交通法规行事,保障了人们走路行车的安全、顺利与通畅。同时,道路交通安全管理法规的实施,不仅维护了交通秩序,还保障了道路交通运输的畅通无阻,促进了国家经济建设,为社会主义现代化建设起到了保驾护航的作用。

道路交通安全管理法规的制定和完善,是加强道路交通安全管理、维护交通秩序的前提和保障。只有这样才能使道路和车辆的使用者以及道路交通管理人员做到"有法可依,有法必依,执法必严,违法必究"。

道路交通安全管理法规的实施,可以减少道路交通事故,实现道路交通安全、畅通。大量调查数据表明,道路交通肇事与违反道路交通安全法规有着直接的关系。先违章后肇事是普遍规律,违章是肇事的前因,肇事是违章的后果。而许多交通不畅是由于违章占道、违章停车等造成的。要减少道路交通事故,解决道路交通不畅的问题,必须强化道路交通安全的法制建设,依照法律严格管理。

道路交通安全管理法规对社会主义现代化建设具有促进作用。交通秩序的好坏,代表着一个国家和地区的精神面貌,是社会主义精神文明建设的"窗口"。它直接反映出一个国家或一个城市的科学文化水平和管理水平,反映出当地人民群众的道德素质、社会风尚和文明程度。我国实行改革开放以来,来华参观访问、探亲访友、旅游和发展贸易活动的各国来宾、外商、华侨和港澳台同胞越来越多,而交通秩序的好坏,将直接影响着我们国家的政治声誉。因此,维护交通秩序不仅要对党政机关、工厂、企业、学校、街道、家庭、部队和群众团体等组织或单位,进行广泛深入的宣传教育,还要充分运用法律手段对不遵守交通规则的不文明行为作出严肃的处理,以维护良好的交通秩序和社会秩序。在物质文明建设中,道路交通安全管理法规的作用也是非常重要的。交通运输是国民经济的动脉,是制约国民经济发展的重要环节。无论是工业生产、城乡物资交流,还是广大人民群众的日常生活,都必须通过交通手段进行。交通对于沟通地区及部门间的联系,特别是对加强国际间的政务交往、经济协作、科技交流和旅

游考察等方面都起着重要作用。而交通运输的这些作用都要依靠交通法规来保障。实践证明,只有依法治理交通,才能保障道路交通安全管理,促进社会主义现代化建设。

3. 保护合法,制裁违法,用法律的强制手段增强交通参与者的交通安全意识

多年来,各级公安机关交通管理部门和交通警察在依法纠正、处罚道路交通安全违法行为时,经常对部分违章者采取一些教育措施或带有一定强制性的措施,诸如发违章通知书、组织学习交通法规,暂扣车辆、驾驶证件,或者对违章行为给予警告、罚款、拘留、吊销驾驶执照等措施,使违法者认识到违反交通法规也是犯法。通过运用法律的强制手段增强人们自觉遵守交通法规的意识,从而保证交通的安全、畅通。

4. 解决交通纠纷,处理交通事故,保护当事人合法权益

道路交通安全管理法规的实施不仅体现在其强制作用的优势上,而且在解决交通纠纷,处理交通事故,维护当事人合法权益方面也发挥了重要作用。《中华人民共和国道路交通安全法》(以下简称《道路交通安全法》)、《中华人民共和国道路交通安全法实施条例》(以下简称《实施条例》)对交通事故的现场勘查、认定交通事故责任、处罚交通事故责任者、赔偿受害人的损失等问题都作了具体规定,在处理交通事故、保护当事人合法权益方面发挥了重要作用。

5. 道路交通安全管理法规的实施起到了交通安全教育的作用

道路交通安全管理法规的实施,使人们认识到交通安全是公民必须遵守的行为准则。要使人们真正认识到交通安全的重要性,必须大力宣传和认真贯彻执行道路交通安全管理法规,宣传与加强对各类人员遵章守纪教育相结合,认真贯彻"安全第一,预防为主"的方针,采取有效的具体措施保证道路交通安全管理法规的实施。

三、道路交通安全管理法规立法中应注意的几个问题

道路交通安全管理法规是由国家立法机关及其授权的道路交通安全管理机关依照法定的程序,遵照道路交通安全规律和法学的基本原理制定的法律、行政法规、地方性法规等。道路交通安全管理法规的立法不只是指制定新法,还包括对原有法律规范的修订和废止。在道路交通安全管理法规的制定中应注意以下几个问题。

1. 制定道路交通安全管理法规应当处理的关系

基于道路交通安全管理法规的特点,在道路交通安全管理法规的制定过程中不能以传统的立法思维应对,必须注意处理好以下三方面的关系:

(1)保障交通安全与提高运输效益的关系。道路交通既要从严管理,又要便利运输,方便群众。交通管理是公安机关交通管理部门与社会经济基础联系最紧密的一项工作,因此交通管理工作要树立优质服务的思想。管理本身不是目的,而是为了保障运输的安全与通畅。

(2)现实需要与长远利益的关系。道路交通安全管理法规各项规定既要满足现实需要,又要考虑到随着交通运输业的发展,可能出现的新情况、新问题。

(3)局部利益与全局利益的关系。既要从当地的实际情况出发,又要从道路交通全局着想,各省、直辖市、自治区应加强相互交流。

2. 制定地方性法规和地方性规章应注意的问题

地方公安机关交通管理部门可以根据《道路交通安全法》和《实施条例》制定具体的实施办法,以保证《道路交通安全法》的贯彻执行。但制定地方性道路交通管理法规应遵循一定的原则:

(1)制定实施办法,应本着促进全国道路交通的统一管理,保障全国道路交通的安全与畅

通的原则，既要从当地的实际情况出发，又要防止各自为政；既要坚持从严管理，又要便于运输，方便群众。各项规定不仅要满足现实的需要，而且要及时发现随着交通的发展可能出现的新情况、新问题。

制定实施办法应以《道路交通安全法》为依据，需要因地制宜作补充变通规定的，要注意不能与《道路交通安全法》以及其他现行法律、行政法规的原则相抵触。同时要尽量避免条文的重复表述，不要采取照搬《道路交通安全法》原条文，然后再加上各自规定的做法。实施办法的章节和条款顺序，应当与《道路交通安全法》的体例大体相当，以便于宣传贯彻实施。

(2)实施办法应由省、自治区、直辖市一级管理机关制定，经人民政府或者人大常委会批准，发布施行。省会城市、国务院批准的较大城市以及其他城市，原则上不宜再制定实施办法，如果认为《道路交通安全法》和实施办法尚不能解决当地的某些具体问题，可以有针对性地制定一些单项管理规章。

(3)对交通管理中的涉外问题、军地关系问题、处罚程序问题，以及《道路交通安全法》本身规定不够明确、需要解释的问题，公安部或会同有关部门将作出统一规定或者解释，各地方在制定实施办法时，不能就以上问题自行作出规定。

第二节　道路交通安全管理法规的发展

道路交通安全管理法规是随着道路交通的发展而产生并发展起来的。道路交通的历史大体可分为三个阶段：步行时代（公元前 20 世纪以前）、马车时代（公元前 20 世纪到公元 19 世纪末）、汽车时代（公元 19 世纪末至今）。在步行时代，没有成文的交通法规，直至马车时代，原有的交通习惯已经不能完全适应人们行车走路的需要了，因而产生了成文的交通法规。

一、世界道路交通安全管理法规的发展

在道路交通安全管理法规发展的历史上，每个国家都经历了一个漫长的历程，并且各具特色。以下介绍几个典型国家和先进地区的道路交通法规的发展和特点。

1. 英国

英国是判例法国家，英国的道路交通法规必须经议会通过才能生效。1899 年以前，除了英国之外，没有任何国家作出明确的控制交通的有效尝试。英国的道路交通及道路交通安全管理法规制定较早。1555 年英国颁布了第一部内容比较简单的道路交通管理法规，规定沿街的商店、住户自费保养各自建筑前的路段。长期以来，大不列颠和爱尔兰的马车保持左侧通行只是一个习惯，大家都把这个习惯作为规则来执行，1756 年制定的“伦敦桥通行法”规定，车辆过桥必须靠左边行驶。直至 1835 年，英国规定马车和牲畜要靠左侧或路边行驶。1847 年《城市警察条例》法令要求马车驭手除了“实际需要”或因出现偏差而有某些充分理由之外，与其他马车会车时须左侧行驶；在超过另一马车时，应右侧通行。到 20 世纪 30 年代，英国议会制定了道路交通法令，奠定了道路交通安全管理法规的基础。1930 年和 1934 年，英国议会制定的道路交通法令奠定了许多具有法律效力的交通规则的基础。1930 年官方提出了明确的单行线法规。这之后的交通法规包括了以下的内容：驾驶执照与考试，1935 年实施了驾驶人考试；车辆登记，由县和自治市的专门委员会对所有的机动车（除了国王的车外）进行登记发放执照；车辆保险，规定没有加入保险的机动车辆不得在公路上行驶；车辆与设施，对车辆型号、载重量、刹车、灯光等作出了规定；事故报告，规定一旦发生肇事，须立即向警方报告，如果在 24 小

时内肇事者的姓名、地址和保险证件搞不清楚,任何人都有法定理由审问他们。此外,还制定了有关禁止停车的附加规则。

20世纪80年代后,英国的道路交通安全法得到进一步发展。《1988年道路交通法》获得通过时,危险驾驶及危险驾驶引致死亡的罪行,取代了鲁莽驾驶及鲁莽驾驶引致死亡的罪行。《1988年道路交通法》在1989年5月起生效,其后此类罪行在《1991年道路交通法》中被重新制定。法院若根据所有情况显示,该人的驾驶方式对其他道路使用者构成危险,则在追究方面,不论被告是否蓄意鲁莽、不小心、短暂性不留神甚至不具有足够能力,均属于犯罪。但危险驾驶并非绝对的罪行,作为定罪的依据,必须曾出现某一情况,而且该情况不应只根据客观角度来衡量是否属于危险情况,更应考虑是否因司机的若干过失而产生了危险。需要注意的是,车主虽然并非驾驶汽车的司机,但如果允许其汽车由他人危险驾驶,亦犯上协助及教唆的罪名,需负起被视为主犯的法律责任。

目前,英国是欧洲使用汽车最多的国家,公路旅程的87%由小汽车完成,而公共汽车只完成12%,其他方式完成1%。确保公路交通畅通无阻是一项复杂而全面的系统工程,因此英国的交通法规制定得非常完善,执法毫不含糊。各种相关法律如环保法规的交叉制约、车速的限制监控、严格的违章罚款制度,以及严格得令人难以接受的驾照考试制度等,都对交通的顺畅运行发挥着重要作用。

为了解决交通拥挤问题,伦敦市政当局从2003年2月17日开始,对进入市中心8平方英里范围内的车辆从早晨7点到下午6点半征收5英镑(约8.1美元)的"进城费"。逃交者会被路边的摄像装置记录下来,每天罚款80英镑。这是除新加坡和奥斯陆等收取入城费的城市之外迄今世界上最大型的交通收费计划之一,不仅财政增加了大笔收入,而且交通拥挤大大缓解。

在建立健全法律法规的同时,执法也要非常严格。驾车闯红灯、超速和其他违反交通规则的行为,监视系统都会记录在案,过不了多久,违章者就会收到一张罚款单。违章停车,也会有巡逻警察贴罚款单。除了救护车、救火车和警车等执行特别任务的车辆之外,任何车辆都必须严格按照交通法规驾驶,违反规则者一律受到处罚,没有人拥有任何特权。

在严格驾驶规范方面,从考驾照的过程中可略见一斑。据英国驾校方面的统计,在伦敦考驾照一次通过的仅有20%。而考试要求中相当一部分都是涉及不能影响他人驾驶的规则,如规定时速不能低于多少,在转盘路口稍有停留,就会被视为严重犯规,整个考试过程再好也算白费等等。从考试开始,驾车者的规范驾驶意识就开始得到严格培养,从而最大限度地避免因意外交通事故而影响交通。

严格的执法和处罚措施、经常性的宣传活动,使人们从学车考驾照开始就注重培养规范驾驶的作风,久而久之,使得人们自觉遵守交通规则的意识逐渐增强。

2. 美国

美国也是判例法国家。它的第一部道路交通管理法规制定于1787年,其内容非常简单,规定了马车、雪橇行驶中的先行与让行规则。1899年,美国"艾诺道路交通控制基础"的奠基人——威廉姆·菲利浦·艾诺编制了纽约市的交通法典,1903年被政府采纳。艾诺注意到英国城市交通的高效率运转,是因为驾驶人员和行人无条件地遵守数代人沿袭下来的道路交通规则,并且警察当局一直实施那些共同的规则。与此同时,美国城市很少有驾驶规则被公众与警方公认,车辆以混乱的方式运行。虽然当时美国汽车工业还处在萌芽期,并且注册的机动车辆不足10000辆,但艾诺预测到人们使用的机动车数量将激增,所以推论出随着交通法典的颁布,美国公民将会很快地受到有关交通法规的教育与约束。继美国其他一些城市采纳《艾诺交通法典》以后,1912 年巴黎也开始采用。1918 年以前,《艾诺交通法典》至少修改和重新颁布了五次。1919 年,《艾诺交通法典》再次修改,并被美国国防委员会中心的道路运输委员会采纳使用。1930 年美国颁布了《驾车规则》,其后又制定了《统一机动车辆法》,并且各州也相应立法与之呼应,建立了完善的道路交通安全管理法规体系。美国在 20 世纪 30 年代开始重视对交通事故的研究,成立了交通工程师协会,着手研究人、车、路的交通安全规律等。美国在联邦运输部专门设立了国家道路交通安全管理局和联邦机动商用车安全管理局等机构专司道路交通安全管理职责。

美国的《统一机动车辆法》在建立系统的交通法规方面是有积极意义的。由于在不同的国家法律程序、道路交通管理和交通问题表现也不同,于是美国的《统一机动车辆法》的发展就成为满足人们需要的现代交通法律的典范。1956 年由"国家统一交通法规委员会"修订的法律蓝本,包括设机动车辆管理部门、所有权的证明和车辆注册、反盗窃法及道路规则等。美国的各州均有立法权,自 1946 年召开的由总统参加的公路安全会议开始,国家不断敦促各州建立与《统一机动车辆法》相一致的机动车辆法。因此,若干年后与统一法典基本一致的州立交通法规遍及全国。

从 1792 年至 1965 年,美国因汽车事故死亡 150 万人,超过了历次战争死亡人数总和。鉴于此,美国于 1964 年颁布了《城市公共交通法》。1966 年颁布的《公路交通安全法》对汽车设定了联邦安全标准。1970 年通过《城市公共交通扶助法》。交通法还为公共交通提供了补贴保证,政府通过税收、票价补贴、公交优先等政策促进公交的发展。

2003 年 5 月,美国第 108 次国会第一次议会关于交通安全法的议题主要集中于如何减少酒后开车和更多地使用安全带。2003 年 10 月 3 日美国公路交通安全局公布的交通安全救护基金数额已经超过 8600 多万美元。

对于道路交通管理,美国各州都有各自的法律,但对于"饮酒严禁驾驶"的规定是一样的,处罚程度与方式也无太大差异。加州规定,如果酒醉驾驶并在 10 年内重犯,可以处以最高 10000 美元的罚金,并吊销驾照一年以上;只要检验证据达到规定血液酒精含量基准值以上即为该犯罪成立,或者依据警察对当事人的外观行为表现之证词,亦可判决有罪。新墨西哥州则规定,安装了酒精连锁装置后,因酒后驾车被吊销驾照的驾驶人可以申请重新领回自己的驾照。

3. 日本

日本于 1956 年由内阁出面主持治理交通事务,在总理府设置"交通事故对策本部",1961 年改称"交通对策本部",由内阁长官出任主席,各市、镇、村设立相应的组织。1966 年颁布了交通安全建设的"紧急措施",并制定了两次五年计划。1970 年制定颁布了《交通安全对策基本法》等交通法规。近几年,日本根据道路交通的特性以及其背景和要因,考虑到社会发展的动向,提出安全的部分课题:交通安全思想的普及、彻底的安全教育;确保车辆的安全性;救助、救急体制和装备;推进既定交通安全对策未落实的目标等。

日本的公路网密度居世界各国之首,达 303 公里/百平方公里。战后的日本经济快速发展,车辆每年以 10%的速度递增,道路交通事故也随之迅速增加。为了遏制急速上升的事故,日本开始制定和实施"交通安全综合计划",经过多年的努力,终于使日本的道路交通事故得以控制。日本交通法规具有以下特色:

(1)红灯不准右转弯

日本道路交通法规定:“红色信号灯方面的车辆必需停在停止线以外(即交叉或三叉路口外),绿色信号灯方面的车辆可直行或转弯”。而我国交管法规定:“红色信号灯方面的车辆,在不妨碍被放行的行人通行的情况下,可以右转弯”。由于每个驾驶人对这一条款理解程度不同,加上我国多数驾驶人的安全意识较薄弱,导致了行人要冒着生命危险横过有“绿灯”的人行横道的现状。如我国也实行红灯不允许右转弯的规定,就可有效地杜绝车辆与行人抢道而造成的交通混乱和减少行人伤亡事故的发生。

(2)车右侧通行,人左侧通行

我国很早以前就有人大代表提交“车右侧通行,人左侧通行”议案,但至今没有定论。日本目前采用的就是这种人车逆行方式,给行人和骑自行车的“弱者”提供自我保护的机会。即在遇到危急时,行人等可正视将要发生的一切,采取向路边避让或者跳车逃命的主动自救方式,有效地减少行人伤亡事故的发生。另一方面,驾驶者面对面地正视行人的心理压力较大,也利于主动采取避让措施,避免发生意外。

目前,我国道路上行人和骑自行车者等道路上的“弱者”伤亡事故多发,所以行人等“弱者”也应自动采取一些预防措施。如穿着颜色鲜艳有反光标识的服装;夜间外出时不要穿着深色难以被发现的服装;穿戴反光的鞋帽;自行车夜间必须开灯骑行。要意识到少数酒后开车、驾驶技术低下者还是存在的,不要将自己的生死过多地寄希望于这些人,应提高自我保护意识。

(3)初驾车标识和年长驾车标识

在日本拿到驾驶证的头一年,必需在车辆的前方和后方显著处各贴一张黄绿两色的“初驾驶车”标识(黄绿两色代表春天的萌芽之意)。75 岁以上年长者是使用两张橙黄两色的“年长驾车”标识(橙黄两色代表秋天的红叶之意)。前者驾车技术和经验不足,后者反应变慢或者较多采取慢行的安全方式,需要人们的关照和礼让。我国在这方面急需立法解决。

(4)携带烟雾筒制度

日本规定每辆车必须携带烟雾筒。这种烟雾筒点燃后可产生 15 ~ 20 分钟的浓烟,以提醒远处而来的列车或者发出求救信号。日本很多铁路道口是无人管理的全自动化的道口,列车到达前 1 ~ 2 分钟就开始鸣铃提示,15 ~ 20 秒前放下栏杆关闭道口。道口入口处上下行方向均设紧急按钮,遇到车辆出现意外停在铁轨处时,除按紧急按钮通知调度站外,还必须取出烟雾筒点燃,放置于列车到来方向、距事故地点前方 100 ~ 200 米位置,人员迅速退到轨道外侧,用手示意让列车停下,确保双方安全。另外,因交通意外车辆掉进山沟或者密林时,可利用烟雾筒发出求援信号。

(5)无违规违章者换证奖励制度

日本是以驾驶者出生年月日为换驾驶证时间的,一般是每隔 3 年的出生日前一个月向交管部门提供换证申请资料。换证的当天除简单体检外,还要参加半日有关区域交通安全教育和案例介绍,以加强驾驶人员的安全意识。同时,为鼓励无违规违章的驾驶者,设立了优良驾驶证奖励制度,凡连续 5 年无违章和事故记录者,以后的更新期延长至 5 年。

(6) “停止!”标志和停车线

日语中“停止!”标志的含义是先停下来确认后再走,在支路进入主道、小街出口、无信号灯的三叉或交叉路口等次要道的入口处常设这种标志。在“停止!”标志下的白线前必需将车停住,经确认可以进入时再起步,否则算轻度违章,接受减 1 点积分和交 3000 ~ 5000 日元的处罚。很多相撞事故都是由于次要街道车辆突然冲入主道而引发的,采用这种制度后,不管主道车辆情况如何,只要次要道一方严格执行“先停车后起步进入”的方式,客观上就产生“让”的动作，可以有效地防止意外发生。由此可见，“停止！”标志是一种较科学的高安全性标志。

4．德国

前联邦德国于1952年公布包含汽车及零部件安全法规在内的道路交通法。目前德国对于交通安全的规定在刑法和道路交通法里都有体现。

以酒后驾车为例，德国依据体内酒精浓度的高低使用不同的法律。血液中酒精浓度低于0.08%的正常驾驶者不予处罚；介于0.08%～0.11%则视为行政犯，以“道路交通法”处5000马克以下罚金；血液中酒精浓度达0.11%以上的驾驶者，或虽未达此酒精浓度但有具体危险行为，依德国刑法规定又分为抽象危险犯与具体危险犯两类，分别处一年以下自由刑或罚金与处五年以下自由刑或罚金。

5．新加坡

新加坡的道路交通法属刑事法，规定更为严格。其第67条规定：任何人在酒精或药物影响下，不能正确控制车辆驾驶，或意图驾驶机动车辆者，处六个月以下徒刑或1000新元以上5000新元以下罚金；再犯或连续犯，处十二个月以下徒刑并处3000新元以上10000新元以下罚金。第68条规定：任何人在酒精或药物影响下，不能正确控制车辆而有可能驾驶车辆但尚未驾驶者，处三个月以下徒刑或500新元以上2000新元以下罚金；再犯或连续犯，处六个月以下徒刑并处1000新元以上5000新元以下罚金。

在高峰期及规定的时段内（周末及公共假日除外），公交车辆享有专用通道，任何非法占用公交车道的其他车辆都会被安装的摄像机录像，并根据违规者的触犯次数加以罚款。新加坡还对路边停车作了严格规定。

6．捷克

捷克是在2001年1月1日实行的新交通法。同旧的交通法相比，新交通法有如下重要变动：行人通过人行横道过马路，有绝对优先权利，各种车辆必须避让；严禁驾驶人在驾车过程中使用移动电话，但安装辅助设备不用手持接听者除外；秋、冬季行车时，昼夜均须开车灯；违章交通事件警方不管，而是交所辖地方政府处置；儿童乘车必须配备特制的安全座位；15岁以下儿童骑自行车时必须佩戴安全帽。

7．瑞典

瑞典被称为世界上交通最安全的国家，政府有健全严明的法规，公民有高度的自觉性。该国交通法规严格，且与其他国家有不同之处。如瑞典法律规定，车辆白天行驶必须开灯。瑞典的交通规则是以人为先，行人第一。马路上的信号灯在离地面2米处，与行人的目光高度持平，且周围不准立广告牌或栽树，以免遮盖信号灯。每条公路和街道上都设有雷达跟踪测速器，只要在规定的地区（段）超速，一会儿就会有人拦住车，叫你去交罚金。在瑞典，许多人都是自觉去交罚金，从不会因被罚而与工作人员争吵或向其求情。不仅政府和交通部门重视交通安全，企业对此也很重视。一旦某企业的汽车发生了交通事故，企业的调查组一般会比交警和救护车更早奔赴事故现场进行调查，并提出解决措施和建议。

瑞典的汽车驾驶人都要遵守限速规定（在高速公路上时速不超过110公里），在十字路口或人行横道前停车，不酒后驾车。

8．法国

自1893年制定第一部交通法规后一百多年来，法国非常重视根据实际情况及时修改有关的交通法规。他们不是固定每隔若干年或者是交通法规已严重不适应时才修改，而是适时根据交通状况和每年对交通事故进行周密系统的统计分析，及时修改有关法规使之日趋完善，以适应迅速发展的交通运输业的需要。

9. 中国香港

香港的道路交通条例非常详细，包括道路交通“车辆登记及领牌”规例、道路交通“公共服务车辆”规例、道路交通“驾驶执照”规例、道路交通“车辆构造及保养”规例、道路交通“安全装备”规例、道路交通“交通管制”规例、道路交通“快速公路”规例、道路交通“泊车”规例、道路交通“私家车路上泊车”规例、道路交通“乡村车辆”规例、汽车保险“第三者风险”条例及规例、道路交通“违例驾驶记分”条例、定额罚款“刑事诉讼”条例、定额罚款“交通违例事项”条例、行车隧道条例及规例、海底隧道条例、规例及附例等等。

与世界上其他城市相比，香港在减少致命的交通事故方面，成绩斐然：以每一百万人口为基本单位来计算的交通死亡率，香港仅为25，这个数值显著低于与香港发展水平相当的其他先进城市。然而，为保障各道路使用者的安全，警方仍会继续处理超速驾驶、不负责任的驾驶行为、没有遵从交通灯的指示等交通违例事项。于2001年实施的道路安全法例规定：禁止汽车驾驶人在没有免提装置下，于驾驶时以手持方式使用移动电话或任何其他电讯设备，以及强制性要求的士后排座位乘客佩戴汽车安全带。这些都有助于达到促进道路安全管理的目的。

在香港酒后驾驶属刑事罪行。如果驾驶者涉及交通意外，或在行车时违反交通规例，或被怀疑酒后驾驶，警方有权要求驾驶者进行呼气测试。如呼气测试报告显示驾驶者体内的酒精比例超过法定限度，则必须另外进行呼气、血液或尿液检验。从1999年10月1日起驾驶者的法定酒精限度为每100毫升血液内含50毫克酒精，或每100毫升呼气内含22微克酒精，或每100毫升尿液内含67毫克酒精。任何驾驶者如被发现体内酒精含量超过法定限度都将会被起诉。

二、我国道路交通安全管理法规的发展和存在的问题

随着道路交通的发展，我国道路交通法规的发展也经历了一个漫长的过程，虽然取得了一定的成绩，但仍然存在着一些问题。

1. 我国道路交通安全管理法规的发展过程

公元前221年，秦统一中国后，实行了一系列进步措施，制定了全国统一的法律和规章制度。规定“男子由右、妇人由左、车从中央”的通行规则。“车同轨”就是当时对车辆管理的明文立法。但当时的道路交通管理法规与其他法律一样，呈诸法合体状态，而后来历朝历代承袭，于是道路交通法制呈缓慢发展状态。

1901年我国有了第一台汽车。1903年清政府为了维护日趋复杂的交通秩序，在天津首先设立了管交通的警察。1903年上海有5辆汽车，市政府开始发放准其行驶的执照，也是我国最早的车辆管理措施。1905年在北京巡警总厅设立了交通股，有了专门的交通管理机构。1908年清政府颁布的《违警律》中就有“关于道路交通之违警罪”的规定。

国民党政府时期，道路交通管理法规有了较大的发展。1934年由内政部公布了全国性的《陆上交通管理规则》。这个规则是旧中国第一部较为完整的全国性道路交通法规，分十一章，共103条，包括总则、车辆、车辆驾驶人、行车、停车、车辆载重、车辆肇事、道路、道路标志、牲畜、附则等。国民党政府还公布了我国第一批全国性的车辆管理法规，包括1930年公布的《汽车驾驶人管理规则》、1940年核准的《发给各国驻华外交官汽车牌照驾驶照优待办法》和《入境汽车驾驶人请领驾驶执照办法》、1941年核准的《汽车补牌照过户及变更登记实施细则》、1945年发布的《汽车管理规则》等。

新中国成立后，党和国家都非常重视道路交通的法制建设。1950 年 3 月 20 日，交通部公布了《汽车管理暂行办法》，这是建国后制定的第一部道路交通管理法规。其内容共有 5 章 42 条，包括总则、车辆管理、驾驶人管理、行车管理、附则等。

1951 年 5 月 13 日，中央人民政府公安部发布公布令，为统一全国城市陆上交通管理，维护交通秩序，保障人民生命财产安全，制定《城市陆上交通管理暂行规则》。该规则共分 8 章另加附则，共计 88 条。

1955 年 8 月 19 日，经国务院批准，公安部发布了《城市交通规则》，同时废止了《城市陆上交通管理暂行规则》。《城市交通规则》共 6 章 60 条。

1959 年 9 月 7 日，交通部、水产部、农业部、农垦部、公安部发布试行《关于城市交通规则的补充规定(草案)》，内容共有八个部分。

1960 年 1 月 10 日经国务院批准，2 月 11 日交通部公布施行了《机动车管理办法》。该办法共 7 章 41 条，包括总则；车辆管理；驾驶人管理；对机动车驾驶人培训工作的监督；对机动车保养、修理工作的监督；违章处理；附则。

1960 年 7 月 30 日经国务院批准，8 月 27 日交通部发布了《公路交通规则》。该规则共 7 章 57 条，包括总则；交通标志和交通号志；车辆及其驾驶人员；行车、乘车人员和公路沿线居民；公路工程、养护部门及其他部门；违章和肇事的处理；附则。

1972 年 3 月 25 日，公安部、交通部联合印发了《城市和公路交通管理规则(试行)》，首先在立法上开始了统一管理的尝试，表明人们在观念上突破了管理体制多元领导的框框，为以后进行的道路交通管理体制改革奠定了思想基础，也为制定全国统一的道路交通管理法规提供了立法模式。这个管理法规印发以后，《城市交通规则》和《公路交通规则》事实上已不再执行。

1981 年 7 月 31 日，公安部公布了《城市轻便摩托车和轻便摩托车驾驶人管理的暂行规定》。此项规定对全国城市轻便摩托车及其驾驶人管理起了重要作用。

1983 年 9 月 20 日，公安部发布了《关于特种车辆安装、使用警报器和标志灯具的规定》。明确了特种车辆的范围是指：警车、消防车、交通监理事故勘查车、工程救险车、救护车。

1984 年 1 月 14 日，城乡建设环境保护部、公安部发布了《城市公共交通车船乘坐规则》。明确规定了城市公共车、船是指公共汽车、电车、地铁列车、旅游客车、出租汽车、索道缆车以及城市水上客运船等。

1985 年 7 月 19 日，公安部发布了《城市机动车驾驶人考试暂行办法》。对报考机动车驾驶人的条件、学习驾驶机动车的规定、初考考试规定、实习驾驶机动车的规定、增加准驾车类的报考规定、军队退役驾驶人换领驾驶证的规定、持外国和港澳地区驾驶证换领驾驶证的规定、驾驶人复考的规定等内容都见诸于法律条文。这是我国对机动车驾驶人管理的重要措施，对减少交通事故，维护交通秩序具有重要意义。

1985 年 7 月 19 日，公安部又发布了《城市机动车辆安全检验暂行标准》、《公安系统机动车考验员管理试行办法》，这两项规定都是 1985 年 9 月 1 日起试行。为了解决管理不统一、法制不统一带来的问题，1986 年 10 月 7 日，国务院发出了《关于改革道路交通管理体制的通知》(下面简称《通知》)。《通知》的发布，明确了我国道路交通主管机关是公安机关，并明确了公安机关的职责、权限及与其他道路交通管理部门的关系，同时明确了道路交通管理法规的起草机关和执法机关都是公安机关。《通知》的发布，使我国道路交通管理法规制进入了一个崭新阶段，在道路交通管理法规制史上具有划时代的意义。

1988 年 3 月 9 日，国务院发布了《中华人民共和国道路交通管理条例》(以下简称《条例》)。

《条例》的颁布标志着我国道路交通法制建设达到了一个新水平。这个《条例》是在总结建国以来我国道路交通管理工作经验的基础上，适应社会主义现代化建设的实际需要制定的，是新时期加强道路交通管理的一项重要法规。与《城市交通规则》和《公路交通规则》比较，《条例》坚持了两个规则的正确原则，更好地贯彻了原则性与灵活性相结合、现实需要与长期适用相结合的原则，正确处理了保障安全与提高运输效益的关系，增加了一些规定，各项规定更具体、明确，更便于遵守和执行。随着《条例》的颁布，1988 年 3 月 17 日，公安部发出了《关于贯彻执行中华人民共和国道路交通管理条例的通知》；1988 年 5 月 18 日，公安部、司法部、文化部、广播电影电视部、国家教委、中国保险公司、全国总工会、共青团中央、全国妇联发出《关于宣传贯彻中华人民共和国道路交通管理条例的通知》；1988 年 7 月 4 日，公安部又发布了《关于中华人民共和国道路交通管理条例若干问题的解释》；1988 年 7 月 9 日，公安部发布了《交通管理处罚程序规定》；1988 年 9 月 16 日，公安部发出《关于公路交通检查人员实行统一标志的通知》；1988 年 9 月 19 日，公安部发布《交通警察执勤规则(试行)》。

1989 年 2 月 1 日，公安部第 1 号令发布《机动车驾驶人培训学校(班)管理办法》；1989 年 2 月 22 日，公安部第 2 号令发布了《机动车辆安全技术检测站管理办法》；1989 年 4 月 20 日，公安部发布《关于启用新的机动车驾驶证的公告》；1989 年 5 月 1 日，公安部第 4 号令发布《临时入境机动车辆与驾驶人管理办法》；1989 年 6 月 27 日，公安部交通管理局发布《关于统一故障车警告标志的通知》。

1990 年 3 月 26 日，公安部第 5 号令发布《高速公路交通管理暂行规则》；1990 年 8 月 18 日，公安部发布《关于进一步加强公路交通管理工作的通知》；1990 年 9 月 1 日，公安部发布《交通警察纠正违章十项规定》。

1991 年 3 月 7 日，公安部交通管理局发出《关于启用〈机动车驾驶证待办凭证〉的通知》；1991 年 9 月 22 日，国务院发布了《道路交通事故处理办法》。

1992 年，国务院发布了《关于加强城市道路与交通管理工作报告的通知》；1992 年 8 月 10 日，公安部第 10 号令发布《道路交通事故处理程序规定》；1992 年 11 月 15 日，公安部发布《关于驾驶和乘坐小型客车必须使用安全带的通知》。

1994 年 12 月 22 日，公安部第 20 号令发布了《高速公路交通管理办法》，从而保障了高速公路的交通安全和畅通。

1995 年 6 月，公安部第 27 号令发布了《警车管理规定》，加强了对警车使用的管理。

1996 年，公安部发布《交通民警道路执勤执法规则》的通知；公安部交通管理局发布《关于实施〈驾驶证管理办法〉和〈驾驶人考试办法〉的通知》。1996 年 6 月 4 日，国务院发布了《城市道路管理条例》，从 1996 年 10 月 1 日起正式实施。

1997 年，公安部交通管理局发布了《关于印发机动车注册登记工作规范的通知》，为规范机动车注册登记、统一机动车注册登记审核内容和车辆档案管理提供了标准。

1998 年，公安部交通管理局发布了《关于启用全国道路交通事故信息管理系统的通知》，为满足全国道路交通事故档案管理及数据统计分析，加强道路交通事故信息管理工作提供了现代化的系统平台。

1999 年 6 月 11 日，公安部第 40 号令发布了《公安机关内部执法监督工作规定》，第 41 号令发布了《公安机关人民警察执法过错责任追究规定》；1999 年 12 月 9 日，公安部第 45 号令发布了《机动车驾驶人交通违章记分办法》；12 月 10 日，公安部第 46 号令发布了《交通违章处理程序规定》。

2003年10月28日，十届全国人大常委会第五次会议通过《中华人民共和国道路交通安全法》(简称《道路交通安全法》)，这是我国第一部道路交通安全法，于2004年5月1日起施行。中华人民共和国国务院令第405号《中华人民共和国道路交通安全法实施条例》(简称《实施条例》)，于2004年4月28日国务院第49次常务会议通过，自2004年5月1日起施行。

除此以外，还有大量地方性法规、规章。这些道路交通管理法规的颁布和施行，健全了我国道路交通管理法制，进一步完善了我国道路交通管理体制。

2. 与国外道路交通安全管理法规相比我国目前相关法规的不足

目前，我国道路交通安全管理法规仍处于发展阶段，与国外道路交通安全管理法规相比还存在一定的不足。

(1)立法层次普遍较低。长期以来，我国关于道路交通安全管理方面的立法大都停留在行政法规这一立法层次上。虽然《道路交通安全法》在一定程度上提升了立法层次，但其他道路交通安全立法仍停留在行政法规的立法层次上。

(2)立法体系不健全，缺少必要的配套法规。从道路交通安全管理法制发达国家的立法可以看出，其立法体系已经逐步完善，而我国《道路交通安全法》这一部法律无法包括道路交通安全管理的所有内容，也不足以支撑起整个道路交通安全管理法规体系。尽管《实施条例》也已经颁布实施，但缺乏其他配套的相关单行法，所以我国道路交通安全管理法的立法体系还不够完善。

(3)《道路交通安全法》作为我国道路交通安全管理的基本法，其内容还有待完善。我国《道路交通安全法》及《实施条例》的颁布，虽然使我国的道路交通安全管理立法迈上一个新的高度，但与国外有关道路交通安全管理的基本法相比，还存在一些问题。如日本道路交通法规定："红色信号灯方面的车辆必需停在停止线以外(即交叉或三叉路口外)，绿色信号灯方面的车辆可直行或转弯"；而我国《实施条例》规定："红灯亮时，右转弯的车辆在不妨碍被放行的车辆、行人通行的情况下，可以通行"。由于每个驾驶者对这一条款理解程度不同，加上我国多数驾驶人的安全意识较薄弱，导致了行人要冒着生命危险横过有"绿灯"的人行横道的现状。对于酒后驾车，德国依据体内酒精浓度的高低使用不同的法律，而我国对此则没有详细说明。

(4)在完善道路交通安全管理立法的同时，我国还应逐步建立健全执法机制。只有立法，而缺少必要的执法实施机制，很难使颁布的法律发挥其作用，而执法实施机制的不健全也将严重影响法律作用的发挥。法律面前人人平等，在国外违反法规者一律受到处罚，没有人拥有任何特权。而我国在道路交通安全管理法规的执法中还存在执法不严等诸多问题。

(5)与国外立法相比，我国道路交通安全管理职责不明确。良好的道路交通安全状况是各方共同努力的结果，需要国家、地方行政单位、汽车生产企业、汽车驾驶者协会和保险公司等多个部门的密切合作、互相协调、相互影响。只简单地处罚那些不守交通规则的驾驶人不是长远之计，在这个问题上，各方都应负起相应的责任。

(6)需要提高道路交通管理的法律地位。首先应该对公民的交通安全法制教育以立法的形式确定下来，要从小开始抓起。其次对城市街道和公路建设的规划，应规定要有公安交通管理部门的参与。不少城市因为受短期利益驱动，城市道路的规划和停车场的设置极不合理，有的公共场所没有停车场，有的街道甚至没有非机动车道和人行道，一些道路是拆了修、修了拆，没修几年的路就适应不了迅猛发展的人流车流。因此，城建规划部门在进行道路规划设置的时候要有公安交通管理部门参与，对道路交通发展要有超前意识，尽量避免资源的浪费。

(7)我国关于道路交通安全管理的地方立法有待加强。同国外道路交通安全管理的立法相比，我国关于道路交通安全管理的地方立法没有形成规模，在众多地方还存在着立法空白。有地方立法权的各地方政府应根据国家的相关立法，并结合本地区的实际情况制定相应的地方立法，以完善我国道路交通安全管理的立法体系，加强有关道路交通安全管理立法的实施。

第三节　道路交通安全管理法规的渊源和基本原则

一、道路交通安全管理法规的渊源

我国道路交通安全管理法规的渊源主要体现在以下几个方面：

1. 宪法

宪法是我国的根本大法，宪法的基本原则适用于一切法律规范。宪法所规定的一般原则是道路交通安全管理法规的立法依据。

2. 法律

法律是最高国家权力机关即全国人民代表大会及其常委会制定的，包括道路交通安全管理的基本法和其他法律中关于道路交通安全管理的相关规定。

(1)《道路交通安全法》

于 2004 年 5 月 1 日开始施行的《道路交通安全法》是我国道路交通安全管理方面的基本法，它的颁布改变了以往我国在道路交通安全管理方面立法层次较低的局面，为我国其他道路交通安全管理方面的立法提供了立法的基本法依据。

(2)《刑法》中的相关规定

我国现行刑法中规定的破坏交通工具罪是指破坏火车、汽车、电车、船只、飞机，足以使火车、汽车、电车、船只、飞机发生颠覆、毁坏危险，或造成严重后果的行为。破坏交通设备罪是指破坏轨道、桥梁、隧道、公路、机场、船道、灯塔标志或进行其他破坏活动，足以使火车、汽车、电车、船只、飞机发生颠覆、毁坏危险，或造成严重后果的行为。我国刑法对交通肇事中发生重大事故行为的相关人员也规定了刑事处罚。

(3)《民法通则》中的相关规定

民法是调整平等主体的公民之间、法人之间、公民和法人之间的财产关系和人身关系的法律规范。在道路交通安全管理中常常遇到民事赔偿责任和时效问题，在《民法通则》中可以找到相关的法律依据。

(4)《诉讼法》中的相关规定

诉讼是通过人民法院的审判活动来解决处理问题的过程。道路交通安全管理法规在执行过程中所遇到的刑事犯罪、民事赔偿纠纷、行政处理纠纷，都可以按照刑事诉讼法、民事诉讼法和行政诉讼法规定的程序，由人民法院审理作出判决或调解。

3. 行政法规和行政规章

行政法规是指国家行政机关在国家行政管理活动中，根据宪法和法律的规定以及国家权力机关的授权，进行行政立法所制定和颁布的行政法律规范的总称。行政规章就是指由国务院部委一级和地方的省或相当于省一级人民政府依法制定的行政法律文件。我国现行的道路交通安全管理立法大都体现为行政法规和规章，如《中华人民共和国道路交通安全法实施条例》、《机动车登记规定》等。

4. 地方性法规和地方性规章

省、自治区、直辖市及省会城市和国务院批准的较大城市的人民代表大会及其常委会，根据法律规定，在不与宪法、法律、行政法规相抵触的前提下，可以制定地方性法规。省、自治区、直辖市及省会城市和国务院批准的较大城市的人民政府可以依据宪法、法律、行政法规、地方性法规制定地方性规章，如黑龙江省哈尔滨市于2002年4月20日起实施的《城市公共客运交通管理办法》、北京市于2002年8月21日颁布的《北京市汽车租赁管理办法》等。

5. 司法解释

与道路交通安全管理法规有关的司法解释也是道路交通安全管理法规的组成部分，如公安部关于《道路交通安全法》及《实施条例》若干条款的解释、《关于审理交通肇事刑事案件具体应用法律若干问题的解释》等。

6. 国际条约

国际条约是指国际法主体之间按照国际法所缔结的确定其相互间权利和义务关系的书面协议。凡涉及与道路交通安全管理有关的国际条约，具有与道路交通安全管理法规同等的效力，如亚洲公路网政府间协定等。

7. 技术规范或标准

技术规范或标准指国家标准局或主管部委制定发布的国家标准、部颁标准等技术性文件，如《机动车安全运行技术条件》(GB 7258—2004)、《道路交通标志和标线》(GB 5768—1999)、《公路交通安全设施设计规范》(JTG D81—2006)和《公路交通安全设施施工技术规范》(JTG F71—2006)等。

二、道路交通安全管理法规的基本原则

道路交通安全管理法规的基本原则是从事道路交通管理活动所必须遵循的共同准则和基本要求。道路交通安全管理法规的基本原则属于上层建筑的范畴，随社会制度不同而不同。道路交通安全管理法规的基本原则具有实践性、科学性、指导性等重要特征。我国道路交通安全管理法规具有以下基本原则：

1. 人民交通人民管的原则

道路交通安全管理关系到社会主义现代化建设的顺利开展和人们生产、工作、学习、生活的正常进行，关系到千家万户和每个人的切身利益，是一项涉及面广、社会性强的工作。因此必须依靠全社会，动员各行各业和人民群众共同努力，实行人民交通人民管的原则，使道路交通安全管理法规成为大家共同维护交通秩序的法律武器，形成强大的社会干预力量。

2. 适应社会需求、保障经济发展的原则

坚持适应社会需求、保障经济发展的原则决定于道路交通管理具有反映生产关系和促进生产力发展的上层建筑属性。通过交通安全管理法规治理交通环境，整顿交通秩序，保障交通安全与畅通，从而保障国民经济建设的发展，适应社会进步的需求。在中国的社会主义初级阶段中，服从和服务于社会主义现代化建设，这是交通安全管理立法活动必须遵循的根本原则。

实现适应社会需求、保障经济发展的原则的基本要求，就是要树立全局观念，站在国家建设和发展的高度上，从法律的角度，摆正道路交通管理的位置，始终沿着正确的方向开展交通安全管理活动，才能充分发挥道路交通安全管理法规的作用。

实现适应社会需求、保障经济发展的原则的正确途径，就是改革和完善交通管理体制，客观对待道路交通安全管理日益增强的要求，只有不断强化管理机制，才能使交通管理活动继续坚持保障经济发展和适应社会需求的基本原则。

3. 统一管理、讲究整体效益的原则

现代道路交通管理具有社会化大生产管理的高效率、高效益、快速性、及时性、准确性的特征，它本身就要求领导、组织、协调务必是集中统一的；否则，系统整体便不能正常运行。只有统一管理，才能把构成道路交通管理的各种因素，按照整体效益的要求，有效地叠加起来，充分发挥多种因素在整体中的积极作用，形成巨大的凝聚力，才能得到管理的高效益。

在现代交通管理系统中，必须强化交通管理主管部门的统一管理机制，采用先进的科学技术，以取得交通管理整体的高效益。实行统一管理包括两方面：首先，对于交通管理系统内部来说，应实行全国统一指导，分级管理，协调一致，相互配合。各级管理部门应从全局出发，围绕整体目标，积极改革探索，在全国统一的政策法规指导下，制定地方性的道路交通管理法规，依法完成管理工作。其次，对于与道路交通管理有关的部门来讲，应该从国家行政管理的大局出发，大力支持和积极配合交通管理活动的顺利进行。

总之，只有从道路交通管理的全局出发加强立法和执法工作，防止和克服传统管理观念，树立现代的科学管理观念，贯彻统一管理、讲究整体效益的基本原则，才能加速道路交通管理现代化建设。

4. 依法管理与科学管理相结合的原则

坚持依法管理与科学管理相结合的原则进行立法，反映了道路交通管理的客观规律和时代要求。在道路交通管理活动中，既要依据交通法规，又要遵循科学原理，交通法规的制定和完善，应当建立在科学的基础上，因此，依法管理与科学管理两者是一致的。同时必须看到，科学管理是指从客观规律出发，应用科学的理论与方法，指导道路交通管理实践活动，使之持续发展。在立法和执法时，只有坚持依法管理与科学管理相结合的基本原则，才能完善道路交通管理的科学化程序。

坚持依法管理与科学管理相结合的原则，反映了客观对道路交通管理的严格要求。我国道路交通管理法规的立法工作不仅要制定法律规范，同时还要认可大量技术性规范作为法律规范的补充。两者有机地结合，就可以为道路交通管理提供充足的法律依据和良好的实践基础。

5. 交通权利与交通义务相结合的原则

根据宪法、法律和行政法规制定的道路交通管理法律性文件，就是具体调整交通参与者权利和义务的法规。权利和义务是相互制约、互相促进的，每个公民都有在道路上行车、走路的权利，同时又都有遵守交通法规、接受公安机关交通管理部门和交通警察的指导与管理的义务。如果只享有交通的权利而不履行交通的义务，那么势必会出现交通秩序混乱，交通阻塞，造成交通事故。所以要遵循交通权利与交通义务相结合的原则，使交通参与者在交通法规面前人人平等。当然，对于不同的交通方式，其交通行为规范不尽相同。承担特殊任务的车辆，可对其行驶予以一定方便；对于运载乘客的公共交通，在可能条件下可以设置公共交通专用车道。

第四节　道路交通安全管理法规的分类与主要内容

一、道路交通安全管理法规的分类

道路交通安全管理法规是交通管理法规的一个组成部分。交通管理法规根据调整对象不同可分为：航空运输法规、道路运输法规、铁路运输法规、水路运输法规等。其中航空运输法规包括《中华人民共和国国家标准民用航空地面事故等级》、《关于建立飞行事故征候处理情况报告制度的规定》、《中国民用航空安全检查规则》等；道路运输法规包括《中华人民共和国道路交通安全法》、《道路交通安全违法行为处理程序规定》、《机动车登记规定》、《交通事故处理程序规定》等；铁路运输法规包括《中华人民共和国铁路法》、《合资铁路与地方铁路行车安全管理办法》、《铁路道口管理暂行规定》等；水路运输法规包括《中华人民共和国内河交通安全管理违章处罚规定(试行)》、《中华人民共和国船舶安全检查规则》、《中华人民共和国内河交通事故调查处理规则》等。

道路交通安全管理法规，根据法的效力不同分为：法律、行政法规、行政规章、地方性法规。法律中又包括行业基本法和各种单行法，《中华人民共和国道路交通安全法》为行业基本法；《中华人民共和国道路交通安全法实施条例》为行政法规；《机动车登记规定》、《交通事故处理程序规定》为行政规章；《北京市道路交通安全条例(草案)》为地方性法规。

道路交通安全管理法规从内容上分为：道路交通秩序管理方面的法规、车辆和驾驶人安全管理方面的法规、道路交通事故调查与处理方面的法规、道路交通安全管理行政处罚方面的法规、道路交通管理执法监督方面的法规，以及交通科技方面的法规。

二、道路交通安全管理法规的主要内容

1. 道路交通秩序管理

道路交通安全管理法规中关于道路交通秩序管理方面的内容包括道路通行条件和道路通行规定。

道路通行条件是指为保障道路交通有序、安全、畅通而对道路、交通信号、交通标志、交通标线以及其他交通设施提出的基本要求，是保障“道路为交通所用”的基本出发点。

道路通行规定是从道路通行的一般规定、机动车通行规定、非机动车通行规定、行人和乘车人通行规定、高速公路的特别规定五个方面对道路通行作了基本的规范，提出了道路通行中最具稳定性、社会效果性的合理解决办法。

相关法规有《关于集中治理城市交通秩序突出问题的通知》、《高速公路交通管理办法》、《关于做好低能见度气象条件下高速公路交通安全工作的通知》等。

2. 车辆和驾驶人安全管理

道路交通安全管理法规中关于车辆和驾驶人安全管理方面的内容主要涉及车辆登记、检验、报废、保险和特种车辆使用，以及驾驶人驾驶资格、培训、审验、记分和驾驶车辆上道路行驶前的要求等。车辆和驾驶人管理是道路交通安全管理工作的基础，也是公安机关交通管理部门的管理重点。

相关法规有《关于实施机动车运行安全技术条件国家标准的通知》、《中华人民共和国机动车号牌》、《中华人民共和国机动车行驶证证件》、《机动车运行安全技术条件》、《城市机动车驾驶人考试暂行办法》、《关于使用新的机动车号牌的通知》、《汽车生产企业目录和产品目录》、《车辆购置附加费征收办法》、《机动车驾驶证申领和使用规定》、《机动车登记规定》等。

3. 道路交通事故调查与处理

交通事故处理是指公安机关交通管理部门依据《道路交通安全法》及有关行政法规、规章的规定，对发生的交通事故勘查现场、收集证据、认定交通事故、处罚当事人、对损害赔偿进行调解的过程。规定了道路交通事故当事人的现场处理措施与责任、交通警察的交通事故处理职责、受伤人员医疗费承担、损害赔偿责任承担、当事人赔偿争议的解决方式、交通事故逃逸案

举报奖励、道路外事故的处理等，对现行的道路交通事故处理办法作了较大改革。

相关法规有《交通事故处理程序规定》、《关于处理道路交通事故案件有关问题的通知》、《关于加强预防和侦破交通肇事逃逸案件工作的通知》、《关于道路交通事故现场勘查工作有关问题的通知》。

4. 道路交通安全管理行政处罚

行政处罚是指行政相对人违反行政法规，依法应当给予处罚的行政行为。道路交通安全管理行政处罚是对违反道路交通安全法律、法规行为人应当承担法律责任的规定。法律责任，是指法律关系的主体，即各方当事人由于未执行或未正确执行法律、法规的具体规定，造成了应当承担法律责任的后果，所必须受到的法律制裁或惩罚。从责任主体的角度可分为两类：一是道路交通参与人实施了道路交通安全违法行为应当承担的法律责任；二是道路交通安全执法者违反《道路交通安全法》规定应当承担的法律责任。

相关法规有《道路交通安全违法行为处理程序规定》、《关于推广使用交通监控系统查处交通违章做法的通知》、《罚款决定与罚款收缴分离实施办法》、《关于改革交通违章罚款交纳办法的通知》。

5. 道路交通管理执法监督

目前，对公安机关交通管理部门及其交通警察的监督有多种形式，主要有党的监督、权力机关的监督、司法机关的监督、新闻媒体的监督、群众的监督，以及行政机关内部的各级监督。行政机关内部的监督主要指交通管理部门内部的行政复议监督、督察监督、审计监督等。这些监督方式在改善执法活动，提高执法水平方面发挥了重要的作用。要防止滥用权力、以权谋私、徇私枉法以及权力利益化、权力人格化，必须建立监督的体制和机制。在内部监督方面，严格实行执法监督、执法考评、错案责任追究制度，在外部实行社会各界对执法进行评议的制度，通过执法监督使交通警察确立有权就有责、用权受监督、侵权需赔偿的观念。

相关法规有《中华人民共和国人民警察法》、《公安机关内部执法监督工作规定》、《公安机关人民警察执法过错责任追究规定》、《关于严格禁止交通民警执勤中违纪行为的通知》、《关于印发部分地区交通警察队伍廉政建设座谈会纪要的通知》。

6. 交通科技

近年来，我国公安机关交通管理部门通过开展“三项教育”、“警务公开”、“畅通工程”等活动，强调了依法行政、文明执法和规范执法，使执法水平有了很大提高。但与实现交通管理现代化、法制化的要求相比，我国交通警察的素质、法制水平和业务水平都还存在一定的差距，所以广泛开展交通科技教育势在必行。

相关法规有《关于印发全国公安交通管理科技工作座谈会纪要的通知》、《关于印发公安交通指挥中心建设与发展的若干意见的通知》、《关于道路交通管理科技发展“九五”计划和2010年规划的通知》、《公安部关于启用全国道路交通事故信息管理系统的通知》、《关于基层公安交通警察队伍装备标准试行规定的通知》等。

第五节　我国现行《道路交通安全法》概况

《中华人民共和国道路交通安全法》的前身是1988年颁布实施的《中华人民共和国道路交通管理条例》。新法经过九届、十届全国人大法律委员会、全国人大内务司法委员会及全国人大农业与农村委员会的修改，历时3年多时间，于2003年10月28日第十届全国人民代表大会常务委员会第五次会议以 142 票赞成、2 票反对、4 票弃权通过，于 2004 年 5 月 1 日起实施。《道路交通安全法》共有一百二十四条，包括总则、车辆和驾驶人、道路通行条件、道路通行规定、交通事故处理、执法监督、法律责任、附则等八章。《道路交通安全法》的颁布是中国道路交通法制建设历程中的一座里程碑，是中国道路交通事业全面走向法治时代的崭新开端。

一、《道路交通安全法》的立法宗旨

道路交通行为是人类基本的生存方式和行为方式，也是人们从事生产、生活等各种社会活动的载体。因此，维护良好的交通秩序，预防和减少交通事故的发生，保障道路交通安全，缓解道路交通拥堵，始终是立法的基本出发点。由于现代交通工具带来的高度机械化，使交通行为本身具有很大的风险性，对于人的生命、公私财产安全具有潜在的威胁。因此，保障道路交通行为实施过程中的安全，成为交通行为和交通管理所要达到的一个重要目标。只讲安全，不讲畅通，交通安全就失去了载体；没有安全作保障就不会有交通的畅通。要实现交通管理的基本目标，就需要把交通行为规范在科学、合理的符合规律的交通秩序之内，使畅通和安全在有序的基础上达到辩证的统一。因此，作为调整道路交通行为的基本法律，《道路交通安全法》的立法目的体现在以下几个方面：

1. 维护道路交通秩序，保障道路交通安全

交通秩序，是指道路交通有条不紊、不混乱的状况。其中“秩序”是道路交通管理追求的目标之一。维护道路交通秩序，是指公安机关交通管理部门在道路上对交通参与人实施组织、指导、控制等的管理活动。目的是确保道路交通秩序井然，预防和减少交通事故，避免和缓解交通拥挤、堵塞，使道路发挥更大的功能和作用，以达到道路交通畅通。良好的交通秩序也是人们自觉遵守和执行交通行为规范的结果。通常交通秩序主要包含：通行秩序，包括机动车通行秩序、非机动车通行秩序和行人通行秩序；车辆停放秩序，包括机动车停放秩序和非机动车停放秩序；非交通占道秩序，包括商业性占道、大型活动占道、挖掘施工占道、堆物占道等。

保障道路交通安全，预防和减少交通事故，需要采取多种措施。《道路交通安全法》针对近年来交通事故特别是群死群伤的重特大交通事故逐年上升的实际情况，从防止”带病”车辆上路行驶、防止超载运输、强化对驾驶人的安全管理等方面作了严格规定。

2. 缓解城市交通拥堵，提高通行效率

交通行为本身要追求的目的是要实现人和物的有序流动，以通达为目标。因此，交通行为本身和交通管理都以提高道路的通行效率、保障有效通行为目标之一。实践中，道路的拥挤堵塞影响通行效率、制约交通行为是需要解决的突出问题。

大量轻微交通事故得不到快速处理，造成交通阻塞。据统计，70%以上的事故属于轻微交通事故，但在事故发生后，当事人都要等交通警察到现场来处理，从而造成交通阻塞。将公安机关交通管理部门对交通事故损害赔偿纠纷的调解作为当事人提起民事诉讼的前置程序，限制了当事人的诉讼权利，影响了纠纷的处理效率。缺少国际上通行的机动车第三者责任强制保险的机制，致使交通事故的人身伤亡难以得到及时补偿。针对上述问题，《道路交通安全法》进行了改革：未造成人员伤亡，当事人对事实无争议的道路交通事故，由当事人自行协商处理损害赔偿事宜。不再把对交通事故损害赔偿的调解作为民事诉讼程序的前置程序。对于道路交通事故损害赔偿的争议，当事人可以请求公安交通管理部门调解，也可以直接向人民法院提起民事诉讼。经与保监会商量，借鉴国外成功经验，国家实行机动车第三者责任强制保险

制度。

为提高管理效率和通行效率,《道路交通安全法》规定了公安机关交通管理部门应当采取科技手段,实施道路交通监控,鼓励和引导各地使用先进的交通科技设施,快速处理事故等,体现了改革和提高通行效率的精神。

3. 合法权益的保护

保护公民、法人和其他组织的财产安全及其他合法权益,是我国法律制度的基本点,也是《道路交通安全法》的立法宗旨的基本方面,包括:预防和减少交通事故,使公民的人身安全,公民、法人和其他组织的财产安全得到保障;公民、法人和其他组织的通行权利,受到良好的服务的权利等。在管理环节中很好地体现严格管理、方便群众的原则。

4. 预防和减少交通事故

进入21世纪,随着我国经济发展、市场繁荣、人民生活水平的不断提高,道路交通的压力也大大增加,与发达国家20世纪70年代面临的交通安全形势类似,我国已经进入道路交通事故的高发期。首先是道路交通事故持续上升,交通事故总量由1986年的29万起上升到2002年的77万起,年均增长6.3%;其次是伤亡惨重、损失巨大,死亡人数由1986年的5万人上升到2002年的10.9万人,年均增长5%(其中2002年死亡人数居世界第一,平均每天死亡300人);三是群死群伤的特大交通事故上升幅度大。造成当前道路交通事故高发的原因有:

(1)交通供需矛盾突出。当前和今后一个时期,机动车数量和交通流量仍将保持高速发展的势头,道路基础建设滞后于交通需求,道路状况和交通设施落后的情况,在短时期内难以有根本性的改观。全国公路运输网络的实际通行能力已经超过设计能力,公路里程少、标准低、路况差、发展不平衡。尽管2001年全国公路通车里程已达168万公里,是1951年通车里程的17倍,公路密度由0.8公里/百平方公里提高到14.61公里/百平方公里,已建成高速公路2万公里。城市道路总长度也达15.96万公里,全国城市人均拥有道路8平方米。然而与机动车增长相比,仍是严重滞后。2001年全国机动车拥有量已达6852万辆,是1951年机动车拥有量的1107倍。交通结构不合理,道路交通供需矛盾仍十分突出。大中城市的交通拥堵日趋严重,道路通行效率降低,严重影响人们正常的生产、生活。

(2)人们的交通安全意识和交通法制意识淡薄,交通违法数量大,直接影响道路交通的秩序、安全与畅通。特别是车辆驾驶人员的超载、超速、疲劳驾驶、酒后驾车、无证驾驶等严重影响道路交通安全的行为大量存在。

(3)道路交通法律、法规滞后于守法和执法需要的矛盾突出。在国家依法治国和依法行政的法治原则要求下,公安机关迫切需要一个完备的执法依据、良好的执法条件和执法环境,广大的交通参与人也迫切需要一个明确、科学、符合客观实际的行为规范。

5. 加强对公安机关交通管理部门的规范和监督

从加强组织建设入手,加强队伍建设,提高管理水平。规定公安机关交通管理部门及其交通警察的执法必须依照法定的职权和程序,公正、严格、文明、高效。针对滥发证照、滥施处罚、滥用职权、徇私枉法等职务违法行为作明确的禁止性规定。彻底切断公安机关交通管理部门行使职权与经济利益的关系。规定交通警察必须接受行政监督、公安机关内部监督和上级对下级的层级监督,以及社会公众的监督。

总之,道路交通安全立法就是要在交通管理宏观层次上达到:为道路交通安全管理提供法律保障;通过规范交通行为,明确权利义务关系,保护道路交通参与人的合法权益;通过确定法律制度,加强道路交通的有效管理,提高管理水平;通过教育和处罚,规范执法行为,增强公民的守法意识，提高交通法律的权威性。

二、《道路交通安全法》的适用范围

《道路交通安全法》作为道路交通的基本法律，保障道路交通"有序、安全、畅通"是对其立法目的的完整表述。《道路交通安全法》的适用范围，主要是指其效力范围，即生效的空间效力、时间效力以及对人的效力。

(1)空间效力，是指法律生效的地域范围，即法律在什么地方具有普遍约束力。《道路交通安全法》适用于中华人民共和国境内的道路上。如何定义道路的概念直接影响着本法的空间效力范围。而本法对道路的定义作了这样的解释：道路，是指公路、城市道路和虽在单位管辖范围但允许社会机动车通行的地方，包括广场、公共停车场等用于公众通行的场所。

(2)时间效力，是指本法何时生效、何时失效以及对以前的行为和时间有无追溯力。时间效力在本法附则中规定。

(3)对人的效力，是指本法对什么人有普遍约束力。一般而言，在我国境内道路上通行的中国车辆驾驶人、行人、乘车人以及进行与道路交通有关活动的中国自然人、法人和其他组织都应当遵守本法；在我国境内道路上通行的外国车辆驾驶人、行人、乘车人以及进行与道路交通活动有关的外国自然人、法人和其他组织，也应当遵守本法。在具体运用中，对外国人适用时应注意对享有外交特权和豁免权的外国人的适用问题。

三、《道路交通安全法》的管理原则和特点

《道路交通安全法》以保障道路交通安全为根本出发点，着眼于解决道路交通中的突出问题。依法管理、方便群众的原则和以人为本的特点贯穿始终。

1.《道路交通安全法》的管理原则

《道路交通安全法》从法律制定的要求和交通管理的实际出发，确立了道路交通依法管理、方便群众的基本原则，突出了以人为本的思想；确立了管理重点、方便群众、简化手续、提高效率的总体思路，并将这些精神贯穿于本法的始终。

(1)依法管理的原则

依法管理的原则，是行政法治原则对公安机关交通管理部门在法律的范围内活动，依法办事的内在要求。依法管理的实质是人民高于政府行政机关，政府行政机关服从人民。因为依法管理的"法"反映和体现的是人民的意志和利益。依法管理是法治作为一种国家社会对政府行政机关的要求：第一，依法行政，依法办事。本法对公安机关交通管理部门及其交通警察的行为作了具体规定，提出了严格的要求。第二，控制执法的随意性，防止滥用执法权力。随着社会经济的发展，道路交通活动日益繁多和复杂，这就要求交通管理部门要在依法管理原则的指导和约束下执法，严格按照法律规定的范围、幅度、方式执法，防止执法的随意性和滥用自由裁量权。第三，对违法执法行为承担法律责任。作为执法机关的道路交通管理部门要带头守法，切实保障交通参与人的合法权益不受侵犯。违法越权，侵犯了交通参与人的合法权益，应当依法承担法律责任。

(2)方便群众的原则

方便群众的原则，即便民的原则。在我国，国家的一切权力属于人民。我国的国家性质决定了行政机关是国家权力机关的执行机关，其宗旨是为人民服务。

道路交通安全工作中的便民原则，就是指公安机关交通管理部门在依法开展道路交通安

全工作中，应当尽可能为交通参与人提供必要的便利和方便，从而保障交通参与人进行交通活动目的的顺利实现。

2.《道路交通安全法》的特点

《道路交通安全法》从我国道路交通的实际出发，在总结历史经验和借鉴一些发达国家的成功做法的基础上，对道路交通活动中交通参与人的权利义务关系进行了全面规范。最突出的一个特点就是体现了以人为本，体现了对生命的关爱和尊重。

(1)以保护交通参与人的合法权益为核心，突出保障交通安全，追求提高通行效率。从立法的指导思想、立法目的以及内容上体现坚持以人为本，预防和减少交通事故，保护交通参与人的合法权益；提高通行效率，保障道路交通的有序、畅通。

(2)坚持道路交通统一管理，明确政府及其相关部门在道路交通中的管理职责。明确提出政府应当保障道路交通安全管理工作与经济建设和社会发展相适应；同时又具体地规定政府应当制定道路交通安全管理规划，并组织实施。

(3)将交通安全宣传教育上升为法律规定，明确规定政府以及公安机关交通管理部门，机关、部队、企事业单位、社会团体等单位，教育行政部门、学校，新闻、出版、广播、电视等媒体的交通安全教育义务。这符合我国道路交通事业发展的内在要求，符合现代交通管理工作的特点。

(4)倡导科学管理道路交通。改革开放以来，道路交通发生了深刻变化，随着社会的发展进步，尤其是随着高科技手段在社会各个领域的广泛应用，强化科技意识，运用科学技术，不断提高交通管理工作的科学化、现代化水平，已经成为未来道路交通发展的方向。因此，本法中明确规定提倡加强科学研究，推广、使用先进的管理方法、技术和设备。

(5)通过设立机动车登记制度、检验制度、报废制度、保险制度、交通事故社会救助制度、机动车驾驶证许可制度、累积记分制度等进一步规范交通管理行为，从法律制度上保障道路交通安全、畅通的实现。

(6)按照以人为本的精神，在通行规范中重点规定了有助于培养规则意识、保护行人的通行规定；在交通事故处理方面对快速处理、自行协商解决、重点保护行人和非机动车驾驶人权益等内容作了重大改革。

(7)明确规定了规范执法的监督保障体系。从组织建设、职权、执法程序、禁止性条款、监督、处罚和处分等方面作了系统规定，以解决社会和群众普遍关心的乱扣、乱罚问题。强化执法监督，将司法监督、社会公众监督、舆论监督等融入对交通管理执法的监督之中。

(8)强化职能转变，退出一些事务性、收费性、审批性的工作事项。严禁公安机关交通管理部门及其交通警察举办或者参与举办驾驶学校或者驾驶培训班、机动车修理厂或者停车场等经营活动。

(9)体现过罚相当的法律责任追究原则。统一规定了处罚的种类、强制措施的适用范围，对酒后驾车、超载、超速等严重影响交通安全的交通违法行为，规定了较为严厉的处罚。

四、政府及相关部门的职责

道路交通是一个综合系统，协调发展道路交通，加强政府领导和相关部门协调配合，是保障道路交通安全与畅通的客观要求。总结多年来道路交通管理工作的基本经验，结合当前全国安全生产面临的严峻形势和今后工作的发展方向，各级人民政府依据法律、法规和国家政策，制定道路交通安全管理规划，尤为重要。

1. 政府在道路交通管理方面的职责

保障道路交通安全管理工作与经济建设和社会发展相适应,离不开道路交通政策的引导。道路交通政策是国家在一个时期道路交通发展的方向与战略。建国以来,我国一直没有道路交通方面的宏观政策,而世界许多国家如德国、新加坡、日本等国和我国的香港特别行政区,都十分重视道路交通政策的制定,并根据道路交通的发展情况及时进行政策调整。从国家道路交通发展的长远考虑,借鉴国外的做法,以引导道路交通与国民经济、社会发展和城乡建设规模协调发展;鼓励对道路交通的科技、教育投入;促进道路交通工具构成的合理优化;监督机动车符合安全、环保、节能的要求;优先发展公共交通;普及道路交通安全知识等,作为道路交通发展的政策导向,是十分必要的。

从宏观的角度看,多年来,我国道路交通问题多的一个重要原因是缺乏在统一的道路交通政策的引导下的交通管理规划。交通管理规划主要体现在以下几方面:公共交通优先规划;道路、设施的安全畅通规划;交通规划、停车场建设规划;对交通工具结构优化的规划;对机动车辆安全性能监督、环保监督的规划;自行车和行人交通管理规划;发挥公路交通运输管理职能作用规划。

2. 各相关部门的职责

1983 年以前,城市道路交通秩序、事故处理工作归公安机关管理,其中 39 个大中城市的机动车及驾驶人的发牌发证也归公安机关管理。1983 年,国务院决定将公安机关负责的机动车及驾驶人的发牌发证范围由 39 个城市扩大到 105 个,其他城市的机动车及其驾驶人的发牌发证管理由交通部门负责,拖拉机牌证管理由农机部门负责。自 1986 年 10 月,为了解决我国城乡道路交通不断发展而管理不统一带来的诸多问题,国务院决定将全国道路交通管理,包括机动车及驾驶人的发牌发证统一交由公安机关负责。2001 年 8 月国务院第 110 次总理办公会议决定,现行交通管理体制维持不变。

按照各司其职、各尽其责的原则,国务院在公安、交通、建设部门的职责“三定方案”中明确:道路交通安全立法、维护交通秩序、处理交通事故、车辆安全检验、驾驶人考核与发牌发证以及交通安全宣传教育等,由公安部门负责;公路的发展规划、科研设计、建设养护、规费征收、路政、运政及有关上述工作的法规建设等由交通部门负责。由于道路交通管理工作涉及面广,影响道路交通安全与畅通的因素较多,如:城市规划行政主管部门对城市道路与停车场的规划,市政主管部门对道路的规划、建设及管理,城市客运出租汽车管理部门对城市客运出租汽车的管理,建设部门对城市公交车辆的管理,交通部门对营业性客货运输的管理,等等。因此,维护道路交通秩序,保障道路交通安全与畅通,不仅需要公安机关交通管理部门加大执法力度,严格执法,热情服务,同时也需要其他有关部门的协作与配合。

目前,我国没有一个对相关部门、行业进行综合协调的机构,也没有跨部门、跨行业进行统一研究道路交通安全问题的制度,交通管理和预防交通事故的工作关系尚未理顺。尤其是对预防和减少交通事故工作,全社会还没有一个有效的防范机制。由于与交通安全相关的部门和行业的职责不同,各自工作重点和关心的问题不同,没有一个综合协调机构,难以形成一致的认识和采取统一的行动,以致造成管理不严密和责任不明确。

为切实做好道路交通安全工作,2003 年 9 月,国务院决定建立由公安部牵头的全国道路交通安全工作部际联席会议制度,由公安部、发展改革委、监察部、交通部、建设部、农业部、卫生部、工商总局、质检总局、安全监管局、法制办、保监会等部门组成,并邀请中央宣传部、解放军总后勤部等有关部门参加综合协调道路交通安全工作。主要职责是:分析全国道路交通安全形势，研究政策，制定中长期战略规划，统筹协调全国道路交通安全工作。道路交通事故是社会问题，是一个国家文明程度和管理水平的综合反映。有些发达国家在中央政府设立专门的交通安全机构，研究产业政策、道路规划、交通运输、公众教育等方面存在的交通安全问题，制定交通安全对策，综合协调部门、行业工作等的成功经验，值得我们借鉴。

五、宣传教育及科学管理

交通安全宣传教育是一项重要的基础性工作，是提高全社会交通安全意识和文明交通意识的重要途径。学习、宣传、贯彻执行交通法规重在"从我做起"，使全民从思想上提高交通安全的认识，规范自觉遵守一切交通安全的规章制度，从根本上杜绝人为交通事故的发生。同时要提倡加强科学研究，推广、使用先进的管理方法、技术和设备。

1．对交通安全的宣传教育

《道路交通安全法》明确了五大主体，即政府和公安机关交通管理部门、单位（机关、部队、企业事业单位、社会团体等）、教育行政部门、学校、媒体（新闻、出版、广播、电视等）的宣传教育义务。

应当看到，当前交通安全宣传教育滞后于道路交通发展的要求；全民交通安全意识、交通文明程度，驾驶人职业道德、驾驶作风，还远远不能适应现代交通的要求；广大交通参与人的法制意识、道德观念和社会公德还不能适应现代交通的要求；交通安全宣传教育投入少，宣传力量薄弱也是普遍性问题。因此，将交通安全宣传教育上升为法律规定，明确规定政府、单位、教育行政部门、学校、媒体以及公安机关交通管理部门的相应教育宣传义务，这既符合我国道路交通事业发展的内在要求，也符合现代交通管理工作的特点。

在我国，当前的交通安全宣传教育工作，应当重视交通安全宣传效益，改革交通安全宣传模式，加快交通安全宣传社会化进程，这对于提高全民的现代交通素质有着十分重要的意义。在开展宣传教育活动中，强调宣传对象的针对性、宣传内容的实用性、宣传方式的多样性，使交通安全宣传教育工作焕发出新的生机与活力。面对广大的交通参与人，加强对中小学生的交通安全教育，从娃娃抓起，将受益终身，而且作用长远。将交通安全纳入素质教育，依托新闻媒体，通过宣传工作，传播交通安全知识，营造交通文明氛围，优化交通执法环境。将交通安全宣传教育纳入城市精神文明建设和普法教育的内容，依托各种宣传媒介，通过开展交通安全进社区等活动，提高广大交通参与人自我教育、自我管理、自我约束、自我激励的意识，使公民交通文明意识有明显提高，将宣传的效果体现在"会安全走路，会安全乘车，会安全骑车，会规范停车"等具体行为上。

发达国家把交通安全宣传教育工作作为一项社会公益活动，社会团体和企业发挥了主渠道作用，新闻媒体以及交通运输、汽车制造、机动车保险业等相关行业更是从形式到资金给予积极的支持，并使之长期化和制度化。在我国提高全民的文明交通意识仍然是一项长期而艰巨的任务。做好这项工作，还需要不懈地努力。第一，文明交通意识的培养和教育要从中小学生抓起，要把交通安全教育列入中小学校教学内容。第二，借助社会和媒体力量，向市民广泛宣传文明交通行为。借鉴国外的成功经验，建立公益广告主渠道，在内容上加大人文内涵。第三，利用报纸和电视公开曝光因严重违法导致交通拥堵的事件和当事人，形成定期、定点播发，从正面教育和引导，在舆论上形成"文明交通行为人人有责，规范行车走路引以为荣"的良好社会氛围。第四，作为执法机关和执法主体的公安机关交通管理部门及其交通警察，应当自觉、模范地宣传、遵守交通安全法律、法规的规定。

2. 道路交通的科学管理

改革开放以来,道路交通发生了深刻变化,应该说,道路交通管理部门从管理理念到管理手段还没有完全适应,多年来形成的传统观念和习惯做法还没有得到根本转变,管理水平低、管理效率不高的现象还较为普遍。随着社会的发展进步,尤其是随着高科技手段在社会各个领域的广泛应用,人们越来越清醒地认识到:强化科技意识,积极运用科学技术,不断提高交通管理工作的科学化、现代化水平,已经成为未来道路交通发展的方向。

依靠科技进步,加强交通管理,这是搞好交通管理工作的一个十分重要的方面,也是百年大计。当前和今后一个时期,我国的经济更趋活跃,社会发展将更快,车辆、客货运输量和交通需求仍持续增长,人民群众对道路交通安全与畅通、便捷与舒适的要求越来越高,迫切要求我们提高交通管理认识,把握时代发展的大趋势,牢固树立科技意识,充分认识科学技术在道路交通管理中的重要作用。要想方设法加大道路交通的科技投入,加快先进的科学技术、设施装备和管理手段的开发与应用。要加快交通管理的网络化建设,大幅度提高交通管理的科技含量。逐步引导畅通工程向科学、规范、持久的方向发展。与此相适应,要更新管理观念,改革管理模式,提倡机动巡察的勤务方式,努力实现对堵塞状况的及时疏导指挥。充分利用交通工程理论和现代化科技手段,挖掘道路资源的潜力,科学均衡交通流量。狠抓科技手段的应用,提高科学管理水平。

加强交通管理的科学技术研究和应用,增加科技投入,提高交通管理的科技含量,逐步实现交通管理的科学化、信息化、现代化。加强基础科学的研究与应用,实现宏观决策的科学化;加强科学技术应用,实现交通管理手段的科学化、现代化;加强专业技术培训,建设一支既懂业务又懂技术的交通民警队伍,提高队伍的整体科技水平。

第二章　车辆和驾驶人安全管理法规

第一节　概　　述

一、车辆和驾驶人安全管理法规的产生与发展

1901年我国有了第一辆汽车；1903年清政府为了维护日趋复杂的交通环境，首先在天津设立了管理交通的警察；1905年北京巡警总厅处设立了专门的交通管理机构，即交通股，随后广州、南京、上海、青岛相继设立了交通股。

我国的车辆管理法规，在解放前大致可分为以下几个阶段：

(1)20世纪初，汽车数量不多，大都按照马车来进行管理。随着汽车数量的增加，在一些汽车较多的城市率先制定了汽车管理的法规。我国最早针对汽车制定的车辆管理法规产生在上海，大约是1920年左右。当时上海租界内工部局制定了《开车章程》。上海、北京、汉口、广州、昆明、青岛、济南等城市都相继制定公布了一系列车辆管理方面的法规。

(2)1934年12月，国民党政府颁布了全国统一的《陆上交通管理规则》，这是我国近代第一个全国性的交通法规，也是第一个全国性的有关汽车管理的法规。这个规则有103条，包括了车辆管理的内容。

(3)1939年至1946年，国民党政府公布了我国第一批全国性的车辆管理法规。1937年9月15日行政院核准公布了《汽车管理规则》，是专门对机动车管理作出规定的第一个全国性法规，第一次统一了全国车辆号牌式样。1939年10月18日行政院公布实行《汽车驾驶人管理规则》，1940年5月交通部核准公布了《发给各国驻华外交官汽车牌照驾驶执照优待办法》，1941年6月交通部公布了《汽车补牌补照过户及变更登记实施细则》，1945年10月8日行政院批准公布了《汽车管理规则》。

(4)1947年以后，对车辆管理又公布了一系列新的法规，对车辆管理的各方面作了比较详细的规定。1947年6月12日行政院公布《公路汽车管理实施办法》，对全国公路汽车监理工作作了明确分工。1947年7月经行政院核准，交通部公布了《汽车管理规则》，根据这一规则，随后公布了《汽车临时牌照领用办法》、《汽车驾驶人考验实施细则》、《汽车登记实施细则》、《汽车检验实施细则》等一系列细则。1947年交通部又公布了《全国汽车管理联系执行办法》、《汽车肇事责任鉴定委员会组织规程》、《汽车交通巡警执行办法》、《全国各省、市汽车肇事抚恤暂行通则》。

解放后，全国汽车保有量不断增长，交通运输发展比较快。1979年交通部在北京召开了全国地方交通安全会议后，明确规定省设交通监理处、地设交通监理所、县设交通监理站，还确定了交通监理人员编制按每一百辆机动车配备一人的标准计算。

解放后我国还逐步制定了一些车辆管理的法规：

(1)1950年3月20日，政务院政秘书第421号批准公布《汽车管理暂行办法》，于1953年6

月 29 日政务院政经济委员会(53)财经交字第 9 号批准修正。这是我国解放后颁发的第一部车辆管理法规。随之中央交通部于 1950 年 7 月以交公(50)字第 268 号公布了《汽车管理暂行办法实施细则》,1953 年 5 月进行过修订。这两部法规中包括了对车辆及驾驶人管理的内容,还有行车管理的内容。

(2)1960 年 1 月 10 日,国务院经习字 17 号批准公布《机动车管理办法》。该办法把属于交通规则部分的行车内容取消。这个管理办法对车辆管理工作的各方面都作了比较详细的规定,所以使用的时间较长。

(3)1972 年 3 月 25 日,公安部、交通部以公发(1972)15 号、(1972)交公字 450 号文公布试行《城市和公路交通管理规则(试行)》。这个规则包含了一部分车辆管理和驾驶人管理的内容。

(4)1983 年 3 月 20 日,国务院下达了国发[1983]47 号《国务院关于公安与交通部门交通管理工作分工问题的通知》,确定各省、直辖市、自治区人民政府驻地城市、开放的旅游城市和公安部门现在管理的城市,共计 105 个城市的机动车辆检验、驾驶人员的考试考核与发牌发证由公安部门负责。

(5)1985 年 7 月 19 日,中华人民共和国公安部公布并于 9 月 1 日起试行《城市机动车驾驶人考试暂行办法》、《城市机动车辆安全检验暂行标准》、《公安系统机动车考验员管理试行办法》。

(6)1985 年交通部、公安部下达了《关于使用新的机动车号牌的通知》,对机动车号牌的式样、尺寸、编号方式进行了改革。

(7)1986 年 5 月 16 日至 22 日,公安部在昆明市召开了城市车辆管理工作会议。根据党的十二届三中全会精神,总结近几年来城市车辆管理工作的情况和经验,研究了在新的形势下,加强和改革城市车辆管理工作的措施。

(8)1986 年 10 月 7 日,国务院下达了国发[1986]94 号《国务院关于改革道路交通管理体制的通知》,规定全国城乡道路交通由公安机关负责统一管理。至此,全国的民用机动车管理工作也统一由公安机关负责管理。

(9)1987 年 9 月 21 日,公安部(87)公(交管)字 92 号文《关于实施机动车运行安全技术条件国家标准的通知》规定,从 1988 年 1 月 1 日起,全国各地的机动车辆安全检验统一执行《机动车运行安全技术条件》。

(10)1988 年 3 月 9 日,国务院发布并于 8 月 1 日起实施《中华人民共和国道路交通管理条例》。1988 年 7 月 14 日,公安部发布了《关于〈中华人民共和国道路交通管理条例〉若干条款的解释》。这些法规中对车辆管理作出了重要规定。

(11)1992 年 4 月 25 日,公安部发布《中华人民共和国机动车号牌》和《中华人民共和国机动车行驶证证件》并纳入《中华人民共和国公共安全行业标准》(GA 36—92、GA 37—92),7 月 1 日在全国实施。

(12)2003 年 10 月 28 日,第十届全国人民代表大会常务委员会第五次会议审议通过了《中华人民共和国道路交通安全法》,中华人民共和国主席令第 8 号发布,自 2004 年 5 月 1 日起施行。这部法律的通过,是我国道路交通法制建设历程中的一件大事,开启了道路交通事业走向法制化的崭新篇章。

(13) 2004 年 4 月 30 日,公安部发布了《机动车驾驶证申领和使用规定》和《机动车登记规定》,与《道路交通安全法》及其《实施条例》同步施行。

二、车辆和驾驶人安全管理法规的分类

车辆和驾驶人安全管理法规依其所发布机关的不同，可分为：

(1)全国人民代表大会或其常务委员会制定通过并由中华人民共和国主席发布命令的法规，如《中华人民共和国治安管理处罚条例》、《中华人民共和国警察法》、《中华人民共和国道路交通安全法》等。

(2)国务院制定和发布的法规、办法、决定、命令等，如《国务院关于改革道路交通管理体制的通知》等。

(3)国家行政机关如公安部及其他部委联合发出的标准、通知、规定等，如《机动车运行安全技术条件》、《城市机动车驾驶人考试暂行办法》、《关于使用新的机动车号牌的通知》、《汽车生产企业目录和产品目录》、《车辆购置附加费征收办法》、《机动车驾驶证申领和使用规定》、《机动车登记规定》等。

(4)省、直辖市、自治区人民代表大会及其常委会所制定和发布的地方法规。

(5)各级地方人民政府制定和发布的适用于当地车辆管理情况的规定、办法、实施细则等。

(6)各地公安机关根据法律的规定和地方人民政府的批准，在自己职权范围内制定和发布的关于当地车辆管理的规定等，如《××年机动车年度检验办法》、《××年机动车驾驶人年审办法》。

三、车辆和驾驶人安全管理的机构

根据我国现行有关法规的规定，车辆与驾驶人的管理机关是公安机关，具体由公安机关交通管理部门车辆管理机构实施管理。也就是说各地公安机关交通管理部门车辆管理机构是各地车辆与驾驶人管理的唯一合法机构，其他任何机关、机构都无权进行车辆与驾驶人的管理工作。

我国公安机关交通管理部门车辆管理机构的组织机构如图 2-1 所示。

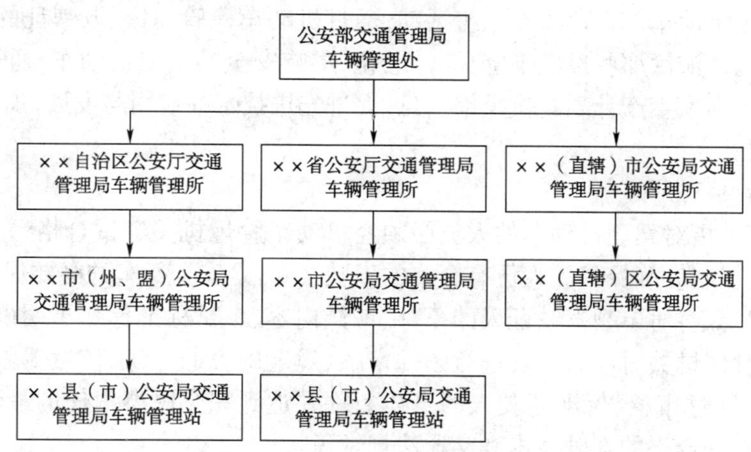

图 2-1　公安机关交通管理部门车辆管理机构组织机构图

各县及县级市的车辆管理站是市级车辆管理所的派出机构，受市车辆管理所的指派，以车辆管理所的名义办理指定范围内的车辆、驾驶人管理业务。县级车辆管理站的组建大大方便了广大农村的农用运输车辆和摩托车的登记、上牌管理。

四、机动车和驾驶人安全管理的基本制度

机动车登记制度、机动车牌证管理、机动车安全技术检验制度、驾驶证管理是机动车、驾驶

人管理现行的四个基本制度。

1. 机动车登记制度

机动车登记制度是对上道路行驶的车辆进行注册登记,对改变车主、辖区等的车辆进行异动登记。通过车辆注册登记和异动登记管理,清楚记载车辆及所有人,杜绝了盗抢、走私、私自拼(组)装等非法车辆的运行,及时为追辑事故逃逸车辆和刑侦破案提供基本情况。

2. 机动车牌证制度

机动车牌证制度是对已登记的机动车核发号牌、通行证件,机动车上道路时必须挂牌、携证,以表明其来源的合法性、技术的安全性和单车的识别性,便于交通民警现场管理和群众监督。

机动车牌证制度是用机动车牌证核发和管理的方法,控制机动车的增长速度和机动车的安全技术状态,防止非法机动车上道路运行,以便创造安全、畅通的交通条件并维持社会稳定的一项机动车管理制度。

申请牌证必须要有合法来源证明,这样就杜绝了盗抢、走私、私自拼(组)装等非法机动车的运行,维护了国家和公民的合法权益;申领牌证,必须经过安全认证的机动车目录进行确认,经过安全环保性能检验(免检机动车除外),对使用中的机动车要进行定期检验,从而保证了上道路机动车的安全性能;申领牌证,要对机动车进行注册登记,机动车改变车主、辖区等,要进行异动登记,从而可掌握机动车的数量、类型、分布等资料,便于交通管理规划的制定、违章肇事的查寻以及保险业务的开展。

3. 机动车安全技术检验制度

机动车必须定期接受法定的检验后方可在道路上行驶,这就是机动车检验制度。机动车检验,就是保证车辆的安全技术性能符合国家标准。通过机动车检验,对机动车进行认证、识别、技术检验等,确保国家允许生产、进口的机动车进行注册登记,打击套用国产机动车型号走私、非法拼(组)装机动车与盗抢机动车等活动;通过机动车检验,对领取牌证的机动车进行定期和不定期的检验,淘汰那些性能下降、零件老化、影响安全的破旧机动车;通过机动车检验,可以为生产企业、国家生产计划提供反馈信息,促进先进技术的应用与发展,加快对不合理、不合格车型的淘汰。

4. 驾驶证制度

驾驶证制度是指对驾驶机动车的人员必须经机动车管理机关考试合格,并领取驾驶证的规范管理。驾驶证制度确保驾驶人员有合格的驾驶技术,是安全行车的必要保证。《机动车驾驶证申领和使用规定》对申领驾驶证人的条件、考试内容、考试标准等作了明确规定。遵照这个规定,机动车管理机关对申请者要进行条件审核、规定内容的考试,核发驾驶证以及日常的异动登记管理。通过审核,保证驾驶人的身体条件并达到完全民事责任的最低年龄;通过考试,保证驾驶人具有合格的驾驶技术和交通法规常识。

第二节　车辆安全管理法规

一、机动车牌证管理

1. 我国车辆牌照管理法规的历史发展

车辆牌照管理法规,在车辆产生不久后就已出现。我国对车辆的管理,一直沿用车辆牌照

制度。从20世纪初到目前,我国车辆牌照管理法规的变化主要有以下几个阶段:

(1)20世纪初,各地车辆多寡不一,全国没有统一的车辆号牌规定,均系各地自行规定。1926年上海中华书店印制发行的《驾驶汽车法》一书,附录四"捐领汽车照会之手续"记载,当时对车辆号牌称为"车号照会",其照会又有黑色照会(即黑底白字)和红色照会(即白底红字)之分。红色照会发给修理厂和汽车所,可任意挂在任何车上,每季须纳银20两。黑色照会,任何车主都可领取。

(2)1939年9月15日发布的《汽车管理规则》,对全国汽车号牌作了统一规定。这是我国车辆管理史上第一次对全国机动车号牌作出了统一规定。《汽车管理规则》第三章"牌照及捐费"对号牌作出了具体规定。号牌分为自用客车(黑底白字)、营业客车(白底黑字)、货车(黄底黑字)、摩托车(白底蓝字)、试车(红底白字)、临时(白底红字)6种,号牌材料采用铁板搪瓷。

(3)1950年3月至1960年2月,我国民用机动车使用的号牌,按1950年3月公布的《汽车管理暂行办法》规定分类有大型汽车号牌、小型汽车号牌、机器脚踏车号牌、试车号牌和临时号牌五种。

(4)1960年2月《机动车管理办法》公布,对机动车号牌的种类和式样又作了新的规定。共有大型汽车号牌,小型汽车号牌,二、三轮机动车号牌,拖拉机号牌,试车号牌和临时号牌六种。

(5)1972年3月25日起试行的公安部、交通部颁布的《城市和公路交通管理规划》,对机动车号牌又重新作了规定,但是号牌的尺寸、颜色、式样、编本未变,只是增加了电车号牌(使用大型汽车号牌)、手扶拖拉机号牌(颜色为白底黑字,式样与摩托车号牌相同)。

(6)1985年11月5日交通部、公安部(85)交公路字1984号《关于使用新的机动车号牌的通知》,决定自1986年7月1日起,使用新的机动车号牌。

(7)1992年4月25日,公安部发布了新的《中华人民共和国机动车号牌》和《中华人民共和国机动车行驶证证件》,决定于1992年7月1日在全国实施。

(8)2004年4月30日,公安部部长办公会议通过并于2004年4月30日由公安部令第72号发布了《机动车登记规定》,与《道路交通安全法》及其《实施条例》自2004年5月1日起同步施行。

2. 机动车牌证、标志管理

(1)机动车牌证、标志

机动车号牌是准予机动车在我国境内道路上行驶的法定标志,其号码是机动车登记编号,每辆机动车都有一个唯一的登记编码。通过号牌上记载的编码,交通安全管理部门和其他社会主体得以确定某一机动车的具体身份。机动车号牌是经过公安机关交通管理部门批准的企业生产的专用号牌,号牌产品质量必须达到国家规定的机动车号牌行业标准的各项要求,必须按车辆制造厂设计的号牌位置和车辆管理机关指定的位置安装。《机动车行驶证》是准予机动车在我国境内道路上行驶的法定证件,是机动车上路行驶的资格证。

机动车上路行驶,除了悬挂号牌外,还要有检验合格标志和保险标志。检验合格标志是证明机动车安全技术性能符合国家规定的标准的有效证明;保险标志是机动车加入法定的机动车第三者责任保险的证明。为了规范机动车辆保险市场,加强对机动车辆保险信息的管理,推动机动车辆保险风险评估体系的建立与完善,保障保险合同双方当事人的合法权益,2001年中国保险监督管理委员会制定了《机动车辆保险管理证暂行办法》。目前机动车辆保险证仅在上海、南京等城市试用。

(2)机动车牌证补发

号牌、行驶证灭失、丢失或者损毁，机动车所有人向车辆管理所申请补领、换领号牌、行驶证的，应当填写《补领、换领机动车牌证申请表》，并提交机动车所有人的身份证明。

车辆管理所应当自受理之日起一日内补发、换发行驶证。自受理之日起十五日内补发、换发号牌，原机动车登记编号不变。

补发号牌期间应当给机动车所有人核发临时行驶车号牌。补发、换发号牌或者行驶证后，收回未灭失、丢失或者损毁的号牌、行驶证。

(3)机动车号牌的保护规定

机动车号牌是上道路机动车不可缺少的法定标识和资格证明，从拟人化的角度，可以看成是机动车的基本权利，不可和机动车分离、不可被随意剥夺。

鉴于有些部门的工作人员，以机动车违章为由，收缴、拆卸机动车号牌，《道路交通安全法》明确规定"任何单位或者个人不得收缴、扣留机动车号牌"，即使机动车违章，也只能给予其他处罚，任何"摘牌"的行为都是违法的。

3. 机动车号牌的发放

机动车号牌是机动车相互区别的重要标志和依据，是公安机关交通管理部门进行车辆管理、秩序维持和处理交通事故的重要手段基础，所以机动车号牌必须进行全国统一的专门管理。

《道路交通安全法》规定，机动车号牌只能由公安机关交通管理部门发放，其他任何单位和个人都不得发放机动车号牌，但在《道路交通安全法》中另有规定的除外，主要是指附则中关于军队车辆的管理规定以及拖拉机的管理规定。中国人民解放军和中国人民武装警察部队在编机动车牌证、在编机动车检验以及机动车驾驶人考核工作，由中国人民解放军、中国人民武装警察部队有关部门负责；对上道路行驶的拖拉机，由农业(农业机械)主管部门对拖拉机进行登记注册，对拖拉机发放号牌。

二、机动车登记

机动车登记，是为了加强机动车管理，保护公民、法人和其他组织的合法权益，促进经济、社会发展，保障道路交通安全的行政管理行为。机动车的登记，分为注册登记、变更登记、转移登记、抵押登记和注销登记。在中国境内道路上行驶的机动车，应当经机动车登记机构办理登记，核发机动车号牌、《机动车行驶证》和《机动车登记证书》。未领取机动车号牌和《机动车行驶证》的，不准上道路行驶。

1960 年国务院批准制定的《机动车管理办法》和 1988 年国务院发布施行的《中华人民共和国道路交通管理条例》规定了一些属于机动车登记的内容，但没有使用注册登记等概念。为了加强机动车管理，规范机动车登记行为，2001 年 1 月公安部依据有关法律和行政法规，制定了公安部部门规章《中华人民共和国机动车登记办法》，自 2001 年 10 月 1 日开始施行。2004 年 4 月 30 日公安部发布了《机动车登记规定》，在机动车登记方面进行了如下重大调整和修改：明确了各级公安机关交通管理部门办理机动车登记业务的职责权限；对机动车登记种类和内容进行了调整，减少了登记事项；改变变更登记的审批方式，减少事前审批，强化事后监督，适当放宽一些变更内容，体现以人为本的理念；注重便民利民，提高服务水平。

1. 机动车注册登记

注册登记，又可以称为行驶资格登记，是机动车辆的"出生"登记。经过注册登记之后，机动车正式成为道路交通的一个活动主体，从而正式纳入《道路交通安全法》的管理范围。机动车只有通过注册登记，才能取得参与道路交通活动的合法主体资格，取得自己特定的身份。机动车注册登记是机动车管理的基础制度，也是确立机动车其他登记制度的前提。对机动车进行注册登记是世界各国机动车管理和道路交通安全管理的通例。

机动车注册登记由公安机关交通管理部门负责。具体由公安机关交通管理部门的车辆管理所负责办理本行政辖区的机动车登记。未经注册登记获得行驶资格的“黑车”，不得上道路行驶。对于上道路的此类机动车，公安机关应当扣留，要求补办登记，并可以处以罚款的行政处罚。对于尚未进行注册登记的机动车需要临时上道路行驶的，必须取得临时通行牌证。

(1)机动车注册登记应提交的资料

申请注册登记，应当交验机动车，并提交以下证明、凭证：①机动车所有人的身份证明；②购车发票等机动车来历证明；③机动车整车出厂合格证明或者进口机动车进口凭证；④车辆购置税的完税证明或者免税凭证；⑤机动车第三者责任强制保险凭证；⑥法律、行政法规规定应当在机动车登记时提交的其他证明、凭证。

(2)机动车注册登记的程序

申请注册登记，应当填写《机动车注册登记/转入申请表》，提交法定证明、凭证，并交验机动车。

车辆管理所应当自受理申请之日起五日内，对机动车的车辆类型、厂牌型号、颜色、发动机号码、车辆识别代号(车架号码)及主要特征和技术参数进行确认，核对车辆识别代号(车架号码)的拓印膜，对提交的证明、凭证进行审查，核发机动车登记证书、号牌、行驶证和检查合格标志。

(3)机动车注册登记的内容

车辆管理所办理注册登记时应登记机动车所有人的相关资料、机动车相关资料、申请方式、代理人相关资料等。表2-1为机动车注册登记申请表，其中记录了各项应登记的内容。

2. 机动车变更登记

(1)需要进行机动车变更登记的情形

已注册登记的机动车有下列情形之一的应进行机动车变更登记：①改变机动车车身颜色的；②更换发动机的；③更换车身或车架的；④因质量有问题，制造厂更换整车的；⑤营运机动车改为非营运机动车或者非营运机动车改为营运机动车的；⑥机动车所有人的住所迁出或者迁入公安机关交通管理部门管辖区域的。

(2)机动车变更登记应提交的资料

申请机动车变更登记，应当提交下列证明、凭证：①机动车所有人的身份证明；②机动车登记证书；③机动车行驶证。另外，除机动车所有人的住所迁出或者迁入公安机关交通管理部门管辖区域外的其他情形还应当交验机动车。

(3)机动车变更登记的内容

车辆管理所办理变更登记，应当分别登记以下内容：①变更后的车身颜色；②变更后的发动机号码；③机动车更换车身、车架后的车辆识别代号(车架号码)；④发动机、车身或者车架来历凭证的名称、编号；⑤更换整车后的车辆识别代号(车架号码)、发动机号码、车身颜色、整车出厂合格证明或者进口凭证编号、出厂日期、注册登记日期；⑥机动车所有人变更后的姓名或者单位名称；⑦变更后的使用性质；⑧需要办理机动车档案转出的，登记转入地车辆管理所的名称；⑨变更登记的日期。

(4)机动车所有人可自行变更的情形

有下列情形之一，在不影响安全和识别号牌的情况下，机动车所有人可以自行变更：①小型、微型载客汽车加装前后防撞装置；②货运机动车加装防风罩、水箱、工具箱、备胎架等；③机动车增加车内装饰等。

机动车注册登记申请表 表 2-1

<table>
<tr><td rowspan="4">机动车所有人</td><td colspan="2">姓名/名称</td><td colspan="3"></td><td>联系电话</td><td></td></tr>
<tr><td colspan="2">住所地址</td><td colspan="3"></td><td>邮政编码</td><td></td></tr>
<tr><td colspan="2">暂住地址</td><td colspan="3"></td><td>邮政编码</td><td></td></tr>
<tr><td colspan="2">身份证明名称</td><td></td><td>号码</td><td></td><td colspan="2">□常住人口 □暂住人口</td></tr>
<tr><td rowspan="8">机动车相关资料</td><td colspan="2">机动车
使用性质</td><td colspan="5">□公路客运 □公交客运 □出租客运 □旅游客运 □租赁 □货运
□非营运 □警用 □消防 □救护 □工程抢险</td></tr>
<tr><td colspan="2">机动车
获得方式</td><td colspan="5">□购买 □法院调解、裁定、判决 □仲裁裁决 □继承 □赠与
□协议抵偿债务 □资产重组 □资产整体买卖 □调拨 □境外自带</td></tr>
<tr><td colspan="2">机动车
厂牌型号</td><td colspan="5"></td></tr>
<tr><td colspan="2">车辆识别代
号/车架号</td><td colspan="5"></td></tr>
<tr><td colspan="2">发动机号码</td><td colspan="5"></td></tr>
<tr><td colspan="2">来历凭证</td><td colspan="3">□销售/交易发票 □《调解书》 □《裁定书》
□《判决书》 □相关文书 □批准文件
□调拨证明 □《仲裁裁决书》</td><td colspan="2" rowspan="4">机动车所有人签章：

（个人签字/单位盖章）
年 月 日</td></tr>
<tr><td colspan="2">进口凭证</td><td colspan="3">□《货物进口证明书》 □《没收走私汽车、摩托车证明书》
□《中华人民共和国海关监管车辆进（出）境领（销）牌证通知书》</td></tr>
<tr><td colspan="2">其他</td><td colspan="3">□国产机动车的整车出厂合格证 □身份证明
□《协助执行通知书》 □《公证书》</td></tr>
<tr><td>申请方式</td><td colspan="5">□由机动车所有人申请
□机动车所有人委托＿＿＿＿＿＿＿＿＿＿代理申请</td></tr>
<tr><td rowspan="7">代理人</td><td colspan="2">姓名/名称</td><td colspan="5"></td></tr>
<tr><td colspan="2">住所地址</td><td colspan="3"></td><td>联系电话</td><td></td></tr>
<tr><td colspan="2">身份证明名称</td><td></td><td>号码</td><td></td><td colspan="2" rowspan="5">代理人签章：

（个人签字/单位盖章）
年 月 日</td></tr>
<tr><td rowspan="4">经办人</td><td>姓名</td><td colspan="3"></td></tr>
<tr><td>身份证明名称</td><td></td><td>号码</td><td></td></tr>
<tr><td>住所地址</td><td colspan="3"></td></tr>
<tr><td>签字</td><td colspan="3">年 月 日</td></tr>
</table>

(5)机动车变更登记的其他要求

已注册登记的机动车，机动车所有人住所地址在车辆管理所管辖区域内迁移、机动车所有人姓名（单位名称）或者联系方式变更的，应当填写《变更备案申请表》，可通过邮寄、传真、电子邮件等方式向车辆管理所备案。

3. 机动车转移登记

已注册登记的机动车所有权发生转移的,应当及时办理转移登记。

(1)机动车转移登记应提交的资料

申请机动车转移登记,当事人应当向登记该机动车的公安机关交通管理部门交验机动车,并提交以下证明、凭证:①当事人的身份证明;②机动车所有权转移的证明、凭证;③机动车登记证书;④机动车行驶证。

(2)机动车转移登记的程序

申请转移登记的,机动车所有人应当于机动车交付之日起三十日内,填写《机动车转移登记申请表》,提交法定证明、凭证,并交验机动车。属于海关解除监管的机动车,还应当提交海关出具的《中华人民共和国海关监管车辆解除监管证明书》。超过检验有效期的机动车应当进行安全技术检验。车辆管理所应当自受理申请之日起三日内,确认机动车。

现机动车所有人住所在车辆管理所管辖区内的,收回原行驶证,重新核发行驶证。需要改变机动车登记编号的,收回原号牌、行驶证,确定新的机动车登记编号,重新核发号牌、行驶证和检验合格标志。

(3)机动车转移登记的内容

车辆管理所办理转移登记,应当登记下列内容:①现机动车所有人的姓名或者单位名称、身份证明名称、身份证明号码、住所地址、邮政编码和联系电话;②机动车获得方式;③机动车来历凭证的名称、编号;④转移登记的日期;⑤海关解除监管的机动车,登记海关出具的《中华人民共和国海关监管车辆解除监管证明书》的名称、编号;⑥改变机动车登记编号的,登记机动车登记编号;⑦现机动车所有人住所不在现登记地车辆管理所管辖区内的,登记转入地车辆管理所的名称。

(4)不予办理转移登记的情形

有下列情形之一的,不予办理转移登记:①有符合不予办理机动车注册登记情形的;②机动车与该车的档案记载的内容不一致的;③机动车未被海关解除监管的;④机动车在抵押期间的;⑤机动车或者机动车档案被人民法院、人民检察院、行政执法部门依法查封、扣押的;⑥机动车涉及未处理完毕的道路交通安全违法行为或者交通事故的。

(5)机动车转移登记的其他规定

被司法机关和行政部门依法没收并拍卖,或者被仲裁机构依法仲裁裁决,或者被人民法院调解、裁定、判决机动车转移时,原机动车所有人未向现机动车所有人提供机动车登记证书和行驶证的,现机动车所有人在办理转移登记时,应当提交人民法院出具的《协助执行通知书》或者行政执法部门出具的未得到机动车登记证书和行驶证的证明。车辆管理所应当公告原机动车登记证书和行驶证作废,并在办理转移登记同时,发放机动车登记证书和行驶证。

4. 机动车抵押登记

机动车所有人将机动车作为抵押物抵押的,机动车所有人应当向登记该机动车的公安机关交通管理部门申请抵押登记。

(1)机动车抵押登记应提交的资料

申请抵押登记,应当填写《机动车抵押/注销抵押登记申请表》,持下列证明、凭证,由机动车所有人(抵押人)和抵押权人共同申请:①抵押人和抵押权人的身份证明;②机动车登记证书;③抵押人和抵押权人依法订立的主合同和抵押合同。

申请注销抵押的,应当填写《机动车抵押/注销抵押登记申请表》,持下列证明、凭证,与抵押权人共同申请:①抵押人和抵押权人的身份证明;②机动车登记证书。

(2)机动车抵押登记的程序

申请抵押登记的,车辆管理所应当自受理之日起一日内,在机动车登记证书上记载抵押登记内容;申请注销抵押的,车辆管理所应当自受理之日起一日内,在机动车登记证书上记载注销抵押内容和注销抵押的日期。机动车抵押登记日期、注销抵押日期可以供公众查询。

(3)机动车抵押登记的内容

车辆管理所办理抵押登记,应当登记下列内容:①抵押权人的姓名或者单位名称、身份证明名称、身份证明号码、住所地址、邮政编码、联系电话;②主合同和抵押合同号码;③抵押登记的日期。

5. 机动车报废注销登记

应当报废的机动车或机动车灭失必须及时办理注销登记。已达到国家强制报废标准的机动车,机动车所有人应申请报废注销登记,并向机动车回收企业交售机动车;机动车灭失,机动车所有人应当向车辆管理所申请注销登记。

(1)机动车报废注销登记应提交的资料

已达到国家强制报废标准的机动车,机动车所有人应当提交机动车登记证书、号牌和行驶证;因机动车灭失申请注销登记的,机动车所有人应当提交有关灭失证明。

(2)机动车报废注销登记的程序

申请机动车注销登记,机动车所有人应填写《机动车停驶、复驶/注销登记申请表》。机动车回收企业应当确认机动车并解体,向机动车所有人出具《报废机动车回收证明》。机动车回收企业应当在机动车解体后七日内将《机动车停驶、复驶/注销登记申请表》、机动车登记证书、号牌、行驶证和《报废机动车回收证明》副本交回车辆管理所。车辆管理所应当自受理之日起一日内办理注销登记,在计算机登记系统内登记注销信息。

因机动车灭失申请注销登记,机动车所有人应当填写《机动车停驶、复驶/注销登记申请表》。车辆管理所应当自受理之日起一日内办理注销登记,收回机动车登记证书、号牌和行驶证。因机动车灭失无法交回号牌、行驶证的,车辆管理所应当公告作废。

机动车所有人因其他原因申请注销登记的,填写《机动车停驶、复驶/注销登记申请表》。车辆管理所应当自受理之日起一日内办理注销登记,收回机动车登记证书、号牌和行驶证。

三、机动车安全技术检验

1. 机动车注册登记检验

初次申领号牌、行驶证的,除国家机动车产品主管部门认定免予检验的车型外,应当在申请注册登记前,到机动车安全技术检验机构对机动车进行安全技术检验,取得安全技术检验合格证明。

(1)机动车登记注册检验的检测站

机动车接受安全技术检验,必须到具有机动车安全技术检验资质的检测站进行,以保障检测数据的真实可靠。为了规范检测站的资质条件和检测行为,1989 年公安部制定了《机动车安全技术检测站管理办法》。根据该办法的规定,检测站接受公安机关车辆管理部门的委托从事机动车申请注册登记时的初次检验以及机动车定期、临时和特殊的检验。

凡是愿意承担社会机动车安全技术检测任务的检测站,必须具备该办法规定的条件,并向当地公安机关车辆管理部门提出书面申请,经审核认可并报省、自治区、直辖市公安机关车辆管理部门批准,发给《机动车辆安全技术检测委托书》。只有具有委托书的检测站方可接受机动车安全技术检测任务。

受委托的检测站必须接受公安机关车辆管理部门的监督管理,严格执行机动车检验的法定标准,依照委托的范围对机动车进行安全技术检测,并向车主和公安机关车辆管理部门提供检测数据报告。检测站还要根据规定,建立检测车辆的技术档案。

(2)机动车注册登记安全技术检验标准

机动车注册登记接受安全技术检验,应当按照中华人民共和国国家标准《机动车运行安全技术条件》(GB 7258—2004)的规定执行。这项国家标准替代《机动车运行安全技术条件》(GB 7258—1997)标准,在 1997 年标准的基础上进行了修订。本标准与 GB 7258—1997 相比:明确了机动车概念,取消了一些对安全意义不大的要求,增加了道路运输危险货物车辆标志的要求,细化了机动车乘坐人数(或乘员数)核定的要求,增加了机动车机动性能、动力性能、制动性能、安全装置的要求,增加了车速受限车辆的特殊要求等。

(3)国产机动车新车登记注册免检制度

新车登记注册免检,不但可以大大提高机动车注册登记的效率,而且还能够减轻购车人的经济负担。随着我国机动车工业和道路交通运输事业的发展,车辆的技术性能、制造质量和行驶速度不断提高,同时汽车检测技术也越来越先进。为了服务经济建设,方便人民群众,国家在 1997 年、2001 年和 2003 年不断扩大国产新车入户免上检测线的范围。2003 年 8 月 19 日,公安部、国家发展和改革委员会联合下发通知(公交管[2003]143 号),进一步扩大了国产新车入户免上检测线的范围。

各级公安机关交通管理部门在办理上述车辆的注册登记或者核发临时行驶车号牌时,应当严格按照《机动车登记规定》(公安部第 72 号令)和《机动车登记工作规范》(公通字[2004]37 号)的规定,审核机动车所有人提交的有关资料,查验车辆,不再进行安全性能检测。出厂日期满 2 年未办理注册登记的,或者注册登记前因事故损坏的免检车辆,应当进行安全性能检测。

免检车型的制造企业应当加强出厂车辆的安全性能检测,确保免检车辆符合国家有关法律法规和《机动车运行安全技术条件》(GB 7258—2004)的规定。对于社会或者公安机关交通管理部门普遍反映免检车型存在安全隐患或者产品质量有问题的,国家将通过产品质量法和其他法律、法规予以处理,还可以实行缺陷车召回制度。

2. 机动车定期安全技术检验

(1)机动车定期安全技术检验

定期检验是对已经领取正式号牌和行驶证上道路行驶的车辆,定期按照《机动车安全技术条件》国家标准进行的检验。定期检验通常每年进行一次,所以又称年度检验。定期检验的目的在于检查机动车的主要技术状况,督促加强机动车的维修保养,使机动车经常处于完好状态,确保机动车行驶安全。

机动车定期检验的主要内容有:①检查机动车发动机、底盘、车身及附属设备是否齐全有效,主要总成是否更换,与初次检验的记录是否相同;②检查制动性、转向操作性、灯光、排放等是否符合国家标准要求;③机动车经过改装、改型是否办理了审验和异动登记手续;④检查号牌与行驶证有无损坏、涂改,字迹是否清楚等情况;⑤转籍、过户是否办理了规定的手续,在册机动车与实有机动车是否一致等。

《道路交通安全法》规定“根据车辆用途、载客载货数量、使用年限等不同情况,定期接受安全技术检验”,旨在对机动车检验的周期进行改革。改革后的机动车定期检验,将根据机动车的车辆用途、载客载货数量、使用年限等不同情况,规定不同的检验周期,而不再统一进行年检。这样规定综合考虑了保障机动车安全和方便群众相结合等因素。

《道路交通安全法实施条例》规定,机动车应当从注册登记之日起,按照下列期限进行安全技术检验:①营运载客汽车 5 年以内每年检查一次;超过 5 年的,每 6 个月检查一次;②载货汽车和大型、中型非营运载客汽车 10 年以内每年检查 1 次;超过 10 年的,每 6 个月检查 1 次;③小型、微型非营运载客汽车 6 年以内每 2 年检验 1 次;超过 6 年的,每年检验 1 次;超过 15 年的,每 6 个月检验 1 次;④摩托车 4 年以内每 2 年检验 1 次;超过 4 年的,每年检验 1 次;⑤拖拉机和其他机动车每年检验 1 次。营运机动车在规定检验期限内经安全技术检验合格的,不再重复进行安全技术检验。

针对一些机动车安全技术检验机构在进行机动车安全技术检验时,要求提供停车泊位等与机动车安全技术性能无关的证明的情况,《道路交通安全法》专门作出了明确的禁止性规定,并且明确,只要参与检验的机动车所有人或者驾驶人提供了机动车的行驶证和机动车第三者责任保险的保险单,机动车安全技术检验机构就必须对该机动车进行安全技术检验,而不得再要求当事人提供其他材料,任何单位不得附加其他条件。

已注册登记的机动车进行安全技术检验时,机动车行驶证记载的登记内容与该机动车的有关情况不符,或者未按照规定提供机动车第三者责任强制保险凭证的,不予通过检验。

机动车定期安全技术检验程序包括:机动车所有人申请检验机动车合格标志,提交行驶证、机动车第三者责任强制保险凭证、机动车安全技术检验机构出具的安全技术检验合格证明。车辆管理所应当自受理之日起一日内,确认机动车,对涉及机动车的道路交通安全违法行为和交通事故处理情况进行核查后,核发机动车检验合格标志。机动车涉及道路交通安全违法行为和交通事故未处理完毕的,不予核发检验合格标志。

(2)机动车安全技术检验社会化

对于机动车检测行为和检测机构的性质问题,一种观点认为,机动车检测站是公安机关交通管理部门行使国家行政职能的场所,是机动车管理工作的一个岗位;另一种观点认为,应当要求将隶属于政府部门的车辆检测机构与政府部门脱钩,实行机动车检测的社会化。但目前全国机动车检验站的设立情况比较复杂,从实际情况出发,实行机动车安全技术检验社会化还需要创造条件,专门制定一个办法。在没有对检验机构的必备条件、应负的责任及对其的监督管理作出明确规定之前,一下放开,由属于社会中介机构性质的检验站对机动车的安全技术性能进行检验,公安机关交通管理部门又只能将其作出的检验结果作为发放检验合格证的依据,可能出现混乱,难以确保检验质量。鉴于上述具体情况,《道路交通安全法》对此仅作出了原则性规定,在明确机动车检验实行社会化的同时,要求国务院制定具体办法。

如果机动车检验已经推行了社会化,机动车所有人可以自主选择具有机动车检测资质的单位进行机动车安全技术检测。影响机动车所有人选择的因素可能是方便程度、服务质量以及价格等因素。任何政府行政部门不得指定单位进行检测,否则不但不公平、不方便群众,还可能造成权力腐败。

《道路交通安全法》规定“机动车登记机关、机动车安全技术检验机构不得要求机动车到指定的场所进行维修、保养”,这也是从维护机动车所有人和机动车维修、保养经营单位的权益以及制约行政机关管理权力的滥用等角度进行考虑的。这里的机动车登记机关不但包括了公安机关交通管理部门,而且还包括了公安机关交通管理部门委托的农业(农业机械)主管部门。

机动车检验收费必须严格执行国务院价格主管部门核定的收费标准。不管机动车检验是否已经实现了社会化,对于机动车检验的收费问题都将在相当长的时期内,由国家物价主管部门核定标准,而不可能完全由市场自发决定。

3. 异地委托机动车安全技术检验

机动车因故不能在登记地检验的,机动车所有人应当向登记地车辆管理所申请委托核发检验合格标志。申请时,机动车所有人应当提交行驶证、机动车第三者责任强制保险凭证。车辆管理所应当自受理之日起一日内,对涉及机动车的道路交通安全违法行为和交通事故情况处理核查后,出具核发检验合格标志的委托书。

机动车在检验合格后,机动车所有人应当提交行驶证、机动车第三者责任强制保险凭证、机动车安全技术检验机构出具的安全技术检验合格证明,向被委托地车辆管理所申请检验合格标志,并提交核发检验合格标志的委托书。被委托地车辆管理所应当按照机动车定期安全技术检验的规定核发机动车检验合格标志。

大型载客汽车和涉及道路交通安全违法行为或者交通事故未处理完毕的机动车,不得委托核发检验合格标志。

四、机动车强制报废制度

强制报废制度又称法定报废制度,是指在机动车符合法定的报废标准后,机动车所有人必须按照规定程序对其机动车进行报废。机动车强制报废制度是排除道路交通安全隐患、维护道路交通安全的重要制度。世界各国一般均采用强制报废制度。

1. 机动车报废标准

我国在1986年就制定了《汽车报废标准》。随着国民经济的发展,我国汽车保有量迅速增大,1986年制定的《汽车报废标准》已不适应汽车生产和交通运输发展以及交通安全、节能、环保等需要。经国务院批准,1997年7月,国家经济贸易委员会、国家计划委员会、国内贸易部、机械工业部、公安部、国家环境保护局等六部委修订并重新发布了《汽车报废标准》。

1997年的《汽车报废标准》根据机动车的不同用途和安全技术状况,确立了在我国境内注册的民用汽车的报废标准:①轻、微型载货汽车(含越野型)、矿山作业专用车累计行驶30万公里,重、中型载货汽车(含越野型)累计行驶40万公里,特大、大、中、轻、微型(含越野型)轿车累计行驶50万公里,其他车辆累计行驶45万公里;②轻、微型载货汽车(含越野型)、带拖挂的载货汽车、矿山作业专用车及各类出租汽车使用8年,其他车辆使用10年;③因各种原因造成车辆严重损坏或技术状况低劣,无法修复的;④车型淘汰,已无配件来源的;⑤汽车经长期使用,耗油量超过国家定型车出厂标准规定值15%的;⑥经修理和调整仍达不到国家对机动车运行安全技术条件要求的;⑦经修理和调整或采用排气污染控制技术后,排放污染物仍超过国家规定的汽车排放标准的。

《汽车报废标准》还规定,除19座以下出租车和轻、微型载货汽车(含越野型)外,对达到上述使用年限的客、货车辆,经公安机关车辆管理部门依据国家机动车安全排放有关规定严格检验,性能符合规定的,可延缓报废,但延长期不得超过标准第二条规定年限的一半。对于吊车、消防车、钻探车等从事专门作业的车辆,还可根据实际使用和检验情况,再延长使用年限。所有延长使用年限的车辆,都需按公安部规定增加检验次数,不符合国家有关汽车安全排放规定的应当强制报废。

为了有效贯彻和实施《汽车报废标准》,1997 年 11 月公安部下发了关于实施《汽车报废标准》有关事项的通知,通知要求各级公安机关交通管理部门要利用各种形式宣传新的汽车报废标准,并结合机动车定期检验,对达到报废标准的汽车,通知车主限期办理报废、注销登记,汽车使用年限从初次登记日起计算。为了鼓励技术进步、节约资源、保护环境及公平竞争,1998 年国家经济贸易委员会、国家计划委员会、公安部、国家环境保护局将 1997 年《汽车报废标准》中轻型载货汽车(含越野型)(厂定最大总质量大于 1.8 吨、小于等于 6 吨的载货汽车)的行驶里程、使用年限及办理延缓的报废标准作了调整,将原来的累计行驶 30 万公里调整为累计行驶 40 万公里,使用 8 年改为使用 10 年,并将达到使用年限后延缓报废的时间延长至 5 年。2000 年 12 月,为了鼓励技术进步、节约资源、促进汽车消费,国家经济贸易委员会、国家发展计划委员会、公安部、国家环境保护总局将 1997 年制定的汽车报废标准中非营运载客汽车和旅游载客汽车的使用年限及办理延缓的报废标准进行了调整。所谓非营运载客汽车是指单位和个人不以获取运输利润为目的的自用载客汽车,旅游载客汽车是指经各级旅游主管部门批准的旅行社专门运载游客的自用载客汽车。调整后的标准为:9 座(含 9 座)以下非营运载客汽车(包括轿车、含越野型)使用 15 年,旅游载客汽车和 9 座以上非营运载客汽车使用 10 年。上述车辆达到报废年限后需继续使用的,必须依据国家机动车安全、污染物排放有关规定进行严格检验,检验合格后方可延长使用年限。但旅游载客汽车和 9 座以上非营运载客汽车可延长使用年限最长不超过 10 年。对延长使用年限的车辆,应当按照公安机关交通管理部门和环境保护部门的规定,增加检验次数。一个检验周期内连续三次检验不符合要求的,应注销登记,不允许再上道路行驶。

《道路交通安全法》规定的机动车强制报废制度和原则,是对以往汽车报废制度的总结和法定化。该法实施后,国家还将会根据新的汽车产业政策和《道路交通安全法》的要求制定新的报废标准。

2. 机动车报废注销登记

应当报废的机动车必须及时办理注销登记。已注册登记的机动车,达到国家规定的报废标准、灭失或者因故不在我国境内道路上使用的,机动车所有人应当向机动车管辖地车辆管理所申请注销登记。

已注册登记的机动车达到国家规定强制报废标准的,公安机关交通管理部门应当在报废期满的两个月前通知机动车所有人办理注销登记。机动车所有人应当在报废期满前将机动车交售给机动车回收企业,由机动车回收企业将报废的机动车登记证书、号牌、行驶证交公安机关交通管理部门注销。机动车所有人逾期不办理注销登记的,公安机关交通管理部门应当公告该机动车登记证书、号牌、行驶证作废。

因机动车灭失申请注销登记的,机动车所有人应当向公安机关交通管理部门提交本人身份证明,交回机动车登记证书。

目前,公安机关交通管理部门对于已达到强制报废标准继续在道路上行驶的汽车,均采取扣留汽车牌证,转交车籍地公安机关交通管理部门办理报废、注销登记。发现已办理了报废、注销登记的汽车上道路行驶的,一律强制报废,送交报废汽车回收单位解体。《道路交通安全法》在法律责任中,对驾驶已达到报废标准的机动车上道路行驶的,规定公安机关交通管理部门应当予以收缴,强制报废,并对驾驶人处二百元以上二千元以下罚款,吊销机动车驾驶证。为了防止报废后的大型客、货车及营运车辆继续上路行驶或者被异地转卖和被非法拆装,《道路交通安全法》规定应当对这些报废车辆在公安机关交通管理部门的监督下解体。这从报废制度上再次体现了对大型客、货车及营运车辆进行严格管理的立法政策。

五、特种车辆管理

特种车辆是指警车、消防车、救护车、工程救险车。由于特种车辆在执行紧急任务时可以享受一定的道路行驶优先权,甚至在特殊情况下还可以不必遵守某种交通规则,所以对于特种车辆的管理就显得十分必要。而对特种车辆管理的重点是对其标志图案、警报器和标志灯具的管理,这是用以识别特种车辆的几个主要特征。

1. 特种车辆的范围

根据公安部关于特种车辆安装使用警报器和标志灯具的管理规定,特种车辆的具体范围如下:①警车:包括公安机关用于侦察、警卫和治安、交通管理的巡逻车、勘查车、救护车、囚车以及其他执行特别紧急任务的车辆;国家安全机关用于执行侦察和其他特殊任务的车辆;人民检察院用于侦察刑事犯罪案件的现场勘查车和押解人犯的囚车;人民法院用于押解人犯的囚车;司法行政机关用于押解罪犯、运送劳教人员的囚车、专用车和追缉逃犯的车辆。②消防车:公安消防部队和其他消防部门用于灭火的专用车辆和现场指挥车辆。③救护车:急救、医疗机构和卫生防疫部门用于抢救危重病人或处理紧急疫情的专用车辆。④工程救险车:防汛、水利、电力、矿山、城建、交通、铁道等部门用于抢修公用设施、抢救人民生命财产的专用车辆和现场指挥车辆。

2. 特种车辆的警报器和标志灯具

对于不同种类的特种车辆,其警报器和标志灯具根据不同的标准进行安装:①警车:安装"双音转换调"、"紧急调频调"警报器和红色回转式警灯;②消防车:安装"连续调频调"警报器和红色回转式警灯;③工程救险车:安装"单音断鸣器"警报器和黄色回转式标志灯具;④救护车:安装"慢速双音转换器"警报器和蓝色回转式标志灯具。上述各类特种车辆安装的警报器,音调声压级为110分贝至115分贝。

为了在技术上统一规范特种车辆标志灯具,国家制定了《特种车辆标志灯具》国家标准(GB 13954—2004),详细规定了在特种车辆上安装使用的标志灯具的产品分类、技术要求、实验方法及标志。凡需安装特种车辆警报器、标志灯具的,必须由本单位向所在地方、县公安局申请领取《特种车辆警报器和标志灯具使用证》,并根据上述国家标准安装、使用。未经公安机关交通管理部门批准,机动车不得喷涂、安装、使用前款规定车辆专用的或者与其相类似的标志图案、警报器或者标志灯具。根据《道路交通安全法》的规定,对于违反规定非法安装警报器、标志灯具的,由公安机关交通管理部门强制拆除,予以收缴,并处二百元以上二千元以下罚款。

3. 公路监督检查专用车辆

根据公路法的规定,公路监督检查的专用车辆,应当设置统一的标志和示警灯。而《道路交通安全法》又规定除警车、消防车、救护车和工程抢险车以外的其他机动车辆不得喷涂、安装、使用特种车辆专用的或者与其相类似的标志图案、警报器或者标志灯具,这就造成了《道路交通安全法》上述规定和公路法规定的冲突。为了实现两部法律的衔接,《道路交通安全法》专门根据公路法的规定作出规定:"公路监督检查的专用车辆,应当依照公路法的规定,设置统一的标志和示警灯"。

六、机动车第三者责任强制保险制度

《机动车保险条款》(保监发[2000]16号)规定:第三者责任险,是指被保险人或其允许的合格驾驶人在使用保险车辆过程中,发生意外事故,致使第三者遭受人身伤亡或财产的直接损毁,依法应当由被保险人支付的赔偿金额,保险人依照《道路交通事故处理办法》和保险合同的规定给予赔偿。这是国家为了保护道路交通受害人能够得到及时救助而采取的一项法定保险制度。

"第三者"是指本车驾驶人和乘车人以外的其他受害人,不包括本车车上人员。鉴于此,为了保障乘车受害人得到及时救治,有的国家在规定机动车第三者责任强制保险的同时,还要求从事商业客运的车辆同时投保乘客责任保险。这样,一旦投保车辆发生交通事故,致使本车乘客遭受人身伤亡,被保险人依法承担的对受害人的赔偿责任,由保险公司在保险责任限额内承担。

1. 现行机动车强制保险制度存在的问题

根据统计,到2001年年底,已经有24个省、自治区、直辖市通过不同形式的地方立法,不同程度地实施了机动车第三者责任保险。这种机动车强制保险制度方面的尝试,对于规范保险市场,保护交通事故各方,尤其是保护受害者的合法权益等有很积极的作用。但是由于各地情况不一,各地法规也不尽一致,再加上司法管辖权等其他方面的原因,现行的机动车强制保险制度存在许多问题,主要表现在:

(1)各地各行其政,缺乏有效的协调机制和统一的标准,保险条款与道路交通事故处理法规存在不协调之处,使得被保险人的损失难以得到充分补偿。

(2)由于司法管辖权的局限,地方性法规只对本地域具有约束力,而无法管束那些频繁出入本地和挂外埠牌照在外地登记的本地车辆。

(3)各地之间政策不统一,给保险公司提高理赔效率和质量带来困难,有可能使保险公司建立的关于事故车辆修理、伤员抢救等优质服务措施缺乏运作基础。

(4)各地关于强制机动车投保机动车辆保险的法规,内容多限于强制车主投保方面,对投保后保险责任的履行、被保险人义务的履行等均涉及不够,保障落实各项责任和义务的程序规定更是缺乏。

(5)机动车第三者责任保险一般都设置了较多的免责条款,事实上侵害了投保人的合法权益,也直接影响了受害人的及时有效救助。

(6)根据1995年6月八届全国人民代表大会常务委员会第十四次会议通过、2002年10月九届全国人民代表大会常务委员会第三十次会议修改的《中华人民共和国保险法》的规定,强制订立的保险合同只能由法律或者国务院行政法规规定。这样一来,地方制定的地方性法规和政府规章,就不能规定机动车所有人订立机动车第三者责任强制保险。因此,地方性法规和规章确立的机动车第三者责任保险制度面临合法性的挑战。

2. 建立机动车第三者责任强制保险制度的意义

在《道路交通安全法》颁布实施前,在全国范围内并没有统一的机动车第三者责任保险制度。机动车第三者责任保险尚处于探索阶段,各地通过制定地方性法规、规章,建立本行政区域内的机动车第三者责任保险制度。

随着道路交通的发展,现行的交通事故赔偿机制越来越严重地制约着交通事故处理的快速化和程序简单化,现有的赔偿机制很容易造成事故发生后无力赔偿及其他一系列社会问题。

受害人得不到及时有效的赔偿,就会造成突出的社会矛盾,从而增加了不稳定因素。要从根本上解决道路交通事故理赔难的问题,就必须尽快建立和完善机动车第三者责任强制保险制度。

我国是人口大国,每年发生几十万起交通事故,事故死伤人员多达二十几万人,并造成巨额直接经济损失。而在交通事故处理中,理赔难的问题一直没有能够得到有效解决。为了及时救助交通事故受害人,同时也为了提高道路交通事故处理的效率,保障道路畅通,《道路交通安全法》在总结各地机动车第三者责任保险制度的经验和教训的基础上,确立了这一在世界上100多个国家早已确立了的机动车责任保险制度。

根据《道路交通安全法》规定,国家实行机动车第三者责任强制保险制度,即凡在中华人民共和国境内登记注册的机动车辆必须投保第三者责任险,并由有关的保险公司按照法律、行政法规的规定从所收取的机动车第三者责任强制保险费中提取一定比例的资金设立道路交通事故社会救助基金。

《道路交通安全法》只是对机动车第三者责任强制保险作了一个原则性的规定,依法确立了该项制度,并在道路交通事故处理部分体现了一些原则。目前,国务院正在抓紧制定《机动车辆法定保险条例》。在这个专门条例中,将对机动车第三者责任法定保险的含义、基本原则、保险合同、保险赔偿、强制保险业监督管理以及相关法律责任等进行具体规范。

3. 道路交通事故社会救助基金

道路交通事故社会救助基金是为了对肇事逃逸机动车、未投保机动车辆造成的交通事故受害人进行补偿的制度,是对机动车第三者责任保险制度的重要补充。在机动车肇事逃逸后,由于暂时无法确定肇事车辆的身份以及其投保的保险公司,机动车第三者责任保险的赔偿救助机制难以发挥作用。同样,如果事故车辆根本就没有参加第三者责任保险,也没有理由和措施使保险公司理赔。为了保障受害人得到最基本的抢救治疗,弥补机动车第三者强制保险制度可能遗留的保障盲区,《道路交通安全法》在确立机动车第三者责任强制保险制度的同时,又规定了道路交通事故社会救助制度。

道路交通事故社会救助制度最核心的一个问题是建立这项基金的来源。目前,根据世界各国的现有制度,救助基金的来源主要有以下几个途径:

(1)机动车法定保险费包含的补偿基金分摊费用

补偿基金分摊费用一般为保险费的1%到2%。

(2)基金通过代位追偿而获得的款项

这主要是指在机动车辆肇事逃逸以及肇事机动车未投保法定保险并无力支付赔偿款项的场合,道路交通事故受害人或者其继承人可以向道路交通事故补偿基金请求救助补偿,补偿基金在对道路交通事故受害人进行补偿后,依法代位取得了受害人具有的针对事故责任人的赔偿请求权,要求事故责任人赔偿基金因补偿受害人而遭受的损失。

(3)对不投保机动车第三者责任强制保险的机动车所有人进行处罚的收入

根据《道路交通安全法》法律责任部分的规定,未按照规定投保机动车第三者责任强制保险的,机动车不得上道路行驶,对于上道路行驶的,责令投保,并可以由道路交通安全部门处以两倍于保险费的罚款数额,所罚款项纳入社会救助基金。

(4)基金孳息

基金孳息主要包括基金利息以及基金通过其他方式运作而获得的增值收入。

(5)其他方面的收入

其他方面的收入包括政府可能的财政资助以及社会力量的捐助等。

根据世界各国的通则,利用社会救助基金补偿道路交通事故受害人时,补偿的项目一般限于抢救期间的医疗费用和必要的丧葬费用,并且一般不超过机动车第三者责任的最低责任限额。但是,这种限制不影响事故受害人就自己所受损害的其他部分向事故责任人依法请求损害赔偿。

由于设立道路交通事故社会救助基金是一项新的举措,在实施过程中,会涉及交通事故处理、保险、医疗救治、基金管理等方方面面的问题,如何保障基金的有效额度并管好用好基金,切实、合理地用于解决人民群众因交通事故伤害而造成的医疗救助困难,需要制定详尽的管理办法,所以将由国务院根据《道路交通安全法》的规定制定具体的实施办法。

七、车辆安全管理的其他法规

除前面介绍的车辆安全管理法规外,《道路交通安全法》还明确禁止了一些针对机动车和机动车证照的违法行为,下面介绍这些关于车辆安全管理的其他规定。

1. 任何单位和个人不得拼装机动车或者擅自改变机动车已登记的结构、构造或者特征

这一规定明确禁止两种行为:一种是拼装机动车(包括拼装、组装等具体行为);另一种是擅自改动机动车已经登记的结构、构造或者其他特征。

(1)非法拼(组)装车辆

非法拼装车辆不但会造成道路交通安全隐患,而且也有违汽车产业政策,破坏机动车的生产经营。对盗窃、抢劫的机动车进行改装、拼装还会起到匿赃、消赃的作用,助长针对机动车实施的违法犯罪行为。利用已经报废的机动车的拆解部件拼装、组装的机动车辆,更是马路杀手。国家对非法拼装的机动车一直予以严厉禁止。1996 年 8 月,国务院批准了国家工商局、公安部等七部门《关于禁止非法拼(组)装汽车、摩托车的通告》。严厉禁止汽车、摩托车的非法拼装、组装行为,规定对非法拼装、组装的车辆,工商、公安和海关依据各自的职责没收销货款以及没有销售的车辆和组件。对于没收的车辆,经检验符合质量和安全要求的,由国家指定的经销执法部门没收车辆的单位进行经营,除此之外,任何单位和个人均不得经销。公安机关对于非法拼装的车辆,一律不予核发牌证,并予以没收。1999 年公安部制定的《机动车修理业、报废机动车回收业治安管理办法》也对非法拼装、组装机动车以及明知是盗窃、抢劫的机动车而予以改装、拼装等行为进行了禁止,并规定了严厉的处罚措施。

(2)擅自改变已登记项目

经过注册登记的机动车,都经过了严格的车辆安全技术检验,登记机关对于机动车的结构、构造和特征也都作了详细的登记记录。当事人如果擅自改变这些已经登记过的项目,如更换发动机、车身(架)、改装车型或者是改变车身颜色等,就会使改装后的机动车与登记的机动车结构和特征不一致,而且还可能造成机动车安全隐患。《机动车修理业、报废机动车回收业治安管理办法》对这种行为也进行了严厉打击,对于违反这一规定的机动车修理企业和个体工商户,最高可以处以三万元以下罚款。

需要大家注意的是,对于机动车的结构、构造和特征,并不是一概不能改变,而只是不能擅自改变。如果机动车所有人需要更换发动机、车身或者改装车型、改变车身颜色,则需要到机动车登记部门提出申请,在得到公安机关交通管理部门出具的机动车变更、改装审批证明后,就可以按照审批证明记载的事项对机动车进行改变,并在改变后及时向机动车登记部门申请变更登记。

2. 任何单位和个人不得改变机动车型号、发动机号码、车架号或者车辆识别代号

机动车的型号、编号、发动机号码、车架号、车辆识别代号等是识别机动车真实身份的重要信息，除非有专门的目的，否则不会对这些信息进行涂改。一般来讲，变改的目的是为了故意掩盖机动车的真实身份，如对盗窃或者抢劫的机动车的这些号码进行涂改。

《机动车修理业、报废机动车回收业治安管理办法》对更改发动机号码和车架号码的机动车修理企业和个体工商户，最高可以处以三万元以下罚款，对主管人员和其他直接责任人员处警告或两千元以下罚款。

3. 任何单位和个人不得伪造、变造或者使用伪造、变造的或其他机动车的机动车登记证书、号牌、行驶证、检验合格标志、保险标志

禁止伪造、变造或者使用伪造、变造的或者其他机动车的登记证书、号牌、行驶证、检验合格标志、保险标志是对机动车法定证件的一种保护措施。国家对于机动车的管理，主要是依托在一定的审批管理制度之上的，而这些管理都具体承载在机动车的这些法定证件上，如果伪造、变造或者使用伪造、变造的或其他机动车的这些法定证件的不法行为得不到有效禁止，将会使机动车管理秩序受到很大冲击，并给其他违法犯罪行为大开方便之门。

《道路交通安全法》在法律责任中规定，使用伪造、变造的机动车号牌、行驶证、检验合格标志、保险标志、机动车登记证、驾驶证或者使用其他机动车号牌、行驶证、检验合格标志、保险标志、机动车登记证的，由公安机关交通管理部门扣留该机动车，并处二百元以上两千元以下罚款。

八、非机动车管理

根据《道路交通安全法》附则中关于非机动车的界定，非机动车是指以人力或者畜力驱动，在道路上行驶的交通工具，以及虽有动力装置驱动但设计最高时速、空车质量、外形尺寸符合有关国家标准的残疾人机动轮椅车、电动自行车等交通工具。非机动车可以包括自行车、三轮车、人力车、畜力车、残疾人专用车、电动自行车等。

在我国，机动车、非机动车混行是道路交通安全管理一个非常现实的国情，因此《道路交通安全法》对非机动车上道路行驶也作出了原则性规定，以便为非机动车的管理提供法律上的根据。鉴于非机动车的情况各地有很大的差别，难以在全国范围内确立统一的标准，所以《道路交通安全法》的规定基本上属于授权条款，各地可以根据规定的原则制定非机动车的具体管理办法和标准。

《道路交通安全法》对非机动车实施了行驶许可制度，但其规定并非要求所有非机动车的上道路行驶均需要通过许可。只有按照地方性法规、规章确定需要进行登记的非机动车种类，上道路行驶才需要许可。这样规定的目的也是为了规范非机动车的管理行为，避免在没有明确规范规定的情况下，随意管理和处罚非机动车驾驶人。

鉴于各地非机动车的种类差别大，《道路交通安全法》要求各省、自治区、直辖市根据当地的实际情况规定。例如，北京市在 1994 年就制定了《北京市非机动车辆管理规定》，并于 1997 年作了修改，将自行车、人力三轮车、残疾人专用车和大型畜力车列入登记管理范围，这些非机动车上路行驶必须申请领取非机动车牌证。根据立法的规定，较大的市（包括省、自治区政府所在地的市、特区政府所在地的市和国务院批准的其他较大的市）也具有一定程度的制定地方性法规的权力和独立制定规章的权力。所以较大的市也可以根据当地的实际，在不与其所在的省、自治区的相关规定冲突的情况下，制定更加符合当地特点的非机动车登记管理办法。

第三节　驾驶人安全管理法规

随着我国私人机动车拥有量的不断增加,越来越多的机动车是由机动车所有人驾驶的,而不是由专职的司机驾驶的,因此在《道路交通安全法》中使用了驾驶人的概念。本书在引述以往的管理法规时,可能仍需使用驾驶人的概念,因此在本书中两者在不同场合的使用并不表明有什么区别。

一、驾驶证管理

驾驶证是证明机动车驾驶人具有驾驶某种机动车资格的法定证件。对机动车驾驶人实行驾驶资格准许制度是各国对机动车驾驶人进行管理的通例。为了便于公安机关交通管理部门对上道路驾驶机动车辆的驾驶人进行管理,《道路交通安全法》规定机动车驾驶人应将其驾驶证随身携带,除了公安机关交通管理部门可以收缴、扣留机动车驾驶证外,其他任何单位和个人不得收缴、扣留机动车驾驶证。

1. 驾驶证管理法规的产生和发展

驾驶证制度与汽车牌照制度几乎是同时产生的。起初是地方性的,各地有自己的驾驶证制度规定,以后统一为全国性的。美国1901年就规定了驾驶汽车的人必须领取驾驶执照。日本的驾驶执照是在1904年开始出现的,当时在爱知县和广岛县的《公共汽车在营业管理规则》中,驾驶汽车要携带、出示"考试合格许可证"(即驾驶执照)。1919年日本内务省发布《机动车管理令》,取代各地自行规定的交通和车辆管理规划,统一了全日本的车辆管理规则和驾驶执照制度。实行驾驶执照制度较晚的国家是比利时。1962年以前,在比利时年满18岁就可以驾驶车辆,当时是世界上唯一不需要驾驶执照就可以开车的国家。但是后来由于交通事故激增,形成严重的社会问题,1959年比利时决定采用"驾驶执照制度",于1962年开始实行。

我国是实行驾驶证制度比较早的国家,我国最早的交通和车辆管理法规,都有关于驾驶证的规定。1928年上海市公布了汽车夫、汽车主司机、学习汽车驾驶执照制度。1931年公布的《青岛市汽车司机人管理规则》规定,欲驾驶汽车者,须向公安局领取司机执照。司机执照分为:业务司机、车主司机、学习司机、特种司机四种。1934年内政部公布《陆上交通管理规则》,对全国驾驶执照作了统一规定。1939年10月施行的《汽车驾驶人管理规则》规定汽车驾驶人执照由交通部牌照主管机关统一制发,经部指定的公路交通管理机关转发。汽车驾驶人执照分为普通、职业、学习、试车驾驶人执照和临时汽车驾驶证五种。

1950年7月交通部公布了《汽车管理暂行办法实施细则》,规定:驾驶证分为职业(又分为一等、二等、三等)、普通、学习汽车驾驶人证。1960年2月交通部公布《机动车管理办法》,规定驾驶执照又分为职业、实习职业、非职业、学习机动车驾驶证照。1972年公安部、交通部公布试行《城市和公路交通管理规则》,规定驾驶执照分为机动车驾驶证、机动车实习驾驶证、机动车学习驾驶证三种。1988年制定的《道路交通管理条例》对驾驶人的管理规定更加完善了驾驶证制度。1988年12月19日,公安部发布的《中华人民共和国机动车驾驶证证件》(GN 43—88)标准规定,从1989年7月1日开始启用全国统一的新机动车驾驶证。新驾驶证分为四种:正式驾驶证、实习驾驶证、学习驾驶证、临时驾驶证。1996年6月,公安部发布《中华人民共和国机动车驾驶证管理办法》,专门对机动车驾驶证的分类、取得、审验等作出了系统的规定。

2004年4月30日公安部部长办公会议通过、2004年4月30日中华人民共和国公安部令第71号发布了《机动车驾驶证申领和使用规定》,自2004年5月1日起与《道路交通安全法》及其实施条例同步施行。该规定是对三个部长令进行修改、合并形成的,即1996年公安部颁行的《中华人民共和国机动车驾驶证管理办法》(28号部长令)、《中华人民共和国机动车驾驶人考试办法》(29号部长令)和1999年公安部颁行的《机动车驾驶人交通违章记分办法》(45号部长令)。

过去对驾驶证的申领和使用方面的管理主要存在以下弊端:

(1)机动车驾驶证管理手段单一,主要实行静态管理,重点不突出,针对性不强,既不利于对少数道路交通安全违法机动车驾驶人从严管理,又不利于方便、鼓励多数遵章守法的机动车驾驶人;

(2)对如何便民利民考虑不够;

(3)对机动车驾驶人的考试缺乏针对性,没有针对不同的准驾车型设定相应的考试项目和考试难度,考试质量不高,难以保障新机动车驾驶人的驾驶技能和水平;

(4)《道路交通安全法》及其实施条例重新确立了机动车驾驶人管理制度,必须对原规定中与之抵触或者不相适应的内容进行调整和修改。

《机动车驾驶证申领和使用规定》在八个方面进行了重大调整和修改:

(1)突出对重点驾驶人的管理,预防道路交通事故;

(2)改进机动车驾驶证审验方式;

(3)加强考试针对性,提高考试难度,保证考试质量;

(4)奖惩结合,促进机动车驾驶人遵章守法的自觉性;

(5)应用科技手段,提高管理水平,防止违规办理机动车驾驶证;

(6)突出重点违章,调整记分范围和分值;

(7)注重便民利民,提高服务水平;

(8)对拖拉机驾驶证的核发与式样予以明确。

2. 驾驶证种类、式样及记载和签注的内容

目前,我国的机动车驾驶证可以分为三种:

(1)《中华人民共和国机动车驾驶证》,简称驾驶证,是驾驶人取得正式驾驶资格的法定证明,标志着机动车驾驶人已经完全具备了上道路驾驶某种机动车的知识、技术和技能。凭此证可在全国道路上驾驶准驾车型的民用机动车。驾驶证有效期分为6年、10年和长期,初次领取的驾驶证第1年为实习期。

(2)《中华人民共和国机动车学习驾驶证》,简称学习驾驶证,是学习驾驶机动车的证明。凭此证在教练员的随车指导下,按照规定学习驾驶民用车辆和参加机动车驾驶人考试。学习驾驶证有效期为2年。

(3)《中华人民共和国机动车临时驾驶证》,简称临时驾驶证,是核发给持有外国或者香港、澳门、台湾地区驾驶证或者国际驾驶证临时来华,需要在道路上驾驶机动车的外国(地区)人的驾驶证件。凭此证件可以在规定的时间、道路上驾驶准予驾驶的机动车。临时驾驶证有效期不超过1年。

根据《机动车驾驶证申领和使用规定》,机动车驾驶证式样、规格按照中华人民共和国公共安全行业标准《中华人民共和国机动车驾驶证》执行,驾驶技能准考证明的式样由公安部规定。机动车驾驶证记载和签注以下内容:① 机动车驾驶人信息:姓名、性别、出生日期、国籍、住址、

身份证明号码(机动车驾驶证号码)、照片;② 车辆管理所签注内容:初次领证日期、准驾车型代号、有效期起始日期、有效期限、核发机关印章、档案编号。

3. 准驾车型

根据《机动车驾驶证申领和使用规定》,机动车驾驶人准予驾驶的车型顺序依次分为:大型客车、牵引车、城市公交车、中型客车、大型货车、小型汽车、小型自动挡汽车、低速载货汽车、三轮汽车、普通三轮摩托车、普通二轮摩托车、轻便摩托车、轮式自行机械车、无轨电车和有轨电车。

同以往的规定相比,《机动车驾驶证申领和使用规定》细化了准驾车型,增加了中型客车、牵引车、城市公交车准驾车型,原因在于针对中型客车、牵引车违章超载及交通肇事率高的情况进行改动,以强化对这两类车辆的驾驶人的管理;考虑到城市公交运输工作的特殊性,新增设了城市公交车准驾车型。另外,将原来的三轮农用运输车、四轮农用运输车改为三轮汽车和低速载货汽车,以便与国家强制性标准《机动车安全技术运行条件》(GB 7258—2004)的提法相一致。准驾车型及代号见表 2-2。

准驾车型及代号 表 2-2

准驾车型	代号	准驾的车辆	准予驾驶的其他准驾车型
大型客车	A1	大型载客汽车	A3、B1、B2、C1、C2、C3、C4、M
牵引车	A2	重型、中型全挂、半挂汽车列车	B1、B2、C1、C2、C3、C4、M
城市公交车	A3	核载 10 人以上的城市公共汽车	C1、C2、C3、C4
中型客车	B1	中型载客汽车(含核载 10 人以上、19 人以下的城市公共汽车)	C1、C2、C3、C4、M
大型货车	B2	重型、中型载货汽车;大、重、中型专项作业车	
小型汽车	C1	小型、微型载客汽车以及轻型、微型载货汽车;轻、小、微型专项作业车	C2、C3、C4
小型自动挡汽车	C2	小型、微型自动挡载客汽车以及轻型、微型自动挡载货汽车	
低速载货汽车	C3	低速载货汽车(原四轮农用运输车)	C4
三轮汽车	C4	三轮汽车(原三轮农用运输车)	
普通三轮摩托车	D	发动机排量大于 50ml 或者最大设计车速大于 50km/h 的三轮摩托车	E、F
普通二轮摩托车	E	发动机排量大于 50ml 或者最大设计车速大于 50km/h 的二轮摩托车	F
轻便摩托车	F	发动机排量小于等于 50ml,最大设计车速小于等于 50km/h 的摩托车	
轮式自行机械车	M	轮式自行机械车	
无轨电车	N	无轨电车	
有轨电车	P	有轨电车	

在《机动车驾驶证申领和使用规定》中明确了拖拉机驾驶证的另行规定,因为《道路交通安全法》规定拖拉机驾驶证的核发和管理职权由农业(农业机械)主管部门行使。据此,《机动车驾驶证申领和使用规定》中的驾驶证准驾车型不包括拖拉机,拖拉机驾驶证的申领和使用由农

业部门另行规定。

4. 申领驾驶证

(1)申领驾驶证的条件

根据《道路交通安全法》的规定,机动车驾驶人要取得机动车驾驶证必须符合一定的条件,并经过公安机关交通管理部门组织的考试。这里所指的“公安部门规定的驾驶许可条件”主要是指《机动车驾驶证申领和使用规定》中规定的身体条件、年龄条件和其他条件。

车辆管理所办理机动车驾驶证业务,应当依法受理申请人的申请,审核申请人提交的资料,对符合条件的,按照规定程序和期限办理机动车驾驶证。申请机动车驾驶证的人,应当如实向车辆管理所提交规定的资料,如实申告规定的事项。

申请机动车驾驶证的年龄条件规定:①申请小型汽车、小型自动挡汽车、轻便摩托车准驾车型的,在18周岁以上,70周岁以下;②申请低速载货汽车、三轮汽车、普通三轮摩托车、普通二轮摩托车或者轮式自行机械车准驾车型的,在18周岁以上,60周岁以下;③申请城市公交车、中型客车、大型货车、无轨电车或者有轨电车准驾车型的,在21周岁以上,50周岁以下;④申请牵引车准驾车型的,在24周岁以上,50周岁以下;⑤申请大型客车准驾车型的,在26周岁以上,50周岁以下。

申请机动车驾驶证的身体条件规定:①身高:申请大型客车、牵引车、城市公交车、大型货车、无轨电车准驾车型的,身高为155cm以上;申请中型客车准驾车型的,身高为150cm以上;②视力:申请大型客车、牵引车、城市公交车、中型客车、大型货车、无轨电车或者有轨电车准驾车型的,两眼裸视力或者矫正视力达到对数视力表5.0以上;申请其他准驾车型的,两眼裸视力或者矫正视力达到对数视力表4.9以上;③辨色力:无红绿色盲;④听力:两耳分别距音叉50cm能辨别声源方向;⑤上肢:双手拇指健全,每只手其他手指必须有三指健全,肢体和手指运动功能正常;⑥下肢:运动功能正常;申请驾驶手动挡汽车,下肢不等长度不得大于5cm;申请驾驶自动挡汽车,右下肢应当健全;⑦躯干、颈部:无运动功能障碍。

(2)不得申请机动车驾驶证的情形

有下列情形之一的,不得申请机动车驾驶证:①有器质性心脏病、癫痫病、美尼尔氏症、眩晕症、癔病、震颤麻痹、精神病、痴呆以及影响肢体活动的神经系统疾病等妨碍安全驾驶疾病的;②吸食、注射毒品、长期服用依赖性精神药品成瘾尚未戒除的;③吊销机动车驾驶证未满两年的;④造成交通事故后逃逸被吊销机动车驾驶证的;⑤驾驶许可依法被撤销未满三年的;⑥法律、行政法规规定的其他情形。其中第④、⑤种情形为分别根据《道路交通安全法》和《行政许可法》规定而新增加的限制性规定,对驾驶人产生的影响较大,需要大力宣传,给驾驶人以足够的警醒。

(3)申请准驾车型的规定

初次申领机动车驾驶证的,可以申请准驾车型为城市公交车、大型货车、小型汽车、小型自动挡汽车、低速载货汽车、三轮汽车、普通三轮摩托车、普通二轮摩托车、轻便摩托车、轮式自行机械车、无轨电车、有轨电车的机动车驾驶证。在暂住地初次申领机动车驾驶证的,可以申请准驾车型为小型汽车、小型自动挡汽车、低速载货汽车、三轮汽车的机动车驾驶证。

已持有机动车驾驶证,申请增加准驾车型的,应当在申请前最近一个记分周期内没有满分记录。申请增加中型客车、牵引车、大型客车准驾车型的,还应当符合下列规定:

①申请增加中型客车准驾车型的,已取得驾驶小型汽车、小型自动挡汽车、低速载货汽车或者三轮汽车准驾车型资格三年以上,并在申请前最近连续两个记分周期内没有满分记录;或

者取得驾驶城市公交车、大型货车准驾车型资格一年以上，并在申请前最近一个记分周期内没有满分记录。

②申请增加牵引车准驾车型的，已取得驾驶中型客车或者大型货车准驾车型资格三年以上，并在申请前最近连续两个记分周期内没有满分记录；或者取得驾驶大型客车准驾车型资格一年以上，并在申请前最近一个记分周期内没有满分记录。

③申请增加大型客车准驾车型的，已取得驾驶中型客车或者大型货车准驾车型资格五年以上，并在申请前最近连续三个记分周期内没有满分记录；或者取得驾驶牵引车准驾车型资格两年以上，并在申请前最近一个记分周期内没有满分记录。

小型汽车增驾牵引车、中型客车的间隔年限为3年。理由是：驾驶牵引车的操作难度比较大，驾驶中型客车的安全责任要求比较重，要求驾驶人具有一定的安全驾驶经历与较丰富的驾驶经验。有关交通事故统计和分析情况表明，取得驾驶证的前3年是事故高发期，也是驾驶技术需要稳定成熟的期限；国际上较为通用的增驾间隔年限也是3年。

中型客车、大型货车增驾大型客车的间隔年限为5年。理由是：保证大型客车的安全驾驶对维护公共安全有着非常重要的意义。大型客车一旦发生交通事故，容易导致群死群伤，造成重特大恶性交通事故的发生。所以大型客车的驾驶人应具有相对更长时间的安全驾驶经历与更丰富的驾驶经验，对大型客车的增驾间隔年限应从严考虑。

在暂住地可以申请增加的准驾车型为小型汽车、小型自动挡汽车、低速载货汽车、三轮汽车。申请增加大型客车、牵引车、中型客车准驾车型的，不得有在造成人员死亡的交通事故中承担全部责任或者主要责任的记录。持有军队、武装警察部队机动车驾驶证，或者持有境外机动车驾驶证，符合本规定的申请条件，可以申请对应准驾车型的机动车驾驶证。

(4)申请机动车驾驶证的程序

申领机动车驾驶证的人，按照下列规定向车辆管理所提出申请：①在户籍地居住的，应当在户籍地提出申请；②在暂住地居住的，可以在暂住地提出申请；③现役军人(含武警)，应当在居住地提出申请；④境外人员，应当在居留地提出申请；⑤申请增加准驾车型的，应当在所持机动车驾驶证核发地提出申请。

初次申请机动车驾驶证，应当填写《机动车驾驶证申请表》，并提交以下证明：①申请人的身份证明；②县级或者部队团级以上医疗机构出具的有关身体条件的证明。

申请增加准驾车型的，应当填写《机动车驾驶证申请表》，并提交以下证明：①申请人的身份证明；②县级或者部队团级以上医疗机构出具的有关身体条件的证明；③所持机动车驾驶证。

持军队、武装警察部队机动车驾驶证的人申请机动车驾驶证，应当填写《机动车驾驶证申请表》，并提交以下证明、凭证：①申请人的身份证明，属于复员、转业、退伍的人，还应当提交军队、武装警察部队核发的复员、转业、退伍证明；②县级或者部队团级以上医疗机构出具的有关身体条件的证明；③军队、武装警察部队机动车驾驶证。

持境外机动车驾驶证的人申请机动车驾驶证，应当填写《机动车驾驶证申请表》，并提交以下证明、凭证：①申请人的身份证明；②县级以上医疗机构出具的有关身体条件的证明；③所持机动车驾驶证。属于非中文表述的，还应当出具中文翻译文本。

持境外机动车驾驶证的外国驻华使馆、领馆人员及国际组织驻华代表机构人员申请机动车驾驶证，应当填写《机动车驾驶证申请表》，并提交以下证明、凭证：①申请人的身份证明；②所持机动车驾驶证。属于非中文表述的，还应当出具中文翻译文本。

《机动车驾驶证申请表》见表 2-3。

5. 补发、换发和注销机动车驾驶证

(1)补发机动车驾驶证

机动车驾驶证遗失的,机动车驾驶人应当向机动车驾驶证核发地车辆管理所申请补发。申请时应当填写《机动车驾驶证申请表》,并提交以下证明、凭证:①机动车驾驶人的身份证明;②机动车驾驶证遗失的书面表明。符合规定的,车辆管理所应当在三日内补发机动车驾驶证。

机动车驾驶证申请表

表 2-3

档案编号	

<table>
<tr><td rowspan="8">申请人填写</td><td>姓名</td><td colspan="2"></td><td>性别</td><td></td><td>出生</td><td>年 月 日</td></tr>
<tr><td colspan="2">身份证件号码</td><td colspan="3"></td><td>国籍</td><td></td></tr>
<tr><td colspan="3">暂住证、居留证号码</td><td colspan="3"></td><td rowspan="6">(照片)</td></tr>
<tr><td>住址</td><td colspan="5"></td></tr>
<tr><td>电话</td><td colspan="3"></td><td>邮编</td><td></td></tr>
<tr><td colspan="3">申请驾驶证种类</td><td></td><td>车型</td><td></td></tr>
<tr><td colspan="3">申请人签名</td><td colspan="3">年 月 日</td></tr>
<tr><td colspan="3">原证件种类</td><td></td><td>准驾记录</td><td></td><td></td></tr>
<tr><td rowspan="3">身体条件</td><td>身高</td><td></td><td>视力</td><td></td><td>辨色力</td><td></td><td rowspan="3">年 月 日</td></tr>
<tr><td>听力</td><td></td><td colspan="2">身体运动能力</td><td colspan="2"></td></tr>
<tr><td colspan="4">有无妨碍驾驶疾病及生理缺陷</td><td colspan="2"></td></tr>
<tr><td rowspan="3">考试记录</td><td colspan="2">项目</td><td colspan="2">交通法规</td><td colspan="2">场地驾驶</td><td>道路驾驶</td></tr>
<tr><td colspan="2">成绩</td><td colspan="2"></td><td colspan="2"></td><td></td></tr>
<tr><td colspan="2">考试员、日期</td><td colspan="2"></td><td colspan="2"></td><td></td></tr>
<tr><td rowspan="4">证件记录</td><td colspan="2">驾驶证种类</td><td>车型</td><td>核发日期</td><td colspan="2">经办者</td><td rowspan="3">(发证机关章)</td></tr>
<tr><td colspan="2">学习驾驶证</td><td></td><td>年 月 日</td><td colspan="2"></td></tr>
<tr><td colspan="2">正式驾驶证</td><td></td><td>年 月 日</td><td colspan="2"></td></tr>
<tr><td colspan="3">初次领证日期</td><td colspan="3">年 月 日</td><td>年 月 日</td></tr>
</table>

(2)换发机动车驾驶证

符合以下四种情形的,机动车驾驶人应当换发机动车驾驶证:

①机动车驾驶人应当于机动车驾驶证有效期满前九十日内,向机动车驾驶证核发地车辆管理所申请换证。申请时应当填写《机动车驾驶证申请表》,并提交以下证明、凭证:机动车驾驶人的身份证明;机动车驾驶证;县级或者部队团级以上医疗机构出具的有关身体条件的证明。

②机动车驾驶人户籍迁出原车辆管理所管辖区的,应当向迁入地车辆管理所申请换证;机动车驾驶人在核发地车辆管理所辖区以外居住的,可以向居住地车辆管理所申请换证。申请时应当填写《机动车驾驶证申请表》,并提交机动车驾驶人的身份证明和机动车驾驶证。

③年龄达到 60 周岁,持有准驾车型为大型客车、牵引车、城市公交车、中型客车、大型货车的机动车驾驶人,应当到机动车驾驶证核发地车辆管理所换领准驾车型为小型汽车或者小型自动挡汽车的机动车驾驶证;年龄达到 70 周岁,持有准驾车型为普通三轮摩托车、普通二轮摩托车的机动车驾驶人,应当到机动车驾驶证核发地管理所换领准驾车型为轻便摩托车的机动

车驾驶证。申请时应当填写《机动车驾驶证申请表》,并提交以下证明、凭证:机动车驾驶人的身份证明;机动车驾驶证;县级或者部队团级以上医疗机构出具的有关身体条件的证明。机动车驾驶人自愿降低准驾车型的,应当填写《机动车驾驶证申请表》,并提交以下证明、凭证:机动车驾驶人的身份证明;机动车驾驶证。

④具有下列情形之一的,机动车驾驶人应当在三十日内到机动车驾驶证核发地车辆管理所申请换证:在车辆管理所管辖区域内,机动车驾驶证记载的机动车驾驶人信息发生变化的;机动车驾驶证损毁无法辨认的。申请时应当填写《机动车驾驶证申请表》,并提交机动车驾驶人的身份证明和机动车驾驶证。

车辆管理所对符合上述四种情形的,应当在三日内换发机动车驾驶证。其中,对符合后三种情形的,还应当收回原机动车驾驶证。

(3)注销机动车驾驶证

机动车驾驶人具有下列情形之一的,车辆管理所应当注销其机动车驾驶证:①死亡的;②身体条件不适合驾驶机动车的;③提出注销申请的;④丧失民事行为能力,监护人提出注销申请的;⑤超过机动车驾驶证有效期一年以上未换领的;⑥年龄在60周岁以上或者持有大型客车、牵引车、城市公交车、中型客车、大型货车、无轨电车、有轨电车准驾车型的,在一个记分周期结束后,一年内未提交身体条件证明的;⑦年龄在60周岁以上,所持机动车驾驶证只具有无轨电车或者有轨电车准驾车型,或者年龄在70周岁以上,所持机动车驾驶证只具有低速载货汽车、三轮汽车、轮式自行机械车准驾车型的;⑧机动车驾驶证依法被吊销或者驾驶许可依法被撤销的。

有第⑤项至第⑧项情形之一,未收回机动车驾驶证的,应当公告机动车驾驶证作废。

6. 委托办理机动车驾驶证相关业务

机动车驾驶人可以委托代理人办理机动车驾驶证的换证、补证业务。代理人申请办理机动车驾驶证业务时,应当提交代理人的身份证明和机动车驾驶人与代理人共同签字的《机动车驾驶证申请表》。

车辆管理所应当记载代理人的姓名、单位名称、身份证明名称、身份证明号码、住所地址、邮政编码、联系电话。

二、驾驶人考试

1. 驾驶人考试规定

车辆管理所对符合机动车驾驶证申请条件的,应当受理,并在申请人预约考试后三十日内安排考试。考试科目分为道路交通安全法律、法规和相关知识考试科目(以下简称"科目一")、场地驾驶技能考试科目(以下简称"科目二")和道路驾驶技能考试科目(以下简称"科目三")。考试顺序按照科目一、科目二、科目三依次进行,前一科目考试合格后,方准参加后一科目的考试。考试科目内容及合格标准全国统一。

初次申请机动车驾驶证或者申请增加准驾车型的,科目一考试合格后,车辆管理所应当在三日内核发驾驶技能准考证明。驾驶技能准考证明的有效期为两年。申请人应当在有效期内完成科目二和科目三考试。初次申请机动车驾驶证或者申请增加准驾车型的,申请人考试科目一、科目二和科目三合格后,车辆管理所核发机动车驾驶证。申请增加准驾车型的,应当收回原机动车驾驶证。

每个科目考试一次,可以补考一次。补考仍不合格的,本科目考试终止。申请人可以重新申请考试,但科目二、科目三的考试日期应当在二十日后预约。在驾驶技能准考证明有效期内,已考试合格的科目成绩有效。

各科目考试结果应当当场公布,并出示成绩单。考试不合格的,应当说明不合格的原因。每个科目的考试成绩单应当有申请人和考试员的签名。未签名的不得核发机动车驾驶证。申请人在考试过程中有舞弊行为的,取消本次考试资格,已经通过考试的其他科目成绩无效。

持军队、武装警察部队机动车驾驶证的人申请大型客车、牵引车、中型客车、大型货车准驾车型机动车驾驶证的,应当考试科目一和科目三;申请其他准驾车型机动车驾驶证的,直接核发机动车驾驶证。属于复员、转业、退伍的,应当同时收回其所持军队、武装警察部队机动车驾驶证。

持境外机动车驾驶证申请机动车驾驶证的,应当考试科目一。申请准驾车型为大型客车、牵引车、中型客车、大型货车机动车驾驶证的,还应当考试科目三。

外国驻华使馆、领馆人员及国际组织驻华代表机构人员申请机动车驾驶证的,应当按照外交对等原则核发机动车驾驶证。

2. 驾驶人考试科目

(1)科目一

科目一考试题库的结构和基本题型由公安部制定,省级公安机关交通管理部门结合本地实际情况建立本省(自治区、直辖市)的考试题库。《机动车驾驶证工作规范》已对考试题库的结构和题型作了统一规定,其中将考试题分为通用题和专用题两部分,以增加不同准驾车型考试的针对性。

科目一考试内容如下:①道路交通安全法律、法规和规章;②机动车的总体构造、主要装置和作用,车辆日常检查、保养、使用,常见故障的判断和排除方法等机动车构造保养知识;③高速公路、恶劣气候、复杂道路、危险情况时的安全驾驶知识,伤员急救的一般知识,危险物品运输知识及其紧急情况的处理知识,文明驾驶和职业道德等安全驾驶相关知识。科目一合格标准的考试成绩应在 90 分以上。

(2)科目二

科目二考试内容如下:①在规定场地内,按照规定的行驶线路和操作要求完成驾驶机动车的情况;②对车辆前、后、左、右空间位置的判断能力;③对机动车基本驾驶技能的掌握情况。

科目二合格标准:未出现下列情形的,科目二考试合格:①不按规定路线、顺序行驶;②碰擦桩杆;③车身出线;④移库不入;⑤在不准许停车的行驶过程中停车两次;⑥发动机熄火;⑦驾驶两轮车考试时单脚或双脚触地。

初次申请机动车驾驶证或者申请增加准驾车型的,申请人预约考试科目二,应当符合下列规定:①报考小型汽车、小型自动挡汽车、低速载货汽车、三轮汽车、普通三轮摩托车、普通二轮摩托车、轻便摩托车、轮式自行机械车、无轨电车、有轨电车准驾车型的,在取得驾驶技能准考证明满十日后预约考试;②报考大型客车、牵引车、城市公交车、中型客车、大型货车准驾车型的,在取得驾驶技能准考证明满二十日后预约考试。

(3)科目三

科目三考试内容:①在场内道路上驾驶机动车通过单边桥、上坡起步、通过连续障碍、曲线行驶、直角转弯、侧方停车、限速通过限宽门、起伏路行驶、低附着系数路面行驶等情况。其中,按照申请报考的准驾车型,设定必考项目。考试员可以在必考项目的基础上,增加其他项目科目三考试项目。②在实际道路上驾驶机动车进行起步前的准备、起步、通过路口、通过信号灯、按照道路标志标线驾驶、变换车道、会车、超车、定点停车等正确驾驶机动车的能力，观察、判断道路和行驶环境以及综合控制机动车的能力，在夜间和低能见度情况下使用各种灯光的知识，遵守交通法规的意识和安全驾驶情况。其中，按照申请报考的准驾车型，设定实际道路驾驶技能考试距离。

科目三合格标准：科目三考试满分为100分。按照不同准驾车型设定不合格、减20分、减10分、减5分的评判标准。达到下列分值规定的，科目三考试合格：①报考大型客车、牵引车、城市公交车、中型客车、大型货车准驾车型，应当达到90分；②报考其他准驾车型的应当达到80分。

初次申请机动车驾驶证或者申请增加准驾车型的，申请人预约考试科目三，应当符合下列规定：①报考低速载货汽车、三轮汽车、普通三轮摩托车、普通二轮摩托车、轻便摩托车、轮式自行机械车、无轨电车、有轨电车准驾车型的，在取得驾驶技能准考证明满二十日后预约考试；②报考小型汽车、小型自动挡汽车准驾车型的，在取得驾驶技能准考证明满三十日后预约考试；③报考中型客车、大型货车准驾车型的，在取得驾驶技能准考证明满四十日后预约考试；④ 报考大型客车、牵引车、城市公交车准驾车型的，在取得驾驶技能证明满六十日后预约考试。

三、驾驶人记分管理

机动车驾驶人交通违章累积记分制度是为了维护道路交通秩序、增强机动车驾驶人遵守交通法规的意识、减少道路交通安全违法行为、预防道路交通事故而专门设计的一项兼有警示、预防、教育和处罚功能的机动车驾驶人管理和道路交通秩序维持的制度。累积记分制度是目前许多国家道路交通安全管理采用的一项行之有效的制度。我国近年来开始这项制度的试点工作，也收到了比较好的效果。《机动车驾驶证申领和使用规定》中对道路交通安全违法行为记分分值作了详细的规定。

1．记分分值及相应违法行为

道路交通安全违法行为累积记分周期（即记分周期）为12个月，满分为12分，从机动车驾驶证初次领取之日起计算。依照道路交通安全违法行为的严重程度，一次记分的分值为：12分、6分、3分、2分、1分五种。

具体记分分值及相应的违法行为见表2-4。

2．记分执行

对机动车驾驶人的道路交通安全违法行为，处罚与记分同时执行。机动车驾驶人一次有两个以上违法行为记分的，应当分别计算，累加分值。机动车驾驶人对道路交通安全违法行为处罚不服，申请行政复议或者提起行政诉讼后，经依法裁决变更或者撤销原处罚决定的，相应记分分值予以变更或者撤销。公安机关交通管理部门应当向社会公布机动车驾驶人违法行为记分查询方式，提供查询便利。

机动车驾驶人在一个记分周期内记分未达到12分，所处罚款已经缴纳的，记分予以清除；记分虽未达到12分，但尚有罚款未缴纳的，记分转入下一记分周期。

3．考试

机动车驾驶人在一个记分周期内累积记分达到12分的，应当在十五日内到机动车驾驶证核发地或者违法行为地公安机关交通管理部门接受为期七日的道路交通安全法律、法规和相关知识的教育。机动车驾驶人接受教育后，车辆管理所应当在二十日内对其进行科目一考试。

记分分值及相应违法行为 表 2-4

记分分值	违法行为
12分	醉酒后驾驶机动车的；机动车驾驶证被暂扣期间驾驶机动车的；造成交通事故后逃逸，尚不构成犯罪的；违反交通管制的规定强行通行，不听劝阻的；使用他人机动车驾驶证驾驶机动车的；驾驶与准驾车型不符的机动车的；超过三个月不缴纳罚款或者连续两次逾期不缴纳罚款的
6分	饮酒后驾驶机动车的；公路营运客车载人超过核定人数20%以上或者违反规定载货的；货车载物超过核定载质量30%以上或者违反规定载客的；机动车行驶超过规定时速50%的；在高速公路上不按规定停车的；在高速公路上倒车、逆行、穿越中央分隔带掉头的；在高速公路上试车和学习驾驶机动车的
3分	违反道路交通信号灯的；在高速公路上驾车低于规定最低车速的；在高速公路上违反规定拖曳故障车、肇事车的；在高速公路上货运机动车车厢、二轮摩托车载人的；在高速公路上骑、轧车行道分界线行驶的；低能见度气象条件下在高速公路上不按规定行驶的；驾驶禁止驶入高速公路的机动车驶入高速公路的；不按规定超车的；不按规定让行的；机动车违反规定牵引挂车的；在道路上车辆发生故障、事故停车后，不按规定使用灯光和设置警告标志的；机动车行驶超过规定时速50%以下的；驾驶机动车下陡坡时熄火或者空挡滑行的；故意遮挡、污损、不按规定安装机动车号牌的；逆向行驶的
2分	连续驾驶机动车超过4小时未停车休息或者停车休息时间少于20分钟的；在高速公路匝道、加速车道或者减速车道上超车的；违反禁令标志、警告标志、禁止标线、警告标线指示的；客车载人超过核定人数未达20%的；货车载物超过核定载质量未达30%的；行经交叉路口不按规定行车或者停车的；有拨打、接听手持电话，观看电视等妨碍安全驾驶的行为的；在同车道行驶中，不按规定与前车保持必要的安全距离的；行经人行横道，不按规定减速、停车、避让行人的；在没有划分中心线和机动车道与非机动车道的道路上，不按规定行驶的；在实习期内驾驶公共汽车、营运客车或者执行任务的警车、消防车、救护车、工程救险车以及载有爆炸物品、易燃易爆化学物品、剧毒或者放射性等危险物品的机动车，驾驶的机动车牵引挂车的；不按规定牵引故障机动车的；驾驶和乘坐二轮摩托车，不戴安全头盔的
1分	不按规定使用灯光的；机动车行驶时，机动车驾驶人、乘坐人员未按规定系安全带的；不按规定会车的；不按规定倒车的；摩托车后座乘坐未满12周岁的未成年人，轻便摩托车载人的；驾驶机动车没有关好车门、车厢的；其他违反机动车载物规定的；上道路行驶的机动车未放置保险标志，未随车携带行驶证、机动车驾驶证的

4．守法奖励

机动车驾驶人在机动车驾驶证的6年有效期内，每个记分周期均未达到12分的，换发10年有效期的机动车驾驶证；在机动车驾驶证的10年有效期内，每个记分周期均未达到12分的，换发长期有效的机动车驾驶证，以此提高驾驶人遵章守纪的自觉性。

四、驾驶证定期审验

对机动车驾驶证进行定期审验是对驾驶人进行管理的一项重要措施，是公安机关对于正式驾驶人定期进行的能否继续保持驾驶资格的审查。

1．驾驶证定期审验的意义

驾驶证定期审验的意义在于使公安机关交通管理部门全面了解驾驶人身体条件状况，驾驶人是否已经超过法定的不得驾驶某种类型车辆的年龄，审核违章、事故是否处理结束等。通过审验，可以控制驾驶人素质、纯洁驾驶人队伍、定期对驾驶人继续进行遵章守法和安全驾驶的教育、促使驾驶人进行自我教育。

对机动车驾驶证实施审验，是公安机关交通管理部门多年的做法，《道路交通安全法》肯定了这一做法。依照法律、行政法规的规定，对机动车驾驶证的审验将要依照法律、行政法规制定的规则办理，不再依照公安部门制定的规则，从而解决了多年来自己制定规则、自己执行的问题。

2. 驾驶证定期审验的期限

年龄在60周岁以上或者持有大型客车、牵引车、城市公交车、中型客车、大型货车、无轨电车、有轨电车准驾车型的机动车驾驶人，应当每年进行一次身体检查，在记分周期结束后十五日内，提交县级或者部队团级以上医疗机构出具的有关身体条件的证明。

这样规定主要是考虑到60岁以上的人由于年龄偏高，身体条件容易出现不适合驾驶机动车的情况；重点车型的安全责任重，应当严格掌握驾驶人的身体条件。而且，这也是国际上普遍采取的做法。

3. 驾驶证定期审验的内容

(1)驾驶人身体检查；

(2)交通违法行为、事故是否处理结束；

(3)驾驶记录内容有无涂改、伪造或与档案记录不符之处。

车辆管理所对在外地因故不能返回接受审验的，可委托外地车辆管理所代审。对审验合格的，在驾驶证上按规定格式签章或记载。持未记载审验合格的驾驶证不具备驾驶资格。

根据《道路交通安全法》的规定，在公安机关交通管理部门委托农业(农业机械)主管部门进行拖拉机驾驶人驾驶证发放和管理场合，对拖拉机驾驶人的驾驶证实施的审验，是由农业(农业机械)主管部门实施的。

五、机动车驾驶培训

1. 概述

机动车驾驶技能的培训，是一项提供驾驶知识和技能的社会服务，完全不具有行政管理职能。但是，在计划经济体制下，机动车的驾驶培训主要是由政府的部门组织提供，驾驶培训学校和培训班也由政府部门兴办。在社会主义市场经济不断走向成熟的过程中，类似于驾驶培训这样的社会服务逐渐社会化，社会力量参与驾驶培训服务的能力和要求也日益提高。

驾驶培训的社会化，实际上就是容许驾驶培训服务主体的多元化，其实质是驾驶培训服务的市场化。只有实现了市场化，才能真正打破驾驶培训的部门垄断，才能真正为广大群众提供优质而低价格的服务。近年来，社会上要求驾驶服务社会化的呼声日益高涨，有关部门也在积极进行社会化的推广工作。为了依法推动这项工作，《道路交通安全法》将驾驶培训服务社会化作为一项原则固定下来。

驾驶培训学校和驾驶培训班是培养驾驶人的主要形式，将这些培训服务社会化、市场化之后，必须确立专门的政府部门对这些机构进行必要的规范管理，以充分保障驾驶培训的质量。为此，《道路交通安全法》规定由交通主管部门依法对驾驶培训学校和驾驶培训班实行资格管理。考虑到专门的拖拉机驾驶培训学校和驾驶培训班，不但教授农民进行拖拉机的道路驾驶技术，同时也进行作为农业机械的拖拉机的性能和操作训练，《道路交通安全法》专门规定了由农业(农业机械)主管部门负责专门的拖拉机驾驶培训学校和驾驶培训班的资质许可。

现行的规范驾驶培训服务的规范是1995年交通部制定的《汽车驾驶人培训行业管理办法》。该办法是为了加强汽车(含其他机动车)驾驶人培训行业管理，提高培训质量，保障培训单位和学员的合法权益，满足道路运输发展和人民生活水平日益提高的需要，推进驾驶培训的社会化而制定的，适用于我国境内面向社会开办的从事民用汽车驾驶人培训的各类驾驶学校和为本单位培养汽车驾驶人的培训班以及经营性驾驶教练场地。

2. 申办驾驶培训学校或者培训班的条件及程序

(1)申办驾驶人培训学校或者培训班的条件

按照《汽车驾驶人培训行业管理办法》的规定，申办驾驶人培训学校或者培训班必须符合交通部颁布的《机动车驾驶培训机构资格条件》(JT/T 433—2004)的规定，具体开业条件要求包括如下几方面：

①符合要求的设备

主要包括教学器材、教具、教练车辆等。其中，教练车技术状况应符合公安部《机动车运行安全技术条件》(GB 7258—2004)要求和《营运车辆技术等级划分和评定要求》(JT/T 198—2004)所规定的二级车以上技术条件，并装有副后视镜、副制动踏板、灭火器及其他安全防护装置。道路驾驶教练车还需装有副加速踏板和副离合器踏板。

②符合要求的场地

主要包括教室、教练场地、后勤服务设施等。

③符合要求的教练员

包括理论教练员和驾驶操作教练员。理论教练员应持有机动车驾驶证，且具有两年以上汽车驾驶经历；具有汽车及相关专业中专以上学历或汽车及相关专业中级以上技术职称；经省级道路运输管理机构对道路交通安全法律法规、汽车构造基本知识和教学授课能力考试合格。驾驶操作教练员应当持有机动车驾驶证，且年龄不超过60周岁；具有汽车及相关专业中专或高中以上学历；满足《机动车驾驶培训机构资格条件》(JT/T 433—2004)规定的安全驾驶经历和相应车型驾驶经历要求。

④教学管理

主要包括教学大纲、教材、教学制度、管理制度、财会及教学管理人员要求等。

(2)申办驾驶人培训学校或者培训班的程序

申办和审批驾驶人培训学校或者培训班按照以下程序进行：

①申办驾驶人培训学校(班)按申请、立项、筹建、审核、发证的程序进行。具体规定由省(自治区、直辖市)交通厅(局)确定。

②申办职业驾驶人技工学校，需按国家有关部门规定的条件办理，并由省(自治区、直辖市)道路运输行业管理部门核发“机动车驾驶学校培训许可证”，执行行业管理部门有关规定。

③申请开办中外合资、合作驾驶人培训学校(班)，由省(自治区、直辖市)交通厅(局)审核，提出意见，报交通部申请立项审批。

④申办者接到立项审批证件后，要求在6个月内按申报级别的开业条件筹建完毕。

道路运输管理部门在接到立项申请后，一个月内予以答复，在接到按开业条件筹建完毕报告后，一个月内进行开业审批。经批准开业的汽车驾驶人培训学校(班)，凭核发的“机动车驾驶学校培训许可证”，办理有关工商注册登记和税务登记手续。

3. 驾驶培训学校和驾驶培训班的教学要求

汽车驾驶人培训分为职业驾驶人培训和非职业驾驶人培训。职业驾驶人是指以驾驶机动车为职业的驾驶人，其培训目标，除达到具有驾驶人资格技术要求外，还应达到道路运输有关知识和技术业务要求。非职业驾驶人是指不以驾驶机动车为职业的驾驶人，其培训目标是达到具有机动车驾驶人资格的技术要求。

汽车驾驶人的培训必须执行国务院交通行政主管部门颁布的教学计划和教学大纲，培训方式可分为全日制和学时制两种：职业驾驶人的培训方式为全日制培训，非职业驾驶人培训可采取全日制或学时制培训。

汽车驾驶人培训学校(班)必须严格按照批准开业的范围和规模招生，严格执行部颁的教学计划和教学大纲，使用统编教材，保证培训质量，并向道路运输管理部门报送教学计划进度和资料。

道路运输管理部门每年定期审验驾驶学校(班)培训许可证、教员准教证，对教练车进行一次综合性能检测，对驾驶学校的经营行为、培训质量进行检查、监督、评估和指导。

经驾驶人培训学校(班)培训合格人员，由道路运输行业管理部门或者农业(农业机械)主管部门发给"结业证书"，凭"结业证书"向公安机关车辆管理部门申请考试。

4. 举办驾驶培训学校或者培训班的禁止性规定

《道路交通安全法》规定"任何国家机关以及驾驶人培训和考试主管部门不得举办或者参与举办驾驶培训学校、驾驶培训班。"按照社会化的原则，驾驶培训学校应当在国家统一规划指导下，按照公平竞争的原则，办成为社会提供有偿服务的自主经营的经济实体。政府部门，尤其是负责机动车驾驶培训行业管理和机动车驾驶考核发证管理的部门，也就是交通行政主管部门、农业(农业机械)主管部门和公安机关交通管理部门应当严格按照政企分开的原则，不得开办驾驶培训学校(班)及经营性驾驶教练场地，在强调权力与责任挂钩的同时，要坚决坚持权力与经济利益彻底脱钩。只有这样，才能保障权力行使的公平和廉洁，也只有这样才能保障机动车驾驶培训真正走向社会化。

六、驾驶人安全管理的其他法规

除前面介绍的驾驶人安全管理法规外，《道路交通安全法》还对驾驶人安全管理进行了其他规定，下面予以介绍。

1. 对上道路行驶车辆安全技术状况的要求

驾驶人在驾驶机动车上道路行驶前，应当对机动车的安全技术性能进行认真检查；不得驾驶安全设施不全或者机件不符合技术标准等具有安全隐患的机动车。

上述规定虽然规定的是驾驶人的义务，但其实质是对上道路车辆安全技术状况的要求。尽管《道路交通安全法》规定了机动车必须定期接受安全技术检验，但实际上最了解机动车安全状况的是经常驾驶机动车的驾驶人。驾驶人在进行驾驶培训时均学习过关于车辆的构造、使用、日常检查、保养知识、常见故障的判断方法等知识，具备对车辆的安全技术状况进行基本检查和诊断故障的基本知识和技能。驾驶人在上道路行驶前通过检验发现自己驾驶的机动车有故障或者其他不符合安全技术性能情况的，要停止驾车上路，并及时对机动车进行维修，绝对不能存在侥幸心理。

对于安全设备不全的机动车，如没有制动器或者转向器、制动器、灯光装置、后视镜、刮水器等机件不符合安全要求的机动车，驾驶人不得驾驶上道路，否则构成交通违法行为。

2. 对驾驶机动车上道路行驶的驾驶人的要求

(1)机动车驾驶人应当遵守道路交通安全法律、法规的规定，按照操作规范安全驾驶、文明驾驶。

在我国，由于过去长期以来法制不健全，人们的法制观念普遍比较淡漠等原因，机动车驾驶人不遵守道路交通安全法规、违章驾驶的情况非常普遍。在交通事故的主要原因中，机动车驾驶人违章的因素占有绝对的比例。对于这些违章行为,只要驾驶人能够严格按照交通规则通行,安全、文明驾驶,绝大多数的行为是可以避免的,所以通过提高驾驶人的交通安全意识和法律意识而维护交通安全和秩序、减少事故还有很大的潜力可挖。

(2)饮酒、服用国家管制的精神药品或者麻醉药品,或者患有妨碍安全驾驶机动车的疾病,或者过度疲劳影响安全驾驶的,不得驾驶机动车。

饮酒是指饮用白酒、啤酒、果酒等含有酒精的饮料。公安部对于酒后驾车的解释是符合两个条件即为酒后驾车:一是驾驶人饮用了含有酒精的饮料;二是在酒精作用期间内驾驶机动车的。即凡发现驾车的驾驶人有酒精反应的,均属于酒后驾车,只要饮酒就不能驾车了。酒后多长时间可以开车因人而异,一般要超过 12 小时以上。

国家管制的精神药品或者麻醉药品,是指根据《精神药品管理办法》和《麻醉药品管理办法》而列入管制目录的药品。精神药品是指直接作用于中枢神经系统,使之兴奋或抑制,连续使用能产生依赖性的药品。麻醉药品是指连续使用后易产生身体依赖性、能成瘾癖的药品。目前,比较常见的鸦片、海洛因、吗啡、大麻、可卡因等毒品,都属于国家管制的麻醉药品或者精神药品。

患有妨碍安全驾驶机动车的疾病是指患有足以影响观察、判断事物能力和控制行为能力的疾病,例如脑血管病、心血管病、癫痫、眩晕、发烧、严重耳疾、眼疾、肢体严重伤残等。

过度疲劳是指驾驶人每天驾驶超过 8 个小时或者从事其他劳动而使体力消耗过大或者睡眠不足,以致行车中困倦瞌睡、四肢无力,不能及时发现和准确处理路面交通情况的。2001 年 10 月,公安部、交通部、国家安全生产管理局发出了加强公路客运交通安全管理的通告。为了防止驾驶人疲劳驾驶,通告要求在高速公路上行驶 600 公里以上的客运汽车,必须配备两名以上的驾驶人;从事公路客运的驾驶人一次连续驾驶车辆不得超过 3 小时,24 小时内实际驾驶时间累计不得超过 8 小时。

(3)任何人不得强迫、指使、纵容驾驶人违反道路交通安全法律、法规和机动车安全驾驶要求驾驶机动车。

这一规定既是一个禁止规定,又是一个保护规定。禁止是指禁止强迫、指使、纵容驾驶人违反道路交通安全法律、法规和机动车安全驾驶要求驾驶机动车的行为;保护是指保护意志受到强迫的机动车驾驶人。

强迫、指使、纵容驾驶人的情况多发生在驾驶人被作为司机雇佣的场合。在这种雇佣关系条件下,驾驶人往往因担心失去工作而丧失意志自由,不得不按照车主的意志违章驾驶车辆。根据道路交通事故统计资料,每年因指使、强迫驾驶人违章驾驶而造成的交通事故都有相当的比例。

根据道路交通安全法的规定,强迫他人违反法律规定驾驶机动车辆造成交通事故尚不构成犯罪的,可以处以 200 元以上 2000 元以下的罚款。

第四节　案 例 分 析

[例 2-1]　机动车辆严格实行登记

某日 21 时许,邵某驾驶其进口轿车以 90km/h 的速度疾驶回家。当行驶到安庆中路南岭村附近时,突然发现正前方 2～3m 处有一两轮摩托车,便立即刹车并向左打方向盘,试图从左侧超车。由于车速过快,超车没有成功,车前部撞到了摩托车尾部,摩托车驾驶人王某被甩下车,摔到地上。经医生诊断,王某头部轻微脑震荡,腿部伤势较重。

交警大队肇事科交警接到报案后,迅速赶到现场进行处理。经查证,案发当晚,安庆中路上道路照明条件良好,道路上的车辆也不多。经核查,该车是邵某托人买的进口原装车,还没来得及办理各种手续,出事前车况一直很好。

交警大队肇事科根据现场笔录和现场勘验情况,依照有关道路交通法规作出了如下的责任认定:邵某因驾驶无合法手续的进口车辆造成交通事故,应负主要责任,承担全部经济损失。

分析:

根据《道路交通安全法》第八条规定,国家对机动车实行登记制度,机动车只有经公安机关交通管理部门登记后,方可上道路行驶,机动车登记手续是车辆行驶的必要条件。但实际上,由于过户手续较为复杂且要交纳一定费用,因而一些车辆买主交付车款,取得机动车使用权后便拒不办理登记手续,像本案中邵某买车后没有按有关法律规定办理合法的机动车登记手续的情况并不少见。

本案中,虽然邵某采取了刹车措施,但由于其驾驶的进口轿车没有办理登记手续,也未取得临时通行牌证,因此对交通事故应负主要责任。

[例 2-2]　机动车所有权发生转移必须办理相应登记

某市青年李某购买了一辆桑塔纳轿车,购买后即在当地公安机关交通管理部门提出了机动车登记申请。交通管理部门受理了该申请,经审查后批准并进行登记,向其发放机动车号牌、机动车行驶证和机动车登记证书。一年后,李某经济宽裕,想买个更好的轿车,决定将自己这辆桑塔纳轿车卖掉。李某将这件事告诉了好友刘某。刘某再一次和朋友聚会时,得知好朋友程某想买一辆二手的小轿车,于是将李某卖车的事告诉了程某。程某和李某联系后,在双方共同朋友刘某的协调下,双方达成一致,签订了该车的买卖合同,李某将该车和登记证书一并交给了程某。程某买车后没有立即到当地公安机关交通管理部门登记,存在着侥幸心理驾车行驶。农民工王某驾驶一辆摩托车迎面逆向驶来,并且突然变向,从程某的右前方向左横向穿越公路,程某躲避不及,将王某撞倒在地,造成王某左腿骨折,摩托车损坏。经公安机关交通管理部门的实地勘查认定,在这起交通事故过程中,程某的操作并无不当,事故的原因主要是王某的违规行驶。但王某购买的车辆没有到当地公安机关交通管理部门进行登记,因此其也应承担一定责任。

分析:

根据《道路交通安全法》的规定,我国机动车如果要上路行驶,起码应当具备两个条件:①进行注册登记;②悬挂车号牌,并随车携带机动车行驶证;或者在已登记但没有领取这两个证件的情况下,取得并携带临时通行牌证。这两个条件缺一不可。如果机动车未进行注册登记,或者虽然已登记但没有随车带有相关证件,不可以上路行驶。

本案中,程某在购买机动车后没有立即向当地交通管理部门提出登记申请,而存在着侥幸心理,驾车行驶,不具备第一条驾驶行驶条件。根据《道路交通安全法》第十二条的规定,当机动车所有权发生转移的情况下,车主应当办理相应的登记。从这一角度讲,程某的行为属于违规行驶,应当对发生的交通事故承担一定的责任。

[例 2-3] 不允许无证擅自驾驶无照车

某日，黎某约了好友陈某、宋某、温某四人乘摩托车外出游玩，四个人都没有佩戴头盔。由于黎某的摩托车是托朋友刚刚购买的，丢了发票尚未上牌照，他本人也没有取得驾驶执照。但黎某认为，自己骑自行车一下子就会了，骑摩托车没有什么问题。没想到刚出发，他就有些紧张，本应靠右侧行驶，却把车开到了左侧逆向行驶。当行至南港大道某路段时，与正常行驶迎面而来由肖某驾驶载着杨某的摩托车迎头相撞，最终导致 1 人死亡、3 人受伤。

这起交通事故经过交警的现场勘验和调查取证，认定黎某没带头盔，无证驾驶无号牌摩托车，逆向行驶，与对面来车相撞，造成 1 人死亡、3 人受伤的重大交通事故，应负事故的全部责任。同时其行为也触犯了《刑法》第一百三十三条之规定，构成交通肇事罪。经有关部门批准，对黎某实施逮捕，等候审判。

分析：

我国对机动车实行严格的登记制度，机动车上道路行驶，首先要取得合法的资格。《道路交通安全法》第十九条规定：驾驶机动车，应当依法取得机动车驾驶证。《道路交通安全法》第十一条的规定，驾驶机动车上道路行驶，应当悬挂机动车号牌，放置检验合格标志、保险标志，并随车携带机动车行驶证。未能领取号牌和行驶证的机动车需要临时上道路行驶，应当取得临时通行牌证。也就是说，机动车的驾驶人在道路上行车，要取得机动车和驾驶人两方面的资格，同时要随车携带以备随时检查。如果不具备这两方面资格，则不允许在道路上行驶。

在本案中，黎某因没有摩托车发票，所以对新买的摩托车没有进行登记；而且无证驾驶；在驾驶中，违反机动车通行的规定，没有实行右侧通行，把车开到了左边逆向行驶；更为严重的是，黎某及其驾驶的机动车根本不具备上道路行驶的资格。黎某无证驾驶无号牌摩托车，其行为严重违反了《道路交通安全法》的规定。公安机关交通管理部门经过现场勘验后，认定黎某没带头盔、无证驾驶无号牌摩托车，逆向行驶与对面来车相撞，造成 1 人死亡、3 人受伤的重大交通事故。显然，黎某的行为已符合交通肇事罪的构成要件，触犯了《刑法》第一百三十三条的规定，等待他的将是刑律的严惩。

[例 2-4] 买卖机动车应当办理相关手续

朱某原有一辆五十铃汽车，后转卖给王某，又几经转让，最后转到刘某手中，但未办理过户手续。刘某买下不久，在一次行车过程中造成一死三伤的重大交通事故。经交通管理部门认定，刘某负事故的全部责任，伤者共花医药费 8000 余元。刘某见赔偿数额太多，家贫无力偿还，逃往外地不归。为解决赔偿问题，死者家属及伤者最终将朱某、王某及刘某等人起诉至法院。法院经审理认为，本案肇事车的实际支配人是刘某，而所有人仍然是朱某，判决实际支配人刘某承担赔偿责任，车辆所有人朱某对刘某承担赔偿垫付责任。

分析：

本案主要涉及机动车卖车不过户的责任问题。即机动车所有权发生变动未办理过户登记手续的，该车辆行驶证上记载的车主(所有人)是否应当就机动车造成的事故负赔偿责任的问题。对此主要有两种处理意见：

第一种意见认为，朱某不承担赔偿责任。因为经过朱某和刘某的协商，二人达成了汽车的买卖协议；而且交通事故是由刘某造成的，侵害受害者权益的是刘某，因此主张朱某不应当就受害者的损失负赔偿责任。

第二种意见认为，朱某应当对受害者的损失负赔偿责任。尽管汽车已经卖给了刘某使用，但是机动车的所有权转移后并没有办理相关的登记手续。虽然是刘某造成受害者的损失，在刘某无力赔偿或者刘某不知所踪的情况下，应当由朱某承担相应的连带责任。

根据《道路交通安全法》第十二条的规定，机动车所有权发生转移的、机动车登记内容变更的、机动车用作抵押的以及机动车报废的，应当办理相应的登记。这条规定与《道路交通安全法》第八条、第九条，构成了完整的机动车登记制度。也就是说，机动车不仅仅是在上道路行驶前需要登记，而且在机动车买卖、转让、抵押以及报废等情况下，均需要到机动车管理部门履行登记手续。因为，对机动车进行登记是机动车管理部门对机动车相关情况做的备案，同时也是机动车原所有人对抗第三人的依据，是理顺当事人之间法律关系的凭证。

由此可见，尽管汽车已经交付给刘某，而且交通事故也是刘某造成的，对受害人的赔偿责任理应由刘某承担，但是由于朱某没有履行机动车所有权转移的登记义务，在刘某无力赔偿或者不知所踪的情况下，应当由朱某先行对受害人进行赔付，然后由朱某向刘某追索自己的损失，是符合法律规定的。

[例 2-5]　已注册登记的机动车上道路行驶应当携带的证件

李某是某单位驾驶人，一天李某驾车送领导到省城开会。由于李某驾驶的轿车是单位新买的车辆，还没来得及办完机动车登记手续，为防止检查带来麻烦，李某在出发前将另一辆车的车号牌卸下装在了这辆轿车上。然后，李某携带着另一辆车的行驶证和检验合格标志上道路行驶，在即将进入省城的时候，遇到省城交通管理部门对来往车辆进行检查。检查人员发现李某驾驶车辆的号牌被泥遮挡，并有临时卸装的痕迹，就产生了怀疑，经与该县交通管理部门联系，发现该车的车号牌、行驶证与本车不符。在这样的情况下，检查人员就扣留了李某的机动车号牌和行驶证。后来经过李某领导的一再说明，李某一行人得以放行，但检查人员拒绝返还李某机动车号牌和行驶证，认为李某一是使用其他车辆的证件，二是遮挡车号牌，这两种行为都是交通违法行为，因此作为处罚检查人员有权扣留这些证件。

分析：

根据《道路交通安全法》第十一条规定，已登记的机动车可以上道路行驶，但应当悬挂机动车号牌，放置检验合格标志、保险标志，并随车携带行驶证。如果已登记但尚未领取号牌和行驶证，而又需要临时上道路行驶的，应当取得和随身携带临时通行证。有些驾驶人为了方便，在某一机动车上使用其他车辆的号牌、行驶证、保险标志，或者使用伪造、变造的机动车号牌、行驶证等。这些行为其实也属于上道路时未携带有关证件的交通违法行为，而且性质更为严重，所以《道路交通安全法》对这种行为的处罚要重于对普通的未携带证件上道路行驶行为的处罚。

本案中，李某的行为属于《道路交通安全法》所禁止的未携带必要证件上道路行驶和冒用他人证件的交通违法行为，应当受到交通管理部门的处罚。至于交通管理部门认为李某驾驶车辆的车号牌被泥遮挡，要对其进行处罚的做法不当。《道路交通安全法》第十一条规定“机动车号牌应当按照规定悬挂并保持清晰、完整，不得故意遮挡、污损。”也就是说，只要不是有意识地遮挡号牌，就不够成违章行为。本案中，李某并不是故意要遮挡车号牌，因此交通管理部门不得以此为理由对其进行处罚。

另外，《道路交通安全法》第十一条规定“任何单位和个人不得收缴、扣留机动车号牌。”这里所说的任何单位和个人包括交通管理部门本身，机动车号牌指的是任何登记真实有效的号牌，而不仅指驾驶人所驾驶车辆的号牌。交通管理部门可以警告、罚款、暂扣或者吊销驾驶证，扣留机动车辆，但是不能扣留和收缴机动车号牌，即使是驾驶人使用其他机动车的号牌也是如此。另外《道路交通安全法》第十九条规定"公安机关交通管理部门以外的任何单位或者个人，不得收缴、扣留机动车驾驶证。"本案中，交通管理部门应该依据《道路交通安全法》的规定对李某进行处理，而不得扣留其登记真实有效的机动车号牌。

［例 2-6］ 机动车应当定期进行安全技术检验

一天凌晨，曹某与朋友饮酒至零时，自己觉得酒醒后，戴着头盔驾驶摩托车沿繁华中路由东向西以 50km/h 的速度疾驶回家。突然曹某发现正前方三四米处有一辆摩托车，便立即刹车，同时向左打方向试图超车，但因车速过快，曹某的摩托车前部撞到了那辆摩托车尾部，曹某被甩下摩托车。经医生诊断，其头部轻微脑震荡，腿部伤势较重。而正常行驶的摩托车驾驶人邓某却匆忙驾车逃之夭夭。

事后曹某承认自己酒后驾车的事实。据曹某回忆，在事发时他根本就没有注意到前方有摩托车，等距离靠近后才发现，但当时已经没有办法躲避了。后几经周折，交警部门终于将被害车辆及驾驶人找到。调查后才得知，原来邓某的摩托车没有年检，怕被交警处罚，因此匆忙逃走。

交警大队肇事科根据现场笔录和勘验情况，依照国家有关道路交通法律，作出了如下的责任认定：曹某因为酒后驾车负交通事故的全部责任，而邓某的车辆因为没有年检，属于另外的法律关系，依照相关法律予以处罚。

分析：

《道路交通安全法》第十三条规定，应当根据车辆的不同情况，定期进行安全技术检验。

本案中，曹某酒后驾车，违反了《道路交通安全法》的规定。邓某被撞到后，之所以不能停车等候公安机关交通管理部门的处理，维护自己的合法权益，放弃向曹某要求赔偿而逃走，完全是因为他没有依法接受机动车的安全技术检验，害怕受到公安机关交通管理部门的处罚。

现在一些人认为机动车的年检是对自己的束缚，过分自信自己机动车的安全性。事实上，许多车况较好的车在彻底检查的时候都存在不同程度的安全隐患，如果不及时修理则后患无穷。从法律的角度来说，既然年检是法定程序，只有机动车的所有人或者管理人，按照法律的规定定期接受检查，才符合法律的规定。这样，在出现事故的时候才完全可以理直气壮地要求赔偿，避免类似邓某因小失大的情况出现。

［例 2-7］ 报废机动车不得上道路行驶

某进出口贸易公司驾驶人刘某正驾驶运输车在公路上高速行驶，突然发现前方有一障碍物，具有十几年驾车经验的刘某下意识地向右打方向盘，同时脚下用尽全力踩下刹车，手也急忙拉起手制动，一系列的动作在瞬间完成，但这时刘某突然发现刹车竟然失灵了，无计可施的刘某眼睁睁地看着汽车失去控制，直冲向路边。汽车跃上人行通道，撞到马路边上一家商店的水泥墙上，刘某也从车里被甩出 3m 多远，不省人事。

公安机关交通管理部门对现场做了勘验，经调查发现，刘某驾驶的肇事车辆是一辆超期服役的报废车。公司为了省钱没有更换新车，致使本该避免的事故发生。车辆的车况差是造成这一事故的重要原因。

分析：

强制报废制度是国家的法律规定，是机动车的车主、所有人必须履行的义务。之所以规定强制报废制度,是因为机动车的使用是有一定年限的,超过安全的驾驶年限就会存在很多隐患,必然会造成交通事故。

根据相关法律的规定,车辆已达到报废的标准时,必须依法办理报废手续,交给指定的回收企业,统一拆解处理。根据我国 2001 年 6 月颁布的《报废汽车回收管理办法》,禁止任何单位或个人出售、使用、赠与、私自拆解、拼装、倒买倒卖报废车,违者将受到有关部门的查处。据公安机关交通管理部门统计,近年来,每年应报废的车辆数以万计,但所回收的数量却在不同程度地减少。这些不知去向的报废车就像一颗颗隐藏的"炸弹",时刻威胁着驾驶人和行人的安全。

本案中,事故完全是由于报废车辆故障引起的,决定使用这辆车的进出口贸易公司将负全部责任,承担刘某的医疗费用和商店的损失。该车应当由公安机关交通管理部门予以收缴,强制报废。

[例 2-8] 对特种车辆的特殊要求

某市医院因为业务需要,购买了一辆救护车和一辆轿车。购买以后该医院为它们各自办理了注册登记,并按照规定在救护车上喷涂了救护车专用标志图案,安装了警报器和标志灯具。医院领导为了方便平时使用,以及在必要时也可用作救护车,决定给这辆轿车喷涂救护车专用图案并安装标志灯具。某日,该医院全体员工去外地度假,由于人多车少,该院领导决定将新买的这辆救护车和这辆轿车也用来运送员工。于是以轿车打头,一行人浩浩荡荡出发。时逢早上 7 点左右,正是上班交通高峰期,前行缓慢,所以打头的轿车驾驶人打开警报器和标志灯具,果然从此畅通无阻。但就在将要出市区时,这一行队伍被交警拦下。交警认为某医院在轿车上喷涂救护车专用图案并安装标志灯具,而且在未从事救护工作时打开警报器和标志灯具,其行为已构成违规,应对其进行处罚。而某医院领导却认为这是自己的权利,交通管理部门无权干涉,更无权处罚。

分析:

在现实生活中,有许多机动车辆有其特殊的专门用途,即特种车辆。为了能够把这些车辆同其他一般车辆区别开来,以便于完成其任务和交通管理部门对其进行管理,《道路交通安全法》才要求这些车辆喷涂和安装规定的特别标志。其他普通车辆如果未经批准,是不能擅自喷涂这些特殊标志的,以免与真正的特殊车辆发生混淆。

对于普通车辆来说:①除非得到公安机关交通管理部门的批准,其不得喷涂或安装与特别标志相同或类似的标志;②在特殊的情况下,普通车辆也可以用作特殊用途(如灭火),但其不能享有特殊车辆的权利。对于特殊车辆来说:①应当喷涂和安装法律规定的标志,这不仅是它的权利,也是它的义务;②只有在完成本职任务时,才享有特殊权利,如果是用作其他用途时,不得再享受特殊权利。

本案中,某医院在购买了一辆救护车和一辆轿车后分别进行了相应登记,这时这两辆车的身份就已经得到确定,应当遵守相应的规定。某医院的错误有:①未经交通管理部门允许,在非救护车的轿车上喷涂和安装救护车专用的标志;②将救护车用作其他用途时仍然行使特殊权利即打开警报器和标志灯具。因此,交通管理部门要对该医院的行为进行处罚是完全合法合理的。

[例 2-9] 警报器不得随意使用

某市公安局长的小舅子李某,看到警车打开警报器后,行车畅通无阻,而且还很酷,因其姐夫是局长，所以就私自给自己的车安装了一个警报器。其他车辆按照通行规则行驶的时候，他打开警报器，从而能不受约束。四天后，李某驾车行驶到某路口时，被交警处罚。

分析：

本例李某倚仗着自己姐夫是公安局长，私自装上警车标志，违反了《道路交通安全法》第十五条的规定。警车、消防车、救护车、工程救险车承担着救急的重要使命，所以法律给予这些车在执行任务的过程中，享有道路优先通行权，未执行任务时，不享有道路优先通行权。这些车必须按照规定喷涂标志图案，安装警报器、标志灯具，这样可以使其他机动车予以避让。李某这种做法应受到严肃处理。

［例 2-10］ 机动车不能随意改装

某日深夜，王某驾驶奥迪轿车以 70km/h 的速度行驶。当车行驶至离省城还有约 15km 处时，突然一道强光直射过来，刺得王某睁不开眼睛，还没等王某反应过来，瞬间便与迎面而来的张某驾驶的三菱汽车相撞。

当交通警察接到报警赶到现场时，奥迪轿车严重损坏，王某已被撞昏。经勘验交警部门认定：王某轿车占线行驶，应负事故的主要责任；张某驾驶不符合要求的车辆，应负事故的次要责任。事后王某认为他当时是在对方车辆强光刺激下，无法辨别方向、无法避让的情况下才与对方相撞的，怎么应负主要责任呢？

于是王某向法院起诉，诉讼中称造成事故的原因是由于张某在车前违法安装具有强光型聚焦性能的前灯，同时超速行驶，使王某无法看清前面道路的情况，无法及时采取刹车和避让措施，导致事故发生的主要责任应当由张某承担。张某辩称，王某陈述与事实不符，即自己并没有使用具有强光型聚焦性能的前灯和严重超速，导致这次事故发生主要是因为王某占线行驶，对此自己不应承担事故责任。

法院受理后，经调查取证查明事实认为，被告张某驾驶的三菱汽车经过改装，该车使用的远光灯亮度超过国家规定标准的 10 倍，近光灯的亮度超过国家规定标准的 20 倍；事故发生时该车的速度为 80km/h。当王某的车与被告张某的车相会时，尽管王某根据对方的灯光及车速发出了示警信号，但由于被告的车使用的远光灯和近光灯亮度都超过国家规定的标准，致使王某在视力受到严重障碍的情况下，无法分辨方向和控制车辆，其车越过公路的中心线 60cm，同时张某当时超速行驶，导致两车相撞，造成王某车毁人伤的交通事故。因此，法院判定张某应承担主要责任，并赔偿其经济损失。

分析：

本案中，被告张某擅自改装其驾驶的三菱汽车，使该车的远光灯亮度超过国家规定的 10 倍，近光灯的亮度超过国家规定的 20 倍。这一行为已经严重违反国家相关法律规定。王某正是因为在张某车辆超标的强光刺激视线的情况下，采取措施不当，以至于其车超过了公路的中心线，和三菱车相撞。可见，张某擅自改装车灯的违章行为是导致本次事故的主要原因。

但令人疑惑的是交警部门对这起事故的认定出现了偏差，这是由于交警部门没有看到或者是忽略了王某占线行驶是被张某车辆的强光刺激所致。所幸，法院并没有完全采纳交警部门的意见，而是根据取证和调查得出公正的判决。

从此案中我们可以看出，拼装或者擅自改变机动车已登记的结构、构造或者特征的潜在危险是无法预料的。很多人为了利益驱动或出于兴趣爱好，不顾及他人的生命安全，这样的代价必将是惨重的！

［例 2-11］ 我国实行机动车第三者责任强制保险制度

某日清晨，环卫工人林某在其负责的路段上打扫卫生时，被一辆货车撞倒，肇事驾驶人驾车逃跑。林某经路人送到医院抢救后生还，但一条腿被截肢，其家境贫寒，支付不起医疗费。交警根据对现场的勘验，认定事故责任者为货车驾驶人，但由于肇事驾驶人逃逸，根据机动车第三者责任保险制度，由中国人民保险公司预付林某的医疗费用。

分析：

我国实行机动车第三者责任强制保险制度，是指机动车必须强制保险。在发生交通事故后，当被保险人或其允许的驾驶人在使用保险车辆过程中发生意外事故，致使他人遭受人身伤害或者财产的直接损毁时，被保险人应支付的赔偿金额由保险公司依照规定给予赔偿，可促使被保险人积极参与事故的处理和善后工作。

当发生交通事故逃逸行为时，由于交通肇事车辆逃逸，交通事故受害方不能从交通事故另一方取得救济。为了使交通事故中死伤者得到及时的处理和抢救治疗，《道路交通事故处理程序》规定，在实行机动车第三者责任法定保险的行政区域发生机动车交通事故逃逸案件的，由当地中国人民保险公司预付伤者抢救期间的医疗费、死者的丧葬费。中国人民保险公司有权向抓获的逃逸者及其所在单位或者机动者的所有人，追偿其预付的所有款项。本例林某被撞倒后受伤，而肇事大货车司机驾车逃逸，林某抢救治疗费用应先由当地人民保险公司垫付，保险公司保留向肇事逃逸车辆的驾驶人及车辆所有人的追索权。

法律之所以如此规定，是为了保护事故受害方的权利。逃逸车辆的赔偿款，过去一直是由保险公司垫付的。在第十届全国人大常委会第五次会议上，有的委员提出，保险公司只能在保险责任限额之内支付抢救费用，逃逸者的赔偿责任全由保险公司承担欠妥，加大了保险公司经营的风险。倘若在一个地区发生多起逃逸事故未破案，保险公司垫付的费用向谁去索要呢？

委员们还考虑到另一种情况，虽然我国实行的是责任强制保险，但仍有少辆车未参加保险。应成立道路交通事故社会救助基金，对于未参加机动车第三者责任强制保险或者肇事后逃逸的，由道路交通事故社会救助基金先行垫付部分或者全部抢救费用，道路交通事故社会救助基金管理机构有权向交通事故责任人追偿。这样就可以避免相互推诿，能够更好地保护交通事故中受害者的利益，也考虑到不再无限加大保险公司的义务。

［例 2-12］ 驾驶机动车应当依法取得机动车驾驶证

某日中午，某市交管局查验大队的四名交警在某交叉口治理无牌无证上路行驶车辆，发现一辆箱式小货车在路口不远处掉头往回行驶。警察杨某看到，感觉该车存在问题，于是便驾驶警车追赶上去，并示意其停下。箱式小货车驾驶人蒋某知道警察追赶后，不停车反而加速行驶。杨某于是便告知前面也在检查的警察李某等将该车截住。李某发现该车后示意其停车检查，蒋某视若无睹再次强行闯过交警的拦截，并撞伤交警李某的腿部，随后驶上立交桥逃离了现场。交警驾车追赶，途中三番五次责令其停车，蒋某都置若罔闻。最后，交警用桑塔纳轿车堵截，迫使蒋某停下了车。经查，该车驾驶人无照驾车，而且所驾的车辆也没有牌照，等待该驾驶人的将是法律的严惩。

分析：

为了避免不特定的伤害，要求机动车驾驶者要具备相应的资格、相应的交通常识以及相应的机动车辆驾驶技术。申请机动车驾驶证，应当符合公安部门规定的驾驶许可条件，经考试合格后，由公安机关交通管理部门发给机动车驾驶证。

有机动车驾驶证只是可以驾驶机动车的一个必备条件。根据《道路交通安全法》第十九条的规定：驾驶人应当按照驾驶证载明的准驾车型驾驶机动车。也就是说即使获得交通主管部门的许可，也仅能驾驶一定类型的车辆。而且驾驶机动车时，应当随身携带机动车驾驶证随时准备接受交通执法部门的监督检查，作为驾驶人都应当按规章制度履行自己的职责。

本案中，蒋某无证驾驶机动车上道路行驶，也没有悬挂机动车号牌，这都是不允许的。对于无牌照的车，到底是新车、旧车，是否在允许行驶的时段中，都是未知数。公安机关交通管理部门可以扣留这辆车，并通知当事人提供相应的牌证。鉴于其无驾驶证驾车，可对其处警告或者二十元以上二百元以下的罚款。

[例 2-13]　非机动车的登记和安全技术标准

某市风景名胜区众多，旅游业发达，有很多人利用人力三轮车进行拉客活动，从中获取一定的收入。为了加强对这些人力三轮车的管理，规范三轮车载客市场，该市所在省人民政府制定并颁发了《旅游景点人力三轮车管理办法》，规定人力三轮车必须到当地交通管理部门进行登记，然后才能上道路行驶并投入营运；同时还规定了人力三轮车的外观要求和安全技术标准，要求人力三轮车必须达到这些标准。曹某是该市农村的一位农民。曹某有位亲戚杨某正好在该市从事人力三轮拉客活动，平时就跟曹某说这个很挣钱，曹某听后心动，于是就买了辆人力三轮车在农闲的时候和杨某一起拉客。曹某心想一年中也就那么几天拉客，于是就没有到当地交通管理部门进行登记。一个月后，在曹某载客时，被交通管理部门查出其未进行登记，并且曹某的人力三轮车的安全技术标准也未达到《旅游景点人力三轮车管理办法》的要求，车铃不响，车后夜间反射装置也已损坏。于是交通管理部门对曹某进行了处罚，并责令其进行登记，对三轮车进行整修。曹某不服，说自己不经常拉客的，没有必要去登记。

分析：

根据《道路交通安全法》的规定，机动车必须进行登记，而非机动车则不然，有些需要登记，而大多数不需要登记。《道路交通安全法》第十八条就对非机动车的登记作了规定。依据这一条规定，各省、自治区、直辖市人民政府有权根据当地的实际情况，规定应当登记的非机动车的种类。如果属于规定的非机动车种类，就必须像机动车一样在登记后才能上道路行驶。

在本案中，该市人力三轮车载客的现象较多，如果当地政府不对其进行规范，将不利于对三轮车载客市场的管理和安全监督，也不利于当地旅游业的发展。由于非机动车也要用于交通运输，因此也存在预防和避免交通安全事故的需要，所以《道路交通安全法》规定，非机动车也像机动车那样，应当符合一定的安全技术标准。本案中曹某的行为确实违反了《道路交通安全法》的规定，是一种交通安全违法行为，对此当地交通管理部门所作的处理完全是合法合理的。

[例 2-14]　申请驾驶证应当符合法定条件

陈某高度近视，矫正后视力仅为 4.5。某日中午，陈某驾驶着汽车去上班。由于天气炎热，汗水顺着陈某的额头淌到了眼睛上，为擦掉汗水，陈某索性将眼镜摘了下来。前面是一个宽阔的十字路口，一位老人（于某）正在通过斑马线横过马路。由于陈某模糊的双眼对距离估计不准，汽车向于某冲了过去，因车速较快，致使被撞的于某当场死亡。

经过事后调查得知，陈某的近视程度是不允许申请机动车驾驶执照的。为了能够取得驾驶证,陈某本人并没有参加体检,而是托亲戚代交了体检费,并在体检单上填写一切正常后通过了审查。根据交警部门的责任认定,陈某因为不符合驾驶条件,存在明显的视力问题,是造成此次事故的主要原因,因此应对事故负完全责任,对于某的死亡承担赔偿责任。

分析:

根据《道路交通安全法》第十九条规定,一般的人都有取得机动车驾驶证的权利。驾驶机动车是一项技术性较强的活动,对机动车的驾驶者在年龄、身高、身体健康等许多方面都有特殊的要求,因此,我国法律在申请机动车驾驶证的条件上作了相应的限制。

根据我国相关法律的规定,大型客车、大型货车、无轨电车的驾驶证申请者,身高不能低于155cm,申请其他车型驾驶证的,身高不能低于150cm;两眼矫正视力不应低于标准视力表0.7或对数视力表4.9并且无赤绿色盲等。

在本案中,陈某的视力不符合申请驾驶证的条件,因此对于其获得的机动车驾驶证应认定为是无效的行政许可,视为无效驾驶证并予以注销。陈某不符合公安部门规定的驾驶许可条件,其申请机动车驾驶证的行为违反了《道路交通安全法》第十九条的规定。陈某应当对其不具有驾驶资格、存在明显的视力问题造成的事故承担法律责任。

[例2-15] 境外机动车驾驶证在境内无效

某化工研究所的科研人员李博士在美国读书和工作时,曾获得美国的驾照。回国后因为单位与家离得很近,没有买车。一天他接到通知,急于去郊外开一个技术分析会,单位的驾驶人都不在,车库里有一辆桑塔纳,因为事情紧急,他自己开车上了路。这天是道路交通安全宣传日,路上交警在巡查。一名交警请李博士出示驾驶执照,李博士掏出了其在美国的驾驶执照。交警告知境外机动车驾驶证在境内无效,请他下车,又帮忙拦了一辆出租车,请驾驶人把李博士送到会议地点,并让研究所的驾驶人到交通大队取车。

分析:

在中国境内驾驶机动车,应当符合我国公安部门规定的特定驾驶许可条件。因为我国不同车种机动车对申请人的限制要求可能与其他国家和地区的情况不一致,所以境外驾驶证是无效的。境外驾驶证包括外国或香港、澳门、台湾地区驾驶证或国际驾驶证。本案中,李博士持有的美国驾照,在中国是无效的。因为各国和地区的交通条件不一样,行驶规则也不一样,单纯地会开车并熟知美国驾驶规则并不能说明他了解中国的交通安全规则。李博士属持有境外驾驶证的中国公民,要想取得驾照,必须提供必要的证件,填写申请表,交验美国的驾驶证或国际驾驶证,接受身体检查并参加考试,考试合格后才能核发驾驶证。

对于持有境外驾驶证的境外人士,可以申请驾驶证或临时驾驶证,填写申请表后,要交验护照等入境身份证件,交验居留证件。申请驾驶证居留期为一年以上,申请临时驾驶证居留期为三个月以上一年以下。

[例2-16] 取得驾驶证要经过驾校严格培训

王某和张某曾是同事,他们都想学开车。王某今年61岁,虽然已经退休了,但身体很硬朗。他到一家驾校报了名,驾校要求他按时出勤,学满58小时才能考试。张某托熟人找了一个驾校,驾校管理较松,承诺"只要你能通过考试。来几次都可以"。桩考时采用计算机控制,很严格,王某第一次考试没有通过,学校教员又让他训练了几次。在第二次桩考中,他顺利通过。经过路考后,他终于领到了驾驶证。而张某则一脸懊丧,原来他去的那个驾校为了多招学员，管理松散，公安机关交通管理部门车辆所举办考试时，该驾校的学员大多数都未考过。这种情况引起了有关部门的注意，驾校被限令停业整顿，而张某也只好重新找一个正规驾校学习。

分析：

《道路交通安全法》对公民取得开车资格的培训作了严格的规定。由于学习驾车需要专门的教练员和宽阔的场地和路面，因此采取社会办学的方式可以较好地利用可供训练驾车的自然资源和必要设备。正规的驾校都有严格的课程和学时规定，一般培训时间为 58 学时或 68 学时，受训人在通过交通法规考试后，要经过两次严格的考试，一次桩考，一次路考。桩考一般是用计算机控制的，精确度极高，杜绝了人情因素，确保了考试的严肃性。

本案中，王某找了一家正规的驾校，扎扎实实，学得辛苦，但终于如愿取得了驾驶执照；而张某想投机取巧，却竹篮打水一场空。王某 61 岁学习驾驶，也是条件进一步放宽的结果，早些时候的规定对学习驾驶的年龄要求是 50 岁以下，后来放宽到 60 岁。这主要是考虑到很多健康老年人的需求。2003 年 9 月 1 日，管理部门作出决定，学习驾驶的年龄资格延长到 70 岁。当然，对于高龄驾驶人，需要每年进行严格的体检，以决定当年是否可以驾车。

《道路交通安全法》还规定，任何国家机关以及驾驶培训和考试主管部门不得举办或者参与举办驾驶培训学校、驾驶培训班。将培训和考试主考机关、国家机关严格分离，这是为了保证培训和验收的独立性，以维护其公正性和严肃性，保证培训和考试的合法性和权威性。

［例 2-17］ 驾驶培训实行社会化

尚某购了买一辆轿车自用，为此在某驾驶学校报了名，接受为期一个月的培训。在培训过程中，该驾驶学校为尚某每个星期只安排三天的学习时间。整个学习期间，也经常安排尚某上路实习。培训结束之后，尚某参加当地交通管理部门车管所组织的驾驶证考试并顺利通过。尚某以为拿到正式驾驶证应该没有问题，但车管所拒绝向尚某发放驾驶证，理由是尚某报名学习的驾驶学校并未取得交通管理部门的许可，没有进行驾驶教学的资格；认为在这样的驾驶学校培训，不会保障学员的质量，因此尚某必须重新参加培训。

车管所还专门指定尚某到当地交通管理部门参与主办的一所驾驶学校进行学习，如不在这所学校学习的话，就不能拿到驾驶证。尚某对车管所的决定表示不服，认为只要通过驾驶证考试就应该能拿到驾驶证，之前自己在哪里学习，学习情况如何，不应该影响到是否能取得驾驶证。

分析：

过去我国的驾驶培训工作通常是由交通管理部门负责，许多驾驶学校由交通管理部门或其他政府机关主办，或者由交通管理部门专门指定特别的驾驶学校，不到指定学校学习的，就不准参加驾驶证考试。这种考试与培训不分、由交通管理部门或其他政府机关一家负责的局面，使得我国的驾驶培训工作存在许多弊病。为此，《道路交通安全法》特别规定了驾驶培训应当实现社会化，就是培训与考试分开，培训由专门的驾驶学校或培训班负责，考试由交通管理部门负责；交通管理部门等政府机关除了对培训学校实行资格管理之外，不得以主办驾驶学校、指定驾驶学校等任何形式参与、干预驾驶培训的具体工作，从而使交通管理部门等政府机关和培训机构分离，使培训机构独立化。当然这并不是说政府对于驾驶培训机构就是完全放手不管了。根据《道路交通安全法》的规定，交通管理部门对驾驶培训学校实行资格管理，只有符合一定条件并经交通管理部门许可的机构才能进行驾驶培训工作；此外，驾驶学校还必须严格按照国家有关规定，对学员进行交通法规、驾驶技能的培训，确保培训质量。

本案中，尚某所报名学习的驾驶培训学校在未取得交通管理部门许可的情况下，擅自进行驾驶培训工作，而其教学又未达到国家要求，其行为违反了《道路交通安全法》的规定，交通管理部门有权对其进行相关行政处罚。但是该驾驶学校行为的违法，并不影响尚某取得驾驶证的资格，交通管理部门以尚某所接受的驾驶培训不符合要求而拒绝发给驾驶证的做法是不正确的。至于交通管理部门指定尚某到自己主办的驾驶学校学习，否则不发给驾驶证的做法，更是违背《道路交通安全法》的违法行为。

[例 2-18]　对机动车安全性能要及时检验

张某是某市空车配货站的驾驶人，经验丰富，对自己的驾车技术非常自信。张某的大货车制动系统一直不是很灵，而他却能多次化险为夷，这事就成为他一直吹嘘的资本。一日张某驾驶大货车运输煤炭，途经检查站时，张某和车上两名货主远远看到检查站内没有灯光，路杆也没放下，误认为检查站内无人，因而没有减速停车，快速开过检查站继续前行。此时，检查站内的检查员杨某发现后，立即驾驶摩托车追赶，当张某驱车行驶了数百米后，摩托车超到汽车前方去堵截。张某立即下意识地采取了刹车措施，但因车辆一直处于制动不良的状态，大货车右侧保险杠撞到检查员杨某腰部，造成杨某内脏损伤，经医院抢救无效死亡。

人民法院在审理该案时认为，被告人张某驾驶制动不良的车辆，违反交通规则，造成执行公务的检查员杨某死亡的严重后果，其行为已构成交通肇事罪，依据我国刑法的规定，判处张某有期徒刑二年，并赔偿被害人经济损失。

分析：

本案中，驾驶人张某明知机动车制动不良，可能造成交通事故，却自以为凭自己多年驾驶经验就能够化险为夷，所以屡次出现险情都不能使他提高警惕，主动修复制动系统，其行为已经严重违反了《道路交通安全法》的规定。

从本案可看出，张某由于主观上存在自负，才酿成检查员杨某被撞抢救无效死亡的交通事故。案发后，张某追悔不及，认罪态度较好，虽然能够赔偿被害人经济损失，但毕竟造成被害人死亡及其家人陷入悲痛和困境之中。如果此前张某多一些警惕，及时修复或更改制动装置，排除事故隐患，这起事故就不会发生，也就不会受到刑事追究。

[例 2-19]　公交车驾驶人应操作规范、安全驾驶

某日，某市公交公司驾驶人邓某驾驶公交车在道路上行驶，因路上塞车，耽误了正常的行车时间。为赶时间，当行至某一站点时，邓某没有按要求紧靠路右边站台停车，而是将车停在路中间便放下乘客。乘客黄某、尚某为了躲避烈日，下车后就跑向路边。这时从公交车的右边驶来一辆由刘某驾驶的大型牵引车，由于黄、尚两位乘客下车比较突然，刘某没有防备，采取避让措施不及，牵引车的车头撞向两人，黄某当场死亡，尚某受伤昏迷。

交通事故发生后，经交警部门现场勘验，当事人陈述、证人证言、车辆检验等材料综合证实，公交车驾驶人邓某没有靠路边停车下客，没有确保下车乘客的安全，违反了国家现行法律的有关规定，是造成此事故的主要原因；当事人刘某驾驶经检验制动不合格的车辆上道路行驶，同样违反了法律规定，是造成此事故的次要原因；黄某、尚某在此事故中没有违章行为。据此，交警部门认定邓某承担此事故的主要责任，刘某负次要责任，黄某、尚某无责任。同时，邓某因涉嫌交通肇事罪被依法追究刑事责任。

分析：

《道路交通安全法》第二十二条第一款规定："机动车驾驶人应当遵守道路交通安全法律、法规的规定，按照操作规范安全驾驶、文明驾驶"。这是对驾驶机动车的驾驶人作出的一个原则性的规定，也可以说是一个开放性的规定。该条所指称的道路交通安全法律、法规，既包括《道路交通安全法》以及相关的规范驾驶机动车驾驶人的法律、法规，也包括驾驶公交车的驾驶人要遵守大型公共汽车、电车除特殊情况外，不准在站点以外的地点停车的具体规定。因此，在本案中，不论是从合同的角度出发，还是从法律的角度出发，都不难得出结论——邓某应当承担事故的主要责任。

作为公交车，乘客花钱买票乘车，根据《合同法》规定，已形成了一种运输合同的关系，理应享受安全、快捷的服务，对于乘车人来说是权利的体现。那么作为运营方的公交驾驶人，其义务便是保证每一位乘客的安全，应按规定停靠站，让乘客安全上、下车。本案中的公交车驾驶人邓某却没有按规定靠近站台停车，使乘客下车后必须步行一段距离才能到达站台。

［例 2-20］ 疲劳驾车发生事故的法律后果

马某驾驶汽车早早起来就进城办事，劳累了一天还没有吃晚饭，已有些精疲力竭，眼睛也涩涩难受，但为了早点赶到家里和家人吃饭，归心似箭，脚下下意识地加了力，提高车速，恨不能立刻回到家中。马某精神有些恍惚，同时车速过快，汽车仿佛已不由马某控制，刹那间便将前方一辆同向行驶的摩托车追尾撞倒，摩托车驾驶人受伤躺在了地上。

马某恐惧害怕的心理战胜了理智，他没有停车，加大油门逃跑了。民警根据群众提供的车辆牌照号，经过上网查询，弄清了这辆肇事车辆的归属，将肇事的马某抓获。警方调查后认定，肇事人马某疲劳驾车，交通肇事逃逸，应负事故的全部责任，已构成交通肇事罪，应负刑事责任。

分析：

《道路交通安全法》第二十二条规定："饮酒、服用国家管制的精神药品或者麻醉药品，或者患有妨碍安全驾驶机动车的疾病，或者过度疲劳影响安全驾驶的，不得驾驶机动车。"马某的行为违反了《道路交通安全法》的有关规定，属违法行为。

在本案中，马某由于疲劳对前方行驶的车辆无法作出准确的判断，致使追尾事件的发生；然而更严重的是马某害怕承担责任，事后驾车驶离现场。根据规定，如果违反道路交通安全法律、法规的规定，发生重大交通事故，构成犯罪的，将依法追究刑事责任，并且由公安机关交通管理部门吊销其驾驶证。如果是造成交通事故后逃逸的，将被终生取消驾驶机动车的资格。

［例 2-21］ 酒后不得驾驶机动车

一日凌晨，朱某与朋友在一家饭店喝了很多酒，随后朱某驾车送朋友回家。途中，朱某的汽车将一辆自行车撞倒，肇事后，朱某怕被警察抓到，驾车逃逸。

接到报警后，交警迅速赶到现场。由于事故发生在夜晚，目击证人没能看清肇事车辆的车牌号码，只是模糊地记得尾数是 80。根据这个重大线索，经排查，交通民警最后确定肇事车号码为 BF3880。交通民警历尽周折找到登记车主朱某。朱某由于交通肇事后逃逸，被依法追究刑事责任，吊销驾驶证，赔偿 4 万元。

分析：

按照《道路交通安全法》的规定，饮酒后驾驶机动车的，处暂扣一个月以上三个月以下机动车驾驶证,并处二百元以上五百元以下罚款。醉酒后驾驶机动车的,由公安机关交通管理部门约束至酒醒,处十五日以下拘留和暂扣三个月以上六个月以下机动车驾驶证,并处五百元以上两千元以下罚款。

在本案中,朱某酒后驾车,违反了《道路交通安全法》对于饮酒者禁止驾车的规定。朱某的逃逸行为,不仅应当受到道德上的谴责,而且应当受到刑事法律的处罚。根据法律的规定,肇事人逃逸将使自己处于完全责任状态。肇事人逃逸或者故意破坏、伪造现场、毁灭证据,使交通事故责任无法认定的,应当负全部责任。

另外,法律还规定,交通事故责任者应当按照所负交通事故责任承担相应的损害赔偿责任,因此逃逸者就要承担本不该承担的经济责任;其次,肇事后逃逸将加重行为人的法律责任,由于逃逸者所负责任的增大,受到的处罚也会相应加重。按事故造成后果的不同,逃逸者可能受到罚款、治安拘留的处罚,如果逃逸行为造成受害者得不到救治而死亡,通常要追究逃逸者的刑事责任。根据法律规定,所有逃逸者无论责任大小、损失多少,一律吊销机动车驾驶证,同时,肇事者将被终身剥夺获取机动车驾驶证的资格。

[例 2-22] 机动车驾驶证须定期审验

某市公共汽车运输公司的驾驶人刘师傅今年 60 岁,他的驾驶证该审验了,刘师傅到医院进行了体检,带上了记分本和有关资料,到车辆管理所审验。审验的交警看到刘师傅一年内没有任任何违章事故的记分,告诉刘师傅其实可以延长审验期,不用这么急着来。刘师傅说自己已经 60 岁了,恐怕不能再驾驶公共汽车了。最后刘师傅驾驶证的审验顺利通过了,但交警还是在准驾车型上注销了"大型客车(A)类"。

分析:

取得驾驶证并不能一劳永逸,需要定期审验,确信你的持证资格合格,才能继续行使驾驶权。审验的机构是特定的,过去一般是到持证居住地的交警支队年检审检。近两年来,为了方便群众,持证人可以就近到任何交警支队办理,但机动车驾驶证有效期为六年,遇到需要换本和改变驾车车型时,需到车辆管理所去办理。由于机动车驾驶是一项与社会安全管理密切相关的带有风险的行为,驾驶证的管理也带有特殊性,与一般的身份证、户口本、学生证不一样,需要定期审验。对持证人的身体状况、违章记分状况、事故是否处理等情况逐一审检,审验合格的,在驾驶证上按规定格式签章或记载,持未记载审验合格驾驶证的不具备驾驶资格。

驾驶大客车、大货车、有轨电车、无轨电车,除个别人外,大多属于一种职务行为。驾驶这种大动力车辆,需要较高的体力和良好的身体素质,故需要对这四类车的驾驶人进行身体检查,间隔时间也限定在一年。其余的车种则不需要体检,审验时间也放宽到两年。本例中,公交车驾驶人刘某,因已年满 60 岁,故车辆所在审验中,将其过去准驾车型 A(大客车)去掉了。

审验是对机动车驾驶证发放后进行的后续管理,是一项严肃的工作。对此,1996 年 9 月 1 日施行的《中华人民共和国机动车驾驶证管理办法》中有明确规定。公安部 2003 年 9 月 1 日将申请驾驶证的年龄从 60 岁提高到 70 岁。《办法》中规定的年龄超过 70 周岁的注销驾驶证,已不成立,现在执行的是年龄上不封顶的政策。

[例 2-23] 满 12 分交通管理部门可扣留驾驶证

林某有一辆轿车,虽然林某对交通法规说起来头头是道,但驾车还属于生手,经常出现问题。一次堵车时林某吸烟被记了 1 分;闯红灯,被记了 3 分;在高速公路上行车没系安全带,被出口处的交警记了3分。林某心里很忐忑,一年一共12分,现在已经记了7分。从此,他认真阅读交通法规,出行时格外谨慎,平平安安地过了11个月。一天晚上,参加同学聚会的林某本不想喝酒,但同学都不依不饶,他估计深夜不会有交警了,便喝了两杯。同学聚会散后,林某酒后驾车回家被交警发现,一次就记了6分。交警发现林某本年度已经记了13分,便扣留了他的机动车驾驶证,通知他到交警大队参加学习。

分析:

本条涉及的是对机动车驾驶人制定的一种特殊的记分管理制度。当机动车驾驶人违反道路交通安全法律、法规时,除依法给予行政处罚,如罚款、拘留等,还实行累积记分制度。公安部1999年12月9日颁布的《机动车驾驶人交通违章记分办法》中将记分的分值,依照违章行为的严重程度,分为12分、6分、3分、2分、1分五种。

记分周期为一年度,总分为12分。对于一年之内满12分的人,应扣留其机动车驾驶证。这是因为驾驶人有重大失误或累积失误,已超过了正常驾驶的极限,其本身就含有一定风险,倘若任其下去,会造成更大的事故。为了对社会安全负责,所以必须扣留其驾驶证,在重新学习培训考试合格后,才能允许他继续驾驶,发还其机动车驾驶证。本例中林某因多次疏忽失误,总计记分已达13分,交警扣留其驾驶证、让其学习,是完全正确的。

《道路交通安全法》对以往执行的奖励政策有突破,即一个记分周期无交通违章记分的,可以延长机动车驾驶证的审验期,突出了记分制度奖优罚劣的特性。记分制度作为一种对机动车驾驶人实行动态管理行之有效的制度,只能由公安机关交通管理部门实施。记分制度有许多细则,需要机动车驾驶人反复学习,以避免违规行为的发生。

第三章　道路交通秩序管理法规

第一节　概　述

一、道路交通秩序管理法规的发展及对象

1. 道路交通秩序管理法规的发展

道路交通秩序管理法规是调整道路交通秩序管理过程中所产生的社会关系法律规范的总称。既包括静态交通秩序管理的各种法令、规定,又包括各种交通秩序控制措施的技术性法律规范。

在我国,道路交通秩序管理的成文立法最早见于秦朝,当时有"道路男子由左,妇人由右,车从中央"的规定。以后各朝代对道路交通秩序管理都有相应规定,如清朝光绪 34 年即 1908 年颁布的《违警律》中规定:"于多人聚集之处及弯曲小巷,驰骤车马或争道开车不听阻止者、夜中无灯火疾驱车马者,可处五日以下,一日以上之拘留,或五元以下、一角以上之罚金"。1934 年 12 月 21 日,即民国 23 年国民党政府内政部公布了全国性的《陆上交通管理规则》,在第一条中就明确规定:"为了各地方交通秩序化一,并交通安全、便利起见,制定陆上交通管理规则"。该《道路交通秩序管理法规的基本特征规则》对汽车行驶速度、汽车行驶遇道路障碍应听岗警指挥、电车在先原则,及人力车、马车、大车、其他车辆左行制原则等都作出了规定。

我国调整道路交通秩序管理的法规很多,除《道路交通安全法》中对通行原则、交通信号、交通标志和交通标线、车辆行驶安全时速、安全距离、会车、超车等道路交通秩序管理作了规定外,公安部等主管机关还发布了一系列道路交通管理秩序法规。1984 年 1 月 14 日,城乡建设环境保护部、公安部[84]城公字第 10 号印发《城市公共交通车船乘坐规则》;1984 年 11 月 10 日,铁道部、交通部、公安部发布《铁路道口通行规定》;1986 年 3 月 31 日国家经济委员会、铁道部、交通部、公安部、农牧渔业部、城乡建设环境保护部、劳动人事部(经交[1986]161 号文)印发《铁路道口管理暂行规定》;1988 年 10 月 3 日公安部、建设部([88]公(交管)字 90 号文)印发《停车场建设和管理暂行规定》、《停车场规划设计规则》(试行);1988 年 9 月 16 日,公安部发布《关于公路交通检查人员实行统一标志的通知》;1990 年 3 月 26 日,公安部第 5 号令发布《高速公路交通管理暂行规则》;1990 年 8 月 18 日公通字[1990]87 号)印发,1994 年 12 月 22 日公安部第 20 号令发布《高速公路交通管理办法》;2003 年 10 月 28 日,十届全国人大常委会第五次会议通过《中华人民共和国道路交通安全法》;中华人民共和国国务院令第 405 号《中华人民共和国道路交通安全法实施条例》,于 2004 年 4 月 28 日国务院第 49 次常务会议通过,自 2004 年 5 月 1 日起施行。这些规定构成了我国道路交通秩序管理的法律基础,使我国道路交通秩序管理步入了法制轨道。

2. 道路交通秩序管理法规的对象

道路交通管理法规的对象可分为两个方面:一是路面动态交通秩序管理;二是路面静态交

通秩序管理。

(1)路面动态交通秩序管理

路面动态交通秩序管理是道路交通秩序管理法规的重要内容,包括对机动车行驶秩序、非机动车行驶秩序、行人和乘车人交通秩序等的管理。

①机动车行驶秩序管理

机动车行驶秩序管理是指依据道路交通规则,对机动车行驶、装载、机件安全设备等实施管理行为。这其中包括:对机动车行驶路线的管理;机动车转弯和通过交叉路口的管理;机动车行驶速度的管理。在这方面,道路交通秩序管理主要规定了"各行其道"、"车不越线"、"交通信号、交通标志"、"速度限制"等内容,来调整机动车行驶秩序。

②非机动车行驶秩序管理

非机动车在道路上行驶的特点是灵活、易变、稳定性差,对其他车辆干扰大。在非机动车流量比较大的城区道路上,常因非机动车强行猛拐、违章载物、逆行等违规行驶造成交通秩序的混乱。非机动车的行驶秩序,对道路交通秩序管理影响较大,因此,《道路交通管理法》中明确规定,在道路上划有分车道的,非机动车在非机动车道内行驶;在没划分车道情况下,非机动车靠道路右边行驶。

③行人、乘车人交通秩序管理

行人包含一切通行道路的步行者。对行人的管理,主要是秩序的管理。因为行人走路时,其心理状态是尽可能方便,很少顾及其他,所以道路交通管理法规对通行道路的行人也作了规定。即行人走路的行为规范,主要从两个方面提出要求:一是告诉人们在道路上如何正确通行;二是在道路上通行时不准进行哪些有害公共设施的行为。例如,行人应当在人行道内行走,没有人行道的靠路边行走,行人横过街道要走人行横道等。

乘车人是行人的一种特殊情况。乘坐公共汽车、电车、旅游客车、出租汽车等若不分地点随意拦乘车辆,必然引起交通秩序的混乱,所以乘车人乘车秩序也应视为道路交通秩序管理的重要组成部分。如道路交通秩序管理法规规定,乘车应在站台或者靠近站牌的人行道上排队,依次候乘;乘车人不得携带易燃易爆等危险物品,不得向车外抛洒物品,不得有影响驾驶人安全驾驶的行为等。

(2)路面静态交通秩序管理

路面静态交通秩序管理主要包括对道路施工作业、占用从事非交通活动及对车辆停放的管理。

①道路施工作业、占用从事非交通活动的管理

施工作业、占用从事非交通活动的管理是道路交通秩序管理的重要内容。这里所指的各项活动,均是指在道路范围内的活动。城市道路公安交通管理部门管理的范围是:已实现规划的道路管理范围是整个规划断面;未实现规划的道路管理范围是从道路一侧建筑物到另一侧建筑物之间。公路管理的范围是以道路两侧边沟或公路界之间,在管理范围内任何占用道路的行为都在管理之列。由于占用道路直接影响道路的安全、畅通,加之道路交通发展使得车辆、流量增长快与道路建设慢的矛盾十分突出。为了有效地利用现有道路,使其发挥更大作用,需要对除交通运输活动外的其他活动加以必要限制,尽可能不占用或少占用、短时间占用道路,以保证交通运输的正常活动。对此,《道路交通安全法》明确规定,任何单位和个人不得占用道路从事非交通活动;因工程建设需要占用、挖掘道路,或者跨越、穿越道路架设、增设管线设施,应当事先征得道路主管部门的同意;影响交通安全的,还应当征得公安机关交通管理

部门的同意。这使道路的使用管理步入了法制轨道。

②机动车辆停车秩序管理

车辆拥有量和交通量的增加,必然增加对停车的需求。车辆停车按车辆性质可分为机动车和非机动车两大类。非机动车基本上是自行车,而机动车的种类很多,如公共交通车辆停车问题、社会客运车辆停车问题、货运车辆的停车问题等。

车辆停车按停车时间可分为临时停靠和停放两种。临时停靠一般指在路旁短暂停留,驾驶人不离开车辆;停放车辆指车辆长期停留,停放车辆主要应该依靠道路红线以外建设的停车场来解决。对停车的管理法规,主要体现在道路交通管理法规中对停车时的一般要求作出的规定、禁止车辆暂停和停放地点的规定以及对停车场管理的规定等。

③非机动车辆停放管理

在城市中非机动车辆主要是指自行车,它是大量和分散的个体交通工具。其停放问题十分突出。自行车交通的乱停乱放,是道路交通秩序混乱的一个突出问题,应依据道路交通管理法规进行严格管制。

二、道路交通秩序管理的基本特征

道路交通是一个规模庞大、目标多样、功能综合、因素众多的系统,道路交通秩序管理必须具有一定的强制效力并以交通法规为依据。道路交通秩序管理的立法只有遵循道路交通规则,才能保证道路的安全畅通。我国道路交通秩序管理所体现的特征主要有以下几方面:

1. 交通分离性

把道路交通作为一个系统,按不同的划分方式分为不同的类型,如步行、骑自行车和驾驶机动车,客运交通和货运交通,动态交通和静态交通。每一种分类中各个因素都有各自不同的交通特点。如步行、骑自行车和驾驶机动车,这些交通形态的速度不一样,交通特点截然不同。这些不同的交通形态若在某一时间内存在于同一个道路空间,就会增加道路交通的复杂性,给交通安全、畅通及交通秩序带来很大的问题。因此,道路交通秩序管理立法必须遵循交通分离的原则,使各种车辆"各行其道"。如一块板道路上的混合交通,机动车与非机动车在同一道路上通行,这种交通分离主要是通过交通法规中"机动车在道路中间通行,非机动车和行人在道路两侧通行"等有关内容来实现分离;在无任何交通管制的平面交叉路口,为了防止发生交通事故,就必须按交通规则中支路让干路车先行、转弯让直行等有关规定。这些都体现了道路交通管理实行交通分离的特点。

2. 交通优先性

交通优先性是指在道路上或某条车道上,对某一类情况交通给予特殊待遇,使其在该条道路或车道中,比其他种类的交通在时间上或次序上有权在前使用。这是道路交通秩序管理中确立的基本原则,道路交通管理法规中很多条款都直接或间接地反映出这一特点。如车辆通过道路交叉口,无论是有无交通管制措施,都存在谁优先的问题(即路权问题);车辆在车行道上运行,必须遵循各行其道的原则;在超车、转弯、过车、会车、停车等情况下,只有在不妨碍主车道车辆行驶的条件下,才允许借用其他车道行驶;特种车执行任务时,在保证交通安全的原则下,不受交通标志、标线和行驶速度限制,其他车辆、行人必须让行。这些都现了交通优先的重要特征。

3. 交通速度控制性

交通速度控制性是交通秩序管理的基本特性。交通速度控制是指依照交通法规的规定,对道路交通流进行必要的速度管制，以保证交通的安全。

驾驶人驾车超速行驶的主要原因有两个：一是为了尽早地到达目的地，缩短旅行时间；二是为了寻求高速驾驶时心理上的刺激。然而车速越高，危险性越大。比如高速行驶会引起停车距离增加、车辆行驶间距要求增大、交通标志及视认距离加大、车辆失控。超速行驶对驾驶人本人及他人，都潜在着极大的危险性。

汽车运输具有机动、灵活、速度快、效率高等优点，但是要发挥这种现代交通工具的作用，不是一味地追求速度，以此来缩短流程时间和降低损耗，另外更不能用高速行驶来满足精神上的欲望。因为，各种工作、各种场合都需要有统一的规则，若行人和驾驶人都随意按照自己的意志通行的话，势必导致交通秩序的混乱、交通事故的增加。反之，速度过低，旅行和运输时间长，耗油大，废气污染严重，也会带来交通秩序混乱、阻塞交通，影响交通安全。因此行车速度必须适当，只有合理地选择运行速度，才能在保障交通安全畅通的条件下，充分发挥现代交通工具的作用，收到较大的经济效益。因此，各国根据本国的情况，采用交通管制的方式，对各种机动车的行驶速度作了不同程度的限制性规定。

我国道路交通秩序管理也把交通速度控制作为一项重要内容确立下来，使交通秩序管理能够依据交通法规，通过交通信号、交通标志、地面标记等对车辆进行控制。这样就使我国道路交通秩序管理具有速度控制的特征。

4．交通总量控制性

交通总量控制性是道路交通秩序管理的又一特征。所谓交通总量，是道路交通量与其运行距离(运行时间)的乘积的总和，若从客、货运交通的角度讲，则是分别指客运周转量和货运周转量。这一概念能够表明道路交通(车、货物、人)占据道路空间和时间的分布状况。

道路增长较交通总量的增长要慢得多。这种矛盾若不进行必要的调节和缓解，必然会引起交通拥挤或阻滞增加、交通事故增多，还会使交通环境严重恶化。解决这一矛盾，除了采取道路系统的改善、客货运交通的合理规划、大型交通吸引及发生点的合理布局等措施外，道路交通总量控制也是一个重要的环节。

交通总量控制性主要体现为三点：

(1)在满足经济建设和人民生活的要求下，交通总量最小；

(2)使各种交通包括机动车、非机动车等，所占用的道路空间最小；

(3)使各种交通占用道路的时间最小。

通过这三个“最小”来缓和交通需求与道路容量发展不平衡之间的矛盾。道路交通秩序管理通过法律的强制作用来控制交通总量，如通过设置车辆通行证制度、车辆分配与销售制度、土地利用规划制度、区域驾驶执照制度、停车收费制度、征收车辆牌照税、公共交通补助制度等对交通总量进行控制。这些方面的规定体现了交通秩序管理的交通总量控制性。

三、道路交通秩序管理的基本原则

1．右侧通行原则

右侧通行是道路交通秩序管理的一项重要原则。《道路交通安全法》第三十五条规定：“机动车、非机动车实行右侧通行”。

右侧通行是指在双向行驶的道路上，相对行驶的车辆都必须在自己行驶方向的右侧行驶。靠道路的哪一侧通行既是一个交通管理问题，又是一个国家发展现代化交通，在技术上必须统一解决的重大问题。这个问题不统一，不仅两车交会易造成交通事故，而且对于汽车制造、方向盘和车门的安装位置也会出现矛盾。我国从1946年起采用右侧通行制，新中国成立以后，考虑到这已成为我国人民的交通习惯，就一直沿用车辆靠右侧通行的规定。

《道路交通安全法》第五十七条明确规定，驾驶非机动车在道路上行驶应当遵守有关交通安全的规定。非机动车应当在非机动车道内行驶；在没有非机动车道的道路上，应当靠行车道的右侧行驶。

2．各行其道原则

《道路交通安全法》第三十六条明确规定了机动车、非机动车、行人实行分道通行，即各行其道的原则。

各行其道，是指行人和各种车辆按照交通规则确定的原则通行，或者在交通管理部门划分的道路内通行，互不干扰，互不侵占。各行其道是交通分离的内容之一。交通分离包括对交通实施时间分离和空间分离，空间分离又分为同一道路的分离和不同道路的分离。交通规则中所讲的各行其道是指车辆、行人在空间上的交通分离。具体地说，行人必须在划定的人行道内行走，过横道时必须在划定的人行横道线内通过。非机动车必须在非机动车道行驶。机动车中的小型客车、摩托车在小型机动车道行驶，其他机动车在大型机动车道行驶。随着交通现代化水平的提高，交通工具日趋进步，行人和各种车辆的速度差别越来越大。在这种情况下，只有严格实行各行其道原则，保证各种车辆在空间上的交通分离，使其发挥各自的最大潜力，才能确保交通安全。

3．优先通行原则

优先通行指在道路或某条车道上，对某一种类交通给予特殊优待，使该交通在时间上或次序上有权优先通过。优先通行原则主要体现在以下几方面：

(1)借道通行

所谓借道通行是指行人在没有划人行横道的道路上通过车行道，车辆在转弯、会车、掉头、停车时驶入其他道路，包括机动车变更车道、驶入非机动车道或人行道，非机动车驶入机动车道或人行道。借道通行，必须注意一个原则，应当让在其本道内行驶的车辆或行人优先通行。

(2)特种车优先通行

特种车指警车、消防车、救护车和工程救险车。道路交通安全法第五十三条规定，特种车在执行紧急任务时，在确保安全的前提下，不受行驶路线、行驶方向、行驶速度和信号灯的限制，其他车辆和行人应当让行。如果在道路上耽误短暂的时间，可能会引起国家财产的重大损失或危及人民生命安全。

(3)交通警卫工作中确保优先通行

交通警卫工作是整个警卫工作的重要组成都分。它的主要任务是保卫首长和外宾的乘车行驶安全与便利，维护重大集会的交通秩序，保证大会的顺利进行。因此，在进行交通警卫工作时，必须保证道路交通秩序井然，确保首长、外宾或代表们的车辆安全、通畅。在交通管制下，对勤务路线加强全面控制，必要时停止一切车辆通行，以保证上述车辆优先通行。

(4)交叉路口的优先通行

平面交叉路口是各方向车流汇集和分散的地点。各种交通流通过交叉路口都存在着路权问题。道路交通秩序管理法规对车辆或行人通过交叉路口有明确的规定，如什么情况允许车辆通过路口，什么情况允许行人通过等。这些规定就是优先通行原则的具体体现。

4．安全通行原则

车辆和行人在道路上通行或者进行与交通有关的活动中，遇有《道路交通安全法》以及其他道路交通管理法规、规章没有规定的情况,无所遵循时,其通行必须以保证交通安全为原则。如果由于违反这一原则发生了交通事故,应追究违反人的责任。

5. 对机动车、非机动车、行人管理并重的原则

针对我国混合交通的特点及道路交通的发展需要,《道路交通安全法》对非机动车的行驶、装载等都作了明确具体的规定,本章第三节道路交通信号中还设了人行横道灯信号的规定,第六节介绍了行人和乘车人应遵守的管理法规。所有这些法规既体现了机动车、非机动车、行人在通行权利上的平等,也规定了各自应承担的义务。

第二节 道路使用管理法规

一、道路的概念

道路是一切交通活动的基础。道路交通秩序管理,离不开对道路的管理和保护。《道路交通安全法》第一百一十九条第一款规定:"道路是指公路、城市和虽在单位管辖范围但允许社会机动车通行的地方,包括广场、公共停车场等用于公众通行的场所。"这里所说的道路与我们日常所说的供车人通行的道路不完全一样,它的内容更广泛,还包括广场、公共停车场等用于公众通行的场所。

在市区,对已按道路红线建成的道路,以红线为界进行管理,尚未按红线建成的道路,以街道、里巷两侧现有合法建筑的外缘进行管理。在郊区按公路用地范围,即以路基、路沟为界进行管理。

二、道路的发展

道路的发展是随着人类社会的发展而逐步发展起来的。早在公元前21世纪的夏代,我国劳动人民就已经会修筑道路;在商代甲骨文中已有"牛马拉车"的记载,有车必然有道路;周代是我国奴隶社会的鼎盛时期,在道路方面就有"国中九经九纬,……,经涂九轨,环涂七轨,野涂五轨"的记载,意思是王城中有九条经向的道路、九条纬向的道路,经向道路有九辆车子宽度,环涂指环城道路,野涂指郊区道路,说明当时城市道路已初具规模;公元前3世纪,秦始皇统一了中国,为了加强和巩固其封建专制的统治,采取了一系列措施,发展交通就是其中之一;自唐、宋以后,城市道路呈棋盘式路网,街道直通城外,便于车、马、轿、人混合行走;鸦片战争以后,随着帝国主义的侵入,汽车和新的筑路方法也由国外传入中国,使我国城市道路发生了变化。现在,不仅修建了高速公路,还开辟了专用车道,发展了多层次交通。许多城市兴建了广场、立体交叉路口、城市环路、大型停车场、地下铁路、过江公路大桥和隧道等现代交通设施。

三、道路使用管理法规

道路是交通的基础,它为交通而设、为交通所用。要保障交通畅通,就必须合理、科学地利用道路,充分地发挥道路功能。对道路的使用管理规定主要有以下几方面:

1. 禁止占用道路从事非交通活动

道路使用管理法规规定,未经许可,任何单位和个人不得占用道路从事非交通活动。占用道路从事非交通活动,不但使道路失去其应有的功能,还会影响道路通行效率,甚至可能成为道路交通安全隐患,引发道路交通事故。因此,违法占用道路从事非交通活动必须予以取缔。

在某些特殊情况下,确实需要临时占用道路也不是绝对不允许的,例如因工程建设需要占用道路,或者因客观原因确实需要临时占用道路的,但必须经过许可。

《中华人民共和国公路法》和《城市道路管理条例》也作了明确规定:任何单位和个人不得擅自占用或者挖掘公路、城市道路;任何单位和个人不得在公路上及公路用地范围内摆摊设点、堆放物品、倾倒垃圾、设置障碍、挖沟引水、利用公路边沟排放污物或者进行其他毁坏、污染公路和影响公路畅通的活动。根据《中华人民共和国公路法》和《城市道路管理条例》的规定,因特殊情况需要临时占用城市道路的,须经市政工程建设主管部门的同意,影响交通安全的,还须征得公安机关交通管理部门的同意。

2. 工程建设占用道路的管理规定

随着经济的发展和城市建设的加快,因工程建设需要占用、挖掘道路都是难以避免的。如何在不影响工程建设的同时,保障道路交通安全,是当前一个现实而突出的问题。《道路交通安全法》第三十二条关于工程建设需要占用、挖掘道路或者跨越、穿越道路架设、增设管线设施时如何保障道路交通安全作出了明确规定。

根据规定,未经批准而擅自挖掘道路、占用道路施工或者从事其他影响道路交通安全活动的,道路主管部门有权责令其停止违法行为,并可以依法处予罚款;对于影响道路交通安全的,公安机关交通管理部门有权责令其停止违法行为,并迅速恢复交通。

同时,施工作业单位必须在施工作业地点来车方向安全距离处设置安全警示标志。这是考虑到当车辆在道路上快速行驶时,尤其是在高速公路上行驶,如果施工不提前预先告示车辆驾驶人道路状况,警告他们采取预防措施,就可能发生交通事故。因此,施工单位必须负起责任,严格履行法定义务。

另外,道路主管部门和公安机关交通管理部门应当履行法定义务,对道路进行验收,确保施工完毕后道路能真正达到安全通行的要求。根据《中华人民共和国公路法》的规定,施工单位在施工完毕后应当按照不低于该段道路原有的技术标准予以修复、改建。验收单位必须严格按标准进行验收,符合通行要求后,才能恢复道路通行;不符合通行要求的,不得允许通行。施工单位无能力恢复道路通行能力的,可以按照损坏程度予以赔偿。

公安机关交通管理部门对未中断道路交通的施工作业道路应当加强监督检查。道路施工作业可能中断交通,也可能不中断交通,边作业边通行。在这种情形下,由于道路通行能力受到影响,交通秩序容易发生混乱,并引发交通事故。因此,对未中断交通的施工作业的道路,公安机关交通管理部门应当加强交通安全监督检查,维护道路交通秩序。

3. 禁止在道路上作业

在农村,经常占用道路进行作业活动,如在道路上打场、晒粮、放牧、堆肥和倾倒废物等。这种行为会严重干扰正常交通活动,扰乱交通管理秩序。因此,禁止在道路上作业。

4. 禁止违章设置检查站

除公安机关外,其他部门不准在道路上设置检查站拦截、检查车辆。有关部门确需上路进行检查时,可派人在公安机关的检查站进行工作,没有公安检查站的地区,如需设置检查站时,必须经公安机关批准。

5. 禁止违章开辟新站点、路线

开辟或调整公共汽车、电车和长途汽车的行驶路线或车站,须事先征得公安机关同意,如妨碍交通时,须予以改变或迁移。这是为了防止因开辟或调整公共汽车、电车和长途汽车的行驶路线或车站而造成交通阻塞,以保障道路交通畅通。

6. 设置障碍物的限制

在道路上种植的行道树、绿篱、花木，设置的广告牌、横跨道路的管线等，不准遮挡路灯、灯光信号、交通标志，不准妨碍交通视距和车辆、行人通行。

四、公路使用的特殊保护

1. 公路的概念

公路是指在中华人民共和国境内，按照国家规定的公路工程技术标准修建，并经公路主管部门验收认定的城间、城乡间、乡间可供汽车行驶的公共道路。城镇规划区以内的公共道路为城市道路，城镇规划区以外的公共道路为公路。

我国公路根据交通量及其使用任务、性质分为五个技术等级，即高速公路、一级公路、二级公路、三级公路和四级公路。

2. 公路使用保护规定

与道路交通秩序有关的公路使用管理规定主要有以下几方面：

(1)兴造建设工程，须征得主管部门同意。兴造铁路、机场、电站、水库、水渠，铺引管线或者进行其他建设工程，需要挖掘公路，挖掘、占用、利用公路用地及公路设施时，建设单位必须事先取得公路主管部门同意，影响车辆通行的，还须征得公安机关交通管理部门同意。工程完成后，建设单位应当按照原有技术标准，或者经协商按照规划标准修建成者改造公路。

(2)修建跨越公路的桥梁、渡槽，架设管线等，应事先征得当地公路主管部门和公安机关交通管理部门同意。

(3)在公路上设置交叉道口，必须经公路主管部门和公安机关交通管理部门批准。

3. 公路使用保护的禁止性规定

与道路交通秩序有关的公路使用保护的禁止性规定有以下几方面：

(1)禁止在公路及公路用地上构筑设施、种植作物；禁止任意利用公路边沟进行灌溉或者排放污水。

(2)在公路两侧开山、伐木、施工作业者，不得危及公路及公路设施的安全。

(3)不得在距大型公路桥梁和公路渡口的200米范围内采挖矿石、修筑堤坝、倾倒垃圾、压缩或者扩宽河床、进行爆破作业；不得在公路隧道上方和洞口外100米范围内任意取土、采石、采木。

(4)未经公路主管部门批准，履带车和铁轮车不得在铺有路面的公路上行驶，超过桥梁限载标准的车辆、物件不得过桥；在特殊情况下，必须通过公路、桥梁时，应当采取有效的技术保护措施。

(5)属于国家所有的公路的路基、路面、排水设施(边沟、截水沟、盲沟、跌沟、防护构造物、护栏、挡土墙、护坡、导流堤坝)、桥涵、渡口、码头、渡船、交叉港口，标号志、测桩、界碑、通讯及安全设施，隧道、养护材料、料场和公路用地等，任何单位和个人不得侵占、迁移和破坏。

第三节　道路交通信号

道路交通信号包括交通信号灯、交通标志、交通标线和交通警察的指挥。我国实行统一的道路交通信号。交通信号具有指挥交通的作用，因此，交通信号灯、交通标志、交通标线的设置应当符合道路交通安全、畅通的要求和国家标准，并保持清晰、醒目、准确、完好。

一、交通信号灯

交通信号灯用来表明道路使用者的通行权利。早在19世纪，人们就开始研究交通信号，用信号灯指挥道路上的车辆交通，控制车辆进入交叉口的次序。1868年，在英国伦敦出现了最早的、红绿两种颜色的交通信号灯。1918年，在纽约出现了人工操作的三色信号灯。1926年，英国人在 Wolverhampton 安设了第一座自动交通信号机。目前，信号灯已被广泛应用于交通管理，对于维护正常的交通秩序起到了重要作用。

1. 交通信号灯的种类与作用

交通信号灯是一种最常见、最重要的交通信号。它是用手动、电动或电子计算机操作，以信号灯光指挥交通，在道路交叉口分配车辆通行权的设施。我国交通信号灯分为：机动车信号灯、非机动车信号灯、人行横道信号灯、车道信号灯、方向指示信号灯、闪光警告信号灯、道路与铁路平面交叉道口信号灯。交通信号灯由红灯、绿灯、黄灯组成，红灯表示禁止通行，绿灯表示准许通行，黄灯表示警示。

随着交通的发展，在交叉口上，各方向的车—车冲突、车—人冲突越来越复杂，对车流、人流需要更为严密的时间分离。为适应这种发展的要求，信号配时技术的研究不断进步，相继出现了各种时间分离的方法，同时，电子技术的发展也设计出了适应需要的信号控制机与交通检测器，相应地就产生了符合多种时间分离方法的多样化的现代信号灯。所以，交通信号灯的作用是在时间上将互相冲突的交通流进行分离，使之能安全、迅速地通过交叉口。

2. 交通信号灯的法律内涵

(1)机动车信号灯和非机动车信号灯

绿灯亮时，准许车辆通行，但转弯的车辆不得妨碍被放行的直行车辆、行人通行；黄灯亮时，已越过停止线的车辆可以继续通行；红灯亮时，禁止车辆通行。

在未设置非机动车信号灯和人行横道信号灯的路口，非机动车和行人应当按照机动车信号灯的表示通行。红灯亮时，右转弯的车辆在不妨碍被放行的车辆、行人通行的情况下，可以通行。

(2)人行横道灯信号

人行横道灯信号是设置在人行横道两端，专门指挥行人的一种交通信号。人行横道灯信号有绿灯亮和红灯亮两种。绿灯亮时，准许行人通过人行横道；红灯亮时，禁止行人进入人行横道，但是已经进入人行横道的，可以继续通过或者在道路中心线处停留等候。在盲人通行较为集中的路段，人行横道信号灯应当设置声响提示装置。

(3)车道灯信号

车道灯信号是一种设置在车道上方仅指挥本车道车辆的信号。车道灯信号有绿色箭头灯和红色箭头灯。绿色箭头灯亮时，准许本车道车辆按指示方向通行；红色箭头灯亮时，禁止本车道车辆通行。

(4)方向指示信号灯

方向指示信号灯的箭头方向向左、向上、向右分别表示左转、直行、右转。

(5)闪光警告信号灯

闪光警告信号灯为持续闪烁的黄灯，提示车辆、行人通行时注意瞭望，确认安全后通过。

(6)道路与铁路平面交叉道口信号灯

道路与铁路平面交叉道口有两个红灯交替闪烁或者一个红灯亮时，表示禁止车辆、行人通行；红灯熄灭时，表示允许车辆、行人通行。

《道路交通安全法》规定：任何单位和个人不得擅自设置、移动、占用、损毁交通信号灯；道路两侧及隔离带上种植的树木或者其他植物，设置的广告牌、管线等，应当与交通设施保持必要的距离，不得遮挡交通信号灯；根据通行需要，应当及时增设、调换、更新道路交通信号，并提前向社会公告，广泛进行宣传。

3. 车辆通过信号控制交叉口时应遵循的规定

(1)机动车通过有交通信号灯控制的交叉路口

机动车通过有交通信号灯控制的交叉路口，应当遵循的通行规定：在划有导向车道的路口，按所需行进方向驶入导向车道；准备进入环形路口的让已在路口内的机动车先行；遇放行信号时，依次通过；向左转弯时，靠路口中心点左侧转弯；转弯时开启转向灯，夜间行驶开启近光灯；向右转弯遇有同车道前车正在等候放行信号时，依次停车等候；遇有行进方向的路口交通阻塞时，不准进入路口；遇停止信号时，依次停在停止线以外；没有停止线的，停在路口以外；在没有方向指示信号灯的交叉路口，转弯的机动车让直行的车辆、行人先行；相对方向行驶的右转弯机动车让左转弯车辆先行。

(2)当灯光信号与警察指挥、交通标志不一致时

当灯光信号与警察指挥、交通标志不一致时，应遵循的原则：有交通标志、标线控制的，让优先通行的一方先行；没有交通标志、标线控制的，在进入路口前停车瞭望，让右方道路的来车先行；转弯的机动车让直行的车辆先行；有交通警察现场指挥时，应当按照交通警察的指挥通行。

二、道路交通标志

交通标志是交通指挥设施的重要组成部分，在交通管理工作中占有相当重要的地位，属于技术性法律规范。1903 年，法国最早在全国范围采用统一的交通标志；1909 年，在巴黎召开的国际汽车通行会议上，决定采用最初的国际统一标志(三角形)；现在，国际安全色标准中确定的标志形状是圆形、三角形、长方形和正方形，我国已开始实施经国家标准局批准的中华人民共和国国家标准《道路交通标志和标线》(GB 5768—1999)。

1. 道路交通标志的种类

交通标志是把有关交通的指示、警告、禁令等信息，采用不同的标牌、颜色、符号和文字表示出来，并设置在路侧或道路上方的交通控制设施。我国道路交通标志的分类见表 3-1。此外，尚有多种附设于主要标志的辅助标志。

我国道路交通标志分类 表 3-1

名　称	目　　的	名　称	目　　的
指示标志	指示车辆、行人行进	禁令标志	禁止或限制车辆、行人的交通行为
警告标志	警告车辆、行人注意危险地点	指路标志	传递道路方向、地点、距离信息

以上各种标志牌，牌面内容的表示方法均采用定型图像、符号及文字三种方式。指示、禁令、警告三种标志牌一般用简单明显的象形图案、符号或单字表示标志的内容，并由交通管理部门统一规定。指路标志用方向标及文字表明道路通往的地点及距离。运行路线标志须用不同颜色绘明指示运行路线范围内的道路或立体交叉的布置状况及车辆运行的路线，均须按具体情况绘制。统一规定的牌面图案不足以明确表达标志的目的时，在主标志下面，附加辅助标志，作为对主标志的补充，一般均为简单的文字说明。如禁止停车或禁止通行标志可利用辅助标志表明所禁止的范围、时间、车辆种类等，以明确禁令的具体内容。主标志的安装形式为立

柱式时，辅助标志可绘写于标牌柱上，不再另设辅助标志牌面。

2．道路交通标志的作用

道路交通标志的作用主要体现在以下几方面：

(1)疏导交通

根据道路的交通状况，对各种车辆的流量和流向进行调节、疏导及控制。如：实行单向通行、定时通行、限制某些车辆通行等，以减少交通堵塞、提高行车速度。

(2)提供道路信息

交通标志能够提示驾驶人和行人了解某一路段、地点的环境，如急弯、窄路、陡坡等，警告人们注意危险，提前采取安全措施。

(3)指路导向

交通标志可以表示道路通达的方向、地名、沿途主要的村镇、名胜古迹及其位置和距离，可减少不必要的减速或停车。

(4)执法依据

交通标志既是人们遵章守法的依据，又是公安机关交通管理部门纠正道路交通安全违法行为、处理交通事故、判定事故责任的依据。

3．道路交通标志的法律内涵

我国《道路交通安全法》规定，交通标志的设置应当符合道路交通安全、畅通的要求和国家标准，任何单位和个人不得擅自设置、移动、占用、损毁交通标志，机动车及行人应遵守交通标志。我国从 1999 年 6 月 1 日起，开始实施新的道路交通标志。《道路交通标志和标线》(GB 5768—1999)对交通标志的颜色、形状、符号及各标志的含义作了统一规定。

(1)交通标志的颜色

交通标志的颜色确定，依据国际标准化组织 1964 年发表的 R408 号《安全色标准》文件，以及 1967 年发表的 R557 号《安全色标准》文件，确定安全色是红色、黄色、蓝色和绿色。我国国家标准安全色的含义及用途见表 3-2，并规定黑、白两种颜色为对比色。

我国国家标准安全色的含义及用途 表 3-2

颜色	含 义	用 途 举 例
红色	禁停、禁止	禁止标志；停止信号；机器车辆上的紧急停止手柄或按钮，以及禁止人们触动的部位
	红色也表示防火	
蓝色	指令①，必须遵守的规定	指令标志；必须佩带的个人防护工具；交通上指引车辆和行人行驶方向②
黄色	警告，注意	警告标志；警戒标志。如厂内危险机器和坑池边周围的警戒线、行车道中线、安全帽、机械上齿轮箱内部
绿色	提示②，安全状态，通行	提示标志；车间内安全信道；行人和车辆通行标志；消防设备和其他安全防护设备的位置

注：①蓝色只有与几何图形同时使用时，才表示指令。

②为了不与道路两旁绿色树木相混淆，交通上用的指示标志为蓝色。

所谓安全色，是表达安全信息以及表示禁止、警告、指令、提示等的颜色。在交通标志中，一般是以安全色为主，以对比色为辅按规定配合使用。其中，黑色用于安全标志的图案、文字和符号以及警告标志的几何图形；白色作为安全标志红、蓝、绿色的背景色，也可用于安全标志的文字和图形符号。

(2)交通标志的形状

交通标志上要记载各种文字和符号,故应选择比较简单的形状。

为反映道路交通的状况,采用不同形状的标志牌,而不同形状的标志牌具有不同的辩认性。在同等面积、同样距离、同样照明条件下,容易识别的外形顺序是:三角形、长方形、圆形、正方形、五边形、六边形。交通标志的基本形状就是按此顺序选用的三角形、长方形和圆形。安全标志的图形及其含义见表3-3。

安全标志的图形及其含义 表3-3

图 形	含 义	图 形	含 义
圆加斜线	禁止	圆	指令
三角形	警告	方形和矩形	提示

(3)交通标志的符号

交通标志的具体含义,即规定的具体内容,最终要由图案符号或文字来表达。

①图案

图案设计要简单明了,与客观事物尽可能相似。同时表示不同客观事物的图案要有明显区别,以便于驾驶人员在车速快、辨认时间极短情况下能迅速识别。投影图案具有简单、清晰、逼真的特点,从远处观察视认性好,所以交通标志图案一般使用投影图案。

②符号

交通标志所用的符号也必须具有简单、易认、意义明确和不受文化程度局限等特点。在规定符号所代表的意义时,要考虑其直观性和符号的单义性,要符合人们在日常生活中的思维习惯,使人们容易理解。例如用“↑”代表直行,“↶”代表掉头,使人见到符号就能理解其意义。

③文字和数字

在同一视觉条件下,图案符号信息比相同大小的文字信息传递更为准确和迅速,易为人们理解和识别,因而交通标志中应尽可能考虑采用图案和符号。但是图案和符号毕竟是抽象的东西,有些内容也不可能用图案和符号来表达,如“停车”只能用一个“停”字来表达,停车的“时间”和“范围”则必须用数字来表达。所以文字和数字在某些交通标志上也是一种必要的表达方式。使用文字表达应尽可能简明扼要,一般不宜超过两个字。使用的单位要符合国家法定计量单位,如高度和距离用米、重量用吨、车速用公里/小时等。

(4)道路交通标志的含义

道路交通标志主要分为主标志和辅助标志两大类,共250多种,其中主标志包括警告标志、禁令标志、指示标志、指路标志、旅游区标志和道路施工安全标志6类。

①警告标志:是为驾驶人预示道路上某一地段、某一地点的道路状况和周围情况,警告驾驶人注意危险地点的交通标志。道路或者交通设施养护部门、管理部门应当在急弯、陡坡、临崖、临水等危险路段,按照国家标准设置警告标志。根据国家标准《道路交通标志和标线》(GB 5768—1999)的规定,警告标志共有42种。警告标志示意图如图3-1。

②禁令标志:是一种禁止或者限制车辆、行人交通行为的标志,对各种车辆的流量、流向起调节、疏导和控制作用,它可以根据道路的交通状况实行单向通行、限制某种车辆通行或定时通行等。这对充分利用现有道路、提高行车速度、维护交通秩序、保证交通安全,都能起到明显作用。根据国家标准《道路交通标志和标线》(GB 5768—1999)的规定,禁令标志共有42种。

禁令标志示意图如图 3-2。

③指示标志：是用以指示车辆或者行人行进的标志。根据国家标准《道路交通标志和标线》(GB 5768—1999)的规定，指示标志共有 29 种。指示标志示意图如图 3-3。

a)环行交叉　b)下陡坡　c)注意行人　d)左右绕行

图 3-1　警告标志示意图

a)禁止超车　b)限制高度　c)限制轴重　d)会车让行

图 3-2　禁令标志示意图

a)立体直行和左转弯　b)最低限速　c)直行和右转合用车道　d)非机动车车道

图 3-3　指示标志示意图

④指路标志：是一种服务性标志，用它可以明确表示出各道路的主要去向，为道路的使用者提供所要到目的地的方向、距离以及行使路线。根据国家标准《道路交通标志和标线》(GB 5768—1999)的规定，指路标志共有 62 种。指路标志示意图如图 3-4。

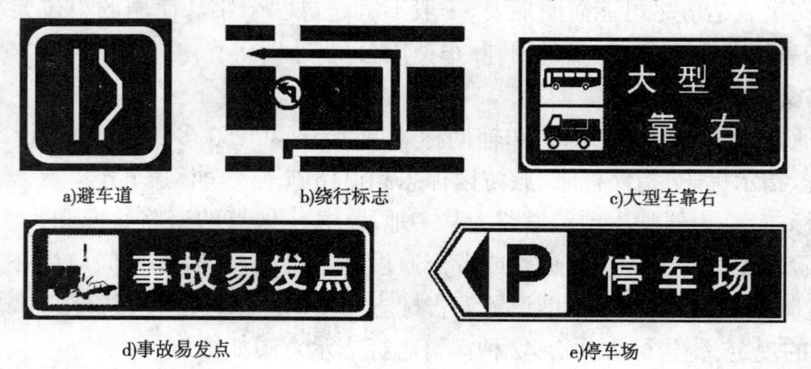

a)避车道　b)绕行标志　c)大型车靠右

d)事故易发点　e)停车场

图 3-4　指路标志示意图

⑤旅游区标志：是标示旅游区方向、距离、旅游项目等信息的一种服务性标志。根据国家标准《道路交通标志和标线》(GB 5768—1999)的规定，旅游区标志共有 17 种。旅游区标志示

意图如图 3-5。

⑥道路施工安全标志:是标示道路施工和道路封闭状态等信息,以提示施工路段交通安全的标志。根据国家标准《道路交通标志和标线》(GB 5768—1999)的规定,道路施工安全标志共有 26 种。道路施工安全标志示意图如图 3-6。

a)旅游区距离

b)旅游区方向

图 3-5 旅游区标志示意图

a)道路施工 b)道路封闭
c)车辆慢行 d)向左改道

图 3-6 道路施工安全标志示意图

辅助标志是一种与主标志配合使用的特殊标志,安装在紧靠主标志的下方,对主标志起辅助说明作用,用以表示时间、车辆种类、区域或距离、道路状况等,不能单独使用。根据国家标准《道路交通标志和标线》(GB 5768—1999)的规定,辅助标志共有 16 种。

三、道路交通标线

道路交通标线是交通安全设施的重要组成部分,表达指示、警告、禁令及指路等内容,起到保障道路畅通和行人安全的作用。《道路交通标志和标线》(GB 5768—1999)对标线的种类、形状、图案、尺寸、设置、构造、反光、照明和制作等都作了详尽的说明。

1. 道路交通标线的种类

路面标线是道路交通标线中最主要的一种,用来表示道路的几何中心、车道界限、人行横道位置、停车线以及导流等内容。标线有连续实线、间断线、箭头指示线等。路面标线一般为白色或黄色,以白色为主。

除上述外,还有立面标线和路缘石标线及突起路标等。

立面标线涂绘于高架桥的桥墩、道牙等垂直面上,或渠化交叉口内安全岛、导向岛的立面上等位置,用以引起驾驶人的注意。立面标线采用黑白、黑黄或黄红相间的条纹。

丁字形交叉路口等的路缘石,用黄色反光性实线标示,使驾驶人警惕以防驶出路外。禁止停放车辆路段也可在路缘石上面或侧面刷漆,使驾驶人注意遵守。

突起路标作为对路面标线的补充,起辅助作用,进一步提高驾驶人的注意。它是固定于路面上的突起标记块,具有定向反射性能,一般路段上采用白色,危险路段采用红色或黄色。

2. 道路交通标线的作用

道路交通标线的作用是管制和引导交通,其作用主要有以下几方面:

(1)解决混合交通

实行人车分离,使快车、慢车及行人各行其道,提高道路的通行能力和减少交通事故。

(2)路口渠化

交通标线对于渠化路口,改进路口的交通状况起重要作用。如设停止线、左转弯、分道线、导向车道线和导向箭头等,可以指示各种车辆按规定停止、行进或转弯,调节路口交通流,提高路口的通行能力,避免因车流交织引起交通事故。

(3)提供法律依据

在纠正道路交通安全违法行为、处理交通事故时,交通标线可以提供明确的法律依据。交通管理机关可根据标线的内容查明事故原因,分清事故的责任。

3. 道路交通标线的法律内涵

我国《道路交通安全法》规定,交通标线的设置应当符合道路交通安全、畅通的要求和国家标准,并保持清晰、醒目、准确、完好。任何单位和个人不得擅自设置、移动、占用、损毁交通标线。这里所说的"交通标线"是指国家标准《道路交通标志和标线》(GB 5768—1999)中规定的标线。交通标线有 70 多种,按标划方法可分为白色虚线、白色实线、黄色虚线、黄色实线、双白虚线、双白实线、双黄虚线和黄色虚实线等,按功能可分为指示标线、禁止标线和警告标线三类。我国主要的路面标线为:

(1)双向两车道道路中心线

双向两车道路面中心线为黄色虚线,用于分隔对向行驶的交通流,一般设在车行道中心线上,但不限于一定设在道路的几何中心线上。在保证安全的情况下,允许车辆越线超车或向左转弯。凡路面宽度可划为两条机动车道的双向行驶的道路,应划黄色中心虚线,用于指示车辆驾驶人靠右行驶,各行其道,分向行驶。

(2)车行道分界线

车行道分界线为白色虚线,用来分隔同向行驶的交通流,设在同向行驶的车行道分界线上。在保证安全的情况下,允许车辆越线变换车道行驶。凡同一行驶方向有两条或两条以上车行道时,应划分车道分界线。高速公路、一级公路和城市快速路车道分界线应划 6m(实线)、9m(空当),其他道路应划 2m(实线)、4m(空当)。

(3)车行道边缘线

车行道边缘线用来表示车行道的边线,一般用白色标线。车辆在有边缘线的道路上行驶比在仅有中心线或无标线的道路上行驶时更居中,尤其是在晚间行车时。边缘线能促使驾驶人准确、稳定驾驶,提高交通安全度。对驾驶人心率变异系数和稳定性测试表明,在有边缘线的道路上行驶不易疲劳。

据研究,在双向车道划线后,观察驾驶人心理紧张程度和交通状况,当车行道的宽度为 7~9m、中心线的宽度为 0.1m、边线宽度为 0.2m 时,在汽车速度不变的情况下,行车轨迹向行车道边缘偏移了 0.3~0.4m,这样就提高了行车道的使用效率,改善了超车条件。

高速公路、一级公路和城市快速路,应在路缘带内划实线边缘线,如图 3-7 所示。二级公路受限制的路段和划有中心单实线的路段,应划实线边缘线,其他路段不划或划虚线边缘线。

(4)停止线

停止线表示车辆等候放行信号的停车位置,划设于有交通信号控制的交叉路口、铁路平交道口及左转弯待转区的前端,颜色为白色。如图 3-8,停止线为一条实线,双向行驶的路口,与车行道中心线连接;单向行驶的路口,其长度应横跨整个路面。停止线的线宽可根据道路等级、交通量、行驶速度的不同选用 20cm、30cm 或 40cm。停止线应设置在最有利于驾驶人停车瞭望的位置。设有人行横道时,停止线应距人行横道 150~300cm。

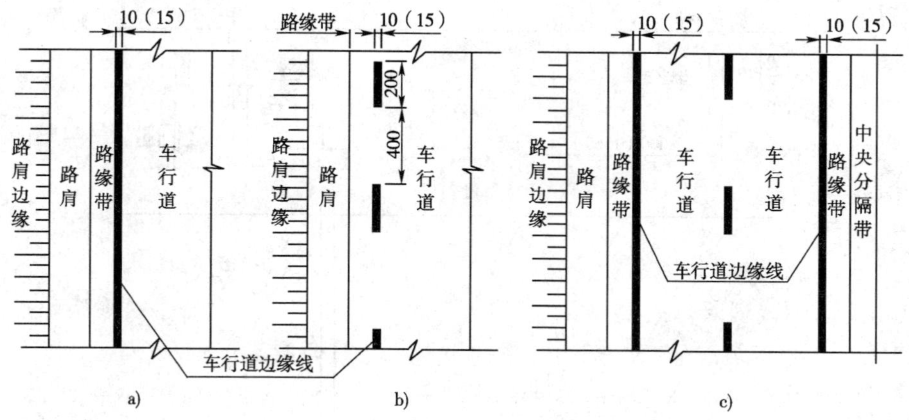

图 3-7 车行道边缘线(尺寸单位:cm)

(5)让行线

让行线分为停车让行线和减速让行线。停车让行线表示车辆在此路口必须停车让干道车辆先行。设有"停车让行"标志的路口,应设停车让行标线。减速让行线为两条平行的虚线,它表示车辆在此路口必须减速让干道车辆先行。设有"减速让行"标志的路口,应设减速让行标线,如图 3-9。

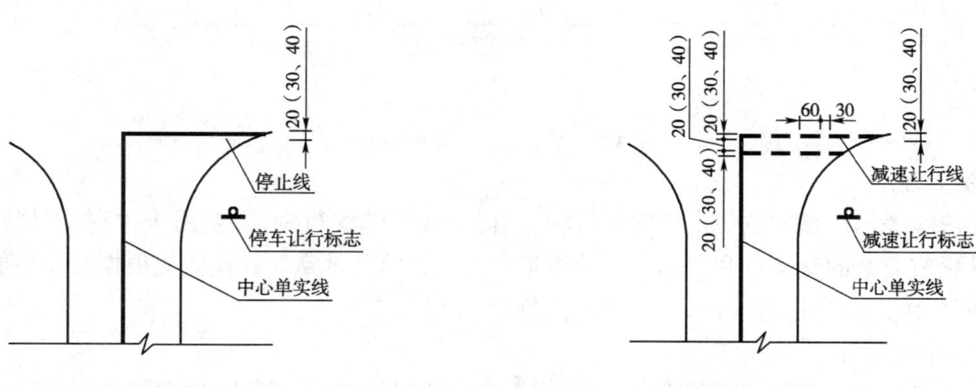

图 3-8 停止线(尺寸单位:cm)

图 3-9 减速让行线(尺寸单位:cm)

(6)人行横道线

人行横道线为白色粗实线(斑马线),表示准许行人横穿车行道的标线。其设置应根据行人横穿道路的实际需要确定。在视距受限制、急转陡坡等危险路段和车行道宽度渐变路段,不应设置人行横道线。横穿道路行人较多,路面宽度在 30m 以上时,可在适当地点设安全岛。人行横道线,如图 3-10 所示。

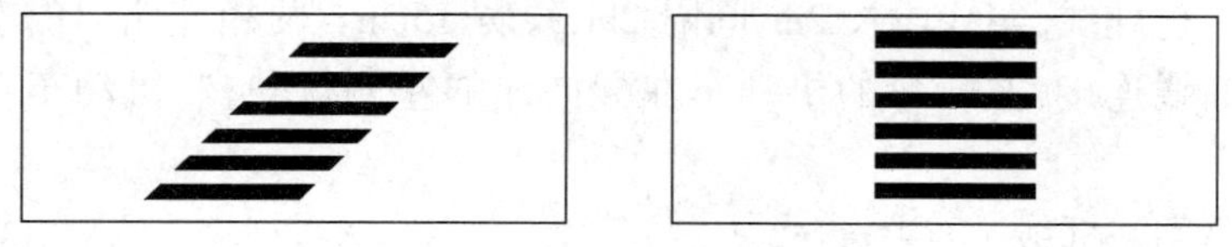

图 3-10 人行横道线

(7)停车位标线

停车位标线表示车辆停放位置,可在停车场或路边空地、车行道边缘或道路中央位置设置。停车位标线应和停车场标志配合使用。其颜色为白色,可分为平行式、倾斜式和垂直式三种,如图 3-11,可根据车行道宽度、停放车辆种类、交通量等情况选择采用其中某种形式。

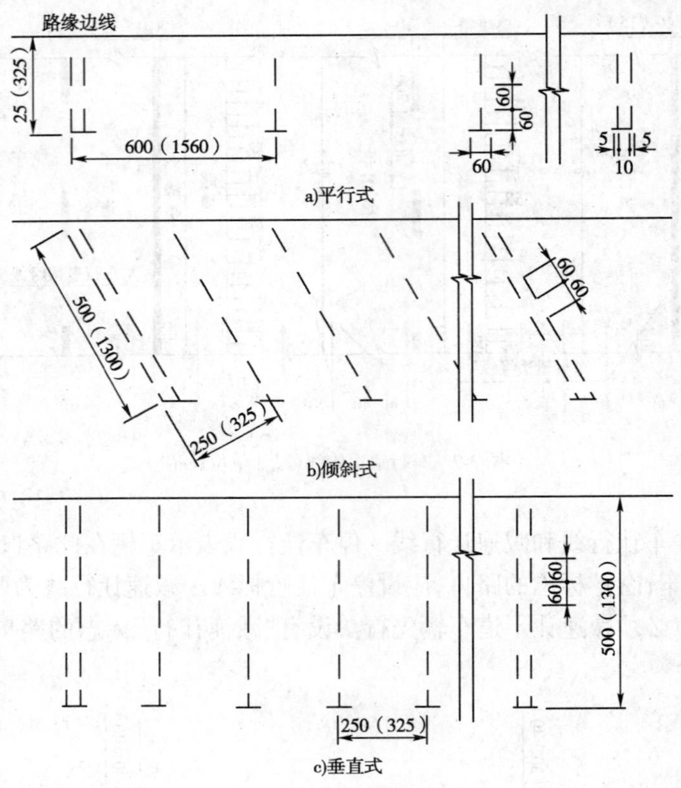

图 3-11 停车位标线(尺寸单位:cm)

(8)导流线

导流线表示车辆需按规定的路线行驶,不得压线或越线行驶,主要用于过宽、不规则或行驶条件比较复杂的交叉口和立体交叉的匝道口或其他特殊地点。导流线应根据交叉口的地形和交通量、流向情况进行设计,其颜色为白色。

(9)导向箭头

导向箭头表示车辆的行驶方向,主要用于交叉道口的导向车道内、出口匝道附近和对渠化交通的引导,其颜色为白色。按计算行车速度的不同,导向箭头尺寸有两种形式:计算行车速度在 60km/h 以下的道路,导向箭头的尺寸见图 3-12a);当计算行车速度在 60km/h 以上时,箭头尺寸如图 3-12b)。

(10)左转弯导向线

左转弯导向线表示左转弯的机动车与非机动车之间的分界,主要用于畸形平面交叉口。左转弯导向线为白色虚线,实线段长 2m,间隔 2m,线宽 15cm。两相邻路口的左转车道与非机动车道之间用圆曲线连接,左转弯的机动车在导向线的左侧行驶,非机动车在导向线的右侧行驶。

(11)港湾式停靠站标线

港湾式停靠站标线表示公共客车通向专门的分离引道和停靠位置,包括公共客车进出引道的横向标线和斑马线。港湾式停靠站标线的颜色为白色。港湾式停靠站标线,如图 3-13 所示。

(12)出入口标线

出入口标线是为驶入或驶出匝道的车辆提供安全交汇、减少与突出部缘石碰撞的标线，包括出入口的横向标线和三角地带的标线。出入口标线主要用于高速公路和其他采用立体交叉并有必要划这种标线的道路(如城市快速路)上。其颜色为白色。出入口标线，如图 3-14 所示。

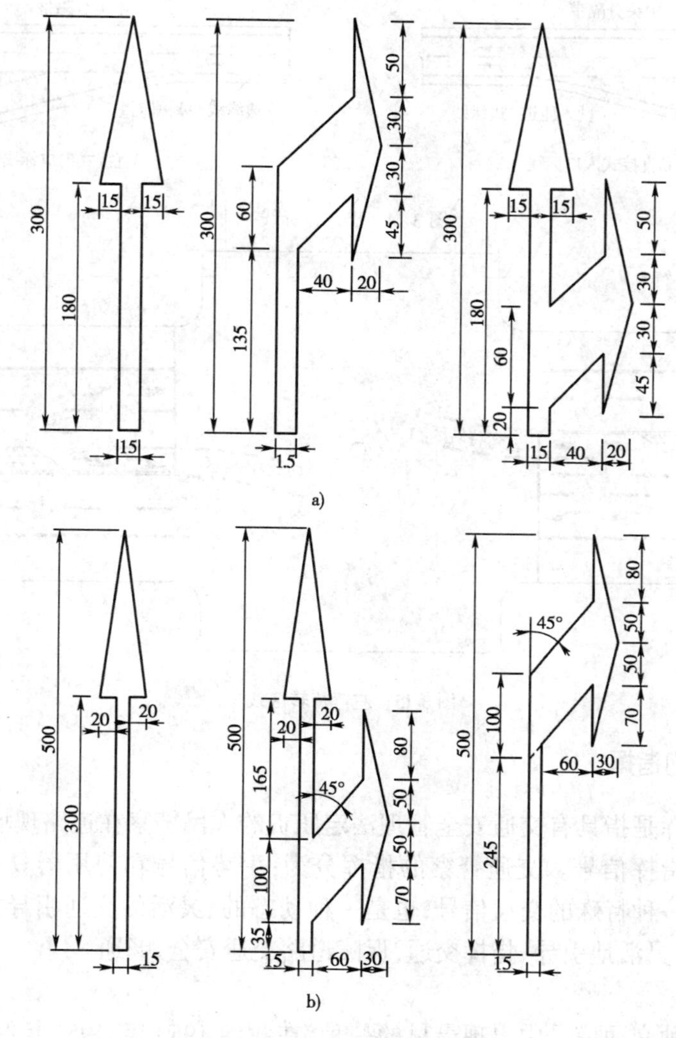

图 3-12　导向箭头(尺寸单位:cm)

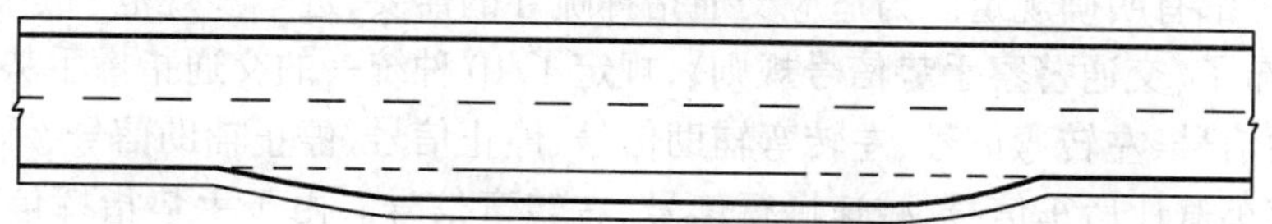

图 3-13　港湾式停靠站标线

(13)左弯待转区线

左弯待转区线用来指示左转车辆可在直行时段进入待转区，等待左转。左转时段终止，禁止车辆在待转区内停留。左弯待转区线为两条平行并略带弧形的白虚线，线宽 15cm，线段及间隔长均为 50cm，其前端应划停止线。在待转区内需划白色“左弯待转区”文字。左弯待转区线，如图 3-15 所示。

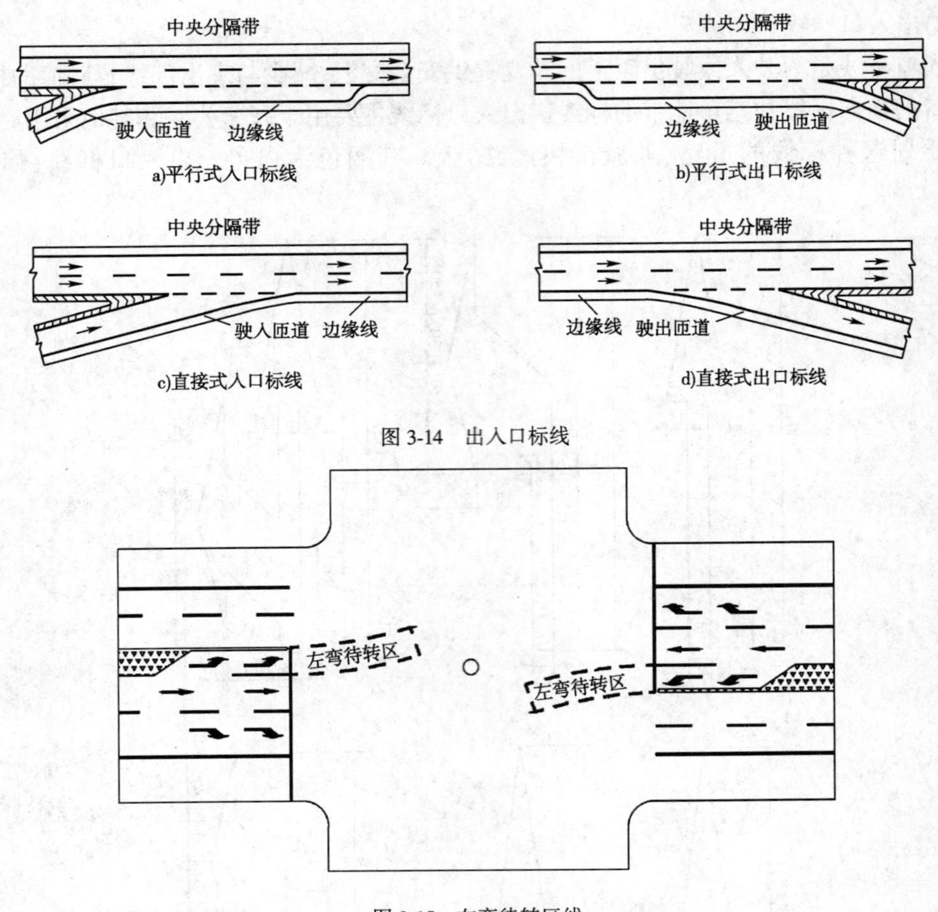

图 3-14　出入口标线

图 3-15　左弯待转区线

四、交通警察的指挥

交通警察的指挥是指具有交通安全管理法定职责的人民警察在道路现场用手势或手持物发出的引导交通的指挥信号。交通警察的指挥分为:手势信号和使用器具的交通指挥信号。交通警察的指挥是一种特殊的交通信号,也是一种动态的、灵活的交通引导方式,它可以根据道路交通实际情况,灵活地引导、指挥交通,保障道路交通安全、畅通。

1. 手势信号

手势信号是各种交通信号中出现最早的一种,在我国 1950 年、1951 年制定的交通法规中对手势指挥信号都有明确规定。为适应交通指挥疏导的需要,进一步规范手势信号,公安部于 1996 年 3 月发布了《交通警察手势信号规则》,规定了 10 种统一的交通指挥手势信号,即:直行信号、直行辅助信号、左转弯信号、左转弯辅助信号、停止信号、停止辅助信号、示意违章车辆靠边停车信号、前车避让后车信号、减速慢行信号、右转弯信号。由于手势指挥信号具有迅速灵活、简单易懂等许多优点,在交通指挥信号已进入自动化的今天,仍被许多国家保留使用。交通警察指挥交通的信号和手势,必须保持明确、清晰、醒目、完整,让道路通行人员一目了然,以便于他们及时根据交通警察的指挥作出判断,确保道路交通安全畅通。

2. 手持物指挥信号

手持物指挥信号主要为指挥棒指挥。我国从 1955 年开始使用指挥棒指挥。指挥棒指挥可分为直行信号、左转弯信号和停止信号三种。指挥棒直接由交通警察操作，一般以指挥机动车为主，即在机动车通过交叉口时发出，被指挥停止通行方向的非机动车和行人也应当遵守。

3. 交通警察指挥的优先性

为了适应复杂的道路交通，发挥交通警察灵活指挥交通的作用，我国《道路交通安全法》规定：车辆、行人应当按照交通信号通行，当遇有交通警察现场指挥时，应当按照交通警察的指挥通行。根据这一规定，当有交通警察在道路现场指挥交通时，道路通行人员必须按照交通警察的现场指挥通行。交通警察的指挥是道路交通信号的一种，但与交通信号灯、交通标志和交通标线等交通信号设施有区别，交通警察的指挥具有优先其他交通信号的特点。

第四节　车辆通行的安全管理规定

一、车辆通行时对车辆本身的要求

1. 车辆上道路行驶条件

机动车必须经公安机关交通管理部门登记，领取号牌、行驶证后，方可上道路行驶。尚未登记的机动车，需要临时上道路行驶的，应当取得临时通行牌证。

驾驶机动车上道路行驶，应当悬挂机动车号牌，放置检验合格标志，并随车携带机动车行驶证。机动车号牌应当按照规定悬挂并保持清晰、完整，不得故意遮挡、污损。

2. 车况

机动车必须保持车况良好，车容整洁。制动器、转向器、喇叭、刮水器、后视镜和灯光装置，必须齐全有效。

非机动车的外形尺寸、质量、制动器、车铃和夜间反光装置，应当符合非机动车安全技术标准。

3. 车辆检验

机动车应当依据法律、行政法规的规定，根据车辆用途、载客载货数量、使用年限等不同情况，定期进行安全技术检验，并取得安全技术检验合格证。未按规定检验或检验不合格的，不准继续行驶。

4. 挂车限制

汽车、拖拉机拖带挂车时，只准拖带一辆。挂车的载质量不准超过汽车的载质量。连续装载必须牢固，防护网和挂车的制动器、标杆、标杆灯、制动灯、转向灯、尾灯，必须齐全有效。

5. 机动车发生故障被牵引的限制

机动车的转向器、灯光装置失效时，不准被牵引，应使用专用清障车拖曳；发生其他故障需要被牵引时，必须遵守下列规定：

(1)被牵引的机动车除驾驶人外不得载人，不得拖带挂车；

(2)被牵引的机动车宽度不得大于牵引机动车的宽度；

(3)使用软连接牵引装置时，牵引车与被牵引车之间的距离应当大于 4 米小于 10 米；

(4)对制动失效的被牵引车，应当使用硬连接牵引装置牵引；

(5)牵引车和被牵引车均应当开启危险报警闪光灯。

汽车吊车和轮式专用机械车不得牵引车辆；摩托车不得牵引车辆或者被其他车辆牵引。

6. 噪声、排气的限制

机动车的噪声和排放的有害气体，必须符合国家的相关规定标准。

二、车辆通行的规则

车辆通行是道路交通秩序管理法规的重要内容。车辆的通行规则主要体现在以下几方面：

1. 右侧通行规则

机动车、非机动车实行右侧通行。右侧通行，是指驾驶车辆上道路行进时，除有特别规定的车辆外，一律靠路的右侧行驶。规定车辆右行或左行，这是一国道路交通法规必须首先解决的最基本问题，否则在车辆会车和超车时，就容易对交通秩序和交通安全产生极大危害。规定靠左或靠右行驶，主要是取决于汽车的方向盘和驾驶人的座位位置。

英国、日本和香港等极少数国家和地区，实行的是机动车、非机动车左侧通行，世界上绝大多数国家和地区实行的是右侧通行。我国曾实行车辆左侧通行，抗日战争后期，由于大量美式汽车的进口(美式汽车按右侧通行原则设计，方向盘位置居左)，为适应汽车技术上的需要，节省庞大的汽车改装费用，决定改革车辆左侧行驶为右侧行驶。新中国成立后，鉴于靠右行驶已经成为人们的交通习惯，原有左舵汽车适合靠右行驶，并与世界上大多数国家右侧通行的规定保持一致，就沿用了右侧行驶的规定。所有机动车、非机动车的驾驶人，在我国任何地方(这里不包括我国香港、澳门特别行政区和我国台湾省)驾驶机动车、非机动车在道路上通行，都必须右侧通行。

2. 分道通行规则

道路划分机动车道、非机动车道和人行道，实行分道通行，这是许多国家和地区尤其是发达国家和地区的通常做法。实行分道通行，不但有利于保护行人的通行安全，也有利于确保和提高道路通行安全和效率。我国大陆沿海一些发达城市和内陆大、中等城市都已基本实现道路分道通行。实行道路的分道通行具体规则如下：

(1)根据道路条件和通行需要，道路划分为机动车道、非机动车道和人行道的，机动车、非机动车、行人实行分道通行。

实行分道通行，不仅是保障交通安全的重要措施，也是提高道路通行效率的有效途径。机动车、非机动车驾驶人和行人在道路上通行，应当严格遵守道路分道通行的规定。

(2)没有划分机动车道、非机动车道和人行道的，机动车在道路中间通行，非机动车和行人在道路两侧通行。

根据规定，机动车驾驶人应当驾驶车辆在道路中间通行，非机动车和行人应当在道路两侧通行。这是对在道路没有施划车道的情况下，确保交通安全的重要措施。根据《道路交通安全法》第三十五条的规定，机动车在道路中间通行以及非机动车在道路两侧通行时，还应当遵守右侧通行规定。

(3)划分小型机动车道和大型机动车道的道路上，小型客车在小型机动车道行驶，其他机动车在大型机动车道行驶。

(4)大型机动车道的车辆，在不妨碍小型机动车道的车辆正常行驶时，可以借道超车；小型机动车道的车辆低速行驶或遇后车超越时，须改在大型机动车道行驶。

(5)在道路上划有超车道的，机动车超车时可以驶入超车道，超车后须驶回原车道。

3. 专用车道通行规则

一般说来，以车辆是机动车还是非机动车，车道分为机动车道和非机动车道；以车道是否专用,车道一般分为混用车道和专用车道。专用车道是指在道路范围内,用交通标志、交通标线施划或者其他交通设施分隔出来的专供某类车辆通行的车道。划设专用车道是保障某类车辆专有通行权的一项措施。

为了确保采取施划专用车道措施目的的实现,明确和规范专用车道的基本通行规则,《道路交通安全法》规定:道路划设专用车道的,在专用车道内,只准许规定的车辆通行,其他车辆不得进入专用车道内行驶。

目前,国内许多城市道路施划的专用车道基本上都是公交专用车道。在道路上划设公交专用车道,专供公共交通车辆通行,这有利于保障公共交通安全、节省社会资源、缓解城市交通压力、降低城市废气排放、美化城市环境。

三、机动车行驶管理

1. 行驶速度管理

对机动车进行行驶速度管理是公安机关交通管理部门加强交通安全管理,确保行车安全的重要工作内容,也是确保国家和人民生命财产安全、提高经济效益的重要手段。

机动车的行驶速度,通常有三种含义:车辆技术性能说明书上标明的最高速度;车辆技术性能说明书上标明的经济速度;交通法规规定的限定速度。一般从车辆技术经济角度讲,车辆在经济速度上行驶是最佳状态,不仅节油、延长车辆使用寿命,而且减少污染,有利于大气环境。但由于道路通行条件的限制,每个国家都必须综合考虑本国的道路条件和车辆技术性能,在交通法规中规定车辆限定速度。

世界各国在车辆限速上的做法不尽相同:一是既限定最高时速,也限定最低时速,目的是为让车辆按规定的时速行驶,每到一个交叉口遇到的都是绿灯而不停顿地行进;二是只限最低时速,不限最高时速,这主要适用于在高速公路上行驶的机动车;三是只限最高时速,不限最低时速。我国道路交通管理法规明确了机动车行驶时的安全时速,具体规定如下:

(1)机动车上道路行驶,不得超过限速标志标明的最高时速。在没有限速标志的路段,应当保持安全车速。

只有在确保安全、畅通的条件下,机动车才允许按规定的最高时速行驶,并且不得超过这个时速。在没有限速标志、标线的道路上,机动车不得超过下列最高行驶速度:①没有道路中心线的道路,城市道路为每小时 30 公里,公路为每小时 40 公里;②同方向只有 1 条机动车道的道路,城市道路为每小时 50 公里,公路为每小时 70 公里。

(2)特殊情况下的安全时速。

机动车行驶中遇有下列情形之一的,最高行驶速度不得超过每小时 30 公里,其中拖拉机、电瓶车、轮式专用机械车不得超过每小时 15 公里:①进出非机动车道,通过铁路道口、急弯路、窄路、窄桥时;②掉头、转弯、下陡坡时;③遇雾、雨、雪、沙尘、冰雹,能见度在 50 米以内时;④在冰雪、泥泞的道路上行驶时;⑤牵引发生故障的机动车时。

机动车降低行驶速度,是为了便于驾驶人根据交通情况及时作出判断,正确规避风险,随时灵活调整车速,以确保交通安全。

2. 安全距离与超车限制规定

从安全角度来看,同车道行驶的机动车,车距越大越安全,但是距离过长,影响道路通车流量,不利于提高运输效率。因此规定,后车与前车应当保持足以采取紧急制动措施的安全距离。

超车行驶是在混合车道上运行的车辆经常出现的现象。超车能否成功主要取决于超车者对道路情况、被超车的行驶动态、行驶速度、路面状况、非机动车与行人及其他车辆的动态来判断是否能超车,确认安全后方可超越。超越时要开左转向灯、鸣喇叭(禁止鸣喇叭的区域、路段除外),夜间改用交换远近光灯,待前车让路后,从被超车的左边超越。遇有下列情形,不得超车:

(1)前车正在左转弯、掉头、超车的。这时要超车容易发生直角交叉,两车相撞或给对面来车造成突然威胁,酿成大事故。

(2)与对面来车有会车可能的。因为在机动车混行的道路上超车,通常是要越过中心线,借对面来车的车道进行超车。如果这时与对面来车有会车可能,就极有可能在超车时与来车迎头相撞。

(3)前方有执行紧急任务的警车、消防车、救护车、工程救险车。这些车辆正在执行紧急任务,不仅车速高,而且要求其他车辆、行人必须避让,所以不得超车。

(4)行经铁路道口、交叉路口、窄桥、弯道、陡坡、隧道、人行横道、市区交通流量大的路段等没有超车条件的。铁路道口、交叉路口等地点是人车的集散点,在这里超车容易产生车与车、车与人的的交叉,因而容易发生交通事故。

3. 机动车行经人行横道的规定

(1)机动车行经人行横道时,应当减速行驶,遇行人正在通过人行横道,应当停车让行。

机动车礼让行人先行是各国交通规则的通例,体现了对人的生命尊重,也体现了一个国家的文明程度。机动车在行至人行横道时,必须服从交通指挥;在没有指挥的情况下,也应减速,遇行人正在通过人行横道,应当停车让行人先行。

(2)机动车行经没有交通信号的道路时,遇有行人横过道路,应当避让。

本规定是全国人大常委会会议第三次审议《道路交通安全法》草案时,根据委员们的审议意见加上的,为了规范机动车在整个道路交通网络中的通行,全面保障了行人在道路交通活动中的安全,体现了对人生命的保护与尊重。也就是说,即使是机动车正常行驶经过没有交通信号的道路,行人横过没有人行横道的道路时,机动车也要避让。

4. 机动车通过交叉路口的规定

(1)机动车通过交叉路口,应当按照交通信号灯、交通标志、交通标线或者交通警察的指挥通过。

交叉路口是道路交通的枢纽,车辆在交叉路口如果不按照规定行驶,很容易造成路口交通堵塞,甚至发生交通事故,影响车辆的通行。因此,根据道路交通秩序管理法规,车辆通过交叉路口,必须遵守以下规定:①必须在距路口100米到30米的地方减速慢行,转弯的车辆必须同时开转向灯;在夜间还须将远光灯改为近光灯;②在划有导向车道的路口,须按行进方向分道行驶;③遇路口放行信号时,必须让先被放行的车辆行驶;④遇停止信号时,不准通行,必须依次停在停止线外;没有停止线的,停在路口以外;⑤转弯的车辆让直行的车辆先行;向左转弯的车辆必须紧靠路口中心点小转弯;向右转弯的车辆,不得影响其他车辆、行人的正常行驶,并且在同车道前方有车正在等候放行信号时,依次停车等候;⑥遇有行进方向的路口交通堵塞时,不准进入路口。

(2)通过没有交通信号灯、交通标志、交通标线或者交通警察指挥的交叉路口时,应当减速慢行,并让行人和优先通行的车辆先行。

车辆在交叉路口行驶应当减速慢行,这是因为在路口由于建筑物、房屋以及树木的遮挡,致使车辆驾驶人的视角受到限制,形成视线盲区,相互看不清或者难以发现路口另一侧的行驶车辆和行人,很容易发生交通事故。因此车辆行驶在没有交通信号灯、交通标志、交通标线或者交通警察指挥的交叉路口时,应当减速慢行,并让行人、优先通行的车辆先行。这里所说的"优先通行",是指:①支路车让干路车先行;②道路不分干路、支路时,非机动车让机动车先行;非公共汽车、电车让公共汽车、电车先行;同类车让右边没有来车的车先行;③相对方向同类车相遇,左转弯的车让直行或者右转弯的车先行;④进入环形路口的车让已在路口内行驶的车先行。

5. 停车等候及缓慢行驶的规定

道路通行必须遵循"有序、安全、畅通"的原则。安全原则是针对人确立的;畅通原则是针对路而确立的;有序原则是针对车而确立的。停车等候及缓慢行驶是机动车辆在道路交通活动中有序通行原则的体现。

(1)机动车遇有前方车辆停车排队等候或者行驶缓慢时,不得借道超车或者占用对面车道,不得穿插等候的车辆。

(2)在车道减少的路段、路口,或者在没有交通信号灯、交通标志、交通标线或者交通警察指挥的交叉路口遇到停车排队等候或者缓慢行驶时,机动车应当依次交替通行。

6. 机动车行驶中发生故障的规定

(1)机动车在道路上发生故障,需要停车排除故障时,驾驶人应当立即开启危险报警闪光灯,将机动车移至不妨碍交通的地方停放。

机动车行驶中发生故障不能行驶时,须立即报告附近的交通警察,或自行将车移开;制动器、转向器、灯光等发生故障时,须修复后方准行驶。故障车须移至不妨碍交通的地点,并须在车身后设置警告标志或开危险信号灯,夜间还须开示廓灯、尾灯或设明显标志。

(2)难以移动的,应当持续开启危险报警闪光灯,并在来车方向设置警告标志等措施扩大示警距离,必要时迅速报警。

《高速公路交通管理办法》规定,故障车不能离开行车道路或者在路肩上停车时,驾驶人必须立即开启危险报警闪光灯,并在行驶方向的后方100米处设置警告标志,夜间还须同时开启示宽灯和尾灯;驾驶人和乘车人必须迅速转移到右侧路肩上或者紧急停车带内,并立即报告交通警察。同时还规定,进入高速公路的车辆必须随车配备故障车警示标志牌。《道路交通安全法》第六十八条规定,机动车在高速公路发生故障时,警告标志应当设置在故障车后方150米以外。

7. 特种车辆行驶的规定

特种车执行的是抢险、救火、救人等任务,由于任务急,要求速度快,所以规定特种车辆在执行紧急任务时,可以使用警报器和警示标志灯具。在确保安全的前提下,不受行驶路线、行驶方向、行驶速度和信号灯的限制,其他车辆和行人应当让行。

警车、消防车、救护车、工程救险车非执行紧急任务时,不得使用警报器、标志灯具,不享有规定的道路优先通行权。公安部对警车、消防车、救护车、工程救险车等特种车辆安装和使用警报器、标志灯具,作出过详细的规定。除1983年9月颁布的《关于特种车辆安装、使用警报器和标志灯具的规定》外,公安部还于1993年3月发布了《关于特种车辆安装使用警报器和标志灯具范围的通知》,于1995年6月颁布了《警车管理规定》,对特种车辆警报器和标志灯具的安装、使用作出严格规范,禁止任何单位和个人私自安装和使用警报器、标志灯具,并且禁止警车、消防车、救护车、工程救险车非执行紧急任务时,使用警报器和标志灯具。1997年和2001年分别开展了关于清理整顿警车和警报器、警灯的专项行动,收到了很好的效果。

8. 道路维护等车辆通行的规定

(1)道路养护车辆、工程作业车进行作业时,在不影响过往车辆通行的前提下,其行驶路线和方向不受公路标志、标线限制,过往车辆和人员应当注意避让。

对道路养护车辆和工程作业车在进行作业时的行驶规定,既考虑到其作业的需要,允许其行驶路线和方向不受交通标志、标线限制,同时考虑到其作业毕竟不同于执行紧急任务的特种车,没有争分夺秒的紧迫性,因此规定它们必须在不影响过往车辆通行的前提下,才可以不受行驶路线、方向和公路标志、标线的限制。

(2)洒水车、清扫车等机动车应当按照安全作业标准作业;在不影响其他车辆通行的情况下,可以不受车辆分道行驶的限制,但不得逆向行驶。

我国对洒水车和清扫车的流动作业,制定有一套安全作业的标准,必须严格遵守有关的作业规程,以确保安全。限于喷洒和清扫的需要,洒水车和清扫车作业时行驶速度都较慢,既要在快速车道上作业,也要在非机动车道或人行道上作业。为此,规定它们在作业时可以不受车辆分道行驶的限制。

特别需要注意的是,《道路交通管理条例》第五十六条规定:"洒水车、清扫车、道路维修车作业时,在保证交通安全畅通的情况下,不受行驶路线、行驶方向的限制。"而《道路交通安全法》取消原条例中上述车辆不受行驶方向的规定,并且特别强调不得逆向行驶。

(3)执行任务的邮政车辆,凭公安机关核发的通行证,可以不受禁止驶入和各种禁止机动车通行标志的限制。

(4)履带式车辆,需要在铺装路面上横穿或短距离行驶时,须经市政管理部门或公路管理部门同意,并按公安机关指定的时间、路线行驶。

货运机动车通过桥梁,其总质量超过桥梁的负荷量时,也按上述规定办理。

四、非机动车行驶管理

1. 非机动车的行驶管理

目前,大多数地区的机动车与非机动车还处于混行的状态。这是城市中交通秩序混乱、道路拥挤、交通事故严重的重要原因之一。对非机动车通行进行统一规范,确定其通行原则,对于保障道路安全畅通,维护交通秩序十分重要。非机动车在道路上行驶应当遵守下列规定:

(1)驾驶自行车、三轮车必须年满 12 周岁;

(2)不得醉酒驾驶;

(3)转弯前应当减速慢行,伸手示意,不得突然猛拐,超越前车时不得妨碍被超越的车辆行驶;

(4)不得牵引、攀扶车辆或者被其他车辆牵引,不得双手离把或者手中持物;

(5)不得扶身并行、互相追逐或者曲折竞驶;

(6)不得在道路上骑独轮自行车或者 2 人以上骑行的自行车;

(7)自行车、三轮车不得加装动力装置;

(8)不得在道路上学习驾驶非机动车;

(9)驾驶非机动车应当在非机动车道内行驶,在没有非机动车道的道路上,应当靠车行道的右侧行驶。

此外,各地方在制定地方性交通管理法规和规章时,应结合当地实际交通状况,对非机动车的通行作出具体的规定,如大中城市市区规定不准骑自行车带人,三轮车不准并行驾驶等。

2. 残疾人机动轮椅车和电动自行车行驶管理

随着近年来残疾人机动轮椅车和电动自行车数量的迅速增长，为了保障驾驶人和非机动车道内其他车辆和驾驶人的安全，迫切需要对它们加强管理。为此，《道路交通安全法》将它们纳入非机动车范畴统一管理。作为非机动车，它们必须在非机动车道内行驶，最高时速不得超过 15 公里；驾驶电动自行车和残疾人机动轮椅车必须年满 16 周岁，规定非下肢残疾的人不得驾驶残疾人机动轮椅车。

3. 畜力车的行驶管理

在道路上驾驭畜力车应当年满 16 周岁，并遵守下列规定：

(1)不得醉酒驾驭；

(2)不得并行，驾驭人不得离开车辆；

(3)行经繁华路段、交叉路口、铁路道口、人行横道、急弯路、宽度不足 4 米的窄路或者窄桥、陡坡、隧道或者容易发生危险的路段，不得超车。驾驭两轮畜力车应当下车牵引牲畜；

(4)不得使用未经驯服的牲畜驾车，随车幼畜须拴系；

(5)停放车辆应当拉紧车闸，拴系牲畜。

五、车辆停放管理

道路交通安全管理法规对停车场的规划、设计、建设、使用和管理等，提出了明确、具体的要求。其目的就是要解决停车难问题，增加停车泊位，完善停车场所建设。

1. 机动车的停放管理

(1)机动车应当在规定地点停放，禁止在人行道上停放机动车。

我国正处在机动车数量迅猛增长的发展阶段，各大中城市停车难问题突出，机动车乱停乱放现象严重，影响了道路交通和行人出行。为此，规定禁止在人行道上停放机动车。

(2)在道路上临时停车的，不得妨碍其他车辆和行人通行。

机动车在道路上临时停车，应当遵守下列规定：①在设有禁停标志、标线的路段，在机动车道与非机动车道、人行道之间设有隔离设施的路段以及人行横道、施工地段，不得停车；②交叉路口、铁路道口、急弯路、宽度不足 4 米的窄路、桥梁、陡坡、隧道以及距离上述地点 50 米以内的路段，不得停车；③公共汽车站、急救站、加油站、消防栓或者消防队(站)门前以及距离上述地点 30 米以内的路段，除使用上述设施的以外，不得停车；④车辆停稳前不得开车门和上下人员，开关车门不得妨碍其他车辆和行人通行；⑤路边停车应当紧靠道路右侧，机动车驾驶人不得离车，上下人员或者装卸物品后，立即驶离；⑥城市公共汽车不得在站点以外的路段停车上下乘客。

(3)城市人民政府有关部门可以在不影响行人、车辆通行的情况下，在城市道路上施划停车泊位，并规定停车泊位的使用时间。

对机动车停放管理的规定是在全国人大常委会会议第三次审议《道路交通安全法》草案时，根据委员们的审议意见和有关部门的建议而增加的。

2. 非机动车的停放管理

非机动车应当在规定地点停放。非机动车停放的特点，一是数量多、占地面积大；二是要求就近停放、来去方便；三是越是繁华地段停车越多。加强非机动车的停放管理，是为了保护非机动车所有人的合法权益，维护社会公共秩序，保障城市道路交通畅通。

未设停车地点的，非机动车停放不得妨碍其他车辆和行人通行。一般不得在交通繁忙的地方停车，不准在禁止存车的地方停车，不得乱停乱放，影响其他车辆和行人的正常通行。

第五节　车辆装载的安全管理法规

一、车辆载物管理

1．车辆载物管理的必要性

车辆违章超载，尤其是严重超载，不仅扰乱正常的道路交通秩序，而且严重毁坏公路路面、缩短公路使用寿命，使国家和集体蒙受巨大损失。大力整治超载问题，是维护国家、集体利益，保护人民群众生命财产安全的要求，也是确保道路交通安全、畅通的要求。

由于超载违章原因复杂，治理难度大，并且与一部分群众的切身利益有着密切的关系，各地公安机关交通管理部门为了解决超载问题，采取了许多专门整治措施。2000 年，公安部交通管理局专门发出了《关于加强对机动车超载违章管理的通知》，要求对驾驶超载车辆的驾驶人，应严格依照国家法律、法规规定进行处罚。在处罚的同时，还应严格按照《机动车驾驶证申领和使用规定》（公安部第 71 号令），对其违章行为给予相应的记分。对严重超载（超载人数为核定载人数 20% 以上，超载货物为核定载质量 30% 以上）的，要责令驾驶人纠正。

2．机动车载物管理的规定

《道路交通安全法》规定，机动车载物应当符合核定的载质量，严禁超载；载物的长、宽、高不得违反装载要求，不得遗洒、飘散载运物。载质量是指车辆除自身质量外最大限度的载物质量，也称车辆的货物净重。超载有两种情况，一种是机动车载物时，超过行驶证上核定的载质量；另一种情况是机动车载人时，超过行驶证上核定的载客人数。这里的超载是指前一种情况。

3．车辆运载不可解体的规定

机动车运载超限的不可解体物品、影响交通安全的，应当按照公安机关交通管理部门指定的时间、路线、速度行驶，悬挂明显标志。在公路上运载超限的不可解体的物品，应当依照《公路法》的规定执行。

根据 1993 年《公安部关于车辆运载超限物品审批程序的批复》的规定，车辆运载超限不可解体物品，应当遵守下列规定：

（1）运输超限物品，在本省、自治区、直辖市内道路行驶的，其审批程序由省、自治区、直辖市公安机关交通管理部门根据实际情况，本着方便运输、保障安全的原则作出，并公告周知。

（2）跨省、自治区、直辖市运输超限物品的，应当由始发、途经、到达的省、自治区、直辖市公安机关交通管理部门分别审批；但是相邻县（市）之间的运输，可以由双方县（市）的公安机关交通管理部门审批。

在公路上运载超限的不可解体的物品，应当依照《公路法》的规定执行，主要是指《公路法》第四十九条和第五十条的规定。在公路上行驶的车辆的轴载质量应当符合公路工程技术标准要求；超过公路、公路桥梁、公路隧道或者汽车渡船的限载、限高、限宽、限长标准的车辆，不得在有限定标准的公路、公路桥梁上或者公路隧道内行驶，不得使用汽车渡船；超过公路或者公路桥梁限载标准确需行驶的，必须经县级以上地方人民政府交通主管部门批准，并按要求采取有效的防护措施；影响交通安全的，还应当经同级公安机关批准，行驶时还应携带有关经营单位和购买单位资质情况的材料。

4. 运载危险物品的规定

机动车载运爆炸物品、易燃易爆化学物品以及剧毒、放射性等危险物品，应当经公安机关交通管理部门批准后，按指定的时间、路线、速度行驶，悬挂警示标志并采取必要的安全措施。

运输危险物品一般选择在夜间,路线宜选择在远离市区的道路,一般不得在市区穿行。机动车必须限速行驶,悬挂警示标志,提醒后方车辆保持安全距离。运输危险物品,还必须注意以下几个方面:

(1)所运输的危险物品必须是允许用车辆运载的,而且装载危险物品的车辆必须符合该危险物品对车辆的特殊运载要求;

(2)危险物品包装必须附有明显标记,注明危险物品的危险属性,如易爆、易燃、有毒、放射性等;

(3)危险物品的装载要牢固、严密,不得与其他物品混装;

(4)不准在车内或靠近车辆的地方吸烟,更不准驶进火源地带;

(5)运载易燃性液体时,还要在车架上系一根金属链,使其一端触地,防止静电起火;

(6)必要时,配备专门车辆、人员沿途押运,随时监护危险物品的运输情况。

二、车辆载人管理

1. 车辆载人管理的必要性

我国发生的许多群死、群伤特大交通事故与机动车载人超载有关。据统计,2002 年第一季度,全国共发生一次死亡 10 人以上的特大事故 12 起,造成 172 人死亡、222 人受伤。在这 12 起交通事故中,有严重超载行为的就有 5 起。最严重的一起交通事故中,机动车核载为 25 人,竟然载客 66 人,发生事故造成 25 人死亡、41 人受伤。

为了维护道路运输秩序和交通安全,防止发生公路客运群死、群伤事故,2001 年 10 月,公安部、交通部和国家安全生产监督管理局联合发布了《关于加强公路客运交通安全管理的通告》,规定严禁客运车辆超载运行。载客超员的,由驾驶人负责就地卸客转运,转乘费用和因转运给其他乘客造成的损失由原承运人或驾驶人承担。

2. 车辆载人管理法规

(1)机动车载人的规定

机动车载人不得超过核定的人数,客运机动车不得违反规定载货。其中,公路载客汽车不得超过核定的载客人数,但按照规定免票的儿童除外,在载客人数已满的情况下,按照规定免票的儿童不得超过核定载客人数的 10%;载货汽车车厢不得载客。在城市道路上,货运机动车在留有安全位置的情况下,车厢内可以附载临时作业人员 1 人至 5 人;载物高度超过车厢栏板时,货物上不得载人;摩托车后座不得乘坐未满 12 周岁的未成年人,轻便摩托车不得载人。

(2)禁止货运机动车载客的规定

禁止货运机动车载客,货运机动车需要附载作业人员的,应当设置保护作业人员的安全措施。

货运机动车不同于客运机动车,是指专门设计用于运载物品的机动车辆。货运机动车载人,除了不得超出核定的载人数外,还不得超出设计用途载客。载客是指以运送人员为目的的机动车载人运输。客运机动车是专门设计用来载人的机动车,其设计和制造要求较高,对车身的防水密封性、防尘密封性、舒适性、安全性、方便性都有具体要求。货运机动车的设计用途和制造要求完全不同于客运机动车，一般载质量较大，要求便于货物的装卸，不适宜作为专门的人员运送工具。

《道路交通安全法》并没有规定货运机动车不准人、货混载，而是规定货运机动车不得载客。因为有些情况，货运机动车载人是必需的，所载的人是完成货物运输作业不可缺少的重要因素；禁止货运机动车搭乘无关人员，同时又为规范货运作业人员留下应有的空间。从立法上讲，更加科学，更加符合实际。

由于考虑到货运机动车在技术方面的不安全因素，在确实需要附载随车装卸人员负责装卸货物时，必须在车上设置有效的保护措施，以保证行车中乘坐人员不致因车辆的制动、转向、颠簸、车厢通风等情况，使货物发生移动而造成乘车人员的滑落、被撞、被挤压、憋闷等危险发生。根据公安部交通管理局 1989 年《关于对货运汽车载人应如何办理的问题的复函》的规定，货运汽车车厢内载人超过 6 人时，其车厢左右栏板高度不得低于 1 米并要加装保险链等安全防护装置。

第六节　行人、乘车人交通管理法规

一、行人交通管理

1. 行人交通的特点

行人是构成道路交通管理的三大要素之一，同时又是交通参与者的多数。由于年龄、性别、天气、道路、情绪等诸种因素都会给行人的正常行走带来影响，因此加强对行人的交通管理，对于搞好城市道路交通安全管理具有十分重要的意义。

行人交通的一般特点为：

(1)行人是交通参与者中的弱者。在交通事故中，行人的伤亡率较高。

(2)行人占交通参与者的多数。交通参与者中数量最大的是行人，行人不仅数量大、面广而且分散。

(3)行人是交通参与者中的低速者。行人的平均速度每小时只有 5 公里左右，如果在闹市区、繁华街道，行人行走的速度还会更低些。

2. 行人交通管理规定

我国是个具有 13 亿人口的国家，行人流量很大，对行人的交通管理是减少交通事故的重要环节，在道路交通秩序管理中占有重要地位。而加强行人的法制观念是搞好行人交通安全管理的重点。行人交通管理法规如下：

(1)行人的通行规则

行人应当在人行道内行走，没有人行道的靠路边行走。这是对行人在道路上行走的基本要求。人行道指从标出车行道界线的路缘石到房基线或其他设施边缘高出车行道部分。此道专供行人使用，禁止非法占用，也禁止车辆驶入；但推自行车的人或残疾人的摇动式轮椅车可在人行道内通行。行人靠路边行走，是以行人能够安全通行的空间为度，行人在路边没有遇到障碍物时，在上述活动空间内行走，均应视为靠路边行走。

(2)行人通过路口和横过道路的规定

行人通过路口或者横过道路，应当走人行横道或者过街设施。人行横道是指在道路上施划的专门供行人通过路口或者横过道路的标线路段，俗称“斑马线”。人行横道本身就是道路路面的一部分，通过专门的标线和道路平面交叉，行人通过交通信号灯的控制与路上的车辆交替获得通行权。过街设施指专供行人通过路口或者横过道路而设置的行人过街天桥或者地道等设施。行人过街设施，把行人通过路口或横过道路的自由、分散行为，集中到固定地方，彻底实施了行人和车辆的分离措施，排除了人车冲突，既为车辆的安全通行创造了有利条件，也保障了行人通过路口和横过道路的安全。

我国道路的过街设施近年来发展较快，很多重要路口修建了过街天桥或地下过街通道。但仍有很多路口没有这些设施，行人过街还要依靠人行横道。人行横道灯的设置，是反映道路交通工程设施水平的指标之一。行人在通过有交通信号灯的人行横道路口时，应当按照交通信号灯指示通行。通过没有交通信号灯、人行横道的路口时，或者在没有过街设施的路段横过道路，应当在确认安全后通过。

(3)行人不得实施妨碍道路交通安全的行为的规定

行人不得跨越、倚坐道路隔离设施。道路隔离设施主要包括有隔离墩、护栏、车辆障碍物、隔离带等。在设有道路隔离设施的路段，多是划分车道的路段，在这些车道上，机动车的速度一般比较快，行人跨越道路隔离设施横过道路，会严重危及行人的安全和道路畅通。因此，对行人跨越道路隔离设施违章行为必须严厉禁止。

行人不得扒车、强行拦车或者实施妨碍道路交通安全的其他行为。扒车及强行拦车是具有高度危险性的违章行为，一旦发生意外，后果不堪设想。道路交通秩序管理法规规定，对违章跳车、抛物击车、突然横穿道路等妨碍道路交通安全并造成交通事故的，当事人应当承担相应的责任。

(4)特殊行人交通管理规定

特殊行人主要包括：儿童、精神疾病患者、智力障碍者以及盲人。特殊行人在道路上通行，需要特殊的保护措施，这体现出《道路交通安全法》对弱势群体进行重点保护的立法政策。

根据《中华人民共和国民法通则》的规定，不满 10 周岁的未成年人是无民事行为能力人；不能辨认或者控制自己行为的精神病症患者、智力障碍者也是无民事行为能力人；10 周岁以上的未成年人、不能完全辨认或者控制自己行为的精神疾病患者、智力障碍者，是限制民事行为能力人，或称不完全民事行为能力人。无民事行为能力和不完全民事行为能力人，应当由其法定代理人、监护人代理其民事活动，并对其行为给予监护。基于民法通则的有关规定，《道路交通安全法》规定学龄前儿童以及不能辨认或者不能控制自己行为的精神疾病患者、智力障碍者在道路上通行，应当由其监护人、监护人委托的人或者对其负有管理、保护职责的人带领。上述三种群体在道路上通行，需要别人带领，这一规定既有利于对这些道路交通参与人进行保护，也有利于维护道路交通的安全和秩序。

盲人在道路上通行应当使用盲杖或者采取其他导盲手段，并要求车辆避让盲人。目前，在有条件的城市和道路路口，都设有专门的导盲声讯信号，并在人行道上铺设了专门供盲人通行用的盲道。这些交通设施将会对盲人在道路上的通行提供更多的方便。

(5)行人通过铁路道口的规定

根据 1986 年的《铁路道口管理暂行规定》，铁路道口为铁路与道路平面交叉的路口，分为：道口、人行过道和平过道。行人通过铁路道口的规定仅指行人通过道口和人行过道两种。

行人通过有铁路道口信号、管理人员的道口时，应当遵守信号的指示或者管理人员的现场指挥。如果没有管理人员指挥，则必须按照没有信号铁路道口的通行原则通行。行人通过没有交通信号和管理人员的铁路道口时，应当止步瞭望，确认安全后，迅速通过。

二、乘车人交通管理

乘车人是指出于交通目的，为实现自身的空间位置移动，利用车辆在道路上通行的人员。乘车人乘车应当遵守下列规定：

1. 乘车人不得携带易燃易爆等危险物品乘车

由于一些旅客非法携带易燃易爆物品而引起火灾、爆炸事故，使旅客伤亡惨重，国家和集体财产损失巨大。我国明确规定不准携带易燃易爆等危险物品乘车。如1980年原国家经委和公安部、铁道部、交通部、民航总局等9部委《关于严格控制生产出售和严禁携带易燃易爆危险物品乘坐车船飞机的紧急通知》，1988年交通部《汽车旅客运输规则》，1994年建设部、公安部《城市公共交通车船乘坐规则》等都有严禁乘车人携带易燃、易爆、有毒等危险物品以及有碍乘客安全和健康的物品乘坐车、船的规定。这些规定和做法为《道路交通安全法》相应条款的制定和实施提供了实践经验。

2. 乘车人不得向车外抛洒物品

车辆在高速行驶过程中，从车内抛出的物品有很强的动能和冲击力，会严重威胁他人的安全。因此，为了保护其他车辆或者行人的安全以及道路的环境卫生，禁止乘车人向车外抛洒物品。

3. 乘车人不得有影响驾驶人安全驾驶的行为

驾驶车辆应当精神高度集中，乘车人与驾驶人交谈，极易分散驾驶人的注意力，导致交通事故。因此，乘车人不得与驾驶人交谈，不得有其他影响安全驾驶的行为，如故意制造噪声或者乱摸机动车操作系统等。同时，禁止乘车人将身体任何部分伸出正在行驶的车外，不准跳车，以及乘坐货运机动车时不得站立，不准坐在车厢拦板上等。

《高速公路交通管理办法》和《汽车旅客运输规则》、《城市公共交通车船乘坐规则》等行政法规，以及大量的地方性法规，对乘车人管理也都有相应的具体规定。

第七节　停车场与铁路道口管理法规

一、停车场管理

1. 停车场的概念

停车场指供各种机动车和非机动车停放的露天或室内场所。目前在城市市区内，大部分都是借用部分人行道、绿化带、车行道或广场作为停车场使用。在市区外围和大型公共场所、大型建筑物及风景旅游区，一般都应设置专用的停车场。

随着经济的发展，机动车数量越来越多，机动车停放成为一个突出的社会问题。停车泊位虽然与交通没有直接联系，但因停车泊位的缺乏导致机动车停放混乱直接影响了道路交通。目前，世界各国都不同程度地存在这个问题，各国纷纷制定了关于停车场建设、管理的规定。早在1980年，国务院就已颁布《城市规划编制审批暂行办法》，对大型公共建筑设置停车场作了规定。1988年，公安部、建设部又联合颁布了《停车场建设和管理暂行规定》、《停车场规划设计规则(试行)》，对大型公共建筑和商业街区配建、增建停车场以及停车场的设计等，作出详细规定。2000年4月，公安部交通管理局再次发出文件，要求各地公安机关交通管理部门加强与城市规划、市政和城建等相关部门的协调，制定地方性政策，对城市停车场进行统一规划，合理布局,加强对城市公共建筑物配建停车设施的审批和监督管理;同时要求各地根据实际情况选择重点地段,积极推广使用路边停车管理技术和设备。

2. 停车场的分类

结合我国和世界各国的停车方式,停车场大致可以分为如下几种类型:

(1)按设置形态分:附属在大型建筑物内的停车场、地下停车场、立体停车场及利用空地的停车场等。

(2)按利用形态分:人工管理式停车场、自走式停车场等。

(3)按利用方式分:专用停车场、公共停车场、并用停车场及专属停车场等。

(4)按设置的位置分:路上、路肩、缘石、路外停车场等。

(5)按地区的特点分:机关、商业、企业、居住区、大(中)型建筑、文化娱乐和游览等地区的停车场。

(6)按设置的场所分:地上广场式;地上立体式;道路、广场、建筑物地下停车场及高架桥下停车场等。

(7)按交通连续的形式分:存车换乘停车场、乘车换乘停车场、自行车换乘停车场、自行车—公共汽车换乘停车场等。

对停车场设置的总体要求是要便于车辆的出入,利于行车安全,尽量缩短停车场的利用范围,远离危险品和危险建筑物等。

不宜于设置停车场的地点包括:车辆进入停车场必须横过主要道路(特别是交通混乱的街道)的地方;铁路、河流等直接使交通隔绝的地方;车辆进出停车场都必须连续大拐弯的地方。

3. 停车场的建设管理规定

随着我国国民经济的发展和人民生活水平的不断提高,小汽车开始进入普通家庭。据有关部门的市场需求调查,估计2005年全国私人轿车拥有量将达到400万辆,2010年达到1000万辆。按城市人口计算,近半数家庭将拥有一辆汽车,也就是到2010年沿海城市及一些大城市可能率先进入汽车化社会。机动车的通行和停放都将成为交通管理工作必须面对的重大问题。

为了缓解交通压力,有效解决停车场、停车泊位严重不足的现状,对停车场的建设及城市道路范围内施划停车泊位作出了明确规定。

(1)停车场的建设原则

停车场的建设,必须符合城市规划,保障道路交通安全畅通。同时,停车场的规划设计必须遵守《停车场规划设计规则》。

(2)停车场建设审核程序

停车场的设计方案(包括有关的主体设计方案),须经城市规划部门审核,并征得公安机关交通管理部门同意,方可办理施工手续;停车场竣工后,须经公安机关交通管理部门验收合格后方可使用。

(3)停车场的建设要求

①配建、增建停车场

新建、改建、扩建的公共建筑、商业街区、居住区、大(中)型建筑等,应当配建、增建停车场;停车泊位不足的,应当及时改建或者扩建;投入使用的停车场不得擅自停止使用或者改作他用。

目前，一些大城市对停车场的使用也作出了规定，有的明确规定已投入使用的停车场不得擅自停止使用或者改作他用。例如：北京市人民政府于2001年7月1日颁布的《北京市机动车公共停车场管理办法》明确规定，任何单位和个人不得将已建成的公共停车场挪作他用或者擅自停止使用。违反这一规定的，将被责令限期改正，并处1万元以上3万元以下罚款。

②施划停车泊位的规定

城市道路范围内，在不影响行人、车辆通行的情况下，政府有关部门可以施划停车泊位。为了提高城市道路的通行效率，保障城市道路交通安全畅通，在城市道路范围内原则上不得施划停车泊位。但为了方便城市居民出行，同时缓解停车压力，适当允许在城市道路范围内施划停车泊位是合理且必要的。但是，施划停车泊位应当以不影响行人、车辆通行为原则。同时，道路是公共设施，任何单位和个人不得违规随意企图占用道路。

③停车泊位的划定

停车泊位的地点，必须选择在道路宽阔、进出方便且不影响交通的地方；在设有人行道护栏的路段、人行横道、施工地段、障碍物对面，不准停车；交叉路口、铁路道口、弯路、窄路、桥梁、陡坡、隧道以及距离以上地点50米以内的路段不准停车；公共汽车站、电车站、加油站、消防栓或消防队门前以及距离上述地点30米以内的路段，除使用上述设施的车辆外，其他车辆不准停车；大型公共汽车、电车除特殊情况外，不准在站点以外地点停车。

4. 停车时间限制

对停车时间的限制，要视具体情况而定，在城市中心区域停车时间可限制在1小时左右。在办事机构如银行、邮电局等门前道路上停车，一般把停车时间限制在20～40分钟左右，在其他停车地点，时间可放宽到2小时左右。对停车数量的控制就是要限制停车数量，停车不能超过停车泊位线，不能影响交通、出现交通堵塞。

5. 管理费的征收

公共停车场可以收取停车管理费。为社会车辆提供服务的专用停车场，也可以收取停车管理费。在停车场停车者必须服从管理人员的指挥。鼓励单位和个人投资兴建公共停车场，建设者可按当地人民政府的有关规定收取停车管理费。

6. 停车场的管理

公安机关交通管理部门应当协同城市规划部门制定停车场的规划，并对停车场的建设和管理实行监督。

二、铁路道口管理

1. 铁路道口管理的必要性

铁路道口既关系到铁路交通，也关系到道路交通，是道路交通的一个重要组成部分。随着经济的发展，汽车、拖拉机等机动车数量迅速增加，车辆穿越铁路道口越来越频繁。同时，火车的密度和速度也提高很多，铁路道口上机动车与火车相撞事故时有发生，人员伤亡惨重，财产损失巨大。据统计，2001年，全国铁路道口共发生撞车事故887件，撞坏汽车404辆、拖拉机202辆、其他车辆268辆，人员死亡314人、重伤288人，损坏铁路机车248台、铁路车厢61个，破坏线路350公里，致使铁路中断行车2056分钟。特别是在无人看守的铁路道口，事故发生率相当高。为了维护道口交通秩序，防止道口事故发生，保障铁路、道路安全和畅通，保障人民群众生命财产安全，对铁路道口应进行严格管理。

目前，我国已制定了《铁路道口管理暂行规定》（1986年3月31日国家经济委员会、铁道部、交通部、公安部、农牧渔业部、城乡建设环境保护部、劳动人事部印发)、《铁路道口通行规定》(1984年11月10日铁道部、交通部、公安部发布)、《中华人民共和国铁路法》(1990年9月7日第七届全国人民代表大会常务委员会第15次会议通过,中华人民共和国主席令第32号公布,自1991年5月1日起施行)、《关于对无人看守的铁路道口加强管理意见》(铁道部发布,1994年5月17日国务院办公厅转发)及《铁路运输安全保护条例》(第430号国务院令,自2005年4月1日起施行)等法规。

2. 铁路道口的分类

道路与铁路的平面交叉分为道口、人行过道、平过道三类。

道口是指铁路上铺面宽度在2.5米以上,直接与路面贯通的平面交叉。按照看守情况分为"有人看守道口"和"无人看守道口"。

人行过道是指铁路上铺面宽度在2.5米以下,与道路贯通的平面交叉。人行过道只准通过行人、自行车,不准畜力车及机动车通过。

平过道是指在车站、货场、专用线内,专为内部作业使用,不直接贯通道路的平面交叉。

3. 道口安全管理

道口的安全管理问题十分重要,需要各部门密切配合,主要应做的工作有以下几方面:

(1)地方政府和铁路部门的重视

各级地方政府和铁路部门都应重视和关心道口以及人行过道、平过道的交通安全,加强安全工作的领导,支持、协助铁路部门做好道口的整顿、改造和管理工作,确保铁路和道路运输的安全畅通。

(2)健全道口管理制度

为了加强道口管理,各铁路局及有关段、站应设置专管道口的机构或人员,健全道口管理制度。

(3)组成道口安全委员会

在各级经委的组织领导下,各机动车辆管理部门与铁路道口管理部门联合组成各级常设道口安全委员会或领导小组负责宣传、检查、落实法律规定;分析道口事故的原因,研究对策,制定措施,确保行车安全。

(4)对驾驶人员进行教育

各机动车辆管理部门对驾驶人员,特别是对农村集体企业和个体、联户机动车辆、拖拉机驾驶人员,应进行通过道口的安全教育和考核。对于违反安全通过铁路道口有关规定的车辆驾驶人员要严肃处理。

(5)开展全国性道口安全活动

每年开展一次全国性的道口安全活动。在道口安全活动中,全国铁路及交通、农机管理部门要密切配合,共同检查铁路道口的设备状况、机动车驾驶人遵守交通纪律情况和车辆状态,同时深入、广泛地进行道口安全的宣传教育,使广大人民群众养成自觉遵守道口安全规定和交通纪律的习惯,确保道口安全。

(6)加强道口看守和道口交通秩序的管理

加强道口看守和道口交通秩序的管理主要有以下几方面措施:①铁路与道路平面交叉的道口,应当设置警示灯、警示标志或者安全防护设施。无人看守的铁路道口,须在距道口一定距离处设置警示标志。②对于交通繁忙的道口,由铁路产权单位或道口受益单位派出道口看守人员(道口安全员)负责看守;地方交通管理部门应对道口看守人员进行执行道路交通规则的培训，经考试合格后，由县级以上交通管理部门发给由省级交通管理部门统一印制的“交通安全员”袖章或其他证件，使其在道口处有效地履行指挥行人车辆、疏导交通、保证道口安全的职责。③铁路部门的道口安全管理人员，要经常督促检查道口安全情况，疏导道口地段的交通。④交通特别繁忙和易于肇事的有人看守道口，地方公安部门应适时派出交通民警，协助维持秩序。⑤铁路公安部门可派员协助管理有人看守道口、巡逻检查无人看守道口的交通秩序。

1990年，全国人大常委会通过的《中华人民共和国铁路法》还规定，人行过道必须按照规定设置必要的标志和防护设施。此外，根据《铁路道口管理暂行规定》，铁路道口设备必须符合铁路和道路双方的技术标准，对道口信号、护桩、栏杆(栏门)、火车司机鸣笛标的设置、维修和管理由铁路产权单位负责；铁路道口标志、停车(止步)让行标志属于道路交通标志，是道路的附属设备，铁路产权单位可代为设置、维修，由地方交通管理部门负责管理，铁路部门予以协助。

4. 道口的安全通行

由于火车具有很大的惯性，其危险性大，所以其他车辆、行人通过铁路道口时一定要注意安全通行。道口的安全通行主要体现在以下几方面：

(1)道口安全通行原则

①躲避原则

道路上的车辆(包括汽车、拖拉机、畜力车、人力车、自行车等各种机动车、非机动车)和行人在道口、人行过道及平过道处，发现或听到有火车开来时，应立即躲避到距铁路钢轨2米以外处，严禁停留在铁路上和抢行通过。

②听从指挥原则

车辆和行人通过铁路道口，应当按照交通信号或者管理人员的指挥通行。凡遇到道口栏杆(栏门)关闭、音响器发出报警、道口信号显示红色灯光或道口看守人员示意火车即将通过诸情况之一时，车辆、行人严禁抢行，必须依次停在停止线以外，没有停止线的，停在距最外侧钢轨5米以外。不得影响道口栏杆(栏门)的关闭，不得撞、钻、爬、越道口栏杆(栏门)。

③安全通行原则

车辆、行人通过没有道口信号机的无人看守道口以及人行过道时，必须停车或止步瞭望，确认两边均无列车开来时，方准通行。

(2)机动车通过铁路道口的规定

①时速限制

机动车在通过铁路道口时，最高行驶速度不得超过每小时30公里，其中拖拉机、电瓶车、轮式专用机械车不得超过每小时15公里。

②故障处理

车辆在道口处发生故障，车辆的驾驶人或操纵、驾驶车辆的人要立即将车辆移出铁路限界(距钢轨外侧不少于2米)；确实无法移出时，需立即采取防护措施，设法通知两端车站，并在该道口两端不少于800米处的铁路上用红色信号(白天用红旗、夜间用红色灯光)拦停列车，没有红色信号时，可用红色物品或两臂高举头上，向两侧急剧摆动。

③错车限制

在单行道路道口上，严禁汽车、拖拉机等大中型车辆错车。

④转弯、掉头限制

机动车在铁路道口处，不准转弯、掉头。

⑤停车限制

在距道口20米以内的道路上，除停车瞭望或停车让行，除运行中临时停车外，不准停留车辆。

⑥穿越限制

严禁车辆在没有道口或其他平面交叉设施的铁路线路上穿越。

(3)特殊车辆通过道口的限制规定

①特别笨重(不能迅速通过道口)、巨大(高度从地面起超过4米，宽度超过车箱，前端长度超出车身。后端超出车厢2米，超出部分触地)和可能破坏铁路设备、干扰铁路运输的物件(履带车辆、大型机械或装载易燃、易爆物品的车辆)通过铁路道口时，应提前征得附近有关部门的同意，在其协助和指导下通过。通过电气化铁路的道口时，车辆及其装载物不得触动限界架活动横板或吊链；装载高度超过2米的货物上，不准坐人；行人手持高长物件、皮鞭等，不准高举挥动。

②两轮畜力车或牲畜通过铁路道口时，赶车或赶牲畜的人要牵住牲畜徒步通过。

(4)道口信号显示规定

车辆、行人通过设有道口信号机的铁路道口时，要遵守下列道口信号的显示规定：①两个红灯交替闪烁或红灯稳定亮时，表示火车接近道口，禁止车辆、行人通行。②红灯熄灭白灯亮时，表示道口开通，准许车辆、行人通行。③当红灯和白灯同时熄灭时，表示停电或设备发生故障，道口信号无效。在这种情况下，必须与通过没有道口信号机的道口一样通行。

5. 违反铁路道口管理的法律责任

违反铁路道口管理的法律责任主要有以下几方面：

(1)道口看守和安全管理人员均有权对违反铁路道口通行规定的车辆、行人进行劝阻、教育、警告和按章处理。属于违反治安管理行为的，由主管公安机关按照《中华人民共和国治安管理处罚法》的有关规定处理。

(2)任何单位或个人不得损坏道口、人行过道及平过道的设备。一旦该设备被损坏时，损坏者应立即报告该设备的设置、维修单位或管理单位，并承担损失费用。当发现道口、人行过道的设备有人为缺损时，当地政府和有关部门应互相配合共同查处，由损坏者(或其单位)赔偿损失，并对所引起的后果承担责任。

(3)在铁路弯道内侧、平交道口和人行过道附近，不得修建妨碍行车瞭望的建筑物和种植妨碍行车瞭望的树木。修建妨碍行车瞭望建筑物的，由县级以上地方人民政府责令限期拆除；种植妨碍行车瞭望树木的，由县级以上地方人民政府责令有关单位或者个人限期迁移或者修剪、砍伐。

(4)道口肇事的法律责任主要有以下几方面：①各种车辆、行人及大牲畜通过铁路道口以及人行过道、平过道，发生事故造成损失时，按照国务院有关规定进行调查，确定事故责任，其损失费用由责任一方负担；双方都有责任的，由双方合理负担。②发生事故造成人身伤亡或严重经济损失构成犯罪的，由铁路或地方有关部门对肇事责任者依法追究刑事责任。

(5)对扰乱铁路道口交通秩序、损坏道口设备、违反铁路道口通行规定、危害铁路行车安全等行为，铁路部门可根据情节轻重予以经济处罚，核收赔偿费和罚款。

6. 铁路治安秩序维护的分工

铁路公安机关和地方公安机关分工负责共同维护铁路治安秩序。车站和列车内的治安秩序，由铁路公安机关负责维护；铁路沿线的治安秩序，由地方公安机关和铁路公安机关共同负责维护，以地方公安机关为主。

第八节　高速公路管理法规

一、高速公路的概念及特点

1994年12月22日公安部发布的《高速公路交通管理办法》规定：高速公路是指经国家公路主管部门验收认定，符合高速公路工程技术标准，并设置完善的交通安全设施、管理设施和服务设施，专供机动车高速行驶的公路。其特点如下：

1．高速公路是专供机动车高速行驶的公路

这是高速公路区别于一般公路的一个显著特点。高速公路不仅限制非机动车通行，按规定：行人、拖拉机、农用运输车、电瓶车、轮式专用机械车、全挂牵引车，以及设计最高时速低于70km的机动车辆，均不得进入高速公路行驶（高速公路养护等作业人员和专用的机动车除外）；实习驾驶人亦不准驾驶车辆进入高速公路行驶。机动车在高速公路上正常行驶时，最低时速不得低于50km。因此在高速公路上行驶的机动车比在一般公路上的车辆速度高。据日本有关资料表明：高速公路的平均时速比一般公路高62%～70%。

速度是交通运输的一个重要因素。高速公路由于速度较高，使得行驶时间缩短，从而带来巨大的社会效益与经济效益，对经济、军事、政治都有重大的意义。

2．高速公路设有完善的交通安全设施、管理设施和服务设施

为了保证交通安全和充分发挥高速公路的效益，高速公路采用全封闭、全立交，完善的中央分隔设施分离对向行驶的交通流，并设有完善的交通标志、标线。在运政管理上，有引导员，设有完善的收费系统。隔离栅、路边护栏等道路设施齐全。沿线按行政区县设置服务区，内有加油站、旅馆、餐厅、修理厂、商店、休息室等。这些完善的交通安全设施、管理设施和服务设施是一般公路设施所无法相比的。

3．符合高速公路工程技术标准

高速公路是专供机动车分向、分道行驶并全部控制出入的干线公路，四车道高速公路设计年平均昼夜交通量为25000～55000辆。《公路工程技术标准》（JTG B01—2003）规定了我国高速公路的各种技术指标，见表3-4所示。

高速公路主要技术指标汇总表　　表3-4

公路等级		高速公路								
设计速度（km/h）		120			100			80		60
车道数		8	6	4	8	6	4	6	4	4
单幅行车道宽度（m）		15.0	11.25	7.5	15.0	11.25	7.5	11.25	7.5	7.0
路基宽度（m）	一般值	45.0	34.5	28.0	44.0	33.5	26.0	32.0	24.5	23.0
	变化值	42.0	—	26.0	41.0	—	24.5	—	21.5	20
极限最小半径（m）		650			400			250		125
停车视距（m）		210			160			110		75
最大纵坡（%）		3			4			5		5
汽车荷载等级		公路—I级								

4. 高速公路须经国家公路主管部门验收认定

为保证工程质量,高速公路在修建时不仅需工程监理,竣工时,还需投资方、工程质检及公路主管等部门验收认定,才可通车。

二、高速公路发展概况

高速公路行车速度快,通行能力大,对繁荣社会、开发资源、发展经济及政治和军事等诸方面都具有十分重要的意义,所以发展速度很快。

早在1919年通车的德国一条主要用于军事目的的艾伏斯高速公路,是世界上最早设有上、下行车道且中间设有分隔带的公路,是现代高速公路的雏形。从1933年到1942年,德国共建成高速公路3859公里,平均每年修建582公里。意大利也是修建高速公路较早的国家,1924年建成的米兰至瓦雷泽汽车专用公路长48公里,1942年又修建了米兰至都灵汽车专用公路,长126公里,到1984年已有高速公路5902公里。日本自1957年颁发了《高速公路干道法》后,于1958~1965年7月修建了第一条高速公路(名神高速公路),平均每年修建200公里,到1988年止,已有3910公里,初步形成以东京为中心,纵贯南北的高速公路网。美国是高速公路最多、路网最发达、设备最完善的国家,1937年美国在加州建成第一条高速公路,长11.2公里,从1956年到1980年,平均每年增加3000公里,到1983年美国已建成83956公里高速公路。高速公路密度最大的国家是荷兰,每1000平方公里面积国土有43.97公里,其次是比利时;按百万人口平均的高速公路密度最高的是美国,为380.61公里,其次是加拿大。

我国大陆的高速公路建设是从上世纪80年代开始的。1988年,我国大陆第一条高速公路沪嘉高速公路建成通车。随后,高速公路建设在全国全面铺开。1990年9月,沈大高速公路建成通车,全长367公里;2000年9月,京沈高速公路通车,全长658.35公里;2000年12月,京沪高速公路全线通车,全长1262公里。1999年10月,我国高速公路总里程突破1万公里,位居世界第四位;2001年底,除西藏外,全国其他省、自治区、直辖市都开通了高速公路,我国高速公路里程达到1.9万公里,居世界第二位,超过加拿大,仅次于美国;2003年底,全国高速公路通车总里程突破29745公里,其中,2003年全国新增高速公路4615公里,高速公路突破千公里的省(自治区、直辖市)上升到15个。我国以高速公路为主干、连接国内全部特大城市和93%大城市的新交通主动脉正在逐步形成。

根据交通部的规划,到2010年,全国公路网总里程将达到230万公里,纵贯东西和横穿国境南北的"五纵七横"12条国道主干线系统将全面建成。"五纵"路线是:同江—三亚、北京—福州、北京—珠海、二连浩特—河口、重庆—湛江。"七横"路线是:绥芬河—满洲里、丹东—拉萨、青岛—银川、连云港—霍尔果斯、上海—成都、上海—瑞丽、衡阳—昆明。"五纵七横"在首都和直辖市及各省省会城市(自治区首府)之间形成现代化的快速公路运输网络,公路网的运营效率和效益将有很大的提高。到2020年,全国高速公路规划总里程约为7万公里。

三、高速公路交通安全管理法规的主要内容

高速公路上行车速度快,交通流量大,发生交通事故或交通阻塞,造成的人身伤亡和经济损失要比普通公路严重。因此,世界各国都实行比普通公路更为严格的交通管理措施。1988年3月9日国务院发布的《中华人民共和国道路交通管理条例》第九十条规定:"高速公路的交通管理办法,由公安部另行制定"。为了保证高速公路交通的安全与畅通,公安部于1994年12月22日颁布了《高速公路交通管理办法》,1995年3月1日起实施。《高速公路交通管理办法》

为制定道路交通安全法的相关内容提供了实践基础。2004 年 5 月 1 日施行的《中华人民共和国道路交通安全法》对高速公路的交通管理作了特别规定。

高速公路交通安全管理法规的主要内容如下：

1. 主管机关

高速公路交通管理的主管机关是公安机关，其他任何机关都不具有高速公路管理权。交通部门可以对公路的养护、收费进行管理。

2. 高速公路行驶车辆的限制性规定

高速公路的发展促进了信息和货物的流通，刺激了生产的发展。对高速公路上的行驶车辆作出限制性规定，有利于车辆的安全有效运营。

(1)行驶车辆限制

《道路交通安全法》第六十七条规定："行人、非机动车、拖拉机、轮式专用机械车、铰接式客车、全挂拖斗车以及其他设计最高时速低于 70 公里的机动车，不得进入高速公路"。由于高速公路是专供机动车高速行驶的公路，因此行人和非机动车不得进入。拖拉机、轮式专用机械车、铰接式客车、全挂拖斗车以及其他设计最高时速低于 70 公里的机动车，由于其结构、功能和速度的限制，在高速公路上行驶不利于保证交通安全，也不得进入高速公路。

(2)行驶车辆的速度限制

机动车在高速公路上正常行驶时，最低时速不得低于 50 公里，最高时速不得高于 110 公里；大型客车、货运汽车和摩托车不得高于 90 公里。遇有限速交通标志或者限速路面标记所示时速与上述规定不一致时，应当遵守标志或标记的规定。《道路交通安全法》第六十七条同时规定："高速公路限速标志标明的最高时速不得超过一百二十公里"。这就从法律上规定了高速公路的最高限速。

行车速度快是高速公路的一个重要特点。必须限制最低车速，否则，会影响其他车辆的行驶速度，从而失去修建高速公路的意义。关于最高时速，其他国家一般规定为 110 公里或 120 公里，根据我国高速公路及机动车的特点，规定最高时速不得高于 110 公里。考虑安全因素，高速公路各个路段根据具体的道路条件、车流状况等因素，都应规定各自的时速限制并设置相应的限速标志。道路条件好、车流少的路段，最高时速可以较高。但是限速标志标明的最高时速不得超过 120 公里。

3. 车辆行驶中乘坐人的规定

车辆行驶中，乘车人不准站立，不准向车外抛弃物品，轿车驾驶人和前排乘车人应系安全带。国外对汽车安全带的使用比较普遍，我国汽车安全带的生产和使用较晚，1989 年国内的部分厂家才开始试制安全带，1993 年强制使用安全带条例开始实施。实践证明，安全带对于减轻交通事故中的人身伤害有积极作用，特别是高速公路上最常见的多台车追尾及翻车事故中，安全带的作用尤为明显，可以减少对乘员头部和胸部的伤害。

4. 停车的规定

车辆行驶中，除遇障碍、发生故障等必须停车的情况外，不准随意停车。根据《道路交通安全法》第六十八条、五十二条及《高速公路交通管理办法》的相关规定，机动车在高速公路发生故障时应该采取如下措施：

(1)机动车行驶中，因故障需要临时停车检修时，必须提前开启右转向灯驶离行车道，停在紧急停车带内或者右侧路肩上。机动车修复后需返回行车道时，应当先在紧急停车带或者路肩上提高车速，并开启左转向灯。进入行车道时不得妨碍其他车辆的正常行驶。

(2)机动车因故障、事故等原因确实难以移动，不能离开车行道时，驾驶人必须立即开启危险报警灯，夜间还须同时开启示廓灯和尾灯，并在故障车来车方向150米以外设置故障车警告标志。驾驶人和乘车人应当迅速转移到右侧路肩上或者应急停车带内，并且迅速报警。严禁拦车救援和在主车道上修车。

(3)机动车在高速公路上发生故障或者交通事故，无法正常行驶的，应当由救援车、清障车拖拽、牵引。为保障拖拽、牵引故障车辆的安全，按照规定救援、清障车必须安装标志灯具并喷涂明显的标志。执行救援、清障任务时，须开启标志灯具和危险报警闪光灯。

5. 拦截检查车辆的规定

为了有效地保证高速公路的安全、畅通，最大限度地发挥运输效益，必须保证车辆能够在无障碍条件下高速行驶。因此高速公路交通安全管理法规对高速公路上拦截检查车辆作出了明确规定。

(1)任何单位、个人不得在高速公路上拦截检查行驶的车辆。

高速公路是专供机动车高速行驶的公路，机动车在高速公路上行驶速度很快，驾驶人对各种突发情况的反应及处置时间相对较短，紧急刹车时制动距离较长。所以，在高速公路上对行驶的车辆进行拦截检查是很危险的，容易引发恶性交通事故。同时，高速公路是重要的交通和经济命脉，在高速公路上拦截或检查行驶的车辆，很容易导致交通阻塞，造成严重的经济损失。《道路交通安全法》第九十九条规定，对于非法在高速公路上拦截检查行驶车辆，不听劝阻造成交通严重阻塞或者较大财产损失的由公安机关交通管理部门处二百元以上二千元以下罚款，可以并处十五日以下拘留。如果导致重大交通事故，构成犯罪的，应根据《道路交通安全法》第一百零一条以及刑法的有关规定，依法追究刑事责任。

(2)公安机关的人民警察依法执行紧急公务时，可以在高速公路上拦截检查行驶的车辆。

根据人民警察法的规定，人民警察包括公安机关、国家安全机关、监狱、劳动教养管理机关的人民警察和人民法院、人民检察院的司法警察。但是，只有公安机关的人民警察依法执行紧急公务时，可以在高速公路上拦截检查行驶的车辆。如果在非执行紧急公务时，违反规定对车辆进行拦截检查，应承当相应的法律责任。根据《道路交通安全法》第一百一十五条及一百一十八条的规定，交通警察违反规定拦截、检查正常行驶的车辆的，应依法给予行政处分；对直接负责的主管人员和其他直接责任人员也应给予相应的行政处分；给当事人造成损失的，应当依法承担赔偿责任。

6. 在高速公路上进行作业的规定

在高速公路上进行道路维修、养护等作业时，作业地点须设置注意危险标志及采取必要的安全防护措施，作业人员需穿反光背心，戴安全标志帽。作业车辆、机械应当喷涂统一的标志颜色，行驶和作业时均应开启示警灯。

高速公路交通安全管理法规的其他内容详见《高速公路交通管理办法》。

第九节　案 例 分 析

［例3-1］　无人看守的铁路道口需设警示标志

某日，一辆满载着某小学二年级学生的大客车正飞速行驶在道路上，车行至离目的地还有两公里的一无人看守铁路道口,道口没有设立警示标志。此时客车驾驶人于某已经连续驾驶了几个小时,有点头晕,身体也感到相当疲劳,没有注意到前方有铁路道口,因而没有刹车减速,仍以每小时60公里的速度继续驾驶。当于某发现铁路道口时,刹车已经来不及了,一列以每小时70公里速度行驶的满载货物的火车正向道口驶来。火车驾驶人看见前方有一辆大客车经过,紧急启动刹车装置,但巨大的惯性仍使火车高速前进,直冲客车中部,一声巨响,客车被撞出几十米开外,断为两截。

事故造成客车中的教师和学生共24人死亡,15人重伤,5人轻伤,直接经济损失达百万元。有关部门对这起特大伤亡事故调查确认,驾驶人于某有重大责任,已构成重大交通肇事罪,被依法逮捕。

分析:

首先,客车驾驶人于某对事故应承担自己的责任。根据《火车与其他车辆碰撞和铁路路外人员伤亡事故处理暂行规定》第七条规定:"各种机动车辆通过铁路无人看守路口时,必须一慢、二看、三通过,行车时速不得超过二十公里,不得冒险抢越。……"。于某过路口仍然以每小时60公里的速度飞驰,是刹不住车的主要原因。此案中于某的过错在于疲劳驾驶,超速行驶,瞭望不够。与火车相撞酿成特大交通事故,情节特别恶劣。

其次,铁路部门也应承担一定的责任。铁路部门的过错在于没有在无人看守的路口设立警示标志,导致驾驶人没有提前预防。按照《火车与其他车辆碰撞和铁路路外人员伤亡事故处理暂行规定》第三条的规定:"铁路无人看守道口,必须做到警告标志齐备,清晰醒目。因防护措施不全,造成行车路外伤亡事故,由铁路部门负责,并对责任者严肃处理"。铁路部门没有严格按照法律、法规的规定履行自己的职责,因此,对于这起交通事故也必须承担相应的责任。

[例3-2]　交通标志不能擅自移动

某日深夜,一名中学生来到某国道江桥附近,将一块"前方施工"的标志牌从路边移到了车行道上。当晚零点30分左右,一辆在该方向行驶的货车看到这块标志牌后,误以为前方在施工,于是转入对向车道逆向行驶,逆行几百米后,与一辆迎面驶来的东风卡车相撞,造成东风卡车驾驶人当场死亡,逆行的货车驾驶人与车上的一名乘客都不同程度受伤。

经公安机关交通管理部门的追踪调查,将再次搬动交通标志牌的中学生当场抓获。据该少年交代,一周之内他已先后五次移动标志牌,并且在附近游荡,随时准备看热闹。由于这名少年只有15岁,最终被免予刑事处罚,但他必须为自己的行为担民事赔偿责任。由于在法律上他还属于限制行为能力人,因此,民事赔偿责任由其监护人即其父母承担。

分析:

设置、移动、使用交通信号、交通标志、交通标线是公安机关交通管理部门的特有权力,同时也是公安机关交通管理部门的职责。本案是由于少年搬移交通标牌造成的。交通标牌的损毁、遗失或者移动,很可能给正常的交通秩序带来混乱,甚至发生像本案这样的悲剧。擅自移动、损坏和偷盗交通设施的行为,严重违反了《道路交通安全法》第二十八条的规定。对于其他单位和个人,应当充分认识交通标志的重要性,认真对待交通信号,遵守社会公德。对于故意损毁、移动、涂改交通设施,造成危害后果,尚不构成犯罪的,根据《道路交通安全法》的规定,由公安机关交通管理部门处二百元以上二千元以下罚款。

［例 3-3］ 广告牌不能私自随意设置

李某是某汽车配件商店的老板，为了增加营业额，将一个巨大的广告牌竖立在十字交叉口最醒目的地方。当天晚上 9 点多，一辆外地货车快速行驶到这个路口时，突然一辆轿车从横向驶了过来，由于货车驾驶人王某不熟悉环境，而且那块广告牌挡住了王某的视线，当发现横向行驶的车辆时，王某急忙调整方向，致使货车冲出公路，将路边的一根电线杆拦腰撞断，造成供电中断。事故发生后，交警和电力抢修人员迅速赶到现场，疏导交通。经过抢修，到次日早晨 6 时这一地区才恢复正常供电。

分析：

该案件主要涉及交通道路通行条件的问题。李某违反《道路交通安全法》第二十八条第二款的规定，私自设置广告牌，视距不足，妨碍安全行车。

根据《道路交通安全法》的规定，在道路两侧及隔离带上种植的树木或者其他植物，设置的广告牌、横跨道路的管线等，如果遮挡交通信号灯、交通标志，妨碍了安全视距，公安机关交通管理部门有权责令行为人排除妨碍，拒不执行的，公安机关交通管理部门还有权对行为人处二百元以上二千元以下的罚款，并强制排除妨碍。在本案中，李某私自设置广告牌，遮挡了驾驶人的视线，致使王某驾驶的机动车为躲避来车，冲出公路，撞倒电线杆，造成停电长达 9 个小时，其行为明显违反《道路交通安全法》，应当依法承担损害赔偿责任。

［例 3-4］ 公安机关交通管理部门对事故频发路段有报告义务

2004 年 5 月，某国道路段接连发生两起重大交通事故，造成直接经济损失约 20 万元左右。某晚 6 时 30 分，某市运输公司一辆解放牌平头柴油车沿国道由北向南行驶，至新建单行路弯道处时，由于刹车失灵，翻入路边约 6 米深的山涧中，造成驾驶人及一名乘车人死亡，其他两人身受重伤。事隔一天的午夜时分，另一辆内蒙古的解放平头柴油车装载着近 30 吨的货物，沿国道行至该路段某桥附近的弯道时，由于车辆严重超载，翻入路旁沟内，造成驾驶人和乘车人两人死亡的重大交通事故。

事发路段是该国道由北向南的单行道路，属于山区道路。路段坡度很大，全长 17.3 公里，而大大小小的弯道就有 26 个，且多为连续转弯，公路两侧均为深沟和山涧，最深处达 20 多米。而在这 26 个急转弯道处，仅有 2 个弯道设有警示标志，没有设置陡坡、限速等警告标志。公安机关交通管理部门的调查结果为：这两起重大交通事故的发生，一是由于刚建好的国道单行路缺乏陡坡、限速、弯道等必要的警告标志；二是由于机动车本身刹车不灵、严重超载违章。两起事故的运输公司和提供货物的贸易公司均要求交通管理部门给以赔偿。

分析：

《道路交通安全法》授权公安机关交通管理部门在发现投入使用的道路存在交通事故频发路段，或者停车场、道路配套设施存在交通安全严重隐患时，享有向当地人民政府报告，并提出防范事故、消除隐患的建议权。同时，这也是当地公安机关交通管理部门的义务。在接到公安机关交通管理部门的建议后，当地人民政府有义务立即作出处理。

本案中，首先，道路建设部门对国道和国道配套设施的规划、设计、建设不符合道路交通安全、畅通的要求，交通标志的设置也未遵循最基本的安全考虑，道路建设部门存在严重的失职。其次，根据《道路交通安全法》第二十九条的规定，负责此路段交通管理的公安交警大队也没有履行其法定职责，没有及时向当地人民政府报告，并提出防范事故、消除隐患的建议。根据《道路交通安全法》第一百零五条的规定，道路施工作业或者道路出现毁损，未及时设置警示标志、未采取防护措施，或者应当设置交通信号灯、交通标志、交通标线而没有及时变更，致使通行的人员、车辆及其他财产遭受损失的，负有相关职责的单位应当依法承担赔偿责任。所以，对前述两起交通事故，肇事驾驶人应负有主要责任，道路建设部门和交通管理部门也应负有一定的责任，交警大队没有及时报告隐患，也负有一定责任。

[例 3-5]　道路损毁引发事故的法律责任

某天中午，王某驾驶着一辆福田小卡车，沿道路由南向北快速行驶至装饰城附近，此时由北向南驶来一辆白色中型面包车。在会车过程中，由于福田小卡车驾驶人王某没有及时观察路面情况，仓促间发现车前方的道路上有一个隆起的大包，王某为了躲避这个隆起的大包，急忙将车打向白色中型面包车的方向。因情况突然，面包车驾驶人陈某躲避不及，两辆车撞在了一起。由于车速较快，福田小卡车前部左侧严重变形，风挡玻璃粉碎，王某头部和双腿受到撞击，伤势较重。白色中型面包车的右侧车轮则撞到了机非分道桩上，四轮朝上向右侧翻倒在地，面包车驾驶人受轻伤。交警迅速赶到现场，在附近群众和过往机动车驾驶人的协助下用铁棒撬开了车门，救出了受伤的王某，并及时将伤者送往医院治疗，所幸并没有人员死亡。

分析：

在《道路交通安全法》颁布前，许多类似的案件无法确定事故的责任人，使赔偿问题无法实现。《道路交通安全法》第三十条的规定，为划分事故责任、维护道路通行人的利益提供了法律依据。

本案中，王某在会车过程中车速过快，没有及时观察路面的情况，是这起事故的原因之一；道路、交通设施的养护部门或管理部门没有对道路上隆起的大包及时设置警示标志，没有及时修复，是造成事故的主要原因。根据《道路交通安全法》的规定，道路出现毁损，未及时设置警示标志、未采取防范措施致使通行人员、车辆遭受损失的，相关责任单位应当依法承担赔偿责任。负责该道路的养护部门或者管理部门应当对这起事故负主要责任，并承担相应的赔偿。

[例 3-6]　不得私自占用交通道路

某日凌晨 1 点多，王某和他的朋友酒后同乘一辆摩托车回家。路经餐饮一条街时，将摆在马路中间烤羊肉串的炉子撞翻，烤肉串的炉子飞到了一边，肉串散落一地，飞散的炉火险些引起火灾，王某的车子驶出几米后滑倒在地。公安机关交通管理部门的民警经过勘验，作出事故责任认定：在马路上烤制羊肉串，影响了道路的安全畅通，是造成这次事故的主要原因，应负主要责任；王某酒后驾车，违反不许酒后驾车的规定，负次要责任。

分析：

许多经商者盲目追求经济利益，不惜冒生命危险将摊床摆在马路上，造成交通不便，成为事故的隐患。在本案中，餐饮一条街虽然给人们的生活带来了便利，但也带来了交通安全隐患。大排档的伙计在马路上烤制羊肉串，影响了道路的安全畅通，违反了《道路交通安全法》第三十一条的规定，占用道路从事非交通活动，是造成这次事故的主要原因，应负主要责任；王某酒后驾车，负次要责任。

[例 3-7]　施工作业应设置警示标志

某日下午 2 时左右，某公司驾驶人李某驾驶着一辆富康牌轿车从江汉市前往中州市。燥热的天气令人心情格外烦躁，当车辆行驶到汉州高速公路193公里处时，李某猛然发现前方有一辆东风牌汽车正在行车道上卸水泥，一时间，小轿车避让不及，“轰”的一声撞上了该作业车辆，结果造成小轿车上乘客二死、二伤、轿车完全毁损的重大交通事故。

分析：

本案主要涉及高速公路上施工单位未设置明显的安全警示标志，导致重大交通事故的责任划分问题。根据《道路交通安全法》第三十二条的规定，施工单位在道路上施工作业至少应当履行两个义务：首先应征得道路主管机关的同意，在影响交通安全的情况下，还需要公安机关交通管理部门的同意；其次，施工作业单位应当在施工路段的来车方向设置明显的警示标志。

在本案中，施工车辆在行车道上卸货，严重占道，并且没有设置明显标志，结果导致二死、二伤的恶性交通事故发生，其行为严重违法，存在重大过错。虽然施工车辆属于特殊车辆，但依照法律规定，施工作业过程中同样需要在安全距离内设置明显的安全警示标志，并采取防护措施。另外，在高速公路上进行养护、维修等作业时，应当按照交通部有关高速公路养护工程作业交通控制的规定，实行作业交通安全控制，作业车辆、机械应当喷涂统一的标准颜色，行驶和作业时均应开启警示灯。而对于高速公路管理部门来说，既然享有收费权，就应该履行保障该收费路段的安全、畅通管理的义务。

根据《道路交通安全法》第一百零五条的规定，道路施工作业或者道路出现损毁，未及时设置警示标志、未采取防范措施，或者应当设置交通信号灯、交通标志、交通标线而没有设置或者应当变更交通信号灯、交通标志、交通标线而没有及时变更，致使通行的人员、车辆遭受损失的，负有相关职责的单位应当依法承担赔偿责任。本案中的高速公路管理部门没有履行督促检查责任。所以高速公路管理部门与施工作业单位应当承担赔偿责任。

[例3-8]　禁止车辆乱停乱放

某天傍晚，李某骑车回家行至必经的商业街区。该商业街区道路两旁一向都停满了各种货运机动车辆，这些货运机动车在等待给人拉货赚钱。本来李某是骑车靠右侧行驶的，但由于有车辆停在了路旁，李某只好骑车至路中间，准备绕过车辆。就在这时，一辆小型汽车迎面开了过来，因其速度很快，李某躲避不及，被汽车撞倒在地上。

分析：

根据《道路交通安全法》第三十三条及第二十九条第二款的规定，对这起事故可以得出以下几方面结论：

(1)本案中，作为交通管理部门没有及时履行其应尽的义务，即当发现商业街区停车场、道路配套设施存在交通严重隐患时，应及时向当地人民政府报告，并提出防范事故、消除隐患的建议。因此，公安机关交通管理部门应承担相应的法律责任。

(2)不按规定乱停放车辆的车主应承担一定的事故责任。依据《道路交通安全法》第三十一条的规定：未经许可，任何单位和个人不得占用道路从事非交通活动。把车辆乱停放的做法显然违反了《道路交通安全法》的规定。这种行为，使得李某在行驶时，无法在非机动车道行驶，不得不拐到机动车道上，以致被过往的机动车撞倒，因此，乱停乱放机动车的车主应该承担相应的责任。

(3)肇事驾驶人对事故的发生也有一定责任。在本案中，肇事驾驶人在道路狭窄、拥挤的情况下依然超速行驶，因此在这起交通事故中也应该承担一定的责任。

(4)骑车人李某虽然是被迫骑到了路中央,也应承担一定的责任。

[例3-9] 学校门口应施划人行横道线

某全省重点实验小学,学校门前是某立交桥的下道口,沿街东边不足100米远就是另一立交桥的上道口。由于两桥相距较近,中间既没有斑马线也没有红绿灯,学校门前也没有设立减速慢行标志,因此往来车辆行驶的速度较快,而这100米的路面也是该小学学生回家的必经之路。

4月2日晚5时左右,像往常一样,小学生们照例三三两两地结伴回家。可就在此时,校门前突然有一辆由北向南行驶的红色拉达车飞速驶过,顷刻间将放学回家的6名小学生撞倒,其中一名女学生被撞飞至迎面驶来的另一辆汽车风挡玻璃上,场面惨不忍睹;另有一名学生被撞趴在红色拉达车的风挡玻璃上。遇害的小学生都没有佩戴"小黄帽"。驾驶人和路人虽然及时将学生送往医院,但仍造成了1死5伤的重大交通事故。

分析:

《道路交通安全法》第三十四条第一款规定:学校、幼儿园、医院、养老院门前的道路没有行人过街设施的,应当施划人行横道线,设置提示标志。在本案中,因为红色拉达轿车的驾驶人在通过路口的时候没有避让行人,超速驾驶,所以应当对事故负全部责任。

实验小学的门前没有行人过街设施,也没有人行横道,更没有减速的警示标牌;学校内部也疏于管理,没有让学生佩戴小黄帽。因此,在追究了肇事驾驶人的刑事责任之后,还应该依据《道路交通安全法》第一百零五条的规定,负有相关职责的单位应当依法承担赔偿责任。为了保证安全,不让悲剧重演,学校应该向全体学生和家长发出倡议,增强自我保护意识,带领学生和家长学习交通法律、法规,并督促小学生戴好小黄帽。而交通管理部门,应根据《道路交通安全法》第三十四条规定,立即在小学校门前施划人行横道线,认真履行自己的职责,建立一个高效、安全的通行环境。

[例3-10] 摩托车应右侧通行

3月的一天,徐某驾驶摩托车,搭载刚刚认识三天的女友吴某一起去兜风。当他们由西向东行驶至某商场路段时,与谢某驾驶的摩托车(搭载林某由东往西逆向行驶)发生碰撞,造成两车损坏及车上四人受伤的交通事故。经交通执法人员查明,事故原因是谢某驾车逆行,因此判定由其负事故的全部责任,并支付损害赔偿费14480元。

分析:

摩托车属于以动力装置驱动的,而且属于上道路行驶的供人员乘用或者用于运送物品的车辆。因此,驾驶摩托车必须遵守《道路交通安全法》第三十五条和其他有关机动车管理的交通法律、法规的规定。在本案中,谢某驾驶摩托车上道路行驶,本应遵守右侧通行的原则,却违章逆行,因此,应对发生的交通事故承担全部责任。

[例3-11] 机动车应按规定车道行驶

某天,某市高考状元张某收到了梦寐以求的北京大学录取通知书。接到录取通知书后,张某骑上自行车,奔向母亲的工作单位——港口货物集散中心,想把这个喜讯告诉她。行至港口货物集散中心南门时,货运驾驶人曹某正驾驶一辆沃尔沃大货车,由东向西行驶到集散中心的南门,因为要右转弯,所以他借用了其他车道。由于没有注意观察路面情况,大货车和同向正常行驶的张某的自行车相撞，造成张某当场死亡、自行车损坏。负责处理该起交通事故案的交警队通过对事故现场，以及对肇事车辆的分析和反复的调查核实，对此次事故作出责任认定，驾驶人曹某违反交通规则，没有观察路面情况，借用车道，与正常行驶的张某相撞，负事故的全部责任。鉴于张某死亡，本案已构成交通肇事罪。

分析：

机动车、非机动车和行人在道路上通行时都应当遵守《道路交通安全法》以及相应的交通法律、法规的规定。为了避免浪费、维护交通秩序、提高通行效率，对有限的资源进行合理的分配和利用，创造一个有序的通行环境，最大限度地避免事故的发生，机动车、非机动车和行人必须分道行驶、各行其道。如果需要借道通行的话，应当让该道内行驶的车辆和行人优先通行。

在本案中，曹某驾驶大货车由东向西行驶，在货物集散中心南门需要右转借道通行时，应让在非机动车道内正常行驶的张某优先通过。曹某没有注意观察路面情况，也没注意骑自行车正常行驶的张某，违反了《道路交通安全法》关于车辆、行人分道通行的规定，应该承担法律责任。

［例 3-12］ 专用车道优先

某日上午，周某驾驶一辆帕萨特轿车送儿子去火车站。由于路况不熟，不知在哪个路口向左拐去火车站，看见前边的一辆公交车是开往火车站的，他便跟着那辆公交车。在距离火车站 300 米的地方，公交车穿过十字路口，向左拐弯，他也跟着拐了过去。不料一个交警挥着小黄旗叫他把车停在路边，说他违章了，这个路口不能向左拐。原来这个拐弯口是专用的公交车道拐弯口，仅允许公交车拐弯，其他机动车需要到前边绕行。交警在对周某说明后，当场开具了罚单，罚款 30 元，让周某在几日内到银行缴款，并记了 3 分。

分析：

为了保障公交车的运行效率，许多大城市都划有公交专用车道，允许公交车就近拐弯，避免绕行。这是为了让公交车保持应有的运行速度，是我国交通法规中尊重公民权益的重要体现。周某由于路况不熟，没有注意到只允许公交车转弯的标志，违反了《道路交通安全法》第三十七条关于专用车道专用通行的规定，应当接受处罚。

［例 3-13］ 没有信号灯的路口怎样行车

李某购买一辆新摩托车，但未考取驾照，因此，车子上完牌照后一直放在家中。某日，李某的一个同学来看她，李某便驾驶着新买不久的摩托车带同学到郊外去兜风。当她由南往北行驶、经过一个没有信号灯的交叉路口时，发现刘某驾驶着摩托车从西边的路口过来。李某认为刘某会让她先行，因而没有避让。岂料刘某也没减速，结果发生两摩托车相撞的交通事故，双方均受伤住进了医院。交警大队认定结果为双方负同等责任。刘某不服，认为李某是非驾驶人驾驶机动车上路，违反了交通管理法规，应当负全部责任。于是，刘某到上一级公安机关交通管理部门申请重新认定。

公安机关交通管理部门在重新认定这起交通事故中发现，李某是非驾驶人驾车上路，是事故发生的原因。而刘某驾驶摩托车经过交叉路口时，没有根据交通管理法规中“同类车通过没有交通信号的交叉路口时，必须让主路的机动车先行”的规定，也是事故发生的原因。因此，双方在这起事故中负有同等责任。

分析：

在本案中，李某无证驾车违反了《道路交通安全法》第十九条关于驾驶机动车应当依法取得机动车驾驶证的规定。公安机关交通管理部门认为，李某没有驾驶摩托车的资格，不应驾车上路行驶。但是这起事故的发生还不完全是由于李某的无证驾驶所致。根据《道路交通安全法》第三十八条的规定，刘某在没有交通信号的交叉路口，没有给正常行车的李某按规定让行。李某属非驾驶人驾驶机动车上路是一种违章行为。同样，刘某没按规定让行也是违章行为。权衡双方的违章在事故中所起的作用，根据事实和法规规定，公安机关交通管理部门认为双方在这起事故中负有同等责任。

［例 3-14］ 交通管制要公告

第二届国际马拉松比赛，2003 年 11 月 8 日至 11 月 14 日在北京市市区、北京经济开发区、门头沟区举行。在此期间将对比赛路段分时、分段采取临时交通管制，北京交通管理局通过电视、报纸正式进行了公告。公告如下：

11 月 10 日，门头沟区路段潭柘寺门前沿 108 国道向北至葡萄嘴环岛，由葡萄嘴环岛向北经滨河路，双塔环岛至城子路口向东，经水闸、龙泉宾馆门前沿 109 国道至灵山小龙门，禁止顺、逆行的各种车辆运行。

分析：

为了保障道路的畅通，《道路交通安全法》第三十九条赋予公安机关交通管理部门在特定的情况下，可以采取限制交通的权利。采取的方式主要有三种形式：

1. 疏导

当道路局部地区因为事故或其他原因造成堵塞时公安机关交通管理部门可以对机动车、非机动车、行人采取疏导方式，减少局部的拥挤和堵塞。

2. 限制通行

当道路局部地区因为事故或集会、比赛需要借用某段道路时，公安机关交通管理部门可以限制通行。从时间上说，可以规定具体的限制时段。从限制主体上来看，分为机动车、非机动车、行人。除了重大集会需要清场禁止行人通行外，一般情况下，限制的主要是车辆。

3. 禁止通行

这是一种交通管理中的强制措施。比如某路段发生重大交通事故，造成路面隔离桩挪位，影响到正常的交通运行，交通管理部门有权禁止一切车辆，包括机动车和非机动车、行人的通行。当然，禁止通行也是有时间限制的，禁止通行的限制范围也不一定相同。比如本案中国际马拉松比赛禁止通行的是机动车，对行人并没有限制。

公安机关交通管理部门采取限制通行的措施，是临时的阶段性的。它与常规的道路交通管理比较起来，需要特定的前提，即需"根据道路和交通流量的具体情况"，采用的是一种局部性的权宜措施。如遇有大型群众活动、大范围施工等情况，需要采取限制交通的措施时，需要提前公开。本案例即是一则公告。对于公告，要求准确写明时间、地段、限制通行的范围。限制交通通行的措施是一种强制性的措施，法律对于作出这种限制权的主体有严格的限制，只能由公安机关交通管理部门担任，除此以外，任何个人和组织都无权采用这种措施。

［例 3-15］ 高速公路大雾天要关闭

某日，卢某携家人到北京游玩。当驾车开到高速路口附近时，发现前面排了很多车，许多驾驶人下了车,向前观望。卢某忙上前打听,原来是因为大雾,京津塘高速公路从昨夜 11 时就关闭了,具体什么时候开通尚不知道。有经验的驾驶人说,今日天气不错,有太阳,再有 1 小时雾一散,肯定能开通。卢某算了算,绕道走普通公路,路面不好走,于是,耐心地等待高速公路开通。

分析:

《道路交通安全法》第四十条规定了在特殊情形下,公安机关交通管理部门可以实行交通管制。这是考虑到道路通行与周围环境和自然条件有着密切的关系。从地理环境看,地震、泥石流、洪水都有可能造成路面发生塌方、冲毁、堵塞、改道等变化;从气象条件看,大雾、冰雪、大雨都可能造成路滑、能见度低等影响正常道路运行的情况;从交通事故发生的状况看,一些重大恶性事故会造成车毁人亡、大批车追尾等危险局面。当出现以上情况严重影响交通安全且采取其他措施难以保证交通安全时,法律赋予公安机关交通管理部门可以采取交通管制的权力。这种交通管制是有条件的,而且是有时间限制的,当严重影响交通安全的情况消失后,交通管制应立即停止。

交通管制的方式有多种形式:可以采取限制车速、调换车道、暂时中断通行等方式。采取交通管制时,必须以交通标志显示或者公告发布。确实需要关闭高速公路时,公安机关交通管理部门和高速公路管理机构应共同发布公告实施,并告知各交通咨询台。本案中,京津塘高速公路的关闭就是根据《道路交通安全法》第四十条规定作出的。

[例 3-16] 高速公路严禁超速行驶

宫某是私企老板,10 月的一天,宫某与生意伙伴刘某等一行四人乘坐一辆丰田越野车从市郊返回市区。一路上宫某不停地督促驾驶人加快速度,行至某大队一中队管区时,因车速超过该段高速公路的限定速度,被值勤的交通民警拦下,及时纠正其违章行为,并提出口头警告。但宫某的驾驶人对此并未放在心上,继续一路急驰,当车行至该大队二中队管区时,悲剧发生了。由于宫某乘坐的越野车过快以致车辆失控,一头撞破高速公路边上的护栏,冲到对向车道,与两辆对向行驶的车辆发生碰撞,导致丰田越野车翻车,驾驶人受重伤,其他人员受轻微皮外伤。据交警部门认定,此次交通事故是由于宫某的车速过快,远远超出了高速公路的限制速度所致。

分析:

对高速公路上行驶的车辆,公安部曾发布《高速公路交通管理办法》予以规范。第十一条规定:"机动车在高速路上正常行驶时,最低时速不得低于五十公里。最高时速,小型客车不得高于一百一十公里;大型客车、货运汽车和摩托车不得高于九十公里。但遇有限速交通标志或者限速路面标记所示时速与上述规定不一致时,应当遵守标志或者标记的规定。"《道路交通安全法》对速度限制有了新的规定,第四十二条第一款及第六十七条对机动车行驶速度、高速公路通行限制作出了明确规定,所以应按新的规定比照执行。

公路上发生的交通事故大部分是由于超速行驶导致的。本案中,宫某督促驾驶人快开,驾驶人不顾违章超速行驶,应对事故负完全责任。

[例 3-17] 雨天应降低行驶速度

2002 年 6 月某晚,天空中倾泻着滂沱大雨,赵某驾驶着丰田吉普车,约女朋友刘某一起去听歌剧。于凌晨 1 点钟左右送刘某回家,将车驶入市经济技术开发区。虽然雨大,但赵某见路上没人,便将车开得飞快。经济技术开发区的院内有一个水泥砌成的警台,警台的外侧涂有反光的颜色。当赵某视线中出现警台的时候,已经只有几米之遥,根本来不及采取措施了。只听一声巨响,赵某驾驶的丰田吉普车撞到了路口中间的警台上。事故发生时,赵某有安全气囊的保护,没有受伤,同车的刘某两腿及五根肋骨骨折,脑震荡,牙齿脱落四颗,直到第二天晚上,刘某才从昏迷中苏醒过来。

事故发生后,交警队询问过情况后,拒绝受理这起事故。由于车祸的原因,刘某丧失了劳动能力,事故发生前自己经营的生意兴隆的美容美发店也只好关门,这使她陷入了困境。在事故发生后赵某只支付了六千元医疗费,就再也没来看过刘某。是不是有关部门不对事故责任进行认定,就没有人应该对刘某所受的伤害承担责任了呢?

分析:

《道路交通安全法》第四十二条第二款规定:夜间行驶或者在容易发生危险的路段行驶,以及遇有沙尘、冰雹、雨、雪、雾、结冰等气象条件时,应当降低行驶速度。赵某作为一名驾驶人,在雨天路滑的情况下高速驾驶,并撞上了涂有警示涂料的警台,自然对事故负有推卸不掉的责任。

本案发生在《道路交通安全法》颁布以前,交警部门认为道路交通法规是以在公路、交通的通道上发生的事故为调整对象,如果在小区内、庭院内或者是在乡间的道路上发生的事故,就不构成用道路交通法规来约束和调整的对象。市经济技术开发区内的道路和居住小区内的道路一样,都是属于内部独立管理的,不属于交警部门的管辖范围,所以交警部门拒绝出警。

而根据《道路交通安全法》第一百一十九条第一项的规定,所谓"道路",是指公路、城市道路和虽在单位管辖范围但允许社会机动车通行的地方,包括广场、公共停车场等用于公众通行的场所。交警部门有权力处理这起事故。赵某在雨中超速驾车,违反了《道路交通安全法》的规定,应对这起事故负责任。

是不是没有公安机关交通管理部门的责任认定,刘某的损失就无法获得救济呢?按照我国《民法通则》的规定,刘某的伤是由于赵某的行为直接导致的,所以无论赵某在这起事故中有无过错,他都应该对刘某因车祸所造成的全部损失承担赔偿责任。赵某首先应该支付的就是刘某的治疗费用,另外,刘某经法医鉴定如果受的是重伤害,赵某就要承担一定的刑事责任。根据《刑法》的规定:由于自身行为对他人构成伤害达到重伤以上的,视情节严重程度应承担一定的刑事责任。

[例 3-18] 与对面来车有会车可能的,不得超车

某晚 7 时左右,公交公司职工陆某驾驶本单位的奔驰轿车前往省城,车上还有其妻子及儿子。行至国道某路段时,前面一辆货车正打转向灯超越一辆摩托车,在货车后面跟随已久的陆某,早已忍受不了货车的速度,也加大油门赶超正在超车的大货车。正当三车并行之际,前方对向疾驶来一辆桑塔纳轿车,陆某见无路可退,只得硬着头皮强行超越大货车。因桑塔纳轿车的车速太快,陆某驾驶的奔驰车左后侧仍刮蹭到桑塔纳左前车身,造成桑塔纳车的驾驶人重伤。大货车的驾驶人见陆某强行超车立即急刹车,在大货车的车头与奔驰车相撞时刚好刹住,大货车未造成严重受损。

事故发生后,公安机关交通管理部门迅速赶赴现场进行勘验,经调查各当事人及综合分析,认定陆某负全部责任。大货车驾驶人、桑塔纳驾驶人不负责任,对陆某作出处罚决定。

分析:

根据《道路交通安全法》第四十三条规定,同车道行驶的机动车,后车应当与前车保持足以采取紧急制动措施的安全距离。与对面来车有会车可能的,不得超车。陆某已知大货车正在

超车，又看见对面来的桑塔纳，有可能会车，是绝对不应超车的。但他一意孤行，造成了事故，应负全部责任。

［例3-19］ 车辆在交叉口处不应超车

一天，王某驾驶载有四名乘客的桑塔纳轿车疾速由东向西行驶，并准备在交叉口处左转。此时，颜某驾驶一辆满载货物的大货车紧随其后。由于大货车与前车的距离太近，在临近交叉路口处，颜某没有理会超车是否有条件，便强行超车。此时的王某正开始转弯，只听一声巨大的撞击声后，大货车压在了桑塔纳轿车的身上，桑塔纳轿车被压扁，严重变形，鲜血、车窗玻璃碴儿抛洒了一地。从现场看，小车恰巧从大货车右侧前后车轮之间钻入货车车底，被推行了20余米远才停下，两车在碰撞前均没有采取刹车措施。小轿车驾驶人王某当场死亡，三名重伤男子和一名年仅4岁的女童因抢救无效死亡。肇事驾驶人颜某因交通肇事罪被依法刑事拘留。

分析：

《道路交通安全法》第四十三条规定：车辆行经铁路道口、交叉路口、窄桥、弯道、陡坡、隧道、人行横道、市区交通流量大的路段等没有超车条件的，不得超车。本案中，在临近交叉路口，颜某在没有超车条件的情况下，强行超车，造成重大交通事故。颜某违章驾车，是造成这次事故的主要原因，应当对事故负全部责任。

根据《最高人民法院关于审理交通肇事刑事案件具体应用法律若干问题的解释》第四条的规定，交通肇事造成死亡二人以上或者重伤五人以上，负事故全部或者主要责任的，属于“有其他特别恶劣情节”，处三年以上七年以下有期徒刑。颜某的行为属于“有其他特别恶劣情节”，已经触犯了刑法，应对死亡的五人负全部责任，因此，他将被判处三年以上七年以下有期徒刑。

［例3-20］ 车辆通过交叉路口时应服从指挥减速慢行

一天中午，晓玲和奶奶买菜回家，行至小区附近的一个十字路口，当两人按照信号灯的指示通过人行横道时，一辆红色夏利车从远处由东向西疾驶而来。驾驶人发现了情况，急忙刹车，但还是把晓玲撞倒了，车辆刹车过猛失去控制，路面上的刹车痕迹有近100米长。由于抢救及时，晓玲的头部缝合了20多针后，基本脱离了危险。经查明，夏利车的驾驶人员没有按照交通信号灯的指示通行，而且在交叉路口处超速行驶是造成事故的主要原因，需担负晓玲的全部医疗及营养费。

分析：

《道路交通安全法》第四十四条规定：机动车通过交叉路口时应当根据给出的交通信息通行。在本案中，事故发生的时候，晓玲和奶奶正按信号灯的指示通过人行横道，符合《道路交通安全法》第六十二条的规定，即行人通过路口或者横过道路时，应当走人行横道或过街设施，按照交通信号灯的指示通行，所以没有任何过失。肇事车辆没有按照交通信号的指示通行，违反《道路交通安全法》第四十四条关于机动车通过路口的规定，因此夏利车应负全部责任。

［例3-21］ 车辆通过铁路道口时应减速

某年9月，王某乘单位的轿车去参加上级单位在市郊召开的年会。经过一个铁路道口时，遇有火车要通过，当时铁路道口实施了警示措施，但驾驶人却不顾道口监护员的拦截，盲目抢越。火车驾驶人采取了鸣笛和紧急刹车措施,但由于距离太近,火车车头的排障器仍刮到轿车,轿车副驾驶一侧的车身与火车相撞。坐在副驾驶位置上的王某当场昏迷不醒,最终因为抢救无效死亡。公安交通警察赶到后,通过现场的勘验,对道路交通事故责任作出认定,由于驾驶人驾驶不慎,盲目抢越造成事故,应负全部责任;死者是在为单位去开会的途中,因驾驶人过错被夺去生命的,故单位有不可推卸的责任。出事后,王某所在工作单位积极妥善处理了死者的后事,并考虑按照有关规定对家属进行补偿。

分析:

本案中,机动车驾驶人违反了《道路交通安全法》第四十六条的规定:机动车通过铁道路口时,应当按照交通信号或者管理人员的指挥通行;没有交通信号或者管理人员的,应当减速或停车,在确认安全后通过。由于机动车通过铁路道口时,未按照交通信号和管理人员的指挥通行,造成了王某死亡,应由汽车驾驶人承担事故的全部责任。

[例 3-22] 车辆行经人行横道应减速行驶

2003 年某日下午 2 时,卢某徒步去学校图书馆查阅材料。必经路线上有个十字路口,过街天桥距离路口 20 米,卢某为少走几步路,在十字路口的人行横道上穿行。此时,公交 118 路驾驶人李某驾车行至此十字路口,车前部与横穿道路的行人卢某相撞,致卢某受伤。市交警经现场勘验和多方调查取证后认为:一切责任由行人卢某自行承担,因为卢某是违章横穿马路。在肇事地点前方约 20 米处就有人行天桥,而卢某不走天桥横穿马路,是造成事故的直接原因;李某驾驶的大客车车况良好,李某驾驶时没有违章行为,不负任何责任。根据有关法律规定,卢某应负全部责任。

分析:

本案中,当时,公安机关交通管理部门在处理交通事故时,依据《道路交通管理条例》,采用了"以责论处"的原则,即谁违章造成事故,谁承担事故责任和损害赔偿责任。卢某在有人行天桥的地方横穿马路,是造成本次事故的直接原因,应负事故的全部责任。

但是,根据 2004 年 5 月 1 日颁布的《道路交通安全法》第四十七条的规定,车辆在经过人行横道时,如果有行人在人行横道上通行,机动车驾驶人应当停车让行。《道路交通安全法》并没有以是否遵守交通信号灯为条件,也就是说只要有行人在人行横道上通行,经过该人行横道的车辆就应当停车让行。卢某经过的十字路口附近有过街天桥,也有人行横道,卢某可以选择走过街天桥或者走人行横道。而公交车辆在人行横道上没有停车给卢某让行,应当承担主要责任,卢某应承担一定责任。这体现了新交通安全法"以人为本"的原则。

[例 3-23] 机动车载物应符合规定

某晚 8 时左右,李某驾驶一辆小货车,载着七十多块星铁彩板在公路上行驶。突然,杨某推自行车从车前横过公路,李某紧急刹车并向左避让。在汽车往左急转弯时,车厢重心偏向右侧,导致车厢侧翻,车辆损坏。七十多块铁板由于捆扎不牢,在惯性作用下向右滑落,几块滑落的铁板重重地压在杨某的身上,致使杨某多个内脏器官受伤,受伤器官的功能严重衰弱。

经交警部门勘验取证,认定李某所装货物超载超高,捆扎不牢,是造成铁板滑落的主要原因,李某对事故负主要责任。杨某突然横穿机动车道存在过失,也应承担一定责任。

分析:

根据国家现行法律的规定,机动车载物不得超过行驶证上核定的载质量;装载须均衡平稳，捆扎牢固；运载容易散落、飞扬、流露的物品，须封盖严密；载质量在1000公斤以上的小型货运汽车载物，高度从地面起不准超过2.5米，宽度不准超出车厢，长度前端不准超出车身，后端不准超出车厢1米等。

本案中，李某驾驶的小型货车满载着的星铁彩板不属于不可解体物品，所以不能超过载质量的限制。由于严重超载超高，以致汽车往左急转弯时，车厢重心偏向右侧，导致车厢侧翻在公路边。李某在装载货物时没有捆扎牢固，导致杨某重伤，李某的行为严重违反了《道路交通安全法》第四十八条关于机动车载物的规定，应对杨某造成的损害承担赔偿责任。杨某横过公路，应四下观望，在确定没车的情况下再通过。因此，杨某也存在过失，应承担一定责任。

［例3-24］ 运送危险品必须经公安机关批准

某年6月，某化工公司与某化工厂签订购销合同，向该厂购买甲苯30吨作为生产原料，并由该厂负责托运。7月初，化工厂与某托运公司签订运输合同，要求托运公司将甲苯由平湖运往九州，托运公司指定该公司从事运输业务的76号车承运，该车的车主卢某为个体户。

托运公司收到化工厂汇来的运杂费后，于7月15日上午10时许，由76号车运送甲苯液化气上路。在运输过程中，卢某没有注意液体渗漏，随手扔的烟头将液化气引燃，导致爆炸。车、货全损，化工公司在这次事故中的直接经济损失达七万余元。事故发生后，化工公司经多次索赔没有结果，于是向法院提起诉讼，要求托运公司、化工厂及卢某赔偿全部经济损失。

经人民法院审理后认定，甲苯是国家规定的一级易燃易爆危险物品。托运公司、化工厂和卢某运送危险物品未按法定程序向监督机关申报，未依法取得批准单，擅自装车起运违反了国家的有关法律、法规的规定，其运输合同无效。按照被告各自的过错和责任，依法判决托运公司、化工厂和卢某分别赔偿化工公司货物损失45000元、15000元和8000元。

分析：

本案是一起运货赔偿纠纷案件，主要涉及危险物品的运输管理程序、适用车辆及承运人的安全防范义务等问题。本案各被告在运输危险品过程中，不同程度地存在违法、违规之处，对于原告化工公司的损失，都负有一定的责任。

化工厂和托运公司违反了《道路交通安全法》第四十八条第三款关于机动车运载危险物品的规定，明知甲苯是国家规定的一级易燃易爆危险物品，却没有按法定程序向公安机关申报，未经公安机关的批准，未依法取得批准单而擅自装车起运，违反了国家的有关法律、法规和规章的规定，有不可推卸的责任。按照国务院颁发的《化学危险品安全管理条例》第十五条，《交通部关于危险品货物运输规则》第三条、第四条及其他相关法律、法规的规定，化工厂在托运危险品时，没有提供危险品的有关证明，且对自己生产、销售的甲苯未按法定标准包装，引起甲苯渗漏，其行为显然违法，应承担一定责任。

卢某以根本不具备承运条件、不符合承运要求的车辆承运危险物品，明知满载易燃易爆物品，竟随手乱扔未熄灭的烟头。其行为已经违反运送危险物品必须遵守的有关规定，应对事故承担一定责任。

［例3-25］ 机动车载人的数量限制

王某是一名驾驶人，为了多赚钱，每次都超额多载几名旅客。某晚11时许，王某驾驶的大客车从某市返回，途经收费站附近时，遇到当地交警人员设卡查车。因超载，王某便叫8名旅客下车,让旅客自己搭自行车或搭摩托车过收费站后再上车。其中 2 名旅客违章同搭一辆摩托车,不料在追赶王某驾驶的大客车时被迎面驶来的一辆大货车撞倒,当场造成 1 人死亡、1 人重伤。事发后,其中一名姓黄死者的家属认为,虽然黄某不是乘坐王某的客车出的事故,但却是因为王某超载,黄某才不得不搭乘摩托车,因此王某应对黄某的死负有责任。

分析:

本案中,王某超载违反了《道路交通安全法》第四十九条关于机动车载人不得超过核定人数的规定。在夜色已深的情况下，王某应该预见黄某等下车寻找其他交通工具的不可能性，也就是说，王某没有对黄某等的人身安全尽到职责。尽管黄某等也存在违反交通法规的行为，但是这种违规行为源自王某的违规。所以，王某在这次事故中的责任是直接的，至少应承担事故的同等责任。黄某家属的要求是合理的，王某对黄某的死负有直接责任，应当给予赔偿。

[例 3-26]　货运车辆不能载客

春节前的一天,张某要进城送货。装车时将货物码得超过了车顶,并用绳子绑得结结实实。车子刚启动,村子里的几个年轻人就拥上来,要张某捎着进城买年货。张某考虑车子载货过多,恐怕安全不能保证,但碍于颜面,只得让他们上了车。由于冬天路滑,车开出没多远,就在一个转弯处翻了,造成 1 人死亡、3 人重伤、2 人轻伤的惨剧。

经交警部门勘验,事故责任认定结果为:张某负主要责任,乘车人负次要责任。经法院审理,张某因交通肇事罪被判处有期徒刑三年,并承担民事赔偿十万元。

分析:

本案中,张某违反了《道路交通安全法》第五十条有关严禁超载的规定。张某碍于情面允许搭乘,人货混载严重违反了法律的规定。我国法律规定:货运机动车不准人货混载。张某显然意识到人货混载存在着隐患,碍于情面最终允许搭乘,这种行为是十分冒险的。乘车人的责任在于他们明知张某驾驶的是货车,还执意要上车。因此,在本案中,张某应负主要责任,乘车人应负次要责任。

[例 3-27]　发生故障停车应如何处理

某日,邓某驾驶的大货车在高速公路上行驶时发生故障,便停车查看。此时,运货驾驶人薛某正驾驶大货车快速行驶,没料到前方邓某的车出事故,当发现停在高速公路上的车辆时,急忙采取制动措施,但仍造成两车追尾相撞,致使两人受伤。邓某伤势较重,住院用去治疗费五万余元。经法医鉴定,认定邓某属于五级伤残,丧失大部分劳动能力。公安机关交通管理部门认定:薛某超速行驶,是造成本事故的次要原因,负次要责任;邓某车出故障,未将车辆完全停放在紧急停车带内,而且没有设置相应的危险标志,也没有开启危险警示灯,是造成本事故的主要原因,负事故主要责任。

分析:

本案中,事故的主要原因是,邓某违反《道路交通安全法》第五十二条的规定,机动车在道路上发生故障,未立即开启危险报警灯,并未将机动车移至不妨碍交通的地方停放。而薛某超速行驶,是造成本事故的次要原因,负事故的次要责任。邓某、薛某驾车运货均是职务行为,依照《民法通则》的有关规定,该责任转由机动车车主承担,赔偿范围和标准按照法律、法规的规定执行。

［例 3-28］ 救护车执行任务时的优先路权

10 月的一天，严某的母亲任某哮喘病发作，于是，严某给市第二人民医院打了急救电话，医院很快派驾驶人苏某驾驶救护车赶来。此时，任某已处于深度昏迷状态，呼吸困难，其亲属已将自备的氧气袋给任某戴上。院方经简单抢救后，因担架抬出可能导致其即刻死亡，故将任某坐的椅子一并抬入救护车内，运回医院抢救。当救护车行至一十字路口时，一辆急速行驶的红色夏利出租车突然出现，救护车驾驶人匆忙采取紧急刹车，但仍与这辆出租车相撞，严某与其母任某均摔倒在救护车内的地板上。严某受伤，其母任某经抢救无效死亡。

市交警支队事故科认定出租车方对这起交通事故负全部责任。严某等向医院及出租车驾驶人提出索赔，均遭到拒绝。严某便以原告身份将二者推上被告席，要求第二人民医院赔偿其各种损失 10 万余元。

人民法院经审理认为，出租车方与正在急救过程中的救护车抢道行驶而发生交通事故，应负全部责任。任某的死亡是在其发病期间，因外力作用而导致病情加重造成的。因此，出租车方应承担 60%责任；第二人民医院的救护人员在救护过程中未能履行好护理义务，致使任某在车辆肇事时从座位上滑倒在救护车内地板上，吸氧管脱落，导致任某病情加重而死亡，需承担 20%责任；任某死亡系其在患病期间发生，自负 20%责任。

分析：

本案中，出租车遇到正在急救过程中的救护车非但没有按照《道路交通安全法》第五十三条第一款的规定让行，反而与救护车抢道造成交通事故，间接造成任某的死亡。所以，出租车主应承担交通事故的全部责任。对于严某主张的人身损害赔偿，一审法院作出出租车方应承担 60%责任；市第二人民医院的救护人员在救护过程中未能履行好护理义务，应承担 20%责任；任某死亡系其患病期间发生，自负 20%责任的判决是正确的。但是在赔偿的数额上应当要求严某提供证据，依照实际损失进行赔偿。

［例 3-29］ 骑车应右侧行驶

李女士骑着自行车载着孩子，从住宅小区出来后，沿公路左侧行驶，到路边的商店买东西。此时，张某驾驶一辆江铃牌双排座小汽车在道路上正常行驶中，看到迎面而来的李某，忙向一旁打方向，但为时已晚，张某的汽车将李某母子剐倒在地。张某立刻叫了一辆出租车，将她们送往医院，经检查，小孩的左腿骨折。公安机关交通管理部门责任认定的结果为：骑自行车者违反规定骑车载人，而且逆向行驶，应负事故的主要责任。张某在事故中没有过错，但根据法律有关规定，仍需承担一定的赔偿责任。

分析：

在本案中，李某骑自行车在道路上逆向行驶，违反了《道路交通安全法》第五十七条关于非机动车右侧通行的规定。根据《道路交通安全法》的规定，机动车与非机动车驾驶人、行人之间发生交通事故，由机动车一方承担责任。但是，如果非机动车驾驶人、行人违反道路交通安全法律、法规，机动车驾驶人已经采取必要处置措施的，减轻机动车一方的责任。如果交通事故的损失是由非机动车驾驶人、行人故意造成的，机动车一方则不承担责任。因此，尽管张某没有违章行为，仍然应对受害者承担一定的赔偿责任。

[例 3-30]　行人横过道路时应当遵守交通信号

胡某,农民,38 岁。4 月的一天,胡某出门,途经一个十字路口时,正遇上红灯。胡某没有理会,继续加快脚步疾行欲穿越马路。此时,由南向北正常行驶的一辆吉普车正行至路口,驾驶人王某见有人横穿马路,急踩刹车制动,但为时已晚,车前保险杠将胡某剐倒。由于紧随吉普车后面的一辆丰田轿车刹车不及时,车身与吉普车相撞,造成该车风挡玻璃破裂,车身严重受损,花去修理费近 1 万元。胡某倒地后脾脏破裂,大腿骨折,并造成失血休克,被路人送往附近医院抢救,花去医疗费用 2 万余元。

事故发生后,公安机关交通管理部门经过勘验现场,认为胡某横穿马路是本次事故的直接原因。经检测,王某驾驶的吉普车制动系统正常,车况良好,驾驶人没有其他违章行为;丰田轿车的车况同样良好,制动正常。据此,市交警支队对该起事故作出裁决,内容包括:胡某负本次事故的全部责任;对胡某处以罚款;责令胡某承担丰田轿车的损失费 1 万元;责令王某赔偿胡某 2000 元。

分析:

在本案中,行人胡某通过十字路口时闯红灯,违反了《道路交通安全法》第六十二条关于行人通过路口及横过道路的规定。在《道路交通安全法》实施之前,一些行人与机动车道路交通事故处理办法规定,行人横穿道路不走人行横道,与机动车发生交通事故,如果机动车无违章情形,则行人负全部责任。这一"撞了白撞"的说法引起社会的普遍关注和争论。在《道路交通安全法》立法过程中,本着以人为本的原则,没有采纳这一原则。对于机动车与非机动车驾驶人、行人之间发生交通事故的,法律规定由机动车一方承担责任。有证据证明行人违反道路交通安全法律、法规,机动车驾驶人已采取必要处置措施的,减轻机动车一方的责任。而且,如果交通事故的损失是由行人故意造成的,则事故中机动车一方不承担责任。

本案中,胡某在红灯信号时横穿马路,是造成本次事故的直接原因,应负全部责任。尽管王某在事故中没有过错,根据《道路交通安全法》第七十六条的规定,仍然承担一定责任。在事故发生时,王某已经采取必要的处置措施,所以,王某应负无过失责任,承担 10% 的赔偿费。

[例 3-31]　在道路上私自设卡的法律责任

5 月的一天下午,村民杜某、王某、叶某等人忙完农活,蹲坐在某国道旁休息。一辆由南向北行驶的超长货车,满载着货物从他们身边驶过,还没等他们反应过来,大货车车厢内一根超出车身的钢筋将叶某剐倒,货车没有停车便疾驰而去。杜某等人急忙将叶某送往县医院进行抢救。经检查,叶某胸膜被刺穿,并因医治无效而死亡。

事故发生后,交警立即展开调查,并设卡堵截逃逸的大货车和肇事驾驶人。但还是没有将肇事驾驶人及时缉拿归案。叶某之子及杜某见交警部门没有抓到肇事驾驶人,便自发组织同村人以索要医疗费为名,强行在该国道事发地段私自设卡,向过往车辆收取每车 10 元的医疗费,造成该国道大面积堵车。公安机关交通管理部门经劝阻无效后,依法强行将叶某之子及杜某等人带离现场,并分别给予拘留十五天的处罚。

11 月中旬,大货车驾驶人邓某被公安机关交通管理部门抓获。公安机关交通管理部门查明,肇事原因是大货车装载的钢筋严重外露,最长的一端超越大货车车体 50 厘米,车厢两侧没有设置护栏,因此在行车过程中将叶某剐倒受伤。公安机关交通管理部门吊销了邓某的驾驶证。邓某被判处有期徒刑一年,并赔偿叶某家属 3 万元,邓某所属的公司负连带赔偿责任。

分析：

在本案中，叶某的儿子以收取医疗费为借口，煽动、组织村民私自设卡无理拦截车辆，其行为已严重违反了《道路交通安全法》第六十三条的有关规定。因此，公安机关对其处以拘留十五日的处罚。邓某驾驶的大货车装载的钢筋外露，又未安装护栏，根据《道路交通安全法》第四十八条的规定，应对事故负全责。邓某肇事后逃逸，根据《道路交通安全法》第一百零一条的规定，违反道路交通安全法律、法规，发生重大交通事故，构成犯罪的，依法追究刑事责任，并由公安机关交通管理部门吊销机动车驾驶证，且终生不得重新取得机动车驾驶证。据此，公安机关交通管理部门吊销邓某的机动车驾驶证。邓某被判处有期徒刑一年，并赔偿叶某家属3万元。

[例 3-32]　监护人对特殊群体上道路的管理责任

某年9月的一天，在某道路上，一名穿着黄裤子、花格褂子的女子毫无顾忌地坐在路中央吃着烧饼，过往车辆的驾驶人都非常紧张，生怕撞到她。一会儿，她爬起来，在道路上扭起了秧歌，驾驶人怎么鸣笛，她也不管，仍是连唱带蹦，造成车辆严重拥堵。交通警察闻讯赶来，把这名女子带到了交警大队，发现此人是精神疾病患者。直到晚上，她的母亲才找到了交警大队。交警大队要求她家人加强管理，今后不能让她自己到马路上乱跑，再出类似的情况，监护人应对堵塞交通的情况负责任。

分析：

监护制度是民法对未成年人和精神病人、智障者的人身、财产和其他合法权益依法实行监督和保护的一项制度。监护是一种义务性的行为。本案的处理是依据《道路交通安全法》第六十四条关于精神病患者在道路上通行的规定。学龄前儿童、不能控制自己行为的精神疾病患者、智力障碍者在道路通行时，应当由其监护人、监护人委托的人或者对其负有管理、保护职责的人带领。

[例 3-33]　行人违章通过铁路道口的法律责任

某铁路道口，是某市常山路和火车道平面交叉的路口，这个道口平均5分钟过一辆火车。一天，一列火车将要通过道口时，一位老人趁道口的护栏尚未合上就匆匆地跑了过去，道口值班人员怎么拦阻他也不肯回头。同时，另一个十几岁的中学生也开始翻越已经合上的铁路护栏，准备铤而走险。当火车紧急制动的声音响过之后，中学生卧倒在铁道路口上，那名老人则被火车带动的风力卷进铁轨轧死。双方的家人闻讯赶来，要求铁路管理部门赔偿损失。

分析：

为了维护交通秩序以及过往行人及车辆的安全，在重要的道口，国家均实施交通管制，限制过往行人及车辆的任意通过。在本案中，那位老者在铁路道口的护栏还没有合上时抢行；值班人员拦阻，他却置之不理，其行为未遵守法律的规定，应对自己的死亡负责。中学生翻越已经合上的铁路护栏，其行为是违法的。

根据本案的情节，老者和少年的死亡，是由于他们违反《道路交通安全法》第六十五条及相关的铁路道口管理法规造成的。根据法律规定："因铁路行车事故及其他铁路运营事故造成人身伤亡的，铁路运输企业应当承担赔偿责任；如果人身伤亡是因不可抗力或者由于受害人自身的原因造成的，铁路运输企业不承当赔偿责任。"因此，本案中老者和少年的死亡只能自己承担责任。

[例 3-34] **乘车人不得影响驾驶人安全驾驶**

于某是公交车驾驶人,4月的一天,于某驾驶的公交车上来一名男乘客朱某。朱某上车后一直站在车门处。于某出于职责,请朱某往车厢里面移动,但朱某没有理会。随后于某又劝说了两次,朱某还是无动于衷。最后一次于某的态度有些不礼貌,朱某则冲到驾驶室附近对于某大声辱骂。于某转身与其对骂,车内的乘客见此场景,连忙要求于某专心驾车。此时公交车已经偏离了方向,于某急忙踩刹车,但慌乱中于某的脚踩到了油门上。公交车飞快地冲向一名骑车的妇女,被撞的妇女当场死亡。

公安机关交通管理部门经勘验后作出责任认定:由于于某在驾车过程中注意力不集中,对紧急情况采取的应对措施不利,应对事故负主要责任。但朱某上车后不服从司乘人员管理,并辱骂正在开车的驾驶人,影响了于某的情绪,应负次要责任。朱某被公安机关交通管理部门罚款二百元。于某驾车撞死了人,已构成交通肇事罪。

分析:

顺畅、高效的交通运输秩序,需要机动车驾驶人与乘车人共同维护。本案中,乘车人辱骂正在驾驶机动车驾驶人的行为,已经严重地违反了《道路交通安全法》第六十六条关于乘车人不得影响驾驶人安全驾驶的规定。根据《道路交通安全法》第一百零七条的规定,对道路交通违法行为人,公安机关交通管理部门可予以警告或者二百元以下罚款,交通警察可以当场作出行政处罚决定,并出具行政处罚决定书。

于某作为公交车驾驶人,应该时刻牢记自己的职责所在,不能有丝毫的马虎和大意,保障乘客的人身安全是于某不可推卸的责任。由于他的过错造成一名妇女死亡,已构成交通肇事罪。

[例 3-35] **高速公路限制通行车辆的规定**

某市最近新建造了一条高速公路,由于未实行封闭管理,行人和自行车辆随意上路的现象非常普遍。5月的一天,在高速公路的一侧,一位男青年不听执法人员的劝阻,飞快地骑着自行车,就在他得意忘形之际,他的身后疾驶而来一辆轿车。驾驶这辆轿车的驾驶人是该市第一建材公司经理沈某。当沈某发现不远处有一个人在高速公路上摇晃着骑自行车时,立即采取紧急刹车措施。但因车速太快,虽然躲过了骑自行车的人,轿车却撞在了护栏上,自己的肋骨也断了三根,当场昏了过去。

事故发生后,紧随其后的一辆东风大卡车为了躲避事故现场,采取紧急制动,车上的数千斤西瓜散落一地,附近的村民闻讯而至,纷纷跑上高速公路哄抢西瓜,场面一片混乱,高速公路因此中断交通近半个小时。

分析:

为了加强对高速公路的管理,较重要的高速公路应采取封闭式管理。在本案中,在高速公路上骑自行车的青年违反了《道路交通安全法》第六十七条及《高速公路交通管理办法》非机动车不得进入高速公路的规定。在高速公路上行驶的车辆,车速通常比较快,驾驶人对车辆的控制难度会增加。如果非机动车进入高速公路行驶,首先对自身的安全构成威胁;其次,非机动车的速度通常比较慢,大量涌入高速公路后影响机动车的通行速度,这与修建高速公路的初衷相悖。因此,在本案中,该青年在高速公路上骑自行车是造成这起事故的主要原因。

第四章　道路交通事故调查与处理法律规定

第一节　概　　述

道路交通在国民经济建设中发挥了积极的作用,但由于各种交通工具运行速度相差悬殊,加之人们的认识、道路条件和管理措施落后于车辆增长、交通量增加的形势,因而出现了交通拥挤、堵塞,事故增多的问题。道路交通事故已经成为我国非正常伤亡的一个重要因素,严重地威胁着人民生命和财产安全。

道路交通事故造成的损害后果非常严重,除应积极预防外,还必须依法进行调查和处理,以保护当事人的合法权益,教育和惩处肇事者,维护正常的交通秩序和社会安定。因此,预防、控制交通事故,妥善处理交通事故,已成为道路交通安全管理法规的重要任务和使命。

一、道路交通事故的定义和分类

1. 定义

道路交通事故,也就是"交通事故",并不是指所有的发生在道路上的事故。从交通管理的要求出发,必须赋予道路交通事故以明确的含义。世界各国由于国情不同,交通规则和交通管理规定不同,所以对交通事故的定义也不尽相同。

美国对交通事故的定义为:交通事故是在道路上所发生的意料不到的有害的或危险的事件。这些有害的或危险的事件妨碍着交通行为的完成,其原因常常是由于不安全的行动或不安全的因素,或者是二者的结合所造成的。

日本对交通事故的定义为:由于车辆在交通中所引起的人的死伤或物的损坏,在道路交通中称为交通事故。

中国对交通事故的定义是根据国情、民情和道路交通状况提出来的,即《道路交通安全法》给出的定义:车辆在道路上因过错或者意外造成人身伤亡或者财产损失的事件。它基本上适合中国道路、车辆和人员参与交通行为的状况,得到了社会各界的认可。

2. 构成要素

从以上对交通事故的定义中可以看出,构成交通事故应具备以下四个基本要素,且缺一不可。

(1)车辆

交通事故各方当事人中,必须至少有一方使用车辆,包括机动车和非机动车。车辆是构成交通事故的前提条件,无车辆参与则不认为是交通事故。例如,行人在行走过程中,发生意外碰撞或自行跌倒而致伤或致死,以及在道路上集会、娱乐等造成的挤死、挤伤的事故均不属于交通事故。

(2)道路

这里的道路是指在公用的道路上,即《道路交通安全法》规定的"公路、城市道路和虽在单位管辖范围但允许社会机动车通行的地方,包括广场、公共停车场等用于公众通行的场所。"它必须具有三个特性,即形态性、客观性、公开性。形态性是指与道路毗连的供公众通行的地方;客观性是指道路虽尚未完工,但却是为公众通行所建;公开性是指交通管理部门认为是供公众通行的地方,都可视之为道路。只供本单位车辆和行人通行的,交通管理部门没有义务对其进行管理的,不能算作道路。因此,厂矿、企业、机关、学校、住宅区内不具有公共使用性质的道路不在此列。此外,还应以事态发生时车辆所在的位置,而不是事故发生后车辆所在的位置,来判断是否在道路上。

(3)过错或有其他意外因素

过错是指交通参与者在道路上进行交通活动时发生事故或过失违反交通法的行为。意外因素是指导致事故发生的车辆驾驶人行为以外的因素。

(4)损害后果

损害后果指由事故造成的人员伤亡、财产损失。交通事故必定有损害后果,即人、畜伤亡或车、物损坏,这是构成交通事故的本质特征。因当事人违章行为造成了损害后果,才算交通事故;如果只有违章而没有损害后果则不能算作交通事故。

以上四种要素可以作为鉴别道路交通事故的依据和必要条件,在实际工作中加以运用。

3. 分类

对交通事故进行分类,目的在于分析、研究和预防、处理交通事故;同时,也便于统计和从各个角度寻找对策。分析的角度、方法不同,对交通事故的分类也不同。通常,交通事故分类方法主要有以下五种:

(1)按事故后果分类

根据人身伤亡或者财产损失的程度或数额,交通事故可分为轻微事故、一般事故、重大事故和特大事故。

①轻微事故

轻微事故是指一次造成轻伤 1 至 2 人,或者财产损失机动车事故不足 1000 元,非机动车事故不足 200 元的事故。

②一般事故

一般事故是指一次造成重伤 1 至 2 人,或者轻伤 3 人以上,或者财产损失不足 3 万元的事故。

③重大事故

重大事故是指一次造成死亡 1 至 2 人,或者轻伤 3 人以上 10 人以下,或者财产损失 3 万元以上不足 6 万元的事故。

④特大事故

特大事故是指一次造成死亡 3 人以上,或者重伤 11 人以上,或者死亡 1 人,同时重伤 8 人以上,或者死亡 2 人,同时重伤 5 人以上,或者财产损失 6 万元以上的事故。

(2)按事故责任分类

根据交通事故的主要责任方所涉及的车种和人员,在统计工作中可将交通事故分为 3 类。

①机动车事故

机动车事故是指事故当事方中,汽车、摩托车、拖拉机等机动车负主要以上责任的事故。但在机动车与非机动车或行人发生的事故中,机动车负同等责任的,由于机动车相对为交通强者,而非机动车或行人则属于交通弱者,应视为机动车事故。

②非机动车事故

非机动车事故是指自行车、人力车、三轮车、畜力车等按非机动车管理的车辆负主要以上责任的事故。在非机动车与行人发生的事故中，非机动车一方负同等责任的，由于非机动车相对为交通强者，而行人则属于交通弱者，应视为非机动车事故。

③行人事故

行人事故是指在事故当事方中，行人负主要责任以上的事故。

(3)按事故的对象分类

根据事故发生的对象可将交通事故分为五类。

①车辆间的交通事故

即车辆之间发生刮擦、碰撞而引起的事故。碰撞又可分为正面碰撞、追尾碰撞、侧面碰撞、转弯碰撞等。刮擦是车辆侧面接触的现象，刮擦可分为超车刮擦、会车刮擦等。

②车辆与行人的交通事故

即机动车对行人的碰撞、碾压和刮擦等事故。包括机动车闯入人行道，以及行人横穿道路时发生的交通事故。其中，碰撞和碾压常导致行人重伤、致残或死亡。刮擦相对前两者后果一般比较轻微，有时也会造成严重后果。

③机动车对非机动车的交通事故

由于我国的交通组成主要是混合交通，因而这类事故在我国主要表现为机动车碾压骑自行车人的事故。

④车辆自身事故

即机动车没有发生碰撞、刮擦等的翻车和坠落事故。例如，车辆由于行驶速度太快，或车辆在转弯及掉头时所发生的翻车事故，以及在桥上因大雾天气或因机器失灵而产生的机动车坠落的事故等。

⑤车辆对固定物的事故

即机动车与道路两侧的固定物相撞的事故，其中固定物包括道路上的作业结构物、护栏、路肩上的水泥杆(灯杆、交通标志等)。

(4)按事故原因分类

从事故原因上可以把交通事故分为主观原因造成的事故和客观原因造成的事故两类。

①主观原因造成的事故

主观原因是指造成交通事故的当事人本身内在的因素，如主观过失或有意违章，主要表现为违反规定、疏忽大意和操作不当等。

违反规定是指当事人由于思想方面的原因，不按交通法规规定行驶或行走，致使正常的道路交通秩序混乱，发生交通事故。如酒后开车、非驾驶员开车、超速行驶、争道抢行、违章超车、超载、非机动车走快车道、行人不走人行道等原因造成的交通事故。

疏忽大意是指当事人由于心理或生理方面的原因，没有正确地观察和判断外界事物而造成的失误。如心情烦躁、身体疲劳都可能造成精力分散、反应迟钝，表现出瞭望不周，采取措施不当或不及时；也有的当事人凭主观想象判断事物，或过高地估计自己的技术，引起行为不当而造成了事故。

操作不当是指当事人技术生疏、经验不足，对车辆、道路情况不熟悉，遇有突然情况惊慌失措，引起操作错误。如有的驾驶员制动时踩加速踏板，有的骑自行车人遇到紧急情况不知停车等而造成的交通事故。

②客观原因造成的事故

客观原因是指引发交通事故的车辆、环境、道路方面的不利因素。目前,对于客观原因还没有很好的调查和测试手段,所以事故分析中往往忽视这些因素,这一点需要引起人们的重视。

(5)按事故发生地点分类

交通事故发生地点一般是指哪一级道路。在我国,公路可分为高速公路,一、二、三、四级公路五个等级;城市道路可分为快速路、主干路、次干路、支路四个等级。另外,还可按在道路交叉口和路段所发生的交通事故来分类。

除上述5种主要分类方法外,其他分类方法还有:按伤亡人员职业类型分类;按肇事者所属行业分类;按肇事驾驶员所持驾驶证种类、驾龄分类。

二、道路交通事故处理的意义和作用

1. 交通事故处理的意义

道路交通事故的处理,作为道路交通管理工作的重要组成部分,是从保护公民、法人的合法权益和国家集体财产安全的根本目的出发,依据国家法律、行政法规来调整人们的道路交通关系,保护遵守法规者,处罚违法肇事者,从而体现社会主义法律的权威性、严肃性,并以此加强交通管理,提高人们遵守交通规则、维护交通秩序的自觉性,促进社会主义法制建设和社会主义精神文明建设,保证道路交通的正常秩序,促进国民经济的发展。

2. 交通事故处理的作用

交通事故处理工作,在整个交通管理工作中具有重要作用。主要体现在以下几个方面:

(1)通过交通事故处理,能够正确地认定事故当事人各方的责任程度,并根据责任对当事人作相应的处理,从而维护国家利益和法律的尊严。

(2)通过交通事故处理,能够维护守法者的正当权益,调节公民与公民、公民与法人、法人与法人之间,由于事故当事人危害行为而造成的损失赔偿,同时对违反交通法规的肇事者进行行政处罚或追究刑事责任。

(3)通过交通事故处理,能够调查研究交通事故发生的原因、条件,掌握其规律和特点,改善交通环境和管理措施,为预防交通事故提供依据。

(4)通过交通事故处理,能够为交通安全宣传提供真实案例,教育群众遵守交通法规,保障交通安全。

三、道路交通事故处理权限与依据

1. 道路交通事故的处理机关

《道路交通安全法》规定:"国务院公安部门负责全国道路交通安全管理工作。县级以上地方各级人民政府公安机关交通管理部门负责本行政区域内的道路交通安全管理工作。县级以上各级人民政府交通、建设管理部门依据各自职责,负责有关的道路交通工作。"这就明确告诉我们,除公安机关交通管理部门以外,其他任何机关、团体都无权处理交通事故,更不能因交通事故损害或侵犯了本部门或个人的利益而越权、强行处理。而损害赔偿由公安机关在处理交通事故的过程中按《交通事故处理程序规定》予以解决,公安机关交通管理部门调解期间,当事人向人民法院提起民事诉讼的,调解终止。

在道路上发生交通事故,很容易造成道路、树木、房屋、照明等设施的损害,由此引起相关管理部门和财物所有者的介人或产生纠纷等等。这些部门和个人都可以在公安机关交通管理部门处理交通事故的过程中提出要求和意见,但是都不能代替公安机关交通管理部门处理交通事故,也不能以任何行为妨碍交通事故的处理。

在实际工作中,对于已上保险的车辆发生的交通事故,如保险公司强调要对受损害的保险车辆进行鉴定和修理,这是不妥的。对发生交通事故车辆的鉴定是公安机关交通管理部门处理交通事故的一个重要组成部分,因为它直接关系到事故原因、损害后果、赔偿直至处罚。所以对发生交通事故车辆的鉴定由公安机关交通管理部门指派、委托或者当事人委托的评估机构(在公安机关备案的)进行,而对事故车辆损失、评估有争议的则另行指派或者委托专业技术人员、有资格的鉴定机构进行重新检验、鉴定。保险公司与投保人是一种经济合同关系,他们双方只是这个合同中的双方当事人,所以因交通事故需要履行合同义务时,由当事人的任何一方对交通事故的损害结果作出鉴定都是没有法律效力的。保险公司在交通事故处理过程中只能是间接当事人,不能代替公安机关交通管理部门处理交通事故。

公安机关交通管理部门处理交通事故时,遵循地域管辖的原则,交通事故一般由县或市、市辖区公安机关交通管理部门处理。对于情节简单,未造成人员伤亡的交通事故也可以由当事人自行协商处理。

在交通事故的发生地管辖不明的情况下应当由最先发现或者最先接到报案的公安机关交通管理部门立案处理,待管辖权明确后移送有管辖权的公安机关交通管理部门处理。对管辖权有争议时,可以由争议双方协商解决。协商不成时由上一级主管公安机关或上一级公安机关交通管理部门指定管辖。

2. 公安机关处理交通事故的职责

公安机关交通管理部门处理交通事故的职责可以分为四个方面的内容:处理交通事故现场、认定交通事故当事人的责任、处罚交通安全违法行为者、调解交通事故的损害赔偿。

(1)处理交通事故现场

交通警察到达现场后,应当根据需要立即进行组织抢救受伤人员;引导车辆、行人绕行;疏导交通,指挥其他车辆减速通过;指挥驾驶员、乘客等人员在安全地带等候;造成道路、供电、通讯等设施损毁的,通报有关部门及时处理;确定交通事故当事人,控制肇事人,查找证人。

交通警察调查交通事故现场时,应当全面、及时地收集有关证据。勘查交通事故现场,应按照有关法规和标准的规定,拍摄现场照片,绘制现场图,采集、提取痕迹、物证,制作现场勘查笔录。现场图应当由参加勘查的交通警察、当事人或者见证人签名。当事人拒绝签名或者无法签名以及无见证人的,应当记录在案。

交通警察应当检查当事人的身份证件、机动车驾驶证、工作证及机动车行驶证、保险标志,验明身份;对当场难以查实身份的肇事人,可以依法传唤。交通警察可以依法对肇事车辆、交通事故当事人及其随身携带的物品进行检查。

发生仅造成车物损失或人员轻微受伤的交通事故,当事人不撤离现场的,交通警察应当记录交通事故发生的时间、地点、天气、当事人姓名、机动车驾驶证号、联系方式、机动车牌号、保险凭证号、交通事故形态、碰撞部位等,由当事人签名后,责令当事人撤离现场,恢复交通。对拒不撤离现场的,予以强制撤离。并根据当事人的行为对发生交通事故所起的作用以及过错的严重程度,确定当事人的责任,当场制作事故认定书。

(2)认定交通事故当事人的责任

公安机关交通管理部门对经过勘验、检查现场的交通事故应当自勘查现场之日起十日内制作交通事故认定书。交通肇事逃逸的,在查获交通肇事逃逸人和车辆后十日内制作交通事故认定书。对需要进行检验、鉴定的,应当在检验、鉴定或者重新检验、鉴定结果确定后五日内制作交通事故认定书。

未查获交通肇事逃逸人和车辆,交通事故损害赔偿当事人要求出具交通事故认定书的,公安机关交通管理部门可以在接到交通事故损害赔偿当事人的书面申请后十日内制作交通事故认定书,载明交通事故发生的时间、地点、受害人情况及调查得到的事实,有证据证明受害人有过错的,确定受害人的责任;无证据证明受害人有过错的,确定受害人无责任。并送达交通事故损害赔偿当事人。

对无法查证交通事故事实的,公安机关交通管理部门制作交通事故认定书,载明交通事故发生的时间、地点、当事人情况及调查得到的事实,分别送达当事人。

(3)处罚交通安全违法行为者

公安机关交通管理部门应当依据《中华人民共和国行政处罚法》、《中华人民共和国道路交通安全法》及其实施条例等法律、行政法规,适用《公安机关办理行政案件程序规定》、《道路交通安全违法行为处理程序规定》,对当事人的道路交通安全违法行为作出处罚。

当事人违反道路交通安全法律、法规的规定,发生重大交通事故,构成犯罪的,依法追究刑事责任,公安机关交通管理部门应当按照《公安机关办理刑事案件程序规定》办理。

(4)调解交通事故的损害赔偿

交通事故损害赔偿权利人、义务人一致请求公安机关交通管理部门调解损害赔偿的,可以在收到交通事故认定书之日起十日内向公安机关交通管理部门提出书面调解申请,公安机关交通管理部门应予调解。

当事人在申请中对检验、鉴定或者交通事故认定有异议的,公安机关交通管理部门应当书面通知当事人不予调解。

四、道路交通事故处理法规的适用范围

《交通事故处理程序规定》"适用于处理车辆在道路上因过错或者意外造成的人身伤亡或者财产损失的事故。车辆在道路以外通行时发生的事故,公安机关交通管理部门接到报案的,参照本规定处理。发生特别重大交通事故,依据有关法律、法规的规定处理。"

这表明凡在我国领域内的道路上发生的交通事故,都依照《交通事故处理程序规定》处理,而不论交通事故的当事人的国籍、所在单位和部门。如涉及外国人、无国籍人、港、澳、台胞的交通事故,涉及军队、武装警察部队的车辆和人员的交通事故,也包括双方都是军队、武装警察部队的车辆和人员的交通事故,在处理交通事故方面,无一例外地运用我国的道路交通事故处理法规。车辆、行人与火车发生的交通事故以及在渡口发生的交通事故,依照国家有关规定处理。

在实际的工作中,对于在铁路道口发生的机动车或非机动车与行人或机动车与非机动车发生的事故,一般认为,如果有火车通过道口时,应由铁路部门处理;没有火车通过时,应由公安机关交通管理部门处理。火车通过道口时,有人看管的道口应以护栏起落或道口管理员的指挥为准;无人看管的道口应以警铃为准。因为道口都是火车道线和道路交叉,当火车通过时,应视为铁路专线,按我国法律常用的属地原则应属于道口范围,没有火车通过时则是道路管理范围。

事故处理办法在地域管辖范围方面的规定,从法学理论上讲,是属于法的效力范围之一。

这种效力主要有两种:一种是空间效力,一种是对人的效力。这两种效力是紧密联系在一起的,它的中心是属地原则,即凡是在某一空间领域有效的法,对一切在该领域,或达到该领域、通过该领域的人都有效。

第二节　道路交通事故现场处理

一、道路交通事故现场

1. 事故现场的定义

事故现场是指发生交通事故后车辆、伤亡人员以及与事故有关的物品、痕迹等所处的路段或地点等空间场所。

每起交通事故都有一个现场,事故现场保留着大量的事故证据,因此,在事故原因分析、事故当事人责任认定等一系列程序上,都离不开现场资料。

2. 事故现场的分类

事故现场从事故发生时就已形成。在现场勘查时,根据现场的完整和真实程度的不同可将现场分为原始现场、变动现场、伪造现场、逃逸现场和恢复现场五类。

(1)原始现场

原始现场是指没有遭到任何改变和破坏的现场,出事地点的车辆、人员、牲畜和一切与事故有关的痕迹、物品等均保持着事故发生时的原始状态。原始现场保留着与事故过程一一对应的各种变化形态,能真实地反映出事故的细节和后果,是分析事故过程和原因的最有力依据。因此,必须强调原始现场的勘查价值,尽可能将事故现场的原始状态保留到现场勘查之时。

(2)变动现场

变动现场也叫移动现场,是指在事故发生后到现场勘查前,由于自然的和人为非故意的原因,使现场的原始状态部分或全部受到变动的现场。这类现场不能充分为事故分析提供直接依据,有时甚至完全失去起码的痕迹和物证,造成案情分析的困难。但是由于交通事故的特殊环境,在事故发生后,要想保留原始现场、避免现场变动几乎是不可能的,因此在现场勘查时所见到的现场,多为变动现场。通常引起现场变动的原因有:

①抢救伤员或排险

有时为抢救伤员或排险变动了现场上的车辆或有关物体的痕迹。

②保护不当

事故发生后由于未及时封闭现场,有关痕迹被过往车辆和行人碾踏,使痕迹不清或消失。

③自然破坏

由于雨、雪、日晒等自然因素使无遮盖的现场痕迹被冲刷、覆盖、挥发、消失等。

④特殊情况

有特殊任务的车辆,如消防、警备、救险等车辆发生事故后,允许驶离现场;或在主要路段,为了避免交通阻塞,经允许移动车辆或有关物件。

⑤ 其他原因

如车辆发生事故后,当事人没有发觉,车辆脱离了现场。

(3)伪造现场

伪造现场是指事故发生后,当事人为了毁灭证据、逃避罪责或达到嫁祸于人的目的,有意加以改变或布置的现场。

(4)逃逸现场

逃逸现场是指肇事者为了逃避责任,在明知发生交通事故的情况下,驾车逃逸而导致变动的现场。应注意将故意逃逸现场行为与未知肇事驶离现场行为区别开来,两者性质是完全不同的。根据有关法律规定,对肇事后故意逃逸者(其性质与伪造现场相同)均从重处罚。《道路交通安全法》第一百零一条规定:“造成交通事故后逃逸的,由公安机关交通管理部门吊销机动车驾驶证,且终生不得重新取得机动车驾驶证。”

(5)恢复现场

恢复现场是指根据有关证据材料重新布置的现场。恢复的原因有以下两个方面:

首先,从实际事故现场撤出后,为满足事故分析或复查案件的需要,以原现场勘查记录为依据重新布置现场。

其次,在事故现场正常变动后,为确认事故情况,根据目击者和当事人的指定,恢复其原有形态。

为了使事故现场不会遭到无关人员无意的破坏,事故发生后,应及时有效地保护交通事故现场。

二、道路交通事故的现场保护

交通事故发生后,交通警察不一定能及时赶赴事故现场,事故现场的最初保护,主要应靠事故当事双方的驾驶人、行人、乘车人以及其他道路使用者自觉维护。

1. 交通事故现场保护的原因

交通事故现场情况是判定肇事过程,分析交通事故原因的重要依据,保护现场是搞好现场勘查的必要前提。因此,交通事故发生后,及时地保护好现场,就能为做好现场勘查、收集物证,为判定事故的基本情况和处理事故创造有利条件。任何单位和个人都有保护交通事故现场的义务,对破坏交通事故现场的行为,交通事故主管机关有权追究其责任,给以必要处罚。

2. 交通事故现场保护的原则

道路交通事故现场保护主要有以下几个方面的原则:

(1)发生交通事故的车辆必须立即停车

在道路上运行发生碰撞、碾压、刮擦、翻车、坠车、爆炸、失火等事故现象的车辆以及对事故发生影响的车辆,从事故的地点到采取紧急措施立即停车的位置,往往是确定事故现场范围的重要依据,发生事故后,有关车辆驾驶人应当立即停车。

明知发生事故后不采取紧急措施立即停车的,属于有意变动现场;驾车逃逸的更是违法行为,甚至构成犯罪。

(2)当事人必须保护现场

保护现场的义务人并不限于车辆驾驶人,在车辆驾驶人受伤等情况下,乘车人也有保护现场的义务。交通事故现场存在大量的事故痕迹和物证,是公安机关交通管理部门勘验现场、分析原因、认定责任和处理事故的关键。当事人应当在事故发生后妥善保护事故现场。如果事故现场因为当事人的原因,没有很好地得到保护,一旦受到人为或者自然原因的破坏,就很难复原,会给现场勘查带来困难,并可能会影响到准确地处理交通事故。

保护事故现场,可以采取下列的方法:①交通事故发生后,要立即确定现场范围,用白灰、沙石、树枝、绳索等将现场标围封闭,并注意保护,禁止车辆和行人进入。标围现场,应当尽量做到不妨碍交通。②遇有下雨、下雪、刮风等自然现象,对现场可能造成破坏时,可用席子、塑料布等将现场上的尸体、血迹、车痕、制动印痕和其他散落物等遮盖起来。③现场如果要抢救伤员,应当标记伤员的原始位置,以证明现场的变动情况。④如果现场有扩大事故的因素,如汽油外溢,车上装有易燃、易爆、剧毒、放射性等危险物品时,应立即设法消除,并向周围的行人讲明现场的危险性。必要时,将危险车辆驶离现场。⑤要注意寻找目击证人,记下见证人的身份、地址等。⑥在繁华或者重要的路段发生的事故,要服从值勤民警的指挥,在作好标记后,将车辆移出现场,以恢复正常交通,但是不准擅自移动车辆,也不准不标记而移动车辆。

在保护现场时,应当重点保护以下事故现场痕迹:①路面痕迹,如:车辆制动印痕、扎压痕迹、侧滑印痕、行人鞋底与路面擦痕以及油迹、水迹、血迹等;②车辆及人体擦撞痕迹,如:各种车辆部件造成的刮痕、沟槽、服装搓擦痕、车身浮尘擦痕等;③路面遗留物,如:玻璃、漆片等散落物以及人体组织剥落物等。

(3)当事人必须抢救伤者和财产

救死扶伤是一种传统美德,而对交通事故当事人而言,抢救受伤人员是他们必须履行的法律义务。道路交通事故发生后,因为一时不可能有专业的医护人员救助伤者,在这样的紧急情况下,当事人迅速、及时地抢救受伤人员可以防止受伤人员病情恶化,以免造成死亡,从而减轻事故所造成的损失。

抢救受伤人员应当及时采取相应的急救措施。如果受伤人员出血,应当对准出血部位,用毛巾、手帕等采用捆绑或者压按的方式止血;如果受伤人员失去知觉或者呕吐,应当将受伤人员横卧、舒身躺下,保证其呼吸道畅通,避免因姿势不对导致咽喉被堵塞窒息;如果受伤人员颈部或者头部受伤,抢救时不要晃动,尽量保持其原有姿势等待专业护理人员救助;如果发现受伤人员骨折,应当用木板、木棍等物将骨折部位固定,减少移动;如果受伤人员被压在车轮下,可以移动车辆将受伤人员移出,但应当标记车轮方位和受伤人员倒卧位置。

交通事故发生后,应当尽量拦截过往的车辆将受伤人员送往医院。在万不得已的情况下可以使用肇事车辆将受伤人员送去医院,但应当先标好停车位置,即各个车轮的位置、走向、制动印痕的起止点等。如果车上还有其他人员,应当留下保护现场。驾驶员在将受伤人员送到医院后,应当立即返回现场。

(4)当事人必须迅速报警

车辆驾驶人在发生交通事故后必须迅速报告值勤交通警察或者公安机关交通管理部门,这项义务也是其他有能力的事故当事人的法定义务。

当事人报警可以采取以下几种方式:

①向就近的值勤交通警察报告;②拨打“122”交通事故报警电话;③请求顺路车辆上的驾驶人或者其他人员向值勤的交通警察或者公安机关交通管理部门报告;④在偏远地区,可就近向当地公安机关交通管理部门或者其他行政机关报告,请求转告。

报案时,应当尽量讲明事故发生地点、车辆牌号、损失情况,特别要讲明人员伤亡情况及处理措施,以便公安机关交通管理部门采取相应措施。如果交通事故引起火灾,当事人应当先报告火警,再进行事故报警。

(5)乘车人、过往车辆驾驶人、过往行人的协助

这里的协助是指协助驾驶人进行现场保护、抢救伤员以及向值勤交通警察或者公安机关交通管理部门报告事故等。

3. 无人员伤亡事故现场的处理

未造成人员伤亡的道路交通事故中，当事人对道路交通事故的事实和道路交通事故的成因没有争议的，可以即行撤离现场，恢复交通，并且自行协商处理损害赔偿事宜。这就是为了尽可能减少交通事故对道路通行的影响而采取的允许当事人自我解决争议的机制。

这个机制有两方面的重要意义：首先，这种机制可以大大降低事故对道路通行的影响。道路交通事故是道路发生堵塞的一个重要原因。我们经常可以看见道路因并不严重的交通事故而造成拥堵，致使道路通行的能力严重下降，影响了其他道路参与者的通行。在这种情况下，道路交通事故本身造成的直接经济损失不大，但因拥堵造成的间接损失远远超过直接损失。其次，允许事故当事人自行处理事故，赋予了事故当事人对没有人身伤亡事故进行“私了”的权利，这是道路交通事故处理体制上的重大改革。这一规定否定了以往道路交通事故当事人一概不能自行解决、只能听候公安机关交通管理部门处理的做法，为交通事故当事人自主解决自己的事情提供了法律的支持和制度上的空间。

当事人自主解决交通事故，应当具备下列条件：

首先，交通事故没有造成人员伤亡。如果造成了人员伤亡，当事人应当保护现场、抢救伤员并及时报警，不得撤离、破坏现场。

第二，当事人对事故的事实和事故的形成原因没有争议。在这里，所谓事故的事实是指事故发生的时间和地点、事故造成的损失情况、事故当事人的基本情况等信息。事故的成因则包括当事人的过错、道路的情况、车辆是否发生故障等因素，以及这些因素和事故损害之间是否存在因果关系等。所谓没有争议，是指当事人对财产损失和双方的责任等情况，已经基本上达成了一致。

第三，当事人自愿自主协商处理交通事故引起的损害赔偿事宜。即行撤离现场，必须是当事人自主自愿的结果，只有这样，才能在撤离现场后自行协商解决损害赔偿事宜。如果尽管当事人对事故的事实和成因没有争议，但一方或者双方当事人不愿意撤离现场，也是不能撤离的。

需要强调说明的是，这里所指的当事人是指道路交通事故的各方当事人。例如，在涉及三方当事人的交通事故中，两方已经达成一致，第三方仍存在不同意见的，当事人不能自行撤离。在符合上述条件场合，当事人有交通违法行为，也不影响他们即时撤离现场。尽管这样可能使有交通违法行为的当事人逃避了违章处罚责任，但这种牺牲和保障道路快速、畅通的巨大效益比较也是值得的。

此外，发生的交通事故没有造成人员伤亡，但当事人对事实、成因等有争议，或者尽管没有争议，仍然愿意等候警察前来处理的，在这种情况下，应当按照常规的交通事故处理程序保护好现场并及时报警处理。

三、道路交通事故现场勘查

1. 现场勘查的含义

现场勘查是指运用科学的方法和现代技术手段，对交通事故现场进行实地调查，并将得到的结果完整、准确地记录下来的工作。现场勘查的目的主要是采集与事故有关的物证，为事故责任认定准备证据；其次是查明引起事故的原因；另外，通过现场勘查，还可获取第一手事故调查资料，为更深入的事故分析、车辆设计及交通工程的技术研究提供素材。

2. 现场勘查内容

现场勘查包括以下五个方面的内容：

(1)时间调查

调查与事故有关的时间，如事故发生时间、有关车辆的出车时间、中途停车或收车时间等。与事故有关的时间坐标是分析事故过程的一个重要参数。

(2)空间调查

调查现场内与事故有关的车辆、散落物、尸体等各种痕迹的相对位置，用来确定车辆运动速度、行车路线及接触点等，是分析事故过程的基础。

(3)身心调查

调查当事人的身心状态，如健康状况、心理状态、疲劳、饮酒及服用的药物等情况。

(4)后果调查

调查人员伤亡情况、致伤和致死的部位和原因、车辆损坏和物资损失情况。

(5)车辆与交通环境调查

调查车辆的技术状况以及道路、道路安全防护设施和自然条件对事故的影响等。

3. 现场勘查程序

现场勘查程序主要有：尽快赶赴事故现场、采取应急措施、保护现场、现场勘查、确定并监护当事人、询问当事人和调查证人、现场复核、处理现场遗留物及恢复交通，如图 4-1 所示。

4. 现场勘查方法

根据现场的具体情况，一般有以下几种勘查方法：

(1)顺序调查，即按照事故过程的先后顺序进行调查。

(2)从中心(接触点)向外围调查，适用于现场范围不大、痕迹及物体集中的现场。

(3)从外围向中心调查，适用于现场范围较大、痕迹及物体分散、中心不明确的现场。

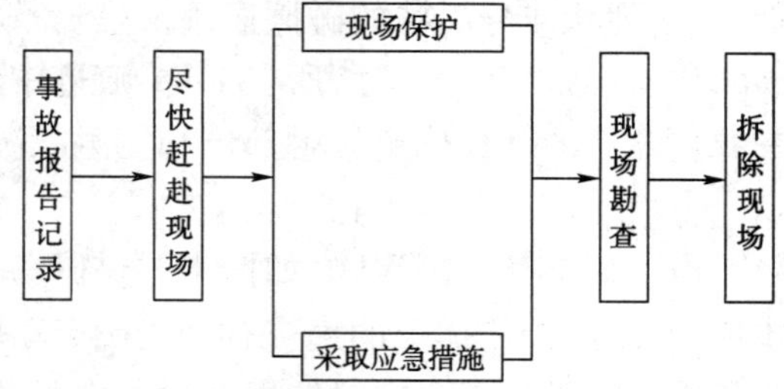

图 4-1　现场勘查程序图

(4)分片、分段调查，适用于范围分散、散落物及痕迹凌乱的现场。

(5)从最容易受破坏的地方开始调查，适用于痕迹、物体容易受自然条件(风、雨)或过往人、车破坏的现场。

5. 现场勘查项目

现场勘查必须从现场的实际状况出发，根据事故的类型、特点，合理地确定勘查对象。常见的勘查项目有以下几项：

(1)痕迹检验

事故痕迹是指事故发生前后，留在现场的各种印记和印痕，大体上可分为路面痕迹、车体痕迹、物体痕迹及散落物等。在事故过程中遗留下的各种痕迹是进行事故分析的最重要依据。

①轮胎痕迹

轮胎承受着汽车的全部重量和路面的切向反力。随着轮胎在路面上运动状态的不同，可在路面上留下各种不同痕迹，反映在交通事故现场上的轮胎痕迹主要有胎印、制动印迹和侧滑印。

胎印：轮胎在路面上作纯滚动时，轮胎胎面印在路面上的印痕称为胎印。由于轮胎与路面间无相对滑动，胎印是一条与轮胎胎面宽度及花纹相似的连续印痕。胎印可显示车辆的行驶轨迹和轮胎种类。

制动印迹：汽车制动时，由于强烈的摩擦，常会使轮胎表面的橡胶微粒粘附于路面，形成黑色的条状痕迹，这就是所谓的制动印迹。在汽车制动初期，轮胎同时发生滚动和滑动，使印迹中的胎面花纹在车辆行驶方向上被拉长，此时的印迹称为制动压印；当制动后期车轮抱死产生纯滑移时，路面上的花纹已无法辨认，成为一条连续的实心印迹，称为制动拖印。通常可将制动压印与拖印长度之和视为制动距离，据此可推算出车辆制动前的行驶速度。

侧滑印：当车辆在某种横向力作用下，车轮沿着垂直于轮胎转动平面的方向发生运动时，轮胎与路面间滑摩留下的痕迹称为侧滑印。侧滑印的宽度较制动拖印宽，且其走向与车轮的转动平面有一定角度。侧滑印的种类较多，当车辆以较高速度转弯时，可能出现制动侧滑印；当车辆发生碰撞事故时，也可能出现碰撞侧滑印。碰撞侧滑印的出现，常常可显示出准确的碰撞地点，即接触点。

②搓划痕迹

当车辆发生碰撞事故时，车上某些坚硬机件可能被撞脱落，这些机件在着地后搓划路面时留下的痕迹，称之为搓划痕迹。搓划痕迹可用来判断接触点的位置及碰撞后车辆的运动过程。

③车体痕迹

车辆与其他交通元素或物体发生冲突时，常会在车身上留下各种类型的痕迹，主要有呈凹陷状、断裂状或分离状的碰撞痕迹及呈长条状、片状的刮擦痕迹等。勘查时，应记录下这些痕迹的几何形状、几何尺寸、所在部位、痕迹中心距地面的高度等详细情况。对车体痕迹进行勘查的主要目的就是确定接触部位和接触状况，并为碰撞受力分析提供基础资料。

④物体痕迹与散落物

当车辆与某些障碍物，如树木、电杆等碰撞时，会在被撞物体上留下痕迹或是使得被撞物体折断、飞出。物体上的痕迹有助于确定车辆在碰撞前的行驶路线和脱离道路的位置。

散落物是指车辆在碰撞损坏过程中脱落到地面上的碎片、泥土、水滴、油滴等。这些散落物原来和车辆一起运行，在碰撞过程中从车上脱落被抛射出来，散落于车辆前方某处。如果测出散落物的飞行距离和原来在车辆上的位置高度，则可根据抛落物体运动规律推算出散落物的抛出速度，即车辆碰撞瞬间的速度。

(2)车辆检验

车辆的结构、技术性能和使用状况等与交通事故的形成有着密切的联系。因此，必须对事故车辆进行技术检验。其主要内容有：

①载货和乘员情况

包括乘员人数、乘坐位置、货物的种类与重量、安放位置及捆绑固定情况等。不当的车辆装载，常使车辆的重心发生偏移，从而成为诱发事故的潜在因素，必要时应对重心进行测定。

②操纵机构运用情况

包括所使用的变速器的挡位，驻车制动器操纵杆所处的位置，点火开关、转向灯开关及其他电器开关的位置等。

③安全装置技术状况

重点检查车辆的制动、转向、悬架、轮胎、灯光、后视镜及其他附属安全设备等是否齐全有效，是否合乎国家颁布的有关法规规定，对事故的形成有无影响。

④车辆结构特征

根据案情分析的需要，有时需记录下车辆的外廓尺寸、轮距、轴距、轮胎型号、最小转弯半径等参数。

⑤车辆使用性能

包括车辆肇事时的加、减速性能，汽车通过弯道而不产生侧滑和侧翻的最高行驶速度等。

⑥车辆破损情况

记录下破损部位的名称、位置、形态、程度及破损原因等。在检查断裂的转向拉杆等金属构件时，应注意分析是断裂诱发事故还是事故造成断裂。

(3)道路鉴定

道路鉴定就是对事故地点的道路及通行条件进行全面的检测，以确定道路是否符合设计标准、是否存在失修和违章占用等情况、对事故的形成有无影响等。检测内容包括道路几何参数与路面附着系数的测量与测定，路面障碍物类型、尺寸和位置的确定，以及现场交通设施调查等。

(4)当事人身体状况检查

主要检查当事人是否酒后驾车、是否处于疲劳状态及其疲劳程度、在事故前是否服用过某些药物等。

(5)人体伤害鉴定

人体损伤的部位和程度，与事故的性质和原因有一定的联系，根据当事人身上的损伤情况，可判断其与车辆的接触部位、接触角度和接触状态。当交通事故造成人员伤亡时，应对其损伤进行检验，查明伤害部位、数目、形态、大小和颜色，损伤类型、特征与致伤物及伤残程度，致命部位及致死原因等，并写出鉴定结论。

6. 现场勘查记录

(1)现场摄影

现场摄影可细致、真实地反映事故现场情况，并把与事故有关、不便提取、用文字及绘图难以表达的痕迹和散落物等物证，迅速、准确、清楚地记录下来，为分析研究和处理事故提供有力证据。

①现场摄影的分类

根据拍摄范围和反映对象的不同，现场摄影可分为方位摄影、概览摄影、中心摄影、细目摄影和宣传摄影等五类。

a. 方位摄影

拍摄现场的全貌和现场周围的环境情况，表明事故现场所处的位置以及与周围事物的联系，用以说明现场环境和有关人、车的行进路线，同时也反映出肇事的时间、气候情况等。

b. 概览摄影

概览摄影旨在以事故现场中心为拍摄主题表现事故后果。概览摄影的取景范围以能概括现场车物为限，拍摄对象包括事故车辆、卧倒尸体及路面痕迹等与事故相关的物体。概览摄影应从不同的角度表明上述车物之间的位置关系。

c. 中心摄影

主要是拍摄现场中心地段，以接触点为中心，拍摄与事故有关的重要物体及肇事接触的各个部位，主要是说明重要物体的特点、状况以及物体与痕迹的关系，如被破坏的地方、遗留痕迹与物证的地方及尸体的位置等。

d. 细目摄影

主要拍摄现场上发现的各种痕迹物证，用以反映这些痕迹和物证的大小、形状、特征等。

e. 宣传摄影

有时为了宣传和收集资料,也可以拍摄伤亡人员,必要时可拍摄肇事者,以达到宣传教育的目的。

②现场摄影的基本方法

现场摄影的基本方法有:相向拍摄法、十字交叉拍摄法、平行连续和回转连续拍摄法、比例拍照法。

a. 相向拍摄法

即从相对方向上的两个位置分别拍摄同一物体的两张照片,用以反映物体两个面上的状况。

b. 十字交叉拍摄法

即从四个方向向中央对一个物体拍摄四张照片,用以反映物体各个方向上的状况。

c. 平行连续和回转连续拍摄法

即将现场分段进行拍摄,然后再将各个照片拼接起来的一种拍摄方法,适用于现场面积较大、必须运用拼接摄影拍下两张或多张底片才能反映现场全貌的情况。

平行连续拍摄法是从数点拍摄现场,每个摄影地点必须与被摄对象有着相等的距离,而且必须平行。这种方法适用于直线路段上的事故现场。

回转连续拍摄法是将相机固定在一个地方,只转动相机角度进行分段拍照,这种方法适用于弯度较大的弯道路段上的现场。

d. 比例拍照法

比例拍照法适用于根据照片来测定某些较小客体(物体和痕迹)的大小或它们之间的距离而进行的拍摄法。进行比例拍照时必须遵守以下规则:

第一,紧靠被拍摄的物体,而且必须与该客体在同一平面上,放置一根或几根比例尺;

第二,胶片的平面应当同被摄物体的平面平行;

第三,镜头的光轴应当正对着被摄物体的中心。

③现场立体摄影

现场立体摄影是一种测量手段,可代替实际的现场测量工作。利用立体照相机,对事故现场拍照,得到针对同一测区的两张照片,将所得照片利用有关测量原理进行计算,即可得到现场内各种物体和痕迹的准确位置,从而绘制出事故现场平面图。

(2)现场图的绘制

交通事故现场图是按照投影关系和比例,将事故现场上的道路、有关车辆、伤亡人员以及其他有关物体、痕迹的具体位置,以比较简明的形式表现出来的一种特殊的专业技术图。现场图必须如实地、准确地反映交通事故现场的实际情况。事故现场撤除以后,事故现场图就成为分析事故的重要依据。现场图是现场勘查的重要技术文件之一,可作为法律证据使用。图 4-2 为汽车碰撞自行车事故的现场图。

①现场图的种类

a. 现场记录图

在交通事故现场勘查时,对现场环境、事故形态、有关车辆、人员、物体、痕迹的位置及其相互关系所作的图形记录,通常采用徒手绘制。

b. 现场比例图

为了更形象、准确地表现事故形态和现场车辆、物体、痕迹,根据现场记录图和其他勘查记录材料，按规范的图形符号和一定比例重新绘制的交通事故现场全部或局部的平面图形，它需使用制图工具来进行绘制。

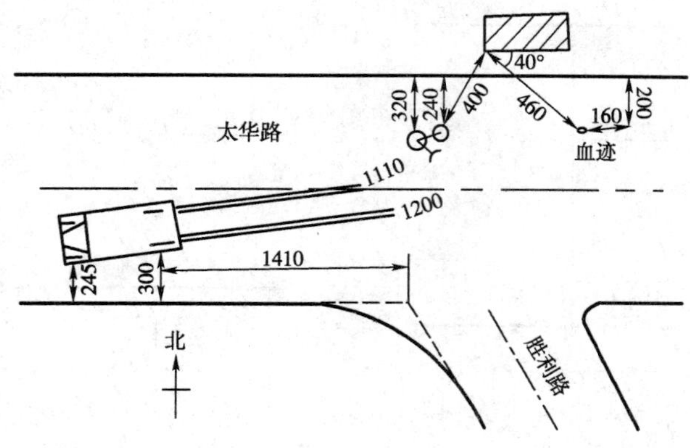

图 4-2　交通事故现场图(尺寸单位：cm)

c．现场断面图

表示交通事故现场某一横断面或纵断面某一位置上有关车辆、物体、痕迹相互关系的剖面视图。

d．现场立面图

表示交通事故现场某一物体侧面有关痕迹、证据所在位置的局部视图。

e．现场分析图

表示交通事故发生时，车辆、行人不同的运行轨迹和时序及冲突点位置的平面视图。

现场图中使用最为普遍的是现场记录图和现场比例图。

②现场定位与测量

现场图要如实记录现场道路的方向和各物体在现场内的相对位置，因此在绘制现场图前必须进行现场定位和测量。

a．确定现场位置的方法

事故地点的位置可通过公路、街道的名称和其所处的里程或明显地物的名称来确定，道路走向原则上以道路中心线或进入弯道前直线路段的道路中心线与指北方向线的夹角来表示。

b．选择基准点

基准点是为固定事故现场测量对象所设定的测量参照点。基准点应选在事故现场上原有的固定物体上，如电线杆、树木、里程碑、百米桩等；基准点距主要测量目标如肇事车辆、尸体、痕迹的位置应较近，以便于进行测量；基准点还应位于物体的突出部位，如建筑物的拐角处，以保证测量的精度。

c．选择定位方法

基准点确定之后，就可通过一个适当的坐标系，将勘查对象的位置固定下来。具体定位方法有：

直角坐标定位法：以基准点作为坐标原点，以通过基准点垂直于和平行于道路中心线的两条基准线作为坐标轴，建立直角坐标系。现场被测物体上测量点的位置可用其到两条基准线的距离来确定。如图 4-3 所示，A 点的位置由 a、b(X、Y)确定。

三点定位法：同时选取两个基准点，分别测出这两个基准点与现场被测物体上的测量点之间的连线长度，根据这两个长度值用交汇法即可确定测量点的位置。如图 4-4 所示，当 O 和

O'两点被取定之后，则 OA、$O'A$ 两线的长度就可以确定 A 的位置。

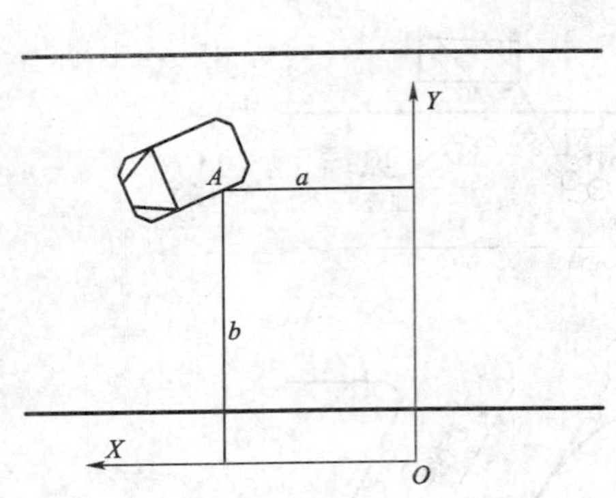

图 4-3　直角坐标定位

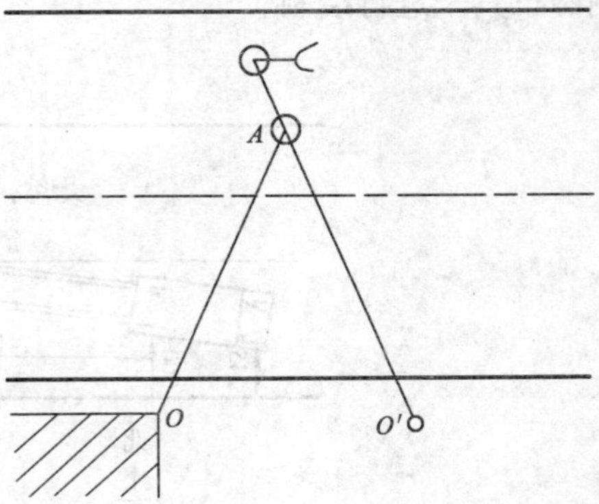

图 4-4　三点定位

极坐标定位法：以基准点作为坐标原点，通过坐标原点以指北方向线作为基准线，建立极坐标系。现场被测物体上测量点的位置可用极坐标来确定，如图 4-5 所示。

固定测量点：固定测量点就是将现场被测物体上测量点的位置，用适当的现场定位方法确定下来，从而使整个被测物体得以定位。当现场遗留物为平面刚体且呈直线状时，只要在其上选定两个测量点，便可将它的位置固定下来。对于柔性物体和呈曲线状的痕迹，则需在其上定出一系列的测量点。

现场遗留物大小不一、形态各异，选择哪一点作为测量点，必须遵守一定的规律，以方便标注和阅读。现场上通常可用来作基准的物体点、线有：固定物体地面投影的中心点，如灯柱、标志杆、里程碑的投影中心；物体结构线及其交点，如路沿线、建筑物的墙线及两路沿或两墙线的交点，路面标线或两标线及其延长线的交点。

在制作现场图时，对物体定位方法和定位基准的应用要灵活，也就是应根据现场的地形、地物选取不同的定位方法和设定标准。图 4-6、图 4-7 和图 4-8 分别表明利用建筑物、路边物体和路面标线为车辆定位的情形。

(3)现场勘查笔录

现场勘查笔录是以文字记述的方法，反映现场勘查过程、现场状况、现场图和现场照片中未表达清楚的事故现场情况，是一种重要的法律证据。

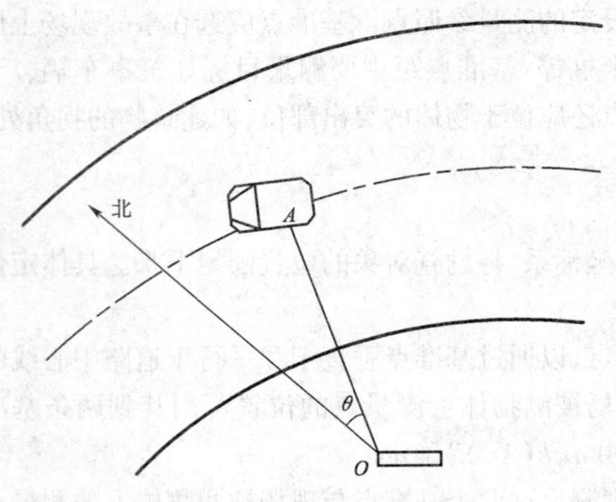

图 4-5　极坐标定位

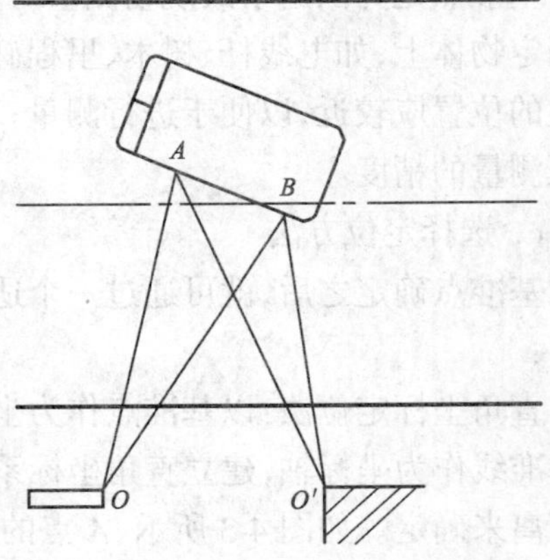

图 4-6　利用建筑物定位

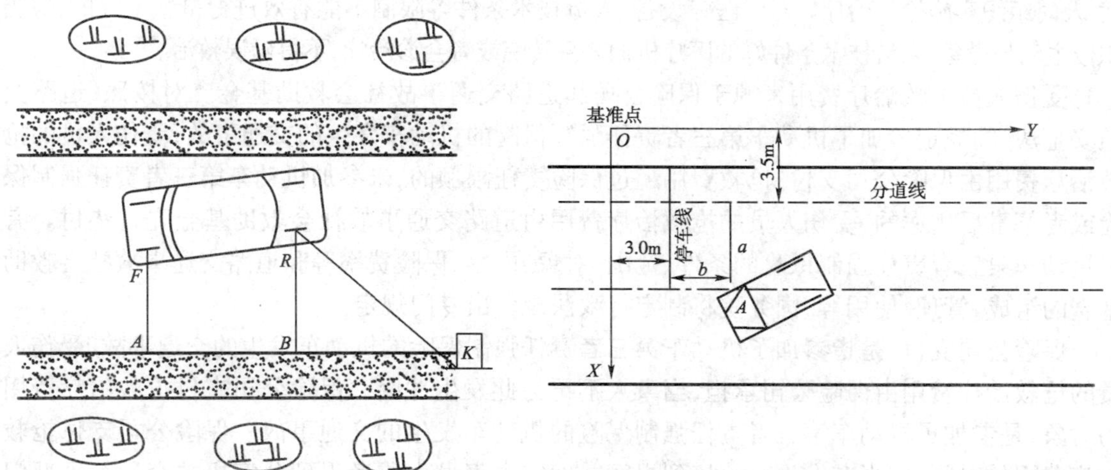

图 4-7 利用路沿和里程碑定位 图 4-8 利用路面标线定位

现场勘查笔录的主要内容有:接到事故报告的时间、到达现场的时间、所见现场及环境情况、现场急救与保护措施、事故概况;参加勘查的单位和人员、勘查的组织与分工、勘察的对象与步骤;勘查中发现的情况、采集和保全物证的名称和数量、现场图和现场照片的数量和内容等。

四、受伤人员的抢救及治疗

针对交通事故现场受伤人员抢救治疗的有关情况,《道路交通安全法》对交通事故受伤人员抢救治疗的医疗机构的责任、抢救治疗费用的来源和保障作出了规定。

救死扶伤是医疗机构的职责和义务,不论公立或私立医疗机构,还是赢利或非赢利医疗机构,均应当积极参与交通事故受伤人员的抢救治疗,避免因抢救治疗不及时或者因收治手续繁杂冗长延误最佳抢救治疗时机;或者因当事人不能缴纳抢救治疗费而拒绝或放弃抢救治疗等加重伤害后果或者导致死亡。医疗机构之间应当密切配合、协作,不能互相推诿或者在不具备相应抢救治疗条件的情况下强留受伤人员,不及时转院,延误最佳抢救治疗时机,造成严重后果。实践中,有的医疗机构对没有抢救治疗费的受伤人员不予接收,或者只作一般性的观察,等到缴纳抢救治疗费后再作进一步的治疗。这些现象严重影响了交通事故受伤人员的抢救治疗,造成不良后果。一般来讲,交通事故的发生是非常突然的,出行者常常没有携带大量的资金,受伤后不可能立即缴纳足够的抢救治疗费。如果不及时进行抢救治疗,就有可能导致更为严重的后果。过去,因交通事故给个别的医疗机构带来了一定的经济负担(抢救治疗费欠款),尤其是交通肇事逃逸案,国家没有交通事故受伤人员抢救治疗费用保障机制,如果当事人没有抢救治疗经费,就必然导致医疗机构经济负担或者经济损失,影响医疗机构抢救治疗交通事故受伤人员的积极性。医疗机构可以先期进行抢救治疗,但是没有义务承担交通事故的损失——抢救治疗费用,任何单位和个人也无权转移交通事故损失,交通事故损失应当由交通事故的当事人承担。近些年来,还出现了一些医疗技术和医疗条件均较差的医疗机构,受经济利益驱动,强留受伤人员,不准转院到医疗技术和医疗条件较好的医院进行治疗,导致严重后果。

抢救治疗交通事故受伤人员是所有医疗机构的责任,拒绝、放弃、拖延抢救治疗均要承担法律责任,这使交通事故受伤人员能够得到及时有效的救治,抢救治疗有了法律保证。医疗机构在抢救治疗过程中应当按照医疗卫生行政管理有关规定,严格按照医学科学原则,积极制订抢救治疗方案,及时组织实施抢救治疗。对因医疗设备、人员技术条件等限制不能有效进行抢救治疗的,应当积极主动与设备、人员技术条件好的医疗机构联系转院或者会诊治疗,不得延误救治。

受伤人员抢救治疗费用来源于保险公司和道路交通事故社会救助基金。对按照《道路交通安全法》的规定参加了机动车第三者责任强制保险的机动车发生的交通事故,受伤人员的抢救治疗费用由保险公司支付;抢救费用超过保险责任限额的,未参加机动车第三者责任强制保险或者肇事后逃逸的,受伤人员的抢救治疗费用由道路交通事故社会救助基金先行垫付。有关机动车第三者责任强制保险的条件、范围、对象、内容、保险费率等和道路交通事故社会救助基金的组成、管理、使用等,国务院将制定行政法规作出专门规定。

保险公司支付,是指参加了机动车第三者责任强制保险的机动车发生的交通事故,受伤人员的抢救治疗费用由保险公司承担,当事人不再为此发生冲突。保险公司支付抢救治疗费用的对象,是参加了机动车第三者责任强制保险的机动车发生的交通事故。保险公司支付抢救治疗费用的时间,应当在发生事故接到报案并确定损害发生或者得到公安机关交通管理部门的通知后立即支付,不可拖延,影响救治。保险公司支付抢救治疗费用的手续,按照机动车第三者责任强制保险规定和道路交通事故处理的有关程序规定办理。保险公司支付抢救治疗费用的数额,应当根据伤情和抢救治疗必需的费用,一次性或者分步骤及时支付,以责任限额内支付为限。

道路交通事故社会救助基金先行垫付,是指对抢救费用超过保险责任限额的,未参加机动车第三者责任强制保险或肇事后逃逸的交通事故,其受伤人员的抢救治疗费用由道路交通事故社会救助基金先行暂时承担,之后,道路交通事故社会救助基金管理机构再向交通事故的责任者追偿先行垫付的抢救治疗费用。道路交通事故社会救助基金垫付抢救治疗费用的时间、数额与保险公司支付抢救治疗费用的时间、数额一致。道路交通事故社会救助基金垫付抢救治疗费用的对象,是抢救费用超过保险责任限额的,未参加机动车第三者责任强制保险和肇事后逃逸的交通事故。道路交通事故社会救助基金垫付抢救治疗费用的手续,应当按照道路交通事故社会救助基金的管理规定和道路交通事故处理的有关程序规定办理。保险公司支付和道路交通事故社会救助基金垫付的交通事故抢救治疗费用的接收单位,应当是医疗机构,也就是说,保险公司和道路交通事故社会救助基金直接向医疗机构支付或垫付抢救治疗费用。

第三节　道路交通事故认定

一、道路交通事故认定的概念

交通事故认定就是公安机关交通管理部门为分析交通事故成因,对交通事故当事人有无违章行为,违章行为与事故产生的因果关系,以及违章行为在事故中的作用,所进行的一种定性、定量的描述。当事人责任认定是在科学分析事故原因的基础上,运用交通法规去衡量事故当事人的行为,从而确定其所应承担的责任的大小。

对交通事故进行认定,是公安机关交通管理部门交通事故处理工作的主要任务之一,是后续工作的基础,是整个处理工作的中心环节。交通事故认定的目的,一是为了追究肇事者的责任,做到以责论处;二是为了公平、客观地确定当事人事故损害的赔偿份额;三是能够对其他交通参与者起到教育、警戒的作用;四是研究交通事故发生规律,制定安全有效的安全防范措施和管理对策。

二、道路交通事故责任的分类

在事故形成中，当事人所起的作用不同，因此所负责任也有所不同。为了区分当事人所负责任的大小，在认定交通事故责任时，不仅要对当事人是否应负事故责任进行定性分析，而且还要对当事人事故责任的大小进行定量分析，以便能根据当事人对事故形成影响的大小，追究其相应的法律责任。

交通事故责任分为全部责任、主要责任、同等责任、次要责任四类。这种责任分类，不仅适用于有两方当事人的情况，也适用于有两方以上当事人的多方事故。

1. 全部责任

交通事故完全是由一方当事人的违章行为所造成，另一方当事人无任何违章行为，或者也有违章行为，但和事故没有因果关系，则应由导致事故发生的一方当事人承担该起事故的全部责任，另一方当事人不负事故责任。

2. 主要责任和次要责任

在交通事故中，双方当事人都有违反交通法规的行为存在，违章行为和交通事故的发生都有因果关系，但程度有区别、情节有轻重，有的违章是造成事故的主要原因，有的违章是造成事故的次要原因。那么，应由违章情节较重、是造成交通事故发生主要原因的一方当事人负该起事故的主要责任，另一方当事人负事故的次要责任。

3. 同等责任

交通事故的双方当事人都有违反交通法规的行为存在，这些违章行为和交通事故的发生都有直接的因果关系，且违章情节轻重一样，很难分清主次，则由双方当事人负该起交通事故的同等责任。

各方均无导致交通事故的过错，属于交通意外事故的，各方均无责任。

在交通事故中，如当事人有三方及三方以上的，则可根据各方当事人的行为与交通事故的关系，参照上述责任种类进行认定，各方分担事故的责任。

三、影响交通事故认定的因素

交通事故是一种社会现象，它的产生必然涉及到与社会有关的诸多因素。但由于交通事故当事人责任是当事各方违章行为在形成事故中所起作用的反映，因此，在追究当事人的责任时，必须明确事故产生的直接原因，并弄清当事人违章的事实。事故的直接原因包含在事故产生的因果关系中，当事人的违章行为涉及到当事人的权利与义务，故因果关系以及权利和义务同时决定着交通事故当事人的责任。

1. 因果关系在认定事故责任中的作用

交通事故的因果关系可能是多方面的。在交通事故认定中，因果关系仅限于交通事故当事人造成的事故损害后果与涉及违章的事故原因之间的直接关系，即事故的直接原因。至于由其他因素(如道路、气候等)引起事故的间接原因，则在责任认定中，不应作为加重或减轻当事人责任的原因。

因果关系揭示了交通事故形成的直接原因，所以因果关系分析在交通事故认定中具有决定性的作用。也就是说，当事人的交通违法行为与事故后果有无因果关系，就决定了当事人有无事故责任。与事故后果没有因果关系的交通违法行为，就不是造成交通事故的原因，当然就不负交通事故责任。

因果关系不仅能确定当事人有无交通事故责任,还能起到反映当事人责任大小的作用。这是由于它揭示了当事各方在形成事故直接原因中作用程度的相对差别,作用程度相近者,事故责任同等;作用程度相远者,则事故责任主次有别。

在交通事故因果关系认定中,因果关系的表现形式是多种多样的。从相互之间的关系来看,有独立的因果关系和竞合的因果关系;从一方与后果的联系看,有一因一果与多因多果的因果关系。

所谓独立的因果关系是指在一起交通事故中,只有一方当事人的违章行为是造成事故的原因,因此全部责任均由一方当事人承担。

竞合的因果关系是指各方当事人的交通违法行为都是造成事故的原因,与事故的后果都有直接的因果关系。竞合的因果关系又可分为重复的竞合关系和相互的竞合关系。如果任何一方的违章行为都可以单独地造成该起事故,则为重复的竞合关系,此时如无其他间接因素,情节相当的话,可由各方负责事故的同等责任。如果其中某方当事人的交通违法行为单独存在时,不会引起事故的发生,只有在另一方交通违法行为相互作用下才能形成事故,则为相互竞合的因果关系,此种情形下两方各负主要和次要责任。

从当事人一方来看,与事故有直接因果关系的原因可能不止一个,从而出现一因一果与多因多果的不同情形。一因一果与多因多果之间可有三种组合关系,即一因一果对一因一果、一因一果对多因多果、多因多果对多因多果。这就使交通事故认定处于异常复杂的境地,所以必须认真分析,从整体和本质上严格把握。

2. 路权在事故认定中的作用

交通法规确定了交通参与者之间及交通参与者与国家之间的权利与义务关系。交通事故的形成从本质上讲即是交通参与者的权利受到侵犯或义务的不履行,因此事故当事人的权利与义务必然对其所负的事故责任产生影响。

(1)权利

交通参与者的权利主要指路权。这一权利由交通法规加以规定并予以保护。在交通事故中,事故当事人作为交通参与者,其路权受到侵害,则侵害人就构成侵权行为。为了使交通参与者的路权有所保障,国家强制侵权者要对被侵害人的损害给予补偿,并对侵权者加以制裁。因此,路权是否受到侵犯也就成了认定事故责任的依据。

路权是指交通参与者根据交通法规的规定在道路的一定空间范围和时间内使用道路进行交通活动的权利。路权包括通行权和先行权。

通行权是指交通参与者根据交通法规的规定,在道路某一空间范围内进行交通活动的权利。交通法规对各种车辆、行人在道路上通行的权利作了明确而具体的规定。交通参与者在自己通行的区域内享有通行权利,其他交通参与者必须保证享有通行权者的权利得以实现,不得加以侵犯。如果侵犯了他方的通行权,造成交通事故,则侵权者要负交通事故责任。

先行权是指交通参与者根据交通法规所享有的优先使用道路进行交通活动的权利。先行权建立在通行权的基础之上。有通行权的交通参与者在实现自己的通行权时可能会遇到时间顺序方面的障碍,这就涉及到谁有优先使用道路进行交通活动的权利。交通法规对此也作了明确具体的规定。

有先行权的交通参与者在规定范围内允许优先通行,其他交通参与者,应当保证有先行权者的权利得以实现。如果因侵犯他方先行权造成的交通事故,那么侵权者就要负交通事故责任。

(2)义务

义务也是法律关系的内容之一。义务与权利相对应,是指法律规定的对法律关系主体必须作出一定行为或不得作出一定行为的约束,并以国家强制力保证其履行。

交通参与者的义务可分为两大类型:一类是交通参与者在实现其权利时必须履行的义务,称之为涉及路权的义务;另一类是交通参与者不涉及路权但涉及交通安全的义务,称之为安全义务。

涉及路权的义务是指交通参与者为了实现其上路通行的权利所必须履行的义务。如果交通参与者不履行义务就没有上路通行的权利。涉及路权的义务都由交通法规予以明确规定。如果未尽规定的义务即不享有道路通行权利,因此引起交通事故者,必须负事故责任。

安全义务是交通参与者在享有通行权和先行权的情况下,为了保证自身和他人的人身、财产安全而必须履行的义务。交通法规对这些义务也都予以明确规定。

交通参与者未尽安全义务,在一般情况下并不侵犯他方的通行权利,然而一旦发生交通事故,也必须承担交通事故责任。

四、认定交通事故的方法与规则

1. 认定事故责任的方法

一般情况下,可先把交通事故损害的事实作为结果,来寻找此项损害结果客观上是怎样造成的,考查整个因果关系链上所有相互关系的产生原因,不管它是属于自然现象过程还是人的行为。如果在原因中存在着某些当事人的行为,那么这些行为就是我们分析因果关系所要寻找的对象。然后用国家有关交通管理的法律条款和交通安全规章作为标准,去衡量当事人的交通权利和义务,结合交通法规中的路权原则和安全原则等分清哪些违章行为是产生交通事故的原因,哪些是促成交通事故的条件,以及直接原因和间接原因、主要原因和次要原因、必然原因和偶然原因。最后依照责任种类和定量标准,确定当事各方应分担的事故责任。

认定交通事故当事人负有事故责任,必须同时具备两个条件:一是当事人必须有违反交通法规的行为;二是当事人的违章行为和事故损害后果之间有因果关系。

路权原则和安全原则是认定交通事故的重要法律依据。在事故当事人都有违章行为,并且违章行为和事故发生有因果关系,又都有违反路权的行为,根据路权原则无法认定事故时,则根据交通法规中的安全原则来认定事故当事人的责任。交通事故认定的具体过程如图4-9所示。

2. 认定事故责任的规则

交通事故认定规则是供交通管理人员在认定交通事故责任时共同遵循的标准。交通事故认定规则为事故责任认定确定了统一的原则,有利于各地事故责任认定的一致性,从而为交通事故案件的处理质量提供保障。

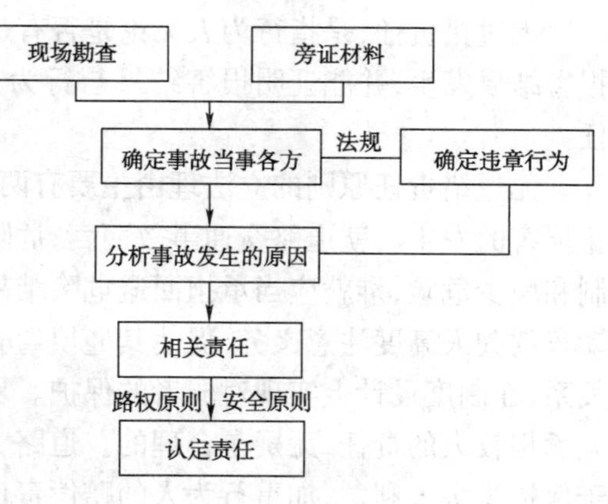

图4-9 交通事故认定程序图

在认定交通事故时,必须分清享有路权,以及因不履行义务而不享有路权和未履行安全义务但享有路权等不同情况,并将其与事故因果关系的分析结合起来。在事故责任认定工作的实践过程中,一般的惯例为:享有路权又履行了安全义务的当事人不负交通事故责任;侵犯他方路权的当事人一般负主要以上的事故责任;享有路权但未履行安全义务的当事人一般负次要交通事故责任;因不履行义务而不享有路权的当事人视具体情况可负主要以上也可负次要交通事故责任。这些惯例的原则是侵权者的责任要大于未尽安全义务者的责任,这是因为侵权者的违法行为往往是造成交通事故的主要原因。

交通事故认定的基本规则如下:

(1)交通事故认定定性的规则

第一,当事人无交通违法行为,不应负事故责任。

第二,当事人有交通违法行为但与事故发生无因果关系,不应负事故责任。

第三,当事人有违法行为且与事故发生有因果关系,应负事故责任。

(2)交通事故认定定量的规则

第一,交通违法行为扰乱了正常道路交通秩序,破坏了交通法规中有关各行其道和让行的原则,在引发事故方面起着主导的作用,即交通违法行为是交通事故的主要的直接的原因时,此当事人的责任相对要大于彼当事人。

第二,交通违法行为在事故的发生中只是促成因素并且起着被动的、或只起加重后果的作用,即交通违法行为是交通事故次要的、间接的原因时,此当事人的责任就要小于彼当事人。

当事人对交通事故认定不服的,可以在接到事故责任认定书后 15 日内,向上一级公安机关交通管理部门申请重新认定。交通事故责任只能重新认定一次,即为终结认定。

五、事故当事人的责任承担

交通事故发生后,公安机关交通管理部门要依据相关的法律法规确定当事人的责任,事故当事人应依法承担责任并进行赔偿。

1. 当事人责任确定的原则

不同的归责原则,对道路交通事故的实体处理有极大的影响。根据我国《道路交通安全法》的规定,在交通事故处理中当事人责任原则主要有:过错责任原则、无过错责任原则和推定过错责任原则。

(1)过错责任原则

所谓过错,是指行为人在实施行为时的主观心理状态,此种状态是通过行为人所实施的不正当的、违法的行为所表现出来的。过错是行为人在法律上应负责任的重要依据。

(2)无过错责任原则

无过错责任,是指行为人无论是否有过错都应当依法承担赔偿责任。适用此责任,只要有损害结果发生,并能证明损害结果与行为人的行为有因果关系,行为人就要承担民事赔偿责任。

无过错责任原则的立法理由主要有两点:一是加大高度危险作业者的注意义务,有利于防止损害的发生。就道路交通事故而言,危险来源于机动车一方,而不是行人一方。谁最能够控制和减少危险,谁就应当承担回避危险结果发生的责任。因此,在法律制度设计上应当赋予机动车驾驶人高度注意义务,促使其谨慎驾驶,尽可能避免损害发生。二是平衡当事人权利义务关系,在制度设计上实现对弱者的保护。从社会发展的角度看,要求机动车辆的所有人和使用人承担较大的责任,无疑是合理的。道路交通事故中运用无过错责任,其积极作用在于较有利于保护受害人利益,加重行为人的赔偿责任,能最大限度地预防事故的发生。

(3)过错推定责任原则

过错推定责任,是指受害人能够证明损害后果与行为人的行为有因果关系,而行为人不能证明自己没有过错和不具有免责事由,法律就推定行为人有过错,并推定其负侵权责任。过错推定实际上是过错责任的特殊表现形式,是在过错责任的基础上,通过实行举证责任倒置,加重行为人的责任,从而进一步保护受害人利益。道路交通事故责任适用过错推定责任原则,积极意义在于实行举证责任倒置,较有利于保护受害人利益,在一定程度上促使机动车辆所有人和驾驶人员更加注意交通安全,减少事故的发生。

2. 当事人责任确定的依据

机动车发生交通事故造成人身伤亡、财产损失的,由保险公司在机动车第三者责任强制保险责任限额范围内予以赔偿。超过责任限额的部分,按照下列方式承担赔偿责任:

(1)机动车之间发生交通事故的,由有过错的一方承担责任;双方都有过错的,按照各自过错的比例分担责任。

(2)机动车与非机动车驾驶人、行人之间发生交通事故的,由机动车一方承担责任;但是,有证据证明非机动车驾驶人、行人违反道路交通安全法律、法规,机动车驾驶人已经采取必要处置措施的,减轻机动车一方的责任。

(3)交通事故的损失是由非机动车驾驶人、行人故意造成的,机动车一方不承担责任。

3. 事故当事人的责任承担

(1)驾驶员违反交通法规或操作规程发生交通事故,由驾驶员负责;

(2)在教练员监护下学员驾驶车辆发生交通事故,由教练员和学员共同负责;

(3)驾驶员把车辆交给无证人驾驶发生交通事故,由驾驶员负责;

(4)怂恿驾驶员违章行驶,发生交通事故,由怂恿人和驾驶员共同负责;

(5)迫使驾驶员违章行驶(驾驶员已提出申辩无效)发生交通事故,由迫使人负责;

(6)行人、乘客违反交通规则而造成事故,由行人、乘客负责;

(7)因道路条件不符合技术要求而引起的交通事故,由道路工程和道路养护部门负责;

(8)因保修质量差,以及能够检查而没有检查,发生机械故障以致肇事,由有关人员负责;

(9)因例行保养不好,发生机械故障以致肇事由驾驶员负责;

(10)因交通指挥错误,发生交通事故,由交通指挥人员负责。

第四节　道路交通事故行政处罚

道路交通事故处罚属于道路交通管理行政处罚法律制度的重要组成部分。道路交通事故处罚可以分为两部分,一是行政处罚,一是刑事处罚。这里介绍道路交通事故的行政处罚,道路交通事故刑事责任在后面单独介绍。

一、道路交通事故行政处罚的概念

道路交通事故中的行政处罚,是公安机关交通管理部门依据道路交通管理法规,对造成交通事故的责任人所实施的处罚。简单地说,根据交通事故当事人的责任,给予适当的惩处,称为交通事故处罚。

道路交通事故对国家、集体财产和人民生命财产造成损害,因而应该在现场调查确认当事人责任的基础上,依照法律、法规、规章对交通事故责任者实施处罚,才能使当事人从中吸取深刻的教训,增强遵纪守法观念,提高全民守法意识。

道路交通事故行政处罚的特点主要体现在以下几方面:

(1)从处罚的原因上看,交通事故中公安机关交通管理部门实施处罚的原因,是由于交通事故的责任人违反道路交通管理法规的行为,造成了国家财产、人民的合法权益的损害后果。而其他道路交通管理行政处罚实施的原因,是行为人违反了道路交通管理法,妨碍了道路交通的安全和扰乱了国家道路交通的正常秩序,仅是违章行为构成的处罚。

(2)从处罚根据上看,道路交通事故行政处罚是以当事人造成的事故损害后果大,交通事故责任就大,处罚也就重,反之就轻的原则为根据,因而根据事故等级和交通事故责任将处罚分成三个等级,由重到轻分别规定处罚种类和幅度。

(3)从处罚原则上看,造成交通事故的责任者有两种以上违反治安管理行为的,分别裁决,合并执行。不仅对其交通违法行为进行处罚,还应对其造成交通事故的后果依法给予处罚,合并执行。合并执行的,拘留可以超过15日,罚款可以超过200元。

如果交通事故责任者同时有几个交通违法行为,而其中一个或几个交通违法行为与事故的发生无因果关系,对这些交通违法行为也要给予处罚。

(4)从处罚种类看,对交通事故责任者的处罚有:警告、罚款、拘留、暂扣或吊销机动车驾驶证五种。在实施处罚时,应根据处罚的原则、危害程度责任的大小,适当地选择运用,既可以运用一种处罚,也可以同时运用几种处罚。

(5)从处罚时机上看,对交通事故责任者进行行政处罚,应当而且只能在对事故全部情况调查核实,证据收集齐全,损失后果了解清楚,当事人责任认定完毕后,调解损害赔偿之前单独进行。但对于行政拘留的,如果案情需要可在现场勘查完毕后进行。对于追究刑事责任的,事实清楚,后果严重,可直接予以刑事拘留。

(6)从处罚程序上看,由于交通事故比一般交通违法行为危害严重而且已造成损害后果,一般不能运用治安处罚的简单程序,应执行普通程序,即经过传唤、讯问、取证、裁决四个阶段。

由于交通事故中的行政处罚重,因而一般不适用简易程序。在其他的道路交通管理安全违章行为的行政处罚中,由于行为人本身未造成损害,为了达到简单、便利,按照有关法律规定可以适用简易程序。而在交通事故的行政处罚中,由于处罚程度相对来说比较重,而且对于整个事态的发生、处理情况,道路交通安全管理机关要进行制作法律文书的工作,以便清晰反映事故的全过程,利于存查,也为以后的交通安全管理工作提供经验教训,严格依法办事,减少不必要的行政诉讼。所以,除了极少数案情简单、因果关系明确,当事人争议不大的轻微和一般事故,公安机关交通管理部门可以采用简易程序处罚外,其他交通事故中的行政处罚一般不能适用简易程序。对于事故的整个情况,必须用书面材料加以记载并反映在事故的文书档案中。

二、道路交通事故行政处罚的主要内容

1. 行政处罚措施的适用

造成道路交通事故,尚不够刑事处罚的,对其违法行为依据《道路交通安全法》和其他道路交通安全管理法规的规定处罚。与一般道路交通安全管理行政处罚的内容相同,符合《交通事故处理程序规定》规定行为的,还可以采取警告、罚款、暂扣或者吊销机动车驾驶证、拘留等措施。

(1)罚款和警告的适用

交通事故当事人有造成一般事故、负同等责任以下的情况的,或造成轻微事故、负有交通事故责任情况的,可以处以五十元以下罚款或者警告。

(2)拘留和罚款的适用

当事人造成交通事故后逃逸或者强迫机动车驾驶人违反道路交通安全法律、法规和机动车安全驾驶要求驾驶机动车造成交通事故，需要给予拘留，并由公安机关交通管理部门处二百元以上二千元以下罚款。

当事人造成交通事故后逃逸，尚不构成犯罪的，给予拘留处罚，并由公安机关交通管理部门处二百元以上二千元以下罚款。

(3)暂扣驾驶证的适用

交通事故当事人有下列行为之一的，对机动车驾驶员，并处暂扣1个月以上6个月以下机动车驾驶证：①造成重大事故，负次要责任的；②造成一般事故，负主要责任以上的；③造成一般事故，负同等责任以下的；④造成轻微事故，负有交通事故责任的。

暂扣机动车驾驶证的期限从处罚决定生效之日起计算；处罚决定生效前先予扣留机动车驾驶证的，扣留一日折抵暂扣期限一日。

(4)吊销驾驶证的适用

吊销驾驶证，是因当事人严重违反道路交通安全法规，车辆管理部门取消驾驶人驾驶资格的行政处罚。换句话说，吊销驾驶证是驾驶人犯了法，或者达到了犯罪的程度，而给予的一种行政处罚。吊销机动车驾驶证，对于驾驶员来说是一种仅次于拘留的、非常严厉的行政处罚。吊销机动车驾驶证是由公安机关交通管理部门强行收回驾驶证，并与其驾驶员档案一并予以注销，完全取消驾驶机动车辆的权利。

根据《道路交通安全法》和其他法律、法规的规定，交通事故当事人有下列行为之一的可以并处吊销机动车驾驶证：①因违反道路交通安全法律、法规，发生交通事故构成交通肇事罪，依法追究刑事责任的，由公安机关交通管理部门吊销机动车驾驶证。这里所说的"发生交通事故构成犯罪"，主要是指造成特大交通事故，致人重伤、死亡或者使公私财产遭受重大损失，驾驶员负次要责任以上的；或者造成重大交通事故，驾驶员负同等责任以上的，驾驶员都要负刑事责任，此时必须吊销其机动车驾驶证。②造成交通事故后逃逸的，吊销机动车驾驶证，并且终生不得重新取得机动车驾驶证。③道路交通违法行为人在十五日内未到公安机关交通管理部门接受处理。无正当理由逾期未接受处理的。

吊销机动车驾驶证有特定的适用主体和对象，即驾驶员驾驶机动车辆并且严重违反道路交通安全法规。对于违法行为事实清楚，公安机关交通管理部门需要按照一般程序处以吊销机动车驾驶证的，应当自处理之日起七日内作出处罚决定，出具行政处罚决定书，并且在作出处罚决定后十五日内，将公安交通管理转递书和机动车驾驶证转至核发地车辆管理所。

吊销机动车驾驶证从裁决之日起生效，吊销的期限也从裁决之日起计算，暂扣驾驶证的时间不能折抵吊销驾驶证的时间。被吊销机动车驾驶证的，二年内不准重新申请领取机动车驾驶证。吊销和注销机动车驾驶证的，其登记资料保留二年后销毁。

2. 行政处罚的程序

公安机关交通管理部门对交通事故责任者给予处罚时，应当制作决定书，分别送交当事人、被处罚人的工作单位和被处罚的机动车驾驶员户籍车辆管理部门。

交通警察对于当场发现的违法行为，认为情节轻微、未影响道路通行和安全的，应当口头告知其违法行为的基本事实、依据，向违法行为人提出警告，纠正违法行为后放行。

(1)简易程序

根据交通技术监控记录资料，对违法的机动车所有人、管理人或者驾驶人处二百元以下罚款的，公安机关交通管理部门可以按照《道路交通事故处理程序规定》，采用简易程序当场处罚和调解，但当事人不同意使用简易程序处理的，不适用简易程序。对违法行为人以简易程序处罚的，应当按照下列程序实施：①口头告知其违法行为的基本事实、拟作出的行政处罚、依据及其依法享有的权利；②听取违法行为人的陈述和申辩，违法行为人提出的事实、理由或者证据成立的，应当采纳；③制作简易程序处罚决定书；④简易程序处罚决定书应当由被处罚人签名、交通警察签名或者盖章、公安机关交通管理部门盖章；当事人拒绝签名的，交通警察应当在简易程序处罚决定书上注明；⑤ 将简易程序处罚决定书当场交付被处罚人；当事人拒收的，交通警察应当在简易程序处罚决定书上注明。

(2)一般程序

依照法律、法规规定对违法行为人作出二百元(不含)以上罚款、暂扣或者吊销机动车驾驶证、对单位处以罚款的，应当进行调查，收集证据，并按照一般程序作出处罚决定。按照一般程序作出处罚的，应当按照下列程序实施：①询问当事人违法行为的基本情况，并制作笔录；当事人拒绝接受询问、签名或者盖章的，在询问笔录上注明；②书面告知当事人违法行为的基本事实、拟作出的行政处罚、依据及其依法享有的权利；③对当事人陈述、申辩进行复核，复核结果应当在笔录中注明，由当事人签名、复核人签名或者盖章、公安机关交通管理部门盖章；当事人拒绝签名的，在笔录上注明；④制作公安交通管理行政处罚决定书；⑤公安交通管理行政处罚决定书应当由当事人签名、公安机关交通管理部门盖章；当事人拒绝签名的，交通警察应当当场在公安交通管理行政处罚决定书上注明；⑥公安交通管理行政处罚决定书应当在宣告后当场交付当事人；当事人不在场的，应当在七日内依照《公安机关办理行政案件程序规定》的有关规定，将公安交通管理行政处罚决定书送达当事人。

当事人对处罚不服的，可以在接到处罚决定书后 15 日内，向上一级公安机关申请复议；上一级公安机关在接到复议申请书后 30 日内，应当作出复议决定。当事人对复议决定不服的，可以在接到复议决定书后 15 日内，向人民法院提起行政诉讼。当事人申请复议、提起行政诉讼和公安机关复议的期限按照《道路交通安全法》有关规定计算。

3．道路交通事故处理程序中几个需要注意的问题

(1)处罚决定书的使用

公安交通管理行政处罚决定书应当载明被处罚人的基本情况、车辆牌号、车辆类型、违法事实和证据、处罚的依据、处罚的种类、处罚机关名称及依法享有的复议、诉讼权利等内容，并由被处罚人签名、交通警察签名或者盖章、公安机关交通管理部门盖章。

一人有两种以上违法行为的，分别裁决，合并执行，可以制作一份公安交通管理行政处罚决定书。造成交通事故，尚不够刑事处罚的，对其交通违法行为依照《道路交通安全法》和其他道路交通管理法规、规章的规定处罚，符合下列第一、二项的，处 10 日以上 15 日以下拘留或者 150 元以上 200 元以下罚款；符合下列第三、四项的，处 10 日以下拘留或者 50 元以上 150 元以下罚款；符合下列第五、六项的，处 50 元以下罚款或者警告。

①造成特大事故，负次要责任以上的；②造成重大事故，负同等责任以上的；③造成重大事故，负次要责任的；④造成一般事故，负主要责任以上的；⑤造成一般事故，负同等责任以下的；⑥造成轻微事故，负有交通事故责任的。对前款第一、二项的机动车驾驶员，并处吊销机动车驾驶证，对前款第三项至第六项的机动车驾驶员，并处暂扣 1 个月以上 6 个月以下机动车驾驶证。

从该条的规定中可以看出，公安机关交通管理部门对违法行为的处罚都可以分别裁决，合并处罚。如果对每一个裁决都要填三张处罚决定书，势必造成工作上的繁琐，所以合并处罚的

使用一张处罚决定书为好。

但处罚主体不一致的,应当分别制作公安交通管理行政处罚决定书。一人只有一种违法行为,同时并处两个以上处罚种类且涉及两个处罚主体的,应当分别制作公安交通管理行政处罚决定书。

(2)处罚的期限

公安机关交通管理部门应按《道路交通事故处理程序规定》中规定的期限对交通违法行为者作出处罚决定。①对违法行为事实清楚,需要按照一般程序处以罚款的,应当自处理之时起二十四小时内作出处罚决定;②处以暂扣机动车驾驶证的,应当自处理之日起三日内作出处罚决定;③处以吊销机动车驾驶证的,应当自处理之日起七日内作出处罚决定。

第五节　道路交通事故调解与损害赔偿

交通事故处理在于解决由交通事故引起的民事问题。既然是民事问题,自然避免不了有关民事权利和义务的争议,尤其在进入损害赔偿阶段,涉及经济问题的纠纷愈加突出。解决民事纠纷当然要遵循国家民法的基本原则,对于交通事故引起的经济纠纷,其中最切实可行的就是注重调解的原则。

一、道路交通事故的调解

公安机关交通管理部门处理交通事故,应当在查明交通事故原因,认定交通事故当事人责任,确定交通事故造成的损失情况,由交通事故当事人提出申请后,召集当事人和有关人员对损害赔偿进行调解。

1. 道路交通事故调解的概念和条件

(1)道路交通事故调解的定义

道路交通事故调解是指对交通事故经过调查研究,事故情节清楚,所需材料齐全,原因分析透彻,责任认定明确,伤者已治愈或者已作出医疗结论,直接经济损失已落实,交通事故损害赔偿权利人、义务人一致请求公安机关交通管理部门对损害赔偿进行的处理。

应该明确指出,公安机关交通管理部门的调解是行政调解,它与人民调解委员会的调解和人民法院的调解在性质上有所不同。人民调解委员会的调解是民间性质的调解,法院调解是司法性质的调解。对交通事故造成的损害赔偿纠纷,当事人可以请求公安机关交通管理部门调解,也可以直接向人民法院提起民事诉讼。

由于几种调解的性质不同,也就决定了它们在执行效力上的不同。总的来说,行政调解的执行效力要弱于司法调解的执行效力。虽然行政机关也拥有一定的行政强制措施,但是在方法和强制性方面受到一定的限制,这是对行政机关的合理约束。

(2)道路交通事故调解的条件

①公安机关交通管理部门进行的调解,必须在查明事故原因,分清事故责任,确定事故损失的情况下依照法定程序进行。这是公安机关交通管理部门进行调解的前提和事实根据。

道路交通事故调解是公安机关交通管理部门处理交通事故职责范围内的工作。按要求,公安机关交通管理部门应当指派二名交通警察主持调解。调解采取公开方式进行,调解时间应当提前公布,调解时允许旁听,但是当事人要求不予公开的除外。事故处理人员通知当事人和有关人员参加的调解,一般应使用书面通知,口头通知的须记载在调解记录上。

②交通事故损失必须由公安机关予以确认。

交通事故造成损失的确定必须在公安机关交通管理部门的主持下进行。可以请有关部门到场参加评损,也可以对所需要确定的车、物损失聘请有专业知识的人和单位进行评损鉴定。当事人各方无权自行确定。根据案件的需要此项工作只能由有关的司法部门进行,任何单位及个人均无权作出。这是法律赋予司法机关的权力。公安机关交通管理部门在确定损失时,可以要求当事人提出要求及提供损失财产的情况和价值依据,并对他们进行调查,对调查属实的予以确认。对人身损害的确定,主要由有关单位提供单据、证明等,如医院提供医疗单据,最后由公安机关交通管理部门确认。当然,如果采用简易程序调解损害赔偿,损失情况的确定、认定交通事故责任就需要简化。当事人在申请中对检验、鉴定或者交通事故认定有异议的,公安机关交通管理部门应当书面通知当事人不予调解。

2. 道路交通事故调解的时限

公安机关交通管理部门调解交通事故损害赔偿的期限为三十日。造成人员死亡的,从规定的办理丧葬事宜时间结束之日起开始;造成人员受伤的,从治疗终结之日起开始;因伤致残的,从定残之日起开始;造成财产损失的,从确定损失之日起开始。

公安机关交通管理部门应当与当事人约定调解的时间、地点,并于调解时间三日前通知当事人。口头通知的应当记入调解记录。调解参加人因故不能按期参加调解的,应当在预定调解时间一日前通知承办的交通警察,请求变更调解时间。

3. 道路交通事故调解协议及其处理

经调解达成协议的,公安机关交通管理部门制作调解书,各方当事人签名,加盖公安机关印章后,分别送交各方当事人。

调解书应当载明以下内容:①交通事故简要情况和损失情况;②各方的损害赔偿责任;③损害赔偿的项目和数额;④当事人自愿协商达成一致的意见;⑤赔偿方式和期限;⑥调解终结日期。

赔付款由当事人自行交接,当事人要求交通警察转交的,交通警察可以转交,并在调解书上附记。

经调解未达成协议的,公安机关交通管理部门应当制作调解终结书送交各方当事人,调解终结书应当载明未达成协议的原因。

调解书生效后,赔偿义务人不履行的,当事人可以向人民法院提起民事诉讼。当事人无正当理由不参加调解或者调解过程中放弃的,公安机关交通管理部门应当终结调解。

这里所说的"不履行",是指部分的不履行或者全部的不履行,包括不按履行方式和期限履行。因交通事故造成的损害赔偿,当事人需要提起民事诉讼的,应当向有管辖权的人民法院起诉,即向处理该交通事故的公安机关所在地的基层人民法院起诉。

通过司法程序解决当事人之间的赔偿纠纷,是处理纠纷的最终程序。经人民法院受理的交通事故损害赔偿案件,不论诉讼结果如何,当事人都不得再向公安机关请求处理,公安机关也无权再处理。

二、道路交通事故损害赔偿原则

道路交通事故的损害赔偿,就是交通事故的经济补偿,即是用经济的形式来补偿交通事故中受害者或其家属,以及受害单位因交通事故造成的经济损失。

1. 交通事故责任者如何承担事故造成的损失

交通事故责任者对交通事故造成的损失，应当承担赔偿责任。承担赔偿责任的机动车驾驶员暂时无力赔偿的，由驾驶员所在单位或者机动车的所有人负责垫付。但是，机动驾驶员在执行任务中发生交通事故，负有交通事故责任的，由驾驶员所在单位或者机动车所有人承担赔偿责任；驾驶员所在单位或者机动车所有人在赔偿损失后，可以向驾驶员追偿部分或者全部费用。

在一般情况下，交通事故责任者是赔偿主体，对交通事故造成的损失应当承担赔偿责任。这里所说的交通事故责任者，包括车辆驾驶人员、行人、乘车人以及其他在道路上进行与交通有关活动的人员。交通事故责任者造成他人损害，或者在造成自身损害的同时造成他人损害的，都应当承担赔偿责任。这里所说的"一般情况"，对于机动车一方是相对于"执行职务"的情况而言。非执行职务的情况，即机动车驾驶员在非执行职务的情况下，造成交通事故负有交通事故责任的，应当由本人承担民事责任，在本人暂时无力赔偿时，为了及时保护对方当事人的合法权益，在具体赔偿过程中，应当先由驾驶员所在单位或者该机动车的所有人负责垫付，然后向驾驶员追偿垫付的全部费用。如果机动车驾驶员与其驾驶的机动车不属于同一单位时，应当由使用机动车的受益单位首先垫付。之所以这样规定，是按民法通则的要求。详见《民法通则》第 43 条和最高人民法院《关于贯彻执行〈中华人民共和国民法通则〉若干问题的意见（试行）》中的规定。

"执行职务"，是指机动车驾驶员在工作或生产过程中履行驾驶职责的行为，其行为是受所在单位或者机动车所有人委派或者认可的。所谓"机动车的所有人"是指机动车行驶证上注明的单位和个人。

这里还有一个办私事的问题。如果办私事是经过本单位领导或机动车所有人批准的，那么也视之为"执行职务"；否则，视为非执行职务。私人车辆车主雇的驾驶员，发生事故，如果该驾驶员不是办私事，那么也视为"执行职务"，则应由该机动车所有人负责赔偿。

承担赔偿责任的驾驶员所在单位或者机动车所有人在赔偿损失后，可以根据驾驶员违章情节的轻重及本单位的规定或者有关合同，向驾驶员追偿部分或者全部费用。

2. 交通事故损害赔偿原则

交通事故责任者应当按照交通事故责任承担相应的损害赔偿责任。具有损害后果是道路交通事故的基本特征之一，有损害就应当赔偿。按照《民法通则》的精神，交通事故赔偿应该实行过错赔偿原则和无过错赔偿原则两种。

我国《道路交通安全法》针对机动车与机动车之间、机动车与非机动车驾驶人或行人之间的交通事故，分别确立了过错责任和无过错责任两种不同的归责原则。对于机动车与机动车之间发生的交通事故，采用过错责任原则；对于机动车与非机动车驾驶人或行人之间的交通事故，采用无过错归责原则。

(1)过错赔偿原则是指有过错方赔偿，无过错方不赔偿。交通事故责任大的就应当多承担损害赔偿责任，交通事故责任小的，就应当少承担损害赔偿责任，这就是我们常说的"以责论处"的原则。

道路交通事故处理，虽然没有具体规定交通事故责任者应当按照所负的交通事故责任大小赔偿固定数额，但按实践中的做法，一般是采用依交通事故责任的情况承担相应百分比的损害赔偿责任的方法。即：负全部责任的，承担 100%；负主要责任的，承担 60% ~ 90%；负同等责任的平均承担；负次要责任的承担 20% ~ 40%。各交通事故责任者承担的百分比例之和应等于 100%。如交通事故责任者为三方以上的，除都负同等责任的应平均承担外，其他的交通事故责任者应与承担的赔偿比例一致,赔偿比例之和也应当等于100%。

(2)无过错赔偿原则指的是根据法律规定,在某些侵权行为中,无论行为人主观上是否具有过错,都应当依法承担相应的责任的归责原则。此概念包含了以下几点内容:①无过错责任原则适用于个别侵权行为。过错责任原则是侵权行为法的基本归责原则,无过错责任原则是在特定领域为弥补过错责任原则不足而设定的原则,因此必须严格限制无过错责任原则的适用范围。②无过错责任原则的适用必须是法律明文规定。过错责任原则适用于一般侵权行为,而无过错责任原则只适用于特殊侵权行为。一般侵权行为在现实中数量大,类型化程度高,故法律可将之要件化,而特殊侵权行为数量少,类型化程度低,不适合将其要件化。故适用无过错责任原则必须有法律明确规定。③无过错责任原则不要求考虑行为人的主观过错。在判定行为人是否应当承担责任时,人民法院不应该考虑,也不能考虑行为人主观上是否具有过错。因为按照无过错责任原则的要求,无论行为人对造成的损害是否具有过错,都应当承担责任。④无过错责任原则不考虑行为人的过错,但应当考虑受害人过错。无过错责任原则的制度价值在于弥补受害人损失,尽管无需考虑行为人过错,但应当考虑受害人过错。在很多情况下,受害人过错往往可以成为行为人减轻责任的依据。

《道路交通安全法》确定了道路交通事故处理中无过错原则,该法律规定:不管是机动车之间、机动车与非机动车或行人之间发生交通事故的,首先由保险公司在机动车第三者强制责任限额内予以赔偿。这是由保险公司承担无过错责任的原则,意味着受害人对保险公司享有直接请求权;机动车与非机动车、行人之间发生交通事故的,由机动车一方承担责任。有证据证明非机动车驾驶人、行人有过错,机动车驾驶人已经采取必要措施的,减轻机动车一方的责任;对于交通事故逃逸,可以首先从国家设定救助基金中得到抢救费偿付。

《民法通则》第106条首先确认了过错原则,同时又规定了没有过错,但法律规定应当承担民事责任的,应当承担民事责任;在123条中进一步规定了无过错责任原则的适用条件,即从事高空、高压、高速运输工具等对周围环境有高度危险的作业造成他人损害的,应当承担民事责任;如果能够证明损害是由受害人故意造成的,不承担民事责任。结合这些规定可以看出,我国《民法通则》关于无过错责任原则的规定,是对过错责任原则的必要补充。这个无过错责任原则应当具备的条件是:无过错一方是相对的强者;受害人并非故意,但不排除其他过失。

《道路交通安全法》关于交通事故责任原则的确定,符合侵权行为法的发展趋势,体现了以人为本的思想。我国非机动车辆数量大,道路交通的实际情况往往是机动车与非机动车混行,客观上存在着机动车速度快,相对于非机动车来说是强者,容易给非机动车、行人一方造成严重损害。但是也不得片面强调机动车一方的赔偿责任,忽视有交通事故责任的非机动车或者行人一方应当承担的责任。

三、道路交通事故损害赔偿项目

交通事故损害赔偿规定以现行货币款值结算,并要求一次付清。我国《民法通则》第119条规定:侵害公民身体造成伤害的,应当赔偿医疗费、因误工减少的收入、残废者生活补助费等费用;造成死亡的,并应当支付丧葬费、死者生前抚养的人必要的生活费等费用。《最高人民法院关于审理人身损害赔偿案件适用法律若干问题的解释》第17条、18条第1款等规定赔偿项目大概共设16项之多。其具体的损害赔偿计算标准是:

1. 医疗费

医疗费是根据医疗机构出具的医疗费、住院费等收款凭证,结合病历和诊断证明等相关证据确定。医疗费应当包括住院医疗费和经医疗机构同意的转院医疗费及住院前门诊费和出院后在家休养治疗复查的医疗费和医疗机构应治疗而缺少的药物让受害人在医院外自购的医药费。

2. 误工费

误工费要根据受害人的误工时间和收入状况确定。受害人因致残持续误工的,要以医疗机构的医疗证明来确定。误工时间可计算到定残日的前一天。受害人有固定收入的,误工费按照可减少的收入计算。受害人无固定收入的按照其最近三年的平均收入计算。受害人不能举证证明其近三年的平均收入状况的,可以参照受诉法院所在地相同或相近行业上一年度平均工资计算。

3. 住院伙食补助费

住院伙食补助费可以参照当地国家机关一般工作人员的出差伙食补助标准予以确定。受害人确有必要去外地治疗,因客观原因不能住院,受害人、护理人员实际产生的住院费和伙食补助费用,其合理部分应予赔偿。

4. 护理费

护理费根据护理人员的收入状况和护理人数、护理期限来确定。护理人员有收入的参照误工费的规定计算;护理人员没有收入或雇佣护工的,参照当地护工从事同等级别护理的劳务报酬标准计算。护理人员原则上为一人,但医疗机构或者鉴定机构有明确意见的,可以参照确定人数。

5. 残疾赔偿金

残疾赔偿金根据受害人丧失劳动能力的程度或者伤残等级,按照受诉法院所在地上一年度城镇居民人均可支配收入或者农村居民人均纯收入标准,自定残之日起按20年计算。但60周岁以上的年龄每增加一岁减少一年;75周岁以上的,按5年计算。

6. 残疾辅助器具费

残疾辅助器具费按照普通器具的合理费用标准计算。伤情有特殊需要的,可以参照辅助器具配制机构的意见确定合理费用计算。辅助器具的更换周期和赔偿期限参照配制机构的意见确定。

7. 丧葬费

丧葬费按照受诉法院所在地上一年度职工平均月工资标准,以6个月总额计算。

8. 死亡赔偿金

死亡赔偿金按照受诉法院所在地上一年度城镇居民人均可支配收入或者农村居民人均纯收入标准,按20年计算。但60周岁以上的年龄每增加一岁减少一年;75周岁以上的按5年计算。

9. 被抚养人生活费

被抚养人生活费根据抚养人丧失劳动能力的程度,按照受诉人民法院所在地上一年度城镇居民人均消费性支出和农村居民人均年生活费支出标准计算。被抚养人为未成年人的,计算至18岁;被抚养人无劳动能力又无其他生活来源的,计算20年。但60岁以上的,年龄每增加一岁减少一年;75周岁以上的,按5年计算。

10. 交通费

交通费根据受害人及其必要的陪护人员因就医或者转院治疗实际发生的费用计算。交通费应以正式发票为凭据。

11. 住宿费

住宿费是指受害人及其陪护人员到外地就医、配制残疾器具的住宿费,包括因转院而某些客观原因而未住上医院而产生的住宿费用。住宿费的计算标准按国家机关一般工作人员的出差住宿标准计算。

12. 营养费

营养费根据受害人的伤残情况参照医疗机构的意见确定。

13. 精神损害抚慰金

精神损害抚慰金是指受害人或者死者近亲属遭受精神损害,受害人向人民法院请求赔偿精神损害抚慰金的。适用《最高人民法院关于确定民事侵权精神损害赔偿若干问题解释》予以确定。

14. 继续治疗费

继续治疗费是指治疗终结,定残之后还需要必要的康复治疗费,俗称今后治疗费用,应当包括器官功能的恢复训练必要的康复费用,适当的整容费及其他后继治疗费。继续治疗费的计算,可根据医疗证明或鉴定结论确定必然发生的费用。

15. 康复期护理费

护理期限应计算到受害人恢复生活自理能力为止。受害人因残疾不能恢复生活自理能力的,可以根据其年龄、健康状况等因素确定合理的护理期限,但最长不超过20年。受害人定残之后的护理应当根据护理依赖程度并结合配制残疾辅助器具的情况确定护理级别,计算护理费。

16. 其他合理费用

其他合理费用是指受害人在抢救治疗和亲属参加事故处理、丧葬事宜等所产生的一些误工费、差旅费、伤残鉴定费以及诉讼时的材料打印、复制费用等。

第六节　道路交通事故刑事法律责任

有法必依、执法必严、违法必究,是逐步健全社会主义法制的要求。在处理道路交通事故中,依法制裁犯罪者,维护法律的尊严,保障公民的合法权益,是公安机关交通管理部门的交通事故处理工作人员肩负的重任,因而交通事故处理工作人员必须在实践中通过对法律知识的学习,不断提高自己的执法水平。

一、交通肇事罪及其特征

为保证依法追究交通事故当事人的刑事责任,我们首先要正确认定交通肇事罪。我国《刑法》规定的交通肇事罪,是指违反交通运输管理法规,发生重大事故,致人重伤、死亡或者使公私财产遭受重大损失的行为。

交通肇事罪是危害公共安全罪的一种,是一种过失地实施危害不特定人的生命、健康和重大公私财产安全的行为。其主要特征表现在以下四个方面:

(1)交通肇事罪的主体为一般主体,主要是从事交通运输的人员,但非交通运输人员也能成为交通肇事罪的主体,其具体是指:

①直接从事交通运输业,驾驶各种交通工具的驾驶人员。这里的各种交通工具在我国包括机动车和非机动车。此外,非交通运输人员,如无证驾驶机动车的、行人或骑自行车人的交

通违法行为招致他人驾驶的交通工具发生重大交通事故的，如果触犯《刑法》第 133 条规定的，也按交通肇事罪定罪处罚。

②交通运输生产直接指挥人员，即担任交通运输生产业务领导职务并直接从事具体交通运输生产指挥的人员。这些人成为交通肇事罪的主体，是以驾驶人员服从与执行其错误命令造成重大交通事故为前提的。

③交通工具的维修、保养人员及对交通设施、设备负有检测、维修责任的人员等。

④单位主管人员、机动车辆所有人或机动车辆承包人指使、强令他人违章驾驶造成重大交通事故的，也以交通肇事罪定罪处罚。如果这些人在交通肇事后指使肇事人逃逸，致使被害人因得不到救助而死亡的，也以交通肇事罪的共犯论处。

(2)交通肇事罪在主观方面是出于过失，即交通肇事罪的主观方面必须是出于疏忽大意或过于自信的过失的心理态度。这里的过失是对道路交通事故损害后果的心理态度。但行为人在实施违反交通法规的行为时，则可以是故意的，这不影响交通肇事罪的成立。但如果行为人对交通违法行为所造成的严重后果持故意的态度，如行为人在交通肇事后为逃避法律追究，将被害人带离事故现场后隐藏或者遗弃，致使被害人无法得到救助而死亡或者严重残疾的，则以故意杀人罪或者故意伤害罪定罪处罚。

(3)交通肇事罪在客观上表现为违反交通法规而发生重大交通事故，致人重伤、死亡或使公私财产遭受重大损失的行为。违反交通法规的行为与事故损害后果之间必须有因果关系。

(4)交通肇事罪的客体是交通运输的正常秩序和交通运输的安全。在处理交通事故案件时，为依法追究事故当事人的刑事责任，还要注意划清交通肇事罪与非交通肇事罪的界限。划清罪与非罪的界限，在交通事故案件中主要体现在弄清当事人是否违反交通法规，违反交通法规的行为与事故后果是否有因果关系，主观上是否有过失的存在，损害后果是否造成人员重伤、死亡或公私财产重大损失。与交通肇事行为相比较，交通肇事罪只是在后果上不同。因此前者为一种违反治安管理的行为，应受到交通管理行政处罚，而后一种是违反刑法的犯罪行为，应受到刑罚的制裁。另外要把交通肇事致人重伤、死亡，同行为人利用交通工具故意伤害、杀人罪区别开来。

二、交通肇事罪的认定

刑事责任是依照刑事法律规定，行为人实施了刑事法律禁止的行为所必须承担的法律后果。根据最高人民法院、最高人民检察院 1987 年下发的《关于严格依法处理道路交通肇事案件的通知》，追究交通事故当事人的刑事责任，交通事故责任者是否应受到刑法的处罚，是由事故的后果和事故责任的等级二者结合而决定的。认定交通事故的责任者已经构成交通肇事罪，需要有一定的必要条件。这些必要条件是存在于我国《刑法》关于犯罪的有关规定条款中的。交通事故的责任者只有完全符合这些要件，才能符合《刑法》关于犯罪的规定，否则，犯罪不能成立。

1. 交通肇事罪认定的基本要件

交通肇事罪认定的基本要件有以下几方面：

(1)行为人必须具有违反交通运输管理法规的行为，即行为的违规性。这是构成该罪在客观方面的前提条件。行为的违规性就在于行为人违反了交通运输管理法规中所规定的各种交通规则、操作规程、劳动纪律等。这里的交通运输管理法规，主要是指为保证交通运输安全而制定的各种法律、法规，如《中华人民共和国道路交通安全法》、《中华人民共和国公路法》等。

如果行为人没有违反交通运输管理法规的行为，即不具有行为的违规性，而是由其他过错行为引起致人重伤、死亡或者公私财产重大损失的严重后果的重大交通事故，就不能认定为交通肇事罪；同时，如果行为违反了航空运输管理法规，发生重大飞行事故或者铁路职工违反铁路运输管理法规，发生重大铁路运营事故，造成致人重伤、死亡或者使公私财产遭受重大损失的，应分别认定为重大飞行事故罪和铁路运营安全事故罪，而不能认定为交通肇事罪。

(2)行为的违规性必须导致了重大事故的发生，致人重伤、死亡或者使公私财产遭受重大损失，即具有事故的重大性。这是构成交通肇事罪的实质性条件，也是区分交通肇事行为罪与非罪的关键。对于事故的重大性，应从以下方面进行理解：

①重大事故必须发生在实行公共交通管制的范围内，交通肇事罪具有时空性，也就是说重大交通运输事故必须发生在交通运输过程中以及与交通运输有直接关系的活动中。强调这一时空条件是因为交通肇事罪是一种危害公共安全的犯罪，这就决定了构成交通肇事罪所要求的重大事故必须发生在公共交通运输管理的环境中，只有具备了这个时空条件，所发生的重大事故才能破坏公共交通运输安全，危害公共安全，即危害不特定多数人的生命、健康和重大公私财产安全。如果在公共交通管理的范围以外，发生了与交通工具有关的重大事故，或者发生的重大事故与交通运输没有直接关系，则不构成交通肇事罪。正是基于这样的理念，最高人民法院在 2000 年 11 月 10 日《关于审理交通肇事刑事案件具体应用法律若干问题的解释》中规定："在实行公共交通管理的范围内发生重大交通事故的，依照刑法第 133 条和本解释的有关规定办理。在公共交通管理的范围外，驾驶机动车辆或者使用其他交通工具致人伤亡或者致使公共财产或者他人财产遭受重大损失，构成犯罪的，分别依照刑法第 134 条(重大责任事故罪)、第 135 条(重大劳动安全事故罪)、第 233 条(过失致人死亡罪)等规定定罪处罚。"

②行为人的违规行为必须导致重大交通事故发生，这是构成交通肇事罪的结果条件，即具有事故重大性。所谓重大交通事故是指发生撞车、翻车碰撞等事故。根据《关于严格依法处理道路交通肇事案件的通知》和其他责任事故罪的立案标准，重大事故具体是指死亡 1 人以上或者重伤 3 人以上，或者重伤 3 人以上情节恶劣、后果严重的，或者造成直接经济损失起点在 3 万元至 6 万元以上的。如果虽然发生交通事故，但危害后果没有达到如此"重大"程度的，便不构成交通肇事罪。

(3)行为人必须有故意或者过失的主观过错，并且行为的违规性与交通事故的损害后果有必然的因果联系。凡是犯罪主体对自己实施的危害行为及其危害结果，都抱有故意或者过失的心理状态。如果对自己实施的危害行为及其危害后果并不抱有故意或过失的心理状态，便不是犯罪主体。交通事故责任人对造成损害后果既无故意也无过失的，不能构成犯罪。

行为的违规性与事故的重大性之间具有刑法上的因果关系，这是行为人负交通肇事罪刑事责任的客观基础，是交通肇事罪应具有的因果性。行为人的违规行为这一原因直接引起了重大交通事故发生，造成了致人重伤、死亡或者公私财产重大损失的严重后果，两者之间存在着刑法上的因果关系，这是确定行为人承担刑事责任的客观依据。如果不具有刑法上的因果关系，即使发生了重大事故，也不能让行为人承担刑事责任。行为人的违规行为引起重大交通事故发生的危害结果是行为人承担刑事责任的客观依据，但并不意味着必然导致行为人负刑事责任，还要探究违规行为与重大危害结果发生之间的因果关系的具体情况。只有因果关系符合法律的规定，才能负刑事责任，否则，便不负刑事责任。

(4)在事故责任的等级方面，必须是要负主要或全部交通事故责任的当事人方可追究其刑事责任。如果当事人的交通肇事行为符合交通肇事罪的全部构成要件，但是负次要交通事故责任者，就可免于追究其刑事责任。因为交通事故往往是由各方当事人的过失造成的，根据《刑法》对于犯罪情节轻微不需要判处刑罚的，可以免于刑事处罚的规定，当事人负次要交通事故责任时，意味着情节轻微，事故主要是由对方的行为造成的，因此可免于追究刑事责任。另外，为了进一步打击交通肇事犯罪行为，最高人民法院于2000年11月21日公布的《最高人民法院关于审理交通肇事刑事案件具体应用法律若干问题的解释》规定，交通肇事致一人以上重伤，负事故全部或主要责任，并具有下列情形之一的，以交通肇事罪定罪处罚：①酒后、吸食毒品后驾驶机动车辆的；②无驾驶资格驾驶机动车辆的；③明知是安全装置不全的车辆而驾驶的；④明知是无牌证或者已报废的机动车的；⑤严重超载驾驶的；⑥为逃避法律追究逃离事故现场的。

(5)交通事故中犯罪者，必须达到法定责任年龄，并具有责任能力。

我国《刑法》中对刑事责任承担主体的年龄作了明确的规定，这对于某个人的危害社会行为构成犯罪是否追究法律责任有着重要意义，在认定交通事故犯罪时必须严格遵循。自然人辨认和控制自己行为的能力和对自己行为后果的认识是受年龄限制的，是随社会生活实践和所受教育时间的增长而逐渐增长的。只有当人达到一定年龄的时候，才具备比较成熟的辨别是非、善恶和自觉支配自己行为的能力，这时才能在实际生活中对自己的行为负责。对于未达到一定年龄的人，由于他们缺少社会经验和知识，缺乏辨别是非的能力，主要应进行教育，责令其家长或监护人对其严加管教，而不应对他们施用刑罚。特别是在交通事故的过失犯罪中更是如此。

交通事故中犯罪者还必须具备辨认自己行为的性质、控制自己行为的责任能力。在交通事故中，处于发病状态的精神病人、又聋又哑的人或者盲人以及其他丧失或部分丧失控制自己行为能力的人，由于自身的生理缺陷而造成了损害后果，他的行为即使已经构成了犯罪后果，也应当减轻或者免除处罚。一般在实践中，这些人对他人或社会造成严重危害的情况也较少。

醉酒的人在交通事故中构成犯罪，应当负刑事责任。因为醉酒而造成交通事故是犯罪人自己主观原因造成的，不是不可避免的。所以不能将醉酒状态视为无责任能力。

(6)符合条件的紧急避险行为，不能承担刑事责任。

在道路交通事故中，紧急避险行为的成立必须同时符合五个条件：即当事人不能有引起或促使险情发生的违章行为；必须是在公共利益、本人或者他人的合法权益遇到危险时；必须是危险正在发生的时候；必须是在迫不得已的情况下；不能超过必要的限度。依照《刑法》的规定，紧急避险，行为人不负刑事责任。因为他用损害较小利益的方法保全了较大利益。但是应当指出，在我国《刑法》中还特别规定："关于避免本人危险的规定，不适合于职务上、业务上负有特定责任的人"。机动车驾驶员负有保护车上他人生命财产安全、保障交通安全的特定义务和保证安全从事交通运输的职责，是在业务上负有特定责任的人。因而不适用刑法中关于避免本人危险而不负刑事责任的规定，机动车驾驶员不能借口避免本人危险而逃避履行自己应尽的职责。如果机动车驾驶员为了避免本人生命的危险而葬送了他人的生命或造成了财产严重损失，就是违反了法律的规定，也违背了社会主义职业道德规范，绝不能视为合法的紧急避险行为。

2. 交通肇事后逃逸行为的认定

交通肇事者在发生交通肇事后逃逸是司法实践中经常遇到的情况，这种情况对定罪量刑都有一定的影响。我国《刑法》第133条规定"交通运输肇事后逃逸或者其他特别恶劣情节的，处3年以上7年以下有期徒刑；因逃逸致人死亡的处7年以上有期徒刑。"

(1)交通运输肇事后逃逸的基本含义

根据《关于审理交通肇事刑事案件具体应用法律若干问题的解释》第 3 条的规定,“交通运输肇事后逃逸”有两种情况:

①属于交通肇事罪加重犯的逃逸。加重犯是相对基本犯和减轻犯的一种犯罪类别,是指刑法分则规定的在基本犯的基础上具有加重情节并加重刑罚的犯罪。构成加重犯的逃逸行为需具备以下三个条件:在客观方面,行为人交通运输肇事的行为已构成交通肇事罪,这是构成交通肇事罪加重犯的前提条件;如果行为人的行为尚未构成交通肇事罪,行为人即使逃逸,也不构成加重犯;在主观方面,行为人明知自己违反交通运输管理法规的行为已经发生了交通事故,这是构成加重犯的主观条件。如果行为人不知道自己的行为已发生交通事故而逃逸,则不在此列;在主观方面,行为人的逃逸行为还需具备逃避法律追究的目的。

②属于构成交通肇事罪情节的逃逸行为。根据《关于审理交通肇事刑事案件具体应用法律若干问题的解释》第 2 条第 1 款,交通肇事重伤 3 人以上(5 人以下),负事故全部责任或者主要责任的构成交通肇事罪。据此,可理解为交通肇事重伤 3 人以下,负事故全部责任或者主要责任的,不构成犯罪。但根据该条司法解释第 2 款的规定,交通肇事致 1 人以上(3 人以下)重伤,负事故全部责任或者主要责任,具有“为逃避法律追究逃离事故现场”的情节的,也应该认定为交通肇事罪。

(2)逃逸致人死亡的认定

《关于审理交通肇事刑事案件具体应用法律若干问题的解释》第 5 条规定:“因逃逸致人死亡,是指行为人在交通肇事后为逃避法律追究而逃跑,致使被害人因得不到救助而死亡的情形。”在认定因逃逸致人死亡时应把握以下几点:

①因逃逸致死的对象必须是行为人交通肇事行为致伤的人,而不是其他人。

②行为人对交通肇事行为致伤的人负有及时救助的义务,该义务是由于行为人的交通肇事这一先行行为,使法律所保护的“致伤的人”的身体健康、生命安全处于危险状态下而产生的义务,肇事者有能力实施救助而不实施救助行为致受伤的人发生了死亡的结果。

③行为人对受伤人员死亡的结果持过失心理,因疏忽大意而没有预见或者虽然预见但轻信能够避免,以致发生了受害人死亡结果的心理状态。这种过失的主观罪过形式是对肇事者的行为认定为交通肇事罪的关键。如果肇事者明知不实施对受害人的救助行为会发生受害人死亡的危害结果将被害人带离现场而逃逸,抱有放任这种危害结果发生的间接故意心理态度,则已超出交通肇事罪的界限。

④行为人逃逸行为与被害人死亡结果之间具有刑法上的因果关系。行为人逃逸行为与被害人死亡结果之间的因果关系主要有两种情况:一是行为人肇事行为致受害人受伤,但伤情不致引起死亡结果,肇事者逃逸后由于其他原因的介入引起受害人死亡的结果,这一结果与逃逸行为没有直接的必然因果关系,对肇事者只能按《刑法》第 133 条规定的第一个量刑幅度处罚。二是如果肇事者的行为使受害人伤势严重,若不及时救助,就会发生死亡的结果,在这种情况下肇事者逃逸后,由于其他介入的原因导致受害人死亡的结果发生,即肇事行为与肇事者逃逸行为是危害结果发生的主要原因,介入的原因只是死亡结果发生过程中的一个条件时,仍应认定为因逃逸致人死亡的情况。

三、交通肇事罪的刑事处罚

在交通事故中造成严重损害,以致构成犯罪,是交通事故责任人违法行为的必然结果。但

《刑法》规定:“情节显著轻微,危害不大的,不认为是犯罪。”在量刑时,“应当根据犯罪的事实、犯罪的性质、情节和对于社会的危害程度,依照本法的有关规定判处。”由此可看出,在交通事故中,认定罪与非罪,确定罪轻罪重都与犯罪的情节有着重要的关系。

所谓情节,在交通事故犯罪中是指违法行为和所犯罪行的实际情况。区别情节不同,就是要对行为人在实施犯罪时的具体情况造成的损害进行区分。例如,同样都是酒后驾车致他人死亡的犯罪案件,有一起是在道路上撞死过马路的行人,当时驾驶者还采取了打方向、踩刹车的措施,但因酒后动作迟钝未能避免;另一起是昏昏沉沉将车开进居民院子将他人挤死。这就是情节的不同。合法驾驶人发生交通事故与非法驾驶人开车肇事案件,正常交通事故与交通肇事逃跑案件,也都是情节的不同。在实际生活中,没有完全一样的犯罪。我们只有在实事求是的基础上,把握行为人在实施犯罪时的具体情况,才能恰当地对于交通事故中的具体犯罪进行认定,做到不枉不纵、不偏轻不偏重,保证国家法律的正确实施。

为了更好地在工作实践中维护法律的尊严,防止出现人为偏差,《刑法》第 133 条及《最高人民法院关于审理交通肇事刑事案件具体应用法律若干问题的解释》对交通肇事罪作出了具体的规定,将交通肇事罪分为三个处刑档次:

(1)交通肇事具有下列情形之一的,处三年以下有期徒刑或者拘役:

①死亡一人或者重伤三人以上,负事故全部或者主要责任的;②死亡三人以上,负事故同等责任的;③造成公共财产或者他人财产直接损失,负事故全部或主要责任,无能力赔偿数额在三十万元以上的。

(2)交通肇事后逃逸或者有其他特别恶劣情节的,处 3 年以上 7 年以下有期徒刑。“交通肇事后逃逸”是指行为人明知自己的行为造成了重大交通事故,为了逃避法律的追究而逃离交通事故现场的行为。交通肇事具有下列情形之一的,属于“有其他特别恶劣情节”:

①死亡两人以上或者重伤五人以上,负事故全部或者主要责任的;②死亡六人以上,负事故同等责任的;③造成公共财产或者他人财产直接损失,负事故全部或者主要责任,无能力赔偿数额在六十万元以上的。

(3)交通肇事后因逃逸致人死亡的,处 7 年以上有期徒刑。“因逃逸致人死亡”是指行为人在交通肇事后为逃避法律追究而逃跑,致使被害人因得不到救助而死亡的情形。

交通事故处理机关在认定犯罪时,必须坚持唯物主义和辩证法则,以对国家和人民负责的态度,对交通事故中责任者罪与非罪、此罪与彼罪和具体的情节进行认真研究,慎重行事,恰当认定犯罪。

第七节　道路外交通事故的处理

一、道路外交通事故的概念

《道路交通安全法》附则规定,“道路”是指公路、城市道路和虽在单位管辖范围但允许社会机动车通行的地方,包括广场、公共停车场等用于公共通行的场所。在上述这些场所发生的机动车交通事故必须严格按照《道路交通安全法》交通事故处理的规定执行。在上述场所以外的其他地方发生的交通事故,原则上应当作为普通民事侵权行为,由当事人通过诉讼或者单位的调解处理,不属于公安机关交通管理部门的管辖和职责范围,但如果当事人向公安机关交通管理部门报案的,公安机关可参照《道路交通安全法》的有关规定办理。

道路外发生的交通事故是指在法定的道路范围以外的场所发生的交通事故，既包括机动车造成的交通事故，也包括非机动车造成的交通事故。在道路以外发生的交通事故，主要是指在工厂、油田、农场、林场的专用道路，农村机耕道路，机关、学校、单位大院，车站、机场、港口、铁路道口、渡口、货场内以及住宅楼群之间不供公众通行的道路上发生的事故。

二、道路外交通事故处理规定

由于在道路以外的其他场所，没有交通规则的标准，对车辆和行人的交通行为很难进行违法性的认定和过错判断。根据《道路交通安全法》中关于“道路交通事故”的界定，我们可以看到，《道路交通安全法》对交通事故作出了道路交通事故和道路外交通事故的区分，并且在处理上也并不完全执行统一的标准。《道路交通安全法》中规定当事人没有违章而因疏忽大意或者操作不当等过错造成事故的，或者没有过错，仅仅因意外造成人身伤亡和财产损失的，都可以构成道路交通事故。这种对事故基础原因的扩展，使得公安机关在处理道路外交通事故上掌握的政策比以前更加接近处理道路交通事故的政策。这就为公安机关依照《道路交通安全法》的有关规定处理道路外交通事故作了更好的制度铺垫。

公安机关交通管理部门利用处理道路交通事故处理的经验和技术手段，协助勘查事故现场，提出事故的成因分析。对于道路外的交通事故，公安机关交通管理部门一般不能认定当事人的违法行为。当然，如果当事人的行为根据刑法的规定构成了犯罪或者构成违反治安管理处罚的行为，不论在道路上还是道路外，均要依法追究法律责任。

对于道路以外的场所发生的交通事故，其损害赔偿事宜，原则上由当事人协商解决，协商不成的，可以向人民法院依法提起民事诉讼。如果当事人要求公安机关交通管理部门进行调解，公安机关也不得推诿。

第八节　案例分析

[例 4-1]　保护交通事故现场

阎某驾驶一辆桑塔纳轿车由南向北沿主干道通过无信号控制的十字路口，遇到某外贸公司驾驶员刘某驾驶一辆送货的大货车自西向东通过此路口。由于雪天路滑，且双方车速都较快，虽然紧急刹车，但也无济于事，还是发生了碰撞，大货车车头被撞，阎某驾驶的桑塔纳车前边的风挡玻璃也撞得粉碎，阎某受了轻伤。事故发生后，刘某跳下车，保护现场，拦了一辆出租车，请一位路人将阎某立即送医院抢救，并用手机向公安机关交通管理部门报了案。

分析：

《道路交通安全法》第七十条第一款规定，在道路上发生交通事故，车辆驾驶人应立即停车，保护现场；造成人员伤亡的，车辆驾驶人应立即抢救受伤人员，并迅速报告执勤的交通警察或者公安机关交通管理部门。因抢救受伤人员变动现场的，应标明位置。乘车人、过往车辆驾驶人、过往行人应当予以协助。

在发生交通事故后，当事人有保护现场的义务。交通事故现场是反映交通事故发生的违章行为和演变过程的空间场所，会在现场遗留大量痕迹和物证，保护事故现场是保证交通警察现场勘验工作顺利进行，取得客观准确证据的前提，从而为准确鉴定事故责任，合情合理处理交通事故打下良好的基础。

本案中大货车司机刘某,雪天在路口与桑塔纳轿车相撞,马上下车保护现场,并拦车积极救助伤员,又用手机报警,为事故的积极处理尽了应尽的义务。

[例 4-2] 道路交通事故伪造现场

杜某驾驶轻型客车在无信号控制的十字路口由西向北转弯,遇陈某驾驶轻型货车由东向西通过路口,发生碰撞。调查中,陈某说轻型客车未开转向灯,在路口突然左转,而杜某及其乘车人则坚持说开了转向灯,是陈某抢行造成了事故。现场勘查表明,轻型客车左转向灯已被撞碎,灯丝断开,呈银白色,转向灯开关在左转位置上。显然,杜某供述不实,且在现场作了手脚,因为当转向灯亮着被撞破时,灯丝将由于氧化作用而变黑。杜某违反《道路交通安全法实施条例》第五十一条规定,承担事故全部责任;杜某因隐瞒事故的真相,伪造现场,被公安机关依法拘留五天,并被吊销机动车驾驶证。

分析:

《道路交通安全法实施条例》第五十一条第三款规定,向左转弯时,靠路口中心点左侧转弯。转弯时开启转向灯,夜间行驶开启近光灯。《道路交通安全法实施条例》第九十二条第二款规定,当事人故意破坏、伪造现场、毁灭证据的,承担全部责任。

本案中轻型客车司机杜某在无信号控制的十字路口左转弯时,违反了《道路交通安全法实施条例》转弯时开启转向灯的规定,负事故的主要责任。对于杜某的这种伪造现场的违法行为,法律的处罚是严厉的。杜某不但要承担他本应该承担的对这起交通事故的责任,而且其应当受到的处罚也会相应加重。

[例 4-3] 道路交通事故逃逸现场

一天黄昏,某国道上发生了一起交通肇事逃逸案。现场遗留下一具骑车人的尸体和轧坏的自行车,以及肇事车被撞落的右转向灯和肇事车所载的沙石。根据物证,交通管理部门认定,肇事车为一辆本地运输沙石的解放牌货车。通过去沙石场调查,找到肇事车(该车刚换了一个新的右转向灯,并对右叶子板进行了修复),将肇事驾驶员周某抓获。由于周某肇事后驾车逃逸,使得现场证据不足以认定各方当事人的责任,依照《道路交通安全法实施条例》第九十二条,周某应负此事故的全部责任,并依法从重予以处罚,判有期徒刑三年。

分析:

《道路交通安全法实施条例》第九十二条规定,发生交通事故后当事人逃逸的,由逃逸的当事人承担全部责任。

本案中周某交通肇事逃逸,违反了《道路交通安全法实施条例》第九十二条规定,承担全部责任。对于周某这种违法逃逸行为,法律的处罚是严厉的。杜某不但要承担他本应就该承担的对这起交通事故的责任,而且其应当受到的处罚也会相应加重。根据事故造成的后果不同,逃逸者可能受到罚款、治安拘留的处罚,如果造成人员死亡,往往还要追究逃逸者的刑事责任。

[例 4-4] 路面痕迹检验

郭某在朋友家喝完酒后,带着醉意沿机动车道南侧由西向东骑自行车回家,至肇事地段突然拐向马路中央,恰遇高某驾驶东风牌大货车由东驶来。高某赶紧制动并向右躲避,但因惯性作用还是将郭撞倒,使其抛向车前,头部受伤。肇事路段为东西走向,水泥路面,机动车道与非机动车道之间有花坛隔离。机动车道宽 14.1m,非机动车道宽 4m。汽车头西尾东停于路中间，右前轮距机动车道北边缘 5.1m，右后轮距机动车道北边缘 5.4m；左前轮距机动车道南边缘 6.5m，左后轮距机动车南边缘 6.2m。制动印长 10.1m，起点距机动车道南边缘 6.2m。从汽车保险杠正中西引 2.7m，有一面积为 $0.41m \times 0.38m$ 的血迹。汽车驻车、行车制动良好，喇叭、灯光及其他安全装置齐全有效。自行车车架变形，前后轮变形。

分析：

水泥路面的附着系数定为 0.75，根据现场上制动印的长度可估算出肇事车速：

$$
\begin{aligned}
v &= 15.95\sqrt{\varphi S} \\
&= 15.95\sqrt{0.75 \times 10.1} \\
&= 44\text{km/h}
\end{aligned}
$$

式中：v——制动时的车速，km/h；

φ——路面附着系数；

S——制动距离，m。

即汽车肇事时的行驶速度为 44km/h，没有违反《道路交通安全法实施条例》第四十五条规定。东风车宽 2.47m，机动车道宽 14.1m，制动印起点距机动车道南边缘 5.8m，显然肇事前汽车居中行驶，符合《道路交通安全法实施条例》第四十四条的规定。汽车在制动后期快停车时才撞上骑自行车的人，说明高某一直注意观察道路情况，没有疏忽大意的过失。制动印由东南向西北呈倾斜状，证明高某在制动前向右转了方向，避让措施得当。综上所述，高某没有违反《道路交通安全法实施条例》的行为，不负交通事故责任。郭某带着醉意骑自行车走机动车道，违反《道路交通安全法》第七十二条第三款不得醉酒驾驶的规定，是造成事故的根本原因，负事故的全部责任。

［例 4-5］ 车体痕迹检验

肖某驾驶小轿车由东向西行驶，至肇事地段一边与对向来车相会，一边超越路边同向骑小轮自行车的老妇人李某。会车结束后，肖某听到有人高声喊出事了，便停车观望，发现被超越的自行车向外倒于路边。骑车人李某头部着地受伤，经医院抢救无效死亡。调查中，肖某认为是骑自行车人技术不熟练、胆小自行摔倒，与己无关。

分析：

经过车体痕迹检验，虽然车体和人体衣着上均无明显的刮擦痕迹，但在汽车右后车门上发现了数根羊毛纤维，经技术鉴定确认与死者身上所穿的羊毛外套材质相同。从而表明小轿车会车时过于靠边，与骑车人有轻微接触，使其惊慌失措而摔倒，肖某负事故的全部责任。

［例 4-6］ 衣着痕迹检验

某公路弯道处发生了一起摩托车事故，骑车人宋某与车一起摔倒后，沿路面滑移近 30m，身体着地处血肉模糊，头部撞到了路缘石上，因未得到及时抢救而死于现场。

分析：

对死者衣着进行检验时发现，其上衣左上臂外侧有一从后向前的撕裂口，并附有绿漆，表明宋某并非自己不慎摔倒。将肇事逃逸驾驶员苏某抓获后，从其驾驶的解放牌大货车车厢右侧第一根绳钩上，发现了擦痕及与死者上衣材质相同的棉纤维。据此，认定苏某负事故的全部责任。

［例 4-7］ 车辆操纵机构运用情况检验

吴某驾驶解放牌大货车穿越村镇时，将一过路行人撞伤。村口设有限速 30km/h 的禁令标志，吴某自称未违反此规定。

分析：

验车时发现，该车变速器位于五挡，驻车制动手柄已拉到底。显然，解放车不应在五档的情况下，以 30km/h 的速度持续行驶，吴某供述不实。

［例 4-8］ 车辆安全装置技术状况检验

胡某驾驶大型客车沿下坡空挡滑行，当车速过快时，试图换低速挡减速未成，便采取制动措施。据胡某称：制动突然失效，在车速无法控制的情况下，向右转向靠撞在山壁上，以致造成车辆损毁、人员伤亡的重大事故。勘查表明，该车气压表的指示气压为零，未安装低压警报器，右前制动鼓撞裂，但发动机尚可发动，空气压缩机仍能工作，制动储气筒通往前轮的输气软管被撞断。为查明事故原因，办案机关会同有关技术人员，对该车制动系统的技术状况进行了全面检查。

分析：

通过对制动系统和相关部件的检查，该车制动效能基本合格。至于该车是否有突然制动失效问题，经过反复试验分析认定，制动失灵的原因是制动总泵中的双向阀门在放松制动时，由于尘粒支垫，使高压腔和大气连通，高压空气溢出。如高压空气溢尽，制动就会失效，连踩几下踏板也无用，只能重新充气。技术鉴定认为：这种情况是有可能存在的，但不是很突然的，气压有个泄漏过程，气压表是逐渐回到零位的，关键是驾驶员是否能及时发现。据此，认定胡某对本起事故负全部责任。

［例 4-9］ 道路几何参数检验

某新建公路通车后，在一弯道处连续发生数起翻车事故。

分析：

技术鉴定表明，该路段为反超高，其值如下（测量单位为 cm）：

$$
\begin{aligned}
i &= \frac{h}{L} \times 100\% \\
&= \frac{-1}{300} \times 100\% \\
&= -0.33\%
\end{aligned}
$$

该路段技术指标严重违反《公路工程技术标准》，是诱发事故的重要原因。据此判定公路部门承担了部分事故损失。

［例 4-10］ 路面附着系数检验

为确定某上坡路段的附着系数，用一辆带有校准过的车速里程表的汽车进行了两次制动滑行试验。

分析：

汽车沿上坡方向以 40km/h 的速度开始制动，两次制动滑行距离的平均长度为 9m，道路坡度为 3%，则其附着系数为：

$$\varphi = \frac{v^2}{254S} + i$$

$$= \frac{40}{254 \times 9} + 3\%$$

$$= 0.73$$

［例 4-11］ 人身状况检查

陈某因涉嫌酒后驾车肇事，由医院抽取其血液进行酒精检测，经 pH 顶空色谱仪测定，血样中乙醇含量为 2.1mg/100mL。

分析：

在正常情况下，人饮酒后两小时左右，血液中乙醇浓度达到高峰，然后因代谢作用开始下降，通常每小时下降 15mg 左右。事故发生在 18 时 10 分，抽血时间为 23 时 50 分，因此，事故发生时，陈某血液中乙醇的含量有可能在 60mg/100mL 左右，但陈某否认曾饮过酒。有关资料表明，由于生理反应，正常人血液中也可能含有乙醇。为查明事实真相，公安机关交通管理部门在陈某前一天未饮酒，当天早晨空腹的情况下，于事故发生后三十余日再次抽血检验。经测，其血样中乙醇含量仍为 2.0mg/100mL，据此排除了陈某酒后驾车的嫌疑。

［例 4-12］ 现场勘查记录

道路交通事故现场勘查笔录

事故时间：1992 年 8 月 5 日 10 时 50 分	接报时间：1992 年 8 月 5 日 10 时 55 分
事故地点：东区建设路 × × 公司门前	天气：晴。路面性质：沥青路面
开始勘查时间：1992 年 8 月 5 日 11 时 05 分	结束勘查时间：1992 年 8 月 5 日 12 时 0 分

分析：

东区建筑公司史某驾驶（× ×01-29462 号）带挂车的大型货车一辆，在东区建设路 × × 公司门口会车前，将同向行驶的市橡胶厂职工刘某所骑自行车撞倒，造成刘某当场死亡、自行车基本报废的重大交通事故。

勘查记录如下：

现场勘查人员李某、何某、向某、梁某等 4 人接报后，于 11 时 05 分到达现场并开始勘查。勘查记录如下：

1.现场道路状况

现场为东西走向的沥青路面，路面全宽 15m，快车道 7m，两侧慢车道各宽 1.6m、2.4m，摩擦系数为 0.7；道路平直，视线良好。

2.肇事车辆痕迹

(1)肇事大型货车带挂车，主、挂车均装载钢材共计 10 吨。该车肇事后头东尾西，停在快车道上，主车右前轮距南侧快慢车分道线 7.5m，挂车右后轮距南侧快慢车分道线 1.45m。

经勘查发现该主车右后轮胎外缘上有大面积擦痕，面积 50cm × 20cm。主挂车之间防护网前支架外侧距地面 98cm 高处有点状擦击痕，均为 2cm × 2cm。

挂车右侧前后均系单轮胎，宽 15cm，胎面花纹系烟斗形，挂车后轮胎面有一处碾轧布纹印，经与死者刘某黑色外上衣背部的轮胎花纹对比相吻合。

(2)自行车系"永久"牌男 26 黑色轻便车。该车肇事后头南尾北向左侧倒于快车道内，后轮距南侧快慢车道分道线 90cm。

经勘查发现自行车前轮胎面有一处擦击痕，面积为 20cm × 3cm，轮胎外缘左侧有二处擦痕，分别为 3cm × 3cm、6cm × 2cm。自行车把芯向左弯曲 26°，车把向下倾斜，后盖瓦圈、支架变形。

3.现场路面痕迹

(1)在快车道内路面上遗留有汽车后轮制动印长 6.5cm，挂车后轮制动印长 5.6cm，该轮制动印痕始点距南侧快慢车道分道线 1.4m。

(2)在自行车后轮西侧 2.3m 处地面上，有两条从东北向西南方向的自行车轮胎压轧印痕，始点一端在慢车道内，终点一端在快车道内，长分别为 1.2m、1.4m。在自行车后轮西侧地面上有两条呈半弧形自行车胎壁压轧痕，长 3.5cm，距快慢车分道线 0.7m。

(3)在挂车后方地面上有血迹一片。

4.车辆制动效能检验

肇事汽车经试验，制动距离过长，其制动效能不合格。

对事故目击者关某和当事人史某分别进行了询问和讯问。制作现场图 × 幅。拍摄现场照片 × 张。

勘查于当日 12 时结束，并恢复交通后撤离现场。

指挥员：李某　　勘查员：何某　向某　　绘图员：梁某

此现场勘查记录共 × 页　　第 × 页

［例 4-13］ 对事故受伤人员的救护

原告周某丈夫张某从安徽乘客车返回江苏省自己家途中，车行至某县境内时发生翻车事故，张某受伤。某县公安机关交通管理部门于该日凌晨将张某和其他伤员送往南京市某医院(下称某医院)治疗。治疗期间，某医院与公安机关交通管理部门联系，要求公安机关交通管理部门通知张某家属交医疗费及帮助护理。但公安机关交通管理部门没有答复，也未通知张某家属。后来，张某因医治无效死亡。张死亡后，某医院未通知公安机关交通管理部门，自作主张，让火葬场将尸体拉去火化，并表示不留骨灰。因张某没有回家，原告及其亲属四处打听张的下落，找到某医院后，才得知张已经死亡，又找到交通管理部门，从仓库中找到张某的提包及包中的身份证。在交警中队的调解下，原告亲属与交通事故责任方达成协议，由责任方一次性赔偿原告 22500 元。原告为找张某的骨灰几次与被告交涉，往返奔波于医院、火葬场，后方得知某医院未留下骨灰。此后原告看到当地晚报刊登的"大医院常受白看病困扰，有识之士呼吁建立社会急救基金"一文中，记载某医院急救中心副主任吴某讲到张某的病例时，认为如果有人前来探望并解决医疗费用，及时施行头颅手术，张某仍有存活的希望。原告十分悲痛和气愤，认为某医院对张某未采取有效的抢救措施(指实施头颅手术)，致其死亡；在张某死亡后，某医院又不通知交通管理部门，自作主张将尸体火化不留骨灰，致使家属精神上受到很大打击。该医院的行为侵犯了张某的生命健康权和原告悼念死者的权利。同时交通管理部门在处理交通事故过程中没有及时清点张某的财物，查找和通知其家属，也未及时解决医疗费用。故原告要求被告某医院及交通管理部门赔偿抚慰金 1 万元及其他经济损失。

分析：

《道路交通安全法》第七十五条规定，医疗机构对交通事故中的受伤人员应当及时抢救，不得因抢救费用未及时支付而拖延救治。肇事车辆参加机动车第三者责任强制保险的，由保险公司在责任限额范围内支付抢救费用；抢救费用超过责任限额的，未参加机动车第三者责任强制保险或者肇事后逃逸的，由道路交通事故社会救助基金先行垫付部分或者全部抢救费用，道路交通事故社会救助基金管理机构有权向交通事故责任人追偿。

本案中因该医院严重违反《道路交通安全法》第七十五条的规定，在张某住院救治期间没有进行手术,使张某经抢救无效死亡,并擅自让火葬场把尸体火化,并表示不留骨灰,其行为是违法的,因而医院应当承担相应的民事责任。此外,公安机关交通管理部门在事故处理过程中,没有清理散落在现场的财物,未积极查找伤者亲属,在医疗费用上也未主动与医院协商和安排,在肇事者明确的情况下,对医院关于送医疗费及来人护理的要求不予答复,公安机关交通管理部门的行为存在失职之处。因此,医院与公安机关交通管理部门分别应当承担相应的民事责任与行政责任。

[例 4-14] 对交通事故当事人的鉴定

李某是某市的私人运货驾驶员。某日,李某驾车去广州运货,路过毕天村。李某为了能够保证在路上安全驾驶,决定在该村的服务站休息,于是将该车停在服务站内。在李某吃过饭睡觉期间,该村村民张某发现了李某锁在车内的皮包。张某趁人们中午休息的时候,撬开了李某的车门,将该皮包拿走,但是张某发现皮包内没有任何现金,将该皮包抛弃离开。

该服务站的店家的小儿子孙某,自小就患有间歇性精神病。在该天的中午,孙某发现李某的汽车没有上锁,于是跳入该车内玩耍。不小心将车内的引擎打着,于是孙某将车开出服务站,开上道路,将村中的杨某撞死。

杨某的家属要求孙某赔偿损失。孙某的父亲认为,孙某在驾车的时候神智不清醒,所以他不能赔偿杨某死亡的损失。但是杨某的家属认为杨、孙两家素有仇恨,难保孙某的行为不是故意的。而且杨某的家属认为,李某也有过错,因为其没有将汽车锁好。而李某认为自己无论如何也没有过错。最后当事人之间一致同意交由交通管理部门处理此事。

交通管理部门在了解情况之后认为,李某在此事中是不负责任的;孙某有精神病是公认的,所以在本案中,孙某也不应当负责任;而孙某的家属应当对于孙某的行为负一定的责任。但是杨某的家属不同意交通管理部门的看法,坚持要求对孙某进行精神鉴定。交通管理部门认为杨某家属的行为是无理取闹,未予理睬。

分析:

《道路交通安全法》第七十二条第三款规定,对于当事人的生理、精神状况等专门问题的鉴定应当委托专门的机构进行鉴定。

本案中,杨某家属对于孙某的精神状况存有疑问,要求交通管理部门进行鉴定是有法律依据的。杨某家属可以以交通管理部门为被告提起行政诉讼,要求交通管理部门就本案作出鉴定。在本案中,李某可以说是一个受害者,所以对此次的交通事故李某不承担任何责任;孙某在本案中,即使在肇事时神智不清醒,作为孙某监护人的孙某的父亲仍然要承担一定的责任。如果能证明当时孙某的神智是清楚的而且是故意肇事,应当可以追究孙某的刑事责任。

[例 4-15] 装载事故责任认定

崔某驾驶满载石灰的五十铃牌自卸式大货车由北向南行驶,当超越顺行骑自行车人张某时,因路面不平汽车受颠簸,车上装载的石灰撒落顺风飞扬,将张某双眼迷住。张某疼痛中急忙下车,因双眼看不见而摔倒,致使左踝扭伤。

分析:

《道路交通安全法》第四十八条规定,机动车载物应当符合核定的装载质量,严禁超载;载物的长、宽、高不得违反装载要求。不得遗洒、飘散载运物。

本案中崔某违反《道路交通安全法》第四十八条规定,遗洒、飘散载运物,引发了本起交通事故,应当负全部责任。

[例 4-16] 倒车事故责任认定

孙某驾驶解放牌大货车由东向西行驶,至某大桥东侧时,遇一油槽车驶上桥。孙某因未及时靠边做好会车准备,以致无法通过,便将车停下,向后倒车,将同方向驶来、暂停于道路右边缘的小轿车撞坏。

分析:

《道路交通安全法实施条例》第五十条规定,机动车倒车时,应当察明车后情况,确认安全后倒车。不得在铁路道口、交叉口、单行路、桥梁、急弯、陡坡或者隧道中倒车。

本案中孙某违反《道路交通安全法实施条例》第五十条的规定,向后倒车未注意察明车后情况,在本起交通事故中应负全部责任。

[例 4-17] 停车事故责任认定

一天黄昏,黄某将解放牌大货车驶入山角的转弯处,停在路边,下车去路边水沟打水,未开示廓灯和尾灯。此时,一辆尼桑车驶来,当其驾驶员突然发现路边停放的解放牌大货车时,赶忙左转方向,并紧急制动,但由于车速快,距离过近,尼桑车右前部撞凹一大块,车内一人受重伤,解放车左后部严重受损。

分析:

《道路交通安全法》第五十六条第二款规定,在道路上临时停车的,不得妨碍其他车辆和行人通行。

本案中黄某违反《道路交通安全法》第五十六条规定,夜晚在视距不良的弯道处临时停车,形成路障,影响其他车辆的正常通行,且未开示廓灯和尾灯;尼桑车速度过快,驾驶员瞭望不周。因而在本起交通事故中双方负同等责任。

[例 4-18] 掉头事故责任认定

李某驾驶解放牌大货车,在划有上、下行共 6 条机动车道的城市主干道上,由北向南沿大型机动车道行驶,至肇事地段时向北掉头。此时叶某驾驶两轮摩托车在小型机动车道内由北向南驶来。李某未注意避让摩托车,致使叶某来不及采取相应措施,与汽车相撞,造成重伤。

分析:

《道路交通安全法实施条例》第四十九条第二款规定,机动车在没有禁止掉头或者没有禁止左转弯标志、标线的地点可以掉头,但不得妨碍正常行驶的其他车辆和行人的通行;《道路交通安全法实施条例》第四十四条规定,在道路同方向划有 2 条以上机动车道的,左侧为快速车道,右侧为慢速车道。在快速车道行驶的机动车应当按照快速车道规定的速度行驶,未达到快速车道规定的行驶速度的,应当在慢速车道行驶。摩托车应当在最右侧车道行驶。

本案中李某在车流量大、容易发生危险的城市主干道上随意掉头,违反《道路交通安全法实施条例》第四十九条的规定;叶某违反《道路交通安全法实施条例》第四十四条“摩托车应当在最右侧车道行驶”的规定,使两台车未能在空间上错开。双方均违反了路权原则,因此在本起交通事故中事故双方负同等责任。

[例 4-19] 追尾事故责任认定

李某驾驶解放牌大货车以 50km/h 的速度由南向北行驶,至肇事地段听见车厢内的搭车人张某敲驾驶室顶,便紧急停车。尾随其后的另一解放牌大货车刹车不及,撞在前车的尾部,车头严重损坏,驾驶员周某负轻伤。

分析:

《道路交通安全法》第四十三条规定,同车道行驶的机动车,后车应当与前车保持足以采取紧急制动措施的安全距离;《道路交通安全法实施条例》第六十三条第五款规定,路边停车应当紧靠道路右侧,机动车驾驶人不得离车,上下人员或者装卸物品后,立即驶离。

本案中周某违反《道路交通安全法》第四十三条规定,跟车过近,未保持必要的安全距离,在本起交通事故中负主要责任;李某违反《道路交通安全法实施条例》第六十三条规定,发现情况时,未逐渐减速靠右,反而突然将车停在路中间,在本起交通事故中负次要责任。

[例 4-20]　横滑事故责任认定

张某驾驶五十铃油罐车,以 60km/h 的速度驶至肇事地段时,发现前方同方向行驶的小轿车在减速,由于跟车过近,张某便向左转向避让。此时,恰遇一辆大客车从对面驶来。张某只好紧急制动,因路面上覆盖着一层薄冰,汽车发生侧滑,与大客车相撞,造成 9 人死亡、10 人重伤、13 人轻伤的特大交通事故。

分析:

《道路交通安全法实施条例》第四十六条第四款规定,在冰雪、泥泞的道路上行驶时,最高行驶速度不得超过每小时 30 公里,其中拖拉机、电瓶车、轮式专用机械车不得超过每小时 15 公里;《道路交通安全法》第四十三条规定,同车道行驶的机动车,后车应当与前车保持足以采取紧急制动措施的安全距离。

张某违反《道路交通安全法实施条例》第四十六条和《道路交通安全法》第四十三条规定,在冰雪道路上超速行驶,未与前车保持必要的安全距离,以致发生险情,不得不使用紧急制动,从而引起侧滑,造成事故,在本起交通事故中负事故全部责任。

[例 4-21]　变更车道事故责任认定

王某驾驶二轮摩托车在大型机动车道内由北向南行驶,行至肇事地段,突然向左(没开转向灯)驶入小型机动车道内。此时,张某驾驶小客车正以不低于 70km/h 的速度在小型机动车道内驶来,当发现此情况时,两车相距仅十余米,在紧急制动并向左打方向躲闪之中,汽车右前角撞上摩托车,致使王某重伤,送医院后死亡。

分析:

《道路交通安全法实施条例》第五十七条第一款规定,向左转弯、向左变更车道、准备超车、驶离停车地点或者掉头时,应当提前开启左转向灯。

王某违反《道路交通安全法实施条例》第五十七条规定,变更车道时未开转向灯,在本起交通事故中负主要责任;张某违反《道路交通安全法实施条例》第四十五条规定,超速行车,在本起交通事故中负次要责任。

[例 4-22]　与自行车有关的事故责任认定

鲁某驾驶小客车沿 107 国道以 70km/h 的速度由东往西行驶,至肇事地段,在前方与其顺行骑自行车的曹某突然由北往南斜穿公路。鲁某紧急制动后,汽车前部将曹连人带车撞倒。曹某因伤势过重,经医院抢救无效死亡。

分析：

《道路交通安全法实施条例》第七十二条第四款规定，在道路上驾驶自行车、三轮车、电动自行车、残疾人机动轮椅车，转弯前应当减速慢行，伸手示意，不准突然猛拐，超前车时不得妨碍被超越的车辆行驶。

本案中曹某违反《道路交通安全法实施条例》第七十二条"转弯前应当减速慢行，伸手示意，不准突然猛拐"的规定，临路横穿，在本起交通事故中负全部责任。

［例 4-23］ 与行人有关的事故责任认定

李某驾驶大客车沿某公路由南向北行至肇事地段，将车停在路边下客，乘客离车后，关门起步。此时，杨某从远处跑步追赶已慢速行驶的汽车，企图让车停下后搭乘。杨某在临近车中部欲拍车身时，不慎摔倒，被大客车右后轮轧过死亡。

分析：

《道路交通安全法实施条例》第七十四条第三款规定，行人不得有追车、抛物击车等妨碍道路交通安全的行为。

本案中杨某违反《道路交通安全法实施条例》第七十四条规定，追赶行进中的机动车，在本起交通事故中负全部责任。

［例 4-24］ 交通事故认定书

某局交通科的驾驶员胡某驾驶小客车，在去往首都机场接人的途中，以 70 多 km/h 的速度由西向东行驶至望京村附近，此时正好有某厂驾驶员吴某驾驶救护车送孕妇任某和助产护士李某二人到妇产医院，由东向西行驶。当双方车辆相距 40m 左右时，吴某发现胡某的车从对面行驶过来，即减速相让。此时，他感觉车身不稳，便采取向右打轮措施，但是由于车速比较快、路面有水，停车不及，同胡某的车发生相撞。

事后，交通管理部门对现场进行了勘验和分析。现场道路系东西方向沥青路面，路面状况良好。交通管理部门同时对于车身的一些划痕作了比较细致的检查，最后认为：吴某系驾驶不合格的救护车，并因措施不当，驶入逆行线。此外，行政规章规定，救护车在执行救助的任务时，应当减速行驶，但是，在当天下雨路面比较滑的情况之下，吴某仍然以 60 多 km/h 的速度行驶，这是事故的主要原因。而胡某当时驾车的速度是 70 多 km/h，也超过了该路段限速，因此，对于交通事故的发生也有一定的责任。

交通管理部门对此出具了交通事故认定书，对当事人之间的责任进行了认定。但是，在交通事故认定书中，并未说明事故的基本事实和形成原因，而是直接对于当事人之间的责任划分作出结论。此后，在胡某对吴某起诉要求民事赔偿的过程中，吴某抗辩说交通管理部门的交通事故认定书有问题，他个人不同意这个交通事故认定书的意见。

分析：

《道路交通安全法》第七十三条规定，公安机关交通管理部门应当根据交通事故现场勘验、检查、调查情况和有关的检验、鉴定结论，及时制作交通事故认定书，作为处理交通事故的证据。交通事故认定书应当载明交通事故的基本事实、成因和当事人的责任，并送达当事人。

在本案中交通管理部门对交通事故作了比较详细的认定和勘测，但是，由于具体办案人员的疏忽，没有在事故认定书中对事故的形成原因等问题作出说明，因此，本案中的事故认定书在内容上不符合《道路交通安全法》的规定，交通管理部门应当改正在工作中的失误。

［例 4-25］ **与乘车人有关的事故责任认定**

范某搭乘一小型公共汽车去省城，因道路不平，行至肇事地段，范某觉得恶心要吐，于是赶忙拉开车窗，将头伸出窗外。正在此时，一东风牌大货车与小客车会车，东风车风驰电掣而过。范某头部撞到了大货车货箱左前角上，当即死亡。

分析：

《道路交通安全法实施条例》第七十七条第四款规定，乘车人乘坐机动车，在机动车行驶中，不得干扰驾驶，不得将身体任何部分伸出车外，不得跳车。

本案中范某违反《道路交通安全法实施条例》第七十七条"在机动车行驶中，不得将身体任何部位伸出车外"的规定，在本起交通事故中负全部责任。

［例 4-26］ **道路交通事故损害赔偿**

某联运公司与保险公司订立雇主责任保险合同，保险对象为联运公司所雇佣的 66 名驾驶员。每人死亡赔偿限额是 60 个月工资，永久性伤残赔偿限额为 72 个月工资(每人每月按 1500 元计算)。投保人按保险单约定交纳保险费。某日，联运公司驾驶员任某驾驶一辆大货车载货前往北京途中，同另一辆迎面驶来的货车相撞，造成任某本人受伤及乘坐在驾驶室内的另一驾驶员祝某、对方货车驾驶员张某受伤和一行人贾某当场死亡的重大事故。经交警部门现场勘查认定，驾驶员任某违章是造成本起事故的主要原因，任某应负本起事故主要责任；张某也有过失，负次要责任。交警部门进行事故调解，最后决定由联运公司赔偿祝某误工费、住院伙食补助费、护理费、医疗费、8 级伤残生活补助费共计 37027.89 元；联运公司一次性补助贾某家属 72000 元，作为贾某的死亡补偿费、丧葬费、被抚养人生活费。任某、张某的损失勿需联运公司负责；三方当场签订《道路交通事故损害赔偿调解书》。

分析：

《道路交通安全法》第七十六条规定，机动车发生交通事故造成人身伤亡、财产损失的，由保险公司在机动车第三者责任强制保险责任限额范围内予以赔偿。超过责任限额的部分，按照下列方式承担赔偿责任：

(一)机动车之间发生交通事故的，由有过错的一方承担责任；双方都有过错的，按照各自过错的比例分担责任。

(二)机动车与非机动车驾驶人、行人之间发生交通事故的，由机动车一方承担责任；但是，有证据证明非机动车驾驶人、行人违反道路交通安全法律、法规，机动车驾驶人已经采取必要处置措施的，减轻机动车一方的责任。

交通事故的损失是由非机动车驾驶人、行人故意造成的，机动车一方不承担责任。

机动驾驶员在执行任务中发生交通事故，负有交通事故责任的，由驾驶员所在单位或者机动车所有人承担赔偿责任。

我国实行机动车第三者责任强制保险制度，但是并不是车辆发生了交通事故，保险公司就要赔偿全部的损失，而是保险公司根据投保人所投保的险种来确定保险公司应当负担多少保险费用。本案中，投保金额是 90000 元，联运公司实际上应当承担的祝某和贾某赔偿数额超过了 90000 元，超出的部分由联运公司来承担。

［例 4-27］ **道路交通事故损害赔偿的主体**

徐某系某单位专职驾驶员，一天下班后，将公司客货两用车私自开回家使用，用后便停在自家院内。当晚,鲁某在该市被汽车撞伤,经交警队调查,证实徐某开回家的客货车即为肇事车。徐某事后自称,当晚听见汽车发动声,且第二天早上,发现停车位置变动,后视镜损坏,但没在意,也没向有关部门反映。

分析:

汽车是高速运输工具,行驶中对他人的生命健康和公私财产有潜在危险。故对汽车应严加保管,避免他人偷开肇事,危及公共安全。徐某身为驾驶员,将公家的汽车开回家中私用并放在家中,即对该汽车产生保管的义务。由于其没有认真履行保管义务,致使车被人偷走后肇事。所以,徐某对事故的后果应负有连带的民事责任。在肇事者归案前,如果让受害人自己承担经济损失,显失公平。因此,由徐某承担连带赔偿责任,赔偿鲁某的全部经济损失。《民法通则》第八十七条规定:"债权人或债务人一方人数为2人以上的,依照法律的规定或者当事人的约定,享有连带权利的每个人,都有权要求债务人履行义务;负有连带义务的每个债务人,都有清偿全部债务的义务,履行了义务的人,有权要求其他负有连带义务的人偿付他应当承担的份额。"故在肇事者被抓获归案后,徐某有权要求肇事者偿付其应承担的赔偿金额。

[例4-28] 故意犯罪的道路交通事故刑事责任追究

郭某与本单位职工黄某一起喝酒后,用石块将一辆停放在路边的解放牌油罐车的车锁砸开,由其驾车在公路上以60km/h的速度行驶。至肇事地段,将骑自行车靠右正常行驶的杨某撞成重伤。郭某发现撞人后,不但不停车抢救,反而驾车逃跑,在车辆、行人众多的街道上高速行驶,因车速太快,至一小桥处时碰撞翻车,郭、黄二人弃车逃跑,后被公安人员抓获。

分析:

郭某在第一次撞人时,其主观心理是一种过于自信的过失,认为自己有能力驾车,结果由于驾驶技术不熟练,致使一行人重伤,无疑构成交通肇事罪。其后,郭某为逃离现场,在已认识到可能产生严重后果的情况下,不顾他人死活,在行人众多的大街上驾车高速行驶,接连致人死亡,并造成翻车,构成危害公共安全罪,加上其偷车行为,应实行数罪并罚。

[例4-29] 不符合紧急避险条件的道路交通事故刑事责任追究

何某驾驶解放牌大货车运煤,以50km/h的速度在道路中间行驶。至某集市时,与一大型拖挂车相会。为避免两车相碰,何某在未减速的情况下向右猛转转向盘,致使前轮掉入排水沟;并撞击架在排水沟上的石块,使汽车起跳。何某为使汽车前轮跳出排水沟,又加大油门,将转向盘向左猛打,因车速快,惯性大,汽车从公路右侧拐到公路左侧,将路边货摊与行人撞翻,造成1人死亡、3人重伤、5人轻伤,经济损失2万余元。

分析:

《道路交通安全法实施条例》第四十八条第一款规定,在没有中心隔离设施或者没有中心线的道路上,机动车遇相对方向来车时应当遵守减速靠右行驶,并与其他车辆、行人保持必要的安全距离。

在本案中,有人提出,何某为避开两车相撞,而采取向右转转向盘的措施,误入排水沟。其后,为使自己的车辆不造成翻车,并爬出排水沟,又不得不加大油门,向左转转向盘,两个行为都是为避免事故发生,应属紧急避险行为。本案中何某在与对向来车进行正常会车时,违反《道路交通安全法实施条例》第四十八条规定,靠右时未减速,且转方向过急是引起险情的直接原因。当汽车前轮落入水沟,在公路左侧有行人和摊贩的情况下,加大油门向左猛冲的做法,何某作为职业驾驶员是能预见到这种操作方法后果的，但他轻信可以避免，以致酿成严重恶果。因此，何某在客观上有违反交通法规的行为，在主观上有过失，并已造成死伤多人和重大经济损失的严重后果，构成交通肇事罪。

［例 4-30］ 路外交通事故的处理

2004 年 11 月中午，在北京某驾校教练场内，一名女学员在学开车时，踩刹车却错踩了油门，竟把车斜前方的教练撞倒，教练经抢救无效死亡。

当时这名女学员甲开着大货车练习贴库倒库，开了一段时间后，教练乙下了车，跟在货车旁边让甲继续练习。教练乙当时让甲练倒挡，她无意中挂了前进挡，于是乙让她停车。此时货车离墙十几米，乙一边说一边跟着车跑，当他跑到车的斜前方时，没想到女学员甲突然踩到了油门，乙躲闪不及，被撞到了前方的墙上。车头部位被撞瘪，挡风玻璃被震碎，学员甲也吓傻了。在场的人赶紧拨打 120 急救电话，把乙送到医院。下午五六点钟，乙因抢救无效死亡。

分析：

女学员甲的行为不构成犯罪，本案应属于意外事件。

(1)女学员甲的行为不构成交通肇事罪。根据《道路交通安全法》第一百一十九条对“道路”和“交通事故”的界定，“道路”是指公路、城市道路和虽在单位管辖范围但允许社会机动车通行的地方，包括广场、公共停车场等用于公众通行的场所；“交通事故”是指车辆在道路上因过错或者意外造成的人身伤亡或者财产损失的事件。很显然，本案不属于道路交通事故，因此女学员也不构成交通肇事罪。

(2)女学员甲的行为不构成过失致人死亡罪。《刑法》第二百三十三条过失致人死亡罪所规定的过失是指行为人主观上对其行为导致的后果应当预见，由于其疏忽大意而没有预见或者已经预见但对自己过于自信，轻信可以避免，即包括过于自信和疏忽大意的过失。从案情来看，甲的行为显然不属于过于自信的过失，因为她是初学者，甚至连挡位、刹车、油门的位置都不熟悉，根本谈不上自信。至于其是否属于疏忽大意的过失，则要从更细致的角度来分析。笔者认为从以下两个方面可以排除其主观上的疏忽大意：①是否属于疏忽大意，是以公众对某件具体的事情可预见性的程度作为评判标准。凡是初学车的人，都有踩错油门挂错挡的经历。因此，公众会认为学员在学习期间踩错油门挂错挡，是一个难免的技术错误，已经不属于疏忽大意的范畴。②甲挂错挡和车即将撞墙时思维已经紊乱，她更是无法预见教练会突然出现在车前的情况。当这种突如其来的事情发生时，她本想踩刹车，却踩到了油门。可以想象那一瞬间，甲的大脑已经无法正确控制其行为。因此，甲主观上已经不是什么属于疏忽大意的问题。既然从以上两个方面无法认定甲主观上存在过失，因此甲不构成过失致人死亡罪。

(3)女学员甲的行为不构成犯罪。本案定性的最大争议在于该学员在主观上是否存在疏忽大意的过失。而确定疏忽大意的过失的存在，必须把握两点：一是行为人具有特定的预见义务；二是在特定情况下行为人有足够的预见能力。就本案而言，第一，预见义务显然应由学员、教练和驾校三方共同承担，而足够的预见能力对学员来讲尚属于到驾校学习的内容之一，无论是预见危害后果的能力还是在现实危险的情况下避免危害结果的能力，对学员来讲都还是过高的要求，特别是还不能把这种学员方面的预见义务上升到为刑法调整的范畴。第二，女学员不存在《刑法》第十五条规定的过失，原因是女学员在培训活动中是一个非专业人员，她对于驾驶学习过程中发生的危险无法充分预见，且对于预见到自己操作行为的危害性并控制危险行为的能力也比较低。对于驾校学员，教练、驾校包括有点常识的老百姓都清楚，这些人绝对是潜在的“不稳定因素”。有鉴于此,在驾驶培训中对于危险或损害结果有注意义务的是培训机构及其指派的培训人员,而不是学员。本案中出现的这种损害结果正是培训机构和培训人员应当预见并采取积极措施防范的,而不是女学员所要预见的义务范围。第三,女学员在学习过程中出现操作失误,且失误没有得到及时纠正,这样的危险结果的产生是教练过失造成的。因为一是教练把女学员独自留在车上驾驶,就是一种疏忽大意或过于自信的表现;二是教练在女学员驾驶出现危险的时候采取了错误的措施(跑到车的斜前方),更是一种没有尽到注意义务的表现。所以说,乙的过失行为是导致其死亡结果的直接原因。因此,除非能够证明女学员在主观上存在故意,否则本案应属于意外事件。处理建议:女学员甲错踩油门撞死教练的行为不构成犯罪,本案应作为民事损害赔偿案件进行处理。

第五章　道路交通安全管理执法监督法规

第一节　概　　述

执法监督，是指对作为执法主体的行政机关及其工作人员的执法行为设置的专门监督制度。设置执法监督，可以有效地规范权力的行使、防止权力的滥用。目前我国在《人民警察法》、《道路交通安全法》及其实施条例和《交通警察道路执勤执法工作规范》中都专门设置了执法监督的内容。

一、执法监督的目的及意义

对公安机关交通管理部门及其交通警察的监督主要有党的监督、权力机关的监督、司法机关的监督、新闻媒体的监督、群众的监督以及行政机关内部的各级监督等。这些方式在改善执法活动、提高执法水平方面发挥了重要的作用。要防止滥用权力、以权谋私、徇私枉法以及权力利益化、权力人格化，就必须建立监督的体制和机制。

加强执法监督是依法行政的重要内容和保障。近年来，我国通过开展"三项教育"、"警务公开"、"畅通工程"等活动，强调了依法执政、文明执法和规范执法，使交通警察的执法水平有了很大提高。但是，与实现交通管理现代化、法制化的要求相比，我国交通警察的素质、法制水平和业务水平都还存在着一定的差距。如在许多地区的公安机关交通管理部门中，仍然存在着重处罚、轻教育的倾向。因此，加强对公安机关交通管理部门的执法监督，是一项十分重要的战略任务。

二、执法监督的主要内容

《道路交通安全法》及其实施条例中关于执法监督的规定共有十三条，分别规定了加强交通警察队伍建设，明确执法原则，规范警察风纪，严格执行收费规定，严格执行罚款规定，实行回避制度，行政监察监督，督察监督以及内部层级监督，社会和公民的监督以及检举、控告制度，交通执法行为的保障规定等。

第二节　交通警察队伍管理法规

交通警察和人民群众的接触非常广泛，因为交通警察在管理交通秩序、管理车辆、处理交通事故、进行道路交通安全违法行为(简称违法行为)处罚等职责时和人民群众的利益息息相关，所以他们的一举一动、一言一行都影响到人民群众对人民警察形象的评价，因此加强交通警察队伍建设是十分必要的。

一、交通警察队伍建设

1. 加强交通警察队伍建设的意义

交通管理工作在促进经济建设、全面建设小康社会以及方便人民生活方面发挥着不可替代的作用。因此,必须建立一支政治过硬、纪律严明、业务精良、秉公执法、廉洁奉公的队伍。加强交通警察队伍建设,做到从严治警,是时代发展的必然趋势,也是全面建设小康社会对公安机关的必然要求。可以说,从严治警是整个公安工作和队伍建设的出发点和落脚点。要做到从严治警,必须坚持实现政治建警、依法治警、以德育警。

2. 加强交通警察队伍建设的内容

要提高交通警察的素质,提高其管理道路交通的能力和水平,公安机关交通管理部门应当对交通警察进行严格教育、严格管理、严格要求以及严格训练等。《道路交通安全法》第七十八条规定:"公安机关交通管理部门应当加强对交通警察的管理,提高交通警察的素质和管理道路交通的水平。"

(1)严格教育

严格教育是从严治警的前提和基础。其目的是为了使交通警察树立正确的从警观、权力观、利益观,牢固树立执法为民的思想,不断增强拒腐防变和抵御风险的能力,增加政治意识、大局意识、法制意识、服务意识和责任意识,真正做到权为民所用、情为民所系、利为民所谋。但教育不能停留在面上,要增强教育的针对性、实效性,要以情育警。可以采取正面教育、以案说法以及开展大讨论相结合的方式进行。教育要坚持经常性,形成制度,建立机制,切忌一阵风。

(2)严格管理

严格管理是从严治警的重要手段。其根本要求是按照法律、法规的规定以及交通警察队伍管理规范来管理交通警察队伍,实现依法治警。严格队伍管理,除坚决贯彻"五条禁令"外,还要把交通警察较易发生的职务违法违纪问题,制定成违法执法"高压线,一碰就死"。对于违反国家有关规定的交通警察,应当根据违法情节的轻重,依照有关规定,分别给予警告、记过,直至辞退或者开除的处分。

(3)严格要求

严格要求是严格管理的保障措施,是从严治警效果好坏的检验标准。所谓严格要求,就是通过强化执法监督,确保依法治警目标的实现。这里的严格要求主要是指对交通警察队伍内部的严格要求,即通过纪检、监察、信访、法制等部门的监督检查,确保交通警察依法行使职权,彻底解决重管理、轻服务,重打击、轻保护,重实体、轻程序等问题的发生。

(4)严格训练

严格训练是提高交通警察队伍素质的重要途径。公安机关交通管理部门的管理权力集中体现在执法上,因此说执法的过程就是权力运用的过程,要想使权力的行使不出现异化,必须提高交通警察的综合素质。交通警察的综合素质包括政治素质、文化素质、法律素质和道德素质。通过严格训练,使交通警察熟悉法律、法规和交通管理业务知识,增强管理和执法技能,提高管理和服务水平。

需要特别强调的是,不能简单地认为从严治警就是从严处罚。从严治警更多地体现在教育和管理上,其目的是为了防止警察队伍发生问题。要通过从严教育和严肃纪律,使民警不想也不敢违法违纪。要想把队伍建设好,必须将坚持教育和建立队伍长效机制有机结合。所谓长效机制主要是指考核奖惩机制。

二、交通警察队伍培训与考核

提高交通警察关于交通安全管理的理论知识和业务水平,是加强交通警察队伍业务建设的重要内容，公安机关交通管理部门应当有计划地对交通警察进行交通安全管理业务的培训、考核。交通警察除了掌握交通管理的基本理论外，还应该学习与道路交通安全管理相关的交通工程学、管理学以及系统论、控制论、信息论等学科方面的相关知识，并不断地掌握新的管理技术装备，从而提高我国交通管理的现代化水平。

对于所属的全体交通警察，都要有计划地进行培训。重点是法制及交通安全管理业务培训，并进行相应的考核。《道路交通安全法》第七十八条规定："公安机关交通管理部门应当对交通警察进行法制和交通安全管理业务培训、考核。交通警察经考核不合格的，不得上岗执行职务。"

1. 法制培训

法制培训应当以《道路交通安全法》及与交通安全管理相关的法律、法规和规章为教学内容，使交通警察掌握有关道路交通安全管理方面的法律、法规以及违法行为的处理和法定程序等。

2. 交通安全管理业务培训

业务培训应当根据交通警察各种岗位的业务特点进行相关的业务培训。对于执勤的交通警察来说，培训内容主要包括有关的交通秩序维护、交通堵塞的疏导、交通事故现场的快速处理、违法案件处置等方面的规范方法等。

3. 考核

在培训后必须进行严格考核，凡是经考核后不合格的交通警察，一律不许上岗。

需要强调的是，在按计划培训的同时，要注意培训内容的增加、更新。尤其是新的法律、法规、规章及有关政策、措施制定实施后，应作为岗位教育训练相关科目及时列入培训内容。同时要注意培训形式的多样化，如综合培训、专项培训、实战演习等。培训要侧重实际技能的提高，如纠正违法行为、作笔录、开具裁决书等，要增强针对性和实用性，而不能贪大求全。

第三节 执勤执法法律规定

为了在道路交通安全管理中贯彻依法治国的基本方略，公安机关交通管理部门及其交通警察应当依照法定的职权和程序执行公务。

一、执勤执法要求

1. 规范执法要求

职权法定是依法行政的根本要求，公安机关交通管理部门及其交通警察实施道路交通管理的权力是法律和人民所赋予的。因此，公安机关交通管理部门及其交通警察必须树立正确的权力观，强化责任意识。《道路交通安全法》第七十九条规定："公安机关交通管理部门及其交通警察实施道路交通安全管理，应当依据法定的职权和程序，简化办事手续，做到公正、严格、文明、高效。"

(1)依照法定的职权和程序实施道路交通安全管理

①依照法定的职权实施道路交通安全管理

《道路交通安全法》及其相关的法规和规章规定了公安机关交通管理部门及其交通警察的职权范围，包括对车辆、驾驶人、道路通行、违法行为处罚和交通事故处理中交通安全管理范围。公安机关交通管理部门只能严格地在法律、法规规定的职权范围内行使职权。

②依照法定的程序实施交通安全管理

正当的行政程序是保障公民权益的重要条件,健全行政程序法律是依法治国的重要方面。我国已经制定了行政处罚法、行政许可法、行政复议法、行政监察法等重要行政程序方面的法律,这些法律是行政机关在实施行政行为中的基本规范。《道路交通安全法》也规定了相应的行政程序。上述法律规定的行政程序都应当是公安机关交通管理部门及其交通警察在执行公务中应当遵循的程序。

(2)简化办事手续

简化办事手续,是指在公安机关交通管理部门及其交通警察执法过程中,在办事程序、办理要求以及执勤执法规范等多方面能够达到交通管理要求的前提下,尽量做到简化程序、方便群众、提高办事效率。

简化程序的目的就是便民、高效。便民是我国法律、法规的重要价值取向,也是行政机关履行行政职责、行使行政权力应当恪守的基本准则。高效是指用较低的成本使管理相对获得较大的效益,体现便民原则。其基本要求是简化办事手续、缩短办事时限,实行首问负责制。形式上要求采取一些高效的办事方式,如网上预约、网上申请、一站式办公等。

(3)实施交通安全管理,应当做到公正、严格、文明

公正是要求执法者平等对待当事人各方,不偏袒任何一方,平等和公正地使用法律;严格就是坚持以事实为根据,以法律、法规为准绳,按照规定程序办事,不徇私情,刚直不阿,尽职尽责;文明则是要求交通警察在维护道路交通安全和依法行政的工作中,对待人民群众注意讲究语言美、行为规范、热情大方,充分体现人民警察全心全意为人民服务的宗旨。

2. 警容警貌要求

交通警察在执行公务时应按规定着装,并持有人民警察证件,表明交通警察的执法身份,体现交通警察在依法执行公务。《道路交通安全法》第八十条规定:"交通警察执行职务时,应当按照规定着装,佩带人民警察标志,持有人民警察证件,保持警容严整,举止端庄,指挥规范。"

(1)着装规定

①不宜或者不需要着装的情形外,在工作时间必须着警服;

②应当配套穿着警服,不同制式警服不得混穿;

③应当规范缀钉、佩戴警衔标志、警号、胸徽、领花、臂章等,不得佩戴与人民警察身份或者执行公务无关的标志;

④应当爱护和妥善保管警服、警衔标志、警号、胸徽、领花、臂章等。

(2)仪容规定

①公安民警应当保持头发整洁。非特殊任务需要,不得染彩发,男性公安民警不得留长发、大鬓角、卷发(自然卷除外)、剃光头或者蓄胡须,女性公安民警发辫不得过肩;

②公安民警不得纹身,不得染指甲、留长指甲,不得化浓装。

(3)举止规定

公安民警应当举止端庄,谈吐文明,精神振作,姿态良好。

(4)礼节规定

①应当礼貌待人,语言文明,态度和蔼;

②交接岗时,应当互相敬礼;

③在外事活动场合与外宾接触时,应当主动致意;

④纠正违法行为时应当先敬礼。

3．回避要求

回避是指与处理交通事故或者案件的当事人有某种关系的交通警察不得参加有关执法和办案活动的一项制度。建立回避制度的意义主要是保证执法和办案活动能够客观、公正地进行。回避分为自行回避和申请回避两种。自行回避是指执法及办案人员知道自己具有应当回避的情形时,向自己所在机关提出回避申请。申请回避是指执法和办案人员明知自己应当回避而不自行回避或者不知道、不认为自己具有应当回避的情形,因而没有回避的,当事人及其法定代理人提出申请,要求他们回避。自行回避和申请回避是以书面或口头形式提出申请,口头提出申请的,应当记录在案。

《道路交通安全法》第八十三条规定可能影响案件公正处理的情况有以下三种:

(1)交通警察是本案的当事人或者当事人的近亲属;

(2)交通警察本人或者其近亲属与本案有利害关系;

(3)交通警察与本案当事人有其他关系,可能影响案件的公正处理。这种情况涵盖了所有可能影响案件公正处理的情况。

正确理解《道路交通安全法》规定的回避,还需把握以下几个方面:

(1)《道路交通安全法》规定的回避,只适用于交通警察处理违法行为和交通事故,不适用于其他管理行为,如进行车辆登记、检验、驾驶员考试等行政行为。处理交通事故,既包括对交通事故的现场勘验、事故分析、责任认定,也包括对损害赔偿的调解。

(2)启动回避程序,既可以是交通警察自己要求回避,也可以是当事人或者其法定的代理人要求他们回避。在当事人或者其法定代理人要求交通警察回避场合,是否回避,由交通警察所在的公安机关交通管理部门确定。

(3)回避的三种情形具备一项就必须回避。在这里,当事人的概念在不同的情况有不同的含义。在处理交通违法行为案件中,当事人是指道路交通违法行为人;在交通事故处理中,当事人既包括加害人,也包括受害人,还包括有利害关系的第三人。

4．收费与罚款要求

公安机关交通管理部门收费与罚款是否规范影响着交通警察的声誉,影响着警民关系,因此有必要对此作出一些规定。

(1)收费要求

①实施交通安全管理的过程中,对于依照《道路交通安全法》规定发放牌证等只能收取工本费;

②公安机关交通管理部门在依照《道路交通安全法》发放牌证收取工本费时,必须严格执行国务院价格主管部门核定的收费标准,并全部上缴国库。

(2)罚款要求

①公安机关交通管理部门及其交通警察必须依法实施罚款、依法没收违法所得;

②作出罚款决定的行政机关应当与收缴罚款的机构分离;

③收缴的罚款和没收的违法所得,必须全部上缴国库。

二、执法监督规定

(1)为了保障公安机关交通管理部门及其交通警察依法正确履行职责,防止纠正违法时出现不当的执法行为,公安机关交通管理部门及其交通警察应当依法接受监督。《道路交通安全法》第八十四条规定:“公安机关交通管理部门及其交通警察的行政执法活动,应当接受行政监察机关依法实施的监督。公安机关督察部门应当对公安机关交通管理部门及其交通警察执行法律、法规和遵守纪律的情况依法进行监督。上级公安机关交通管理部门应当对下级公安机关交通管理部门的执法活动进行监督。”

①公安机关交通管理部门及其交通警察的行政执法活动,应当接受行政监察机关依法实施的监督。我国的行政监察机关是指国务院监察机关(监察部)以及县级以上地方各级人民政府监察机关。各级监察机关对同级人民政府各部门及其国家公务员、同级政府及其各部门任命的其他人员以及下一级人民政府及其领导人员实施监察。监察主要是检查国家行政机关及其公务人员在遵守和执行法律、法规和人民政府的决定命令中的问题,并有权对他们的违法行为或者违纪行为提出监察建议或者监察决定,并有权受理有关的控告、检举和申诉。公安机关交通管理部门及其交通警察是属于人民政府系列的公务人员,应当接受行政监察机关依法实施的监督。

②公安机关督察部门应当对公安机关交通管理部门及其交通警察执行法律、法规和遵守纪律的情况依法进行监督。道路交通安全管理工作是涉及人民生命财产安全的重要工作,公安督察部门应当对公安机关交通管理部门及其交通警察执行法律、法规和遵守纪律的情况依法进行监督。公安机关督察部门是指公安机关内部的监督机构,包括纪检、监察、信访、督察、法制等部门。督察部门对于违法、违纪的人民警察,可以采取纠正其行为、扣留其武器、警械、警车、警用标志。对违法违纪情节严重、影响恶劣的,以及拒绝、阻碍督察人员执行现场督察工作任务的,必要时可以带离现场,并向有关机关提出给予行政处分的建议。

③上级公安机关交通管理部门应当对下级公安机关交通管理部门的执法活动进行监督。这里的上级对下级的监督包括上级公安机关交通管理部门对下级公安机关交通管理部门,上级业务部门、本级公安机关交通管理部门对所属业务机构、所属各队及其交通警察的各项执法活动实施的监督,也包括越级的上级对下级的监督。上级对下级监督方式主要有行政复议、对控告申诉的信访审查、执法质量考评等。若发现下级公安机关交通管理部门作出的处理或者决定错误的,可以直接予以撤销、变更,或者命令下级公安机关交通管理部门予以改正。

(2)公安机关交通管理部门除了必须接受行政监察机关、公安机关督察部门以及上级公安机关交通管理部门依法实施的监督外,还必须接受社会和公民的监督。《道路交通安全法》第八十五条规定:“公安机关交通管理部门及其交通警察执行职务,必须自觉接受社会和公民的监督。任何单位和个人都有权对公安机关交通管理部门及其交通警察不严格执法以及违法违纪行为进行检举、控告。收到检举、控告的机关,应当依据职责及时查处。”

①公安机关交通管理部门及其交通警察执行职务,必须自觉接受社会和公民的监督。公安机关交通管理部门及其交通警察执行职务,维护道路交通秩序,主要是与道路上的行人、车辆驾驶者发生关系,是为社会公众利益服务的。他们的职务行为直接影响着公民的合法权益和社会公众利益。因此,为了做好交通管理工作,公安机关交通管理部门及其交通警察必须自觉接受社会和公民的监督。社会监督主要是指社会群体的监督,包括舆论监督、社会团体的监督、企业事业单位的监督等等;公民的监督主要是指公民个人的监督。自觉接受监督可以采取多种形式,如:执法活动严格依照法定程序,主动向社会和公民征求意见,聘请特约监督员和有关媒体参与监督活动等等。

②任何单位和个人都有权对公安机关交通管理部门及其交通警察的违法违纪等行为进行检举、控告。我国是人民当家作主的国家,任何单位和个人都享有监督国家行政机关依法行政

的权利。所以,对于公安机关交通管理部门及其交通警察的不严格的执法以及违法违纪行为,任何单位和个人都有权进行检举、控告。检举、控告的方式有:向行政监察机关、有关的公安机关交通管理部门及其上级部门、有关的公安机关督察部门进行检举、控告,收到检举、控告的机关应当及时查处;对公安机关交通管理部门作出的审批决定、处罚决定不服的,可以依法申请行政复议、提起行政诉讼。

第四节 案例分析

[例 5-1] 对公安机关交通管理部门执法的要求

某市公安局交警支队南湾大队,结合本辖区交通秩序状况,在辖区内开展了摩托车、农用车交通秩序专项治理活动。一天,由南湾大队民警和辖区团场安全干部组成联合检查小组执勤,联合小组在执勤时并未着装,而只是随身带有证件。在辖区一百四十七团饲料厂路段执勤时,联合小组查扣了由该团李某驾驶的一辆无号牌农用三轮车,李某未带驾车手续。执勤民警让李某到交警大队接受处理,但李某以车上装有西瓜为由,拒绝去大队接受处理。执勤民警帮助李某处理完西瓜之后,将李某带到交警大队进行处理。此事发生的第二天,李某便写了告状信,分别送到各有关部门。

分析:

《道路交通安全法》第七十八条至第八十条对交通警察的执法行为作了明确的规定。随着我国法制建设的不断发展,执法机关的纪律应该日益严格,这样就可以在很大程度上防止野蛮执法的现象发生。应当说,在本案中,该市的执勤民警在执法的过程中,并没有发生所谓的野蛮执法现象,只是在程序上有所欠缺,没有按照规定进行着装。正是由于这种程序上的欠缺,公安机关交通管理部门作出的决定可能会被人民法院撤销,所以此事应引起交通警察的高度重视,必须遵守执法程序的规定。李某在本案中确实违反了《道路交通安全法》,如果依照正常的程序,李某一定会受到法律的制裁。但是,因为公安机关交通管理部门在执法的过程中,程序上不健全,所以李某可以就此提起行政诉讼。在本案中,李某的上访、检举行为,引起了有关部门的重视。

[例 5-2] 对公安机关交通管理部门收取费用和罚款的要求

某市交通管理部门,对车辆的年审实行统一制。在办理过程中,向驾驶员收取各种各样的费用,其中仅体检费一项就达 300 元,但是,当驾驶员进行体检的时候,发现原来所谓的体检不过是到指定的人员处盖章,而且这些盖章的人根本就不是医生。整个年检下来,一般的花费都在 1000 元以上。当有些驾驶员对此问题发出疑问之后,非但没有得到合理的答复,相反得到的是比较粗野的回答,对此当地的驾驶员敢怒不敢言。后来该市电视台对此作了报道,引起了社会的关注。该省的交通厅、检察院、纪检委等部门立刻成立专门的调查组对此事进行调查。调查发现,该市的交通管理部门巧立名目,设立许多不合理的收费项目,而且大部分收费被该公安机关交通管理部门挪用来谋取自己的福利。此外,该市的公安机关交通管理部门还设立了很多其他的罚款标准,而且这些标准的实施大多是根据该市公安机关交通管理部门的内部规定进行的。

分析：

某市公安机关交通管理部门的行为显然违反了《道路交通安全法》的规定。根据《道路交通安全法》第八十二条规定："公安机关交通管理部门依法实施罚款的行政处罚，应当依照有关法律、行政法规的规定，实施罚款决定与罚款收缴分离；收缴的罚款以及依法没收的违法所得，应当全部上缴国库。"而该市的公安机关交通管理部门无视国家的法律、政策乱收费，因此要承担相应的行政责任。在我国进行的一系列改革过程中，很多法律、程序还没有进入正轨，因此，有些地方出现了上述情况，对此要坚决制止。本案中，该市的公安机关交通管理部门所依据的不过是该部门制定的所谓内部规定，对于这种情况，公民应该拿起法律武器来维护自己的合法权益。首先，在本案中，当事人应在时效之内，以该市的公安机关交通管理部门为被告提起行政诉讼，要求其返还已经被非法占有的财产。另外，当事人也可以用检举等方式引起上一级行政机关的注意，及时纠正这种违法行为。

[例 5-3] 回避要求

某年 10 月，周某驾驶一辆未领牌照的嘉陵两轮摩托车由南向北途经某路段时，恰遇曹某驾驶 125C 两轮摩托车在前方同方向行驶。当曹某驾车向西左转的瞬间即被周某的摩托车碰撞倒地。此时江某驾驶其舅舅李某的 125C 两轮摩托车在后面跟车过近，刹车不及，车前轮撞到地上曹某身体，致曹某腰部以下受伤不能动。周某在交通事故发生后马上驾车离开现场，江某亦将其摩托车移动破坏了事故现场。正当江某准备逃离现场时，被事故现场的群众拦住并交予交通警察处理，曹某当即被送医院抢救。事故发生后，江某与周某分文未付，两人还私下达成由江某出面承担责任的协议。次年 1 月 30 日，公安机关交通管理部门作出《道路交通事故责任认定书》，认定江某驾车发生交通事故未保护现场，应负全部责任。江某与曹某在该责任认定书的 15 天申请复议期内均未提出复议。但曹某对该责任认定书提出意见，认为处理事故的人是周某的姐夫，其出面办理不合适，遂向人民法院提起行政诉讼。人民法院主办法官经过调查，裁定驳回曹某的起诉，理由是曹某在法定期间内并未向公安机关交通管理部门针对《道路交通事故责任认定书》提出行政复议申请。

分析：

《道路交通安全法》第八十三条明确规定，交通警察处理交通安全违法行为和处理交通事故，符合法定回避情形的应当回避。回避不是任意的，而是有一定的条件，符合条件的就一定要回避。本案中处理交通事故的负责人是周某的姐夫，已经符合了本条规定的第二种情况，所以该案的负责人应当回避。对此当事人可以申请行政复议或者提起行政诉讼，要求行政机关重新作出行政裁决。上级公安机关交通管理部门应当对下级机关的执法活动进行监督，可以责令下级机关重新作出公平的行政裁决。在本案中，法院的裁定是错误的，因为在《道路交通安全法》当中并没有规定行政复议是行政诉讼的先置程序。

[例 5-4] 对违法、不当执法行为的监督

王某是某市的交通警察，为人正直，工作认真。随着市场经济的发展，该市各种商业纷纷发展起来，车辆随之也开始增多。但是，由于该市的财政紧张，该交警队的行政办公设施并没有得到改善。为了改变这种状况，公安机关交通管理部门同市里的有关领导进行协商，认为可以在罚款上做一做文章，罚款上缴后由市里和交警队分成。公安机关交通管理部门立刻执行了该决议，同时还向每一个警员下达任务，要求每一个警员至少在一个月内罚款 500 元，一年之内不能少于6000元。年末,王某没有完成这个罚款任务,并且提出这样罚款对于老百姓来说负担太重。交警队的领导却认为王某没有完成任务,还蔑视交警队政策,没有资格做交通警察,经过讨论决定免去王某的所有职务。王某对此表示不服,以该市公安机关交通管理部门为被告提起行政诉讼。然而法院告知王某,对于这种情况,法院无权受理。王某无奈找到该市的劳动部门,劳动部门回复王某,该市劳动部门也无权管辖。

分析:

该市公安机关交通管理部门的领导,擅自设立罚款名目,并将这些罚款的款项挪用,还向下属警员下达罚款指标,这些行为违反了《道路交通安全法》第八十二条和第八十六条的规定。本案中的王某对于本部门的违法行为敢于提出疑问,这种做法是值得我们学习的。但是在本案中,该市公安机关交通管理部门的领导不但没有认识到自己的错误,相反还处理了王某,这样就又违反了法律规定。

另一方面,法院和劳动部门的处理决定是正确的。我国《行政诉讼法》第十二条规定,人民法院不受理公民、法人或者其他组织对下列事项提起的诉讼:国防、外交等国家行为;行政法规、规章或者行政机关制定和发布的具有普遍约束力的决定、命令;行政机关对行政机关工作人员的奖惩、任免等决定;法律规定由行政机关最终裁决的具体行政行为。公安机关交通管理部门对于王某的处理决定属于单位内部对于员工的处理,所以不在《行政诉讼法》的受理范围之内,故人民法院可以驳回王某的起诉。至于劳动部门的答复也是符合法律规定的,我国《劳动法》第二条规定,在中华人民共和国境内的企业、个体经济组织和与之形成劳动关系的劳动者,适用劳动法。国家机关、事业组织、社会团体和与之建立劳动合同关系的劳动者,依照本法执行。王某属于行政单位的职工,而不是同单位之间签订合同的"合同工"。这样,劳动部门就没有权力介入王某和公安机关交通管理部门的纠纷当中去。但是,王某可以向上一级的公安机关交通管理部门反映这一情况,由上一级公安机关交通管理部门进行处理。

第六章　道路交通安全管理行政处罚的法律规定

第一节　概　　述

道路交通安全管理行政处罚是指对道路交通安全管理相对人违反道路交通安全管理法规的行为设定的行政处罚责任。这里所说的道路交通安全管理法规包括国家各级机关为保证道路交通安全制定的,具有行政法规意义的规定、条例、通知、办法、章程等。道路交通安全管理行政处罚是国家道路交通管理机关在日常工作中维护交通秩序,保障交通安全的重要手段,是对于整个社会参与道路交通的全部人员都具有普遍约束作用的管理措施,是限定人们合理使用道路、交通工具和交通设施的重要方法。

一、道路交通安全管理行政处罚的特点

道路交通安全管理行政处罚属于社会治安管理处罚的范畴,但又有所不同,自成体系,是一种特定的治安管理处罚。从处罚机关和被处罚者来看,两者之间是一种行政法律关系,即国家行政管理机关在实施其行政活动中与被管理者形成的法律关系。因而作为国家道路交通安全管理处罚机关在这种法律关系中对另一方总是居于主导地位,双方的权利义务在道路交通安全管理行政处罚的实施中并不是在平等的基础上形成的,这种行政法律关系的维护,是以国家的强制力作为后盾的。

道路交通安全管理中的行政处罚,是国家行政处罚中具有其特点的一种。这种特点从被处罚者的角度上看,它的实施需要一定的条件;从处罚者的角度上看,它的实施与其他行政处罚的实施相比,有其特殊的要求。

1. 道路交通安全管理行政处罚的条件

道路交通安全管理行政处罚的两个条件,从被处罚者的一面体现了道路交通安全管理行政处罚的特点。

(1)道路交通安全管理行政处罚,必须以行为人违反道路交通安全管理法规所规定的义务为前提。

道路交通安全管理行政处罚,只有在交通行为人的行为违反了道路交通安全管理法规规定的义务时,公安机关交通管理部门才能对行为人实施行政处罚。也就是说,道路交通违法行为被处罚的责任人必须有故意或过失的违法行为,反之如果行为人违反的不是国家的道路交通安全管理法规,而是单位内部规章制度时,应由其单位给予行政处分。

(2)道路交通安全管理行政处罚中的被处罚者,必须具备承担行政责任的能力。

被处罚人必须具有承担行政责任的能力,是指在实施行政处罚时对处罚人在年龄、精神、智力方面的要求。

①被处罚人不具备承担行政责任能力的,则应予以减轻或者免除行政责任;

②已满 14 岁不满 18 岁的人违反治安管理的,从轻处罚;不满 14 岁的人违反治安管理的,

免予处罚,但是可以予以训诫,并责令其监护人严加管教;

③精神病人在不能辨认或者不能控制自己行为的时候违反治安管理的,不予处罚,但是应当责令其监护人严加看管和治疗;间歇性的精神病人在精神正常的时候违反治安管理的,应予处罚;

④又聋又哑的人或者盲人,由于生理缺陷的原因而违反治安管理的,不予处罚。

2. 道路交通安全管理行政处罚与其他行政处罚的区别

(1)从处罚的原因上看,道路交通安全管理行政处罚是行为人违反了道路交通安全管理法规,妨碍了道路交通的安全或扰乱了国家道路交通的正常秩序。其他行政处罚是针对道路交通以外的扰乱社会秩序,妨碍公共安全,侵犯公民人身权利,侵犯公私财产的行为。

(2)从处罚的内容上看,道路交通安全管理行政处罚将治安管理与道路交通安全管理处罚合并使用,既有一般行政处罚措施,又有道路交通安全管理的独有措施,如暂扣驾驶证等。其他行政处罚措施就没有这些特有的规定,只适用一般措施。

二、道路交通安全管理行政处罚的种类

《道路交通安全法》根据道路交通安全管理的需要确立了五种行政处罚,即警告、罚款、暂扣机动车驾驶证、吊销机动车驾驶证和拘留。

1. 警告

《道路交通安全法》规定的警告,是指对违反交通管理法律、法规和规章的行为人实施的具有强制性的告诫措施,在性质上属于惩戒罚。这种处罚措施对违法行为人实施的是精神上或者名誉、信誉方面的惩戒,并不是对违法行为人的人身或者财产权利进行剥夺和限制,是对交通安全违法行为实施的最轻的行政处罚。警告作为一种行政处罚,必须对被处罚人出具处罚决定书。当事人对警告处罚不服的,可以提起行政复议或者行政诉讼。

一般的警告处罚,可以采用口头的形式执行。口头警告适用简易程序,由交通警察当场作出处罚决定即可。

2. 罚款

罚款是指公安机关交通管理部门强制交通安全违法行为人当场或者在规定的期限内交纳一定数额金钱的行政处罚措施,在性质上属于财产罚,它是行政处罚中最常见的一种处罚方式。对道路交通安全违法行为人的罚款不同于作为刑罚附加刑的罚金,后者是由人民法院依法对刑事犯罪人判处的一种附加刑。两者在适用对象、法律依据、最高限额和处罚机关等方面都不相同。对于罚款的限额,《道路交通安全法》采取了两种方式予以规定:一是明确规定了罚款的最低和最高限额;二是规定了罚款额为行为人违法所得的倍数。具体来讲,对于道路交通安全违法行为人所实施的单项道路交通安全违法行为最高的罚款限额为5000元,最低罚款限额为5元;或者最高罚款限额为行为人违法所得的10倍,最低罚款限额为行为人违法所得的2倍。当一个道路交通安全违法行为人实施了不同的道路交通安全违法行为时,依据分别裁决、合并执行的原则,罚款的数额可以超过上述最高限额的限制。同时根据道路交通安全违法行为危害性的大小,《道路交通安全法》分别为不同类型的道路交通安全违法行为设定了不同的罚款档次。

3. 暂扣机动车驾驶证

暂扣机动车驾驶证是指公安机关交通管理部门依法对道路交通安全违法行为人(机动车驾驶人)在一定时间内暂停其机动车驾驶资格的处罚方式。它可以单独适用,也可以与警告、

罚款、行政拘留等处罚方式并处。对于受暂扣驾驶证处罚的机动车驾驶人,在暂扣期满后由当地车辆管理机关酌情复试道路交通安全法律、法规及道路驾驶操作。在适用暂扣机动车驾驶证的处罚时应当注意以下几点:

(1)作为行政处罚,暂扣机动车驾驶证是《道路交通安全法》根据《中华人民共和国行政处罚法》(以下简称《行政处罚法》)第八条第五项规定,对原《道路交通管理条例》和原《道路交通事故处理办法》中规定的吊扣机动车驾驶证的修改。这一修改的原因在于1996年制定的《行政处罚法》明确规定的处罚种类之一是"暂扣或者吊销许可证、暂扣或者吊销执照",而没有使用"吊扣"。《道路交通安全法》规定采用暂扣机动车驾驶证的处罚,既维护了法律的统一,同时也减少了公安机关交通管理部门在执法中产生不必要的误会。

(2)使用暂扣机动车驾驶证的处罚,应当注意与原《交通违法行为处理程序规定》中的滞留机动车驾驶证副证或者正证、机动车行驶证以及暂扣机动车、非机动车的行政强制措施相区别。这两者最本质的区别在于暂扣机动车驾驶证属于行政处罚,而滞留机动车驾驶证副证或者正证、机动车行驶证以及暂扣机动车、非机动车属于行政强制措施,它们在适用的对象、程序以及后果上是完全不同的。

4. 吊销机动车驾驶证

《道路交通安全法》增加了吊销机动车驾驶证适用范围,对于相对严重的道路交通安全违法行为,可以依法吊销当事人的机动车驾驶证。吊销机动车驾驶证,是对当事人驾驶资格最严厉的一种处罚,即对实施了严重道路交通安全违法行为的机动车驾驶人停止其驾驶资格的处罚方式。它与暂扣机动车驾驶证的主要区别在于重新获得驾驶资格时应履行的手续和要求不同。被吊销机动车驾驶证后的重新申领,应按照初次申领机动车驾驶证对待;而暂扣机动车驾驶证后,其作为机动车驾驶人的档案依然保留,驾驶人也只需按规定进行复考,而不是重新申领。对于吊销机动车驾驶证的处罚,《道路交通安全法》和原《道路交通事故处理办法》对适用情况有明确规定,并且《行政处罚法》赋予了当事人要求听证的权利。吊销机动车驾驶证后重新申领的期限,依照有关机动车驾驶证登记管理法规的规定;对于由于交通肇事后逃逸,而被吊销机动车驾驶证的,则行为人终生不得再次申领机动车驾驶证。

5. 拘留

拘留指的是行政拘留,是公安机关依法对道路交通安全违法行为人在一定时间内剥夺其人身自由,拘押于一定场所的处罚方式,也称治安拘留,是道路交通安全违法处罚中最为严厉的一种。行政拘留的期限为1~15日,它只适用于有严重道路交通安全违法行为的人。对道路交通安全违法行为人实施的拘留处罚应以县、市公安局、公安分局或者相当于县一级的公安机关的名义裁决。在拘留处罚的适用上,要注意以下几点:一是对于孕妇及正在哺乳自己一周岁以内婴儿的妇女不得裁决拘留处罚;二是对县级以上人大代表裁决拘留处罚的,应在执行前向本级人大常委会报告备案;三是在拘留期间不涉及剥夺政治权利问题;四是对于被裁决拘留处罚的人,如提出申诉或者提起行政诉讼,并依法提出保证人或提交保证金的,拘留应暂缓执行。目前,根据我国法律规定,存在三种形式的拘留,即行政拘留、刑事拘留和司法拘留,应注意严格区分它们。刑事拘留,是对刑事犯罪嫌疑人采取的一种强制措施;司法拘留,是人民法院在诉讼过程中,对于妨害诉讼秩序的人作出的在一定期限内限制其人身自由的一种处罚方式。

三、道路交通安全管理行政处罚的原则

在道路交通安全管理行政处罚工作中要坚持以事实为依据、以法律为准绳的原则,教育与

处罚相结合的原则，以责论处、过罚相当的原则和民主与法制相统一的原则。

1. 以事实为依据、以法律为准绳的原则

以事实为依据、以法律为准绳，是整个公安工作所要坚持的基本原则。公安机关交通管理部门肩负着依法对国家道路交通进行管理的行政职责，交通违法行为情况比较复杂，行政处罚的运用政策性很强，所以必须在调查研究的基础上，坚持实事求是。只有以事实为依据，才能做到准确、合理；只有正确运用法律，才能严格掌握政策，做到不枉不纵。

2. 教育与处罚相结合的原则

教育与处罚相结合的原则，是实施行政处罚的基本原则。它的基本宗旨是：教育为主，处罚为辅，根据实际，区别对待。运用行政处罚是达到教育目的的一种手段，而不是目的本身。教育当事人、教育大家从中汲取教训，是我们的最终目的。在道路交通管理行政处罚工作中，绝不能忽视对责任人的教育。简单地以罚代教或者一罚了事的做法都是不正确的。应当在实施行政处罚的同时，对被处罚人进行多种形式的教育活动，使其充分认识到自己的行为会对社会带来危害，提高对交通安全重要性的认识。

3. 以责论处、过罚相当的原则

以责论处、过罚相当的原则，是指在道路交通管理行政处罚中，道路交通管理机关必须根据交通违法行为的具体情况，实行区别对待。对于情节特别轻微的，或对自己的违法行为行为主动承认错误并及时改正的，应当从轻处罚；对于应当罚款、拘留和对驾驶证件进行处理的，也要区别情节轻重和主观过错的不同，在法定的罚款数额和拘留、驾驶证件处理时限范围内，作出恰当的裁决。而不能不问主客观情况，简单地进行处罚。

4. 民主与法制相统一的原则

民主与法制相统一的原则，是指在施行行政处罚手段时，既要维护法制的尊严，用处罚违法责任者的方法来维护交通秩序，又要在处罚中尊重处罚人的合法权益，严格按照法律法规施行行政处罚。民主与法制相统一的原则是健全社会主义法制的一个重要步骤，是有法必依、执法必严、违法必究，为四个现代化建设创造良好社会环境的必不可少的措施，但同时也必须保障被处罚人本身公民合法权益不受侵犯。在道路交通管理行政处罚工作中，被处罚人不服行政处罚裁决时，可以向上一级公安交通管理机关提出申诉，不服主管公安机关或者上一级公安交通管理机关裁决的，可以向人民法院提起诉讼。

第二节　道路交通安全管理行政处罚的实施

国家道路交通管理机关对道路交通违法行为行为实施处罚，就是运用行政管理的制裁手段，通过处罚使当事人接受教训，并通过处罚教育广大道路交通参与者树立严格遵章守法观念，从而达到交通运输安全和便利的目的。

一、行政处罚对象的确定

由于违反道路交通安全法规的行为危害社会公共安全，因而作为国家行政管理法规重要组成部分的公安法规和具体的道路交通管理法规，就自然地成为国家判断是否应该对交通违法行为人实施行政处罚的法律依据。

(1)交通违法行为人包括交通工具的驾驶人员、管理人员、检修与保修人员、道路养护与维修人员、行人、乘车人以及其他有关人员，甚至还可以包括一些法人的代表。在决定对行为人实施处罚前，必须对被处罚人是否具备承担行政责任的能力进行审查，只有那些符合行政法规处罚条件的违法行为人，才能成为行政处罚的承担者。

(2)交通管理行政处罚中被处罚人必须是交通违法行为中负有行政责任的人。由于行为人的过错责任，在客观上产生了扰乱社会秩序、妨害公共安全、侵犯交通管理秩序的后果，但尚不够刑事处罚或应当给予行政处罚的人。

(3)受交通管理行政处罚的行为人必须达到法定年龄。在对青少年交通违法进行处理时，应严格掌握其年龄界限。不满 14 周岁的免于处罚，14～18 周岁从轻或减轻处罚。对青少年要特别注意贯彻以教育为主的方针，不能随意扩大处罚面。对于由于年龄小而不予以处罚的，可以予以训诫，并责令其监护人严加管教。

(4)受交通行政处罚的行为人，不但要达到能够承担行政责任的年龄，而且还必须具备承担行政责任的能力。也就是说，必须具备正常的智力状态。如精神病人在不能辨认或者不能控制自己行为时造成的交通违法行为，虽负有责任，但不受处罚。

(5)又聋又哑的人或者盲人因自身生理缺陷的原因而违法的，也不应予以处罚。醉酒的人交通违法的，应当而且必须给予行政处罚。如果醉酒的人在违法时还处在醉酒的状态中，对其本人有危险或者对于他人的安全有威胁的，公安机关还应将其约束至酒醒。约束时以不伤害醉酒人为原则，可以采用约束带(或警绳)等方法。在约束过程中应严加监护，一旦酒醒应立即解除约束。对于身份明确的醉酒人也可采用通知其所在单位或家属将其领回看管的方法，等其醒酒后再予以处罚。

二、行政处罚权限的划分

道路交通管理行政处罚只能由公安机关交通管理部门统一执行，依据有关法律和程序对违法行为人进行处罚。未经法律规定或公安机关委托授权，任何单位和其他个人都无权行使这项权力。对道路交通违法行为人处以警告、二百元以下罚款的，适用简易程序，由交通警察当场作出处罚决定。对道路交通违法行为人处以二百元以上罚款，暂扣、吊销机动车驾驶证的，适用一般程序，由县级以上(含)公安机关交通管理部门或者相当于同级的公安机关交通管理部门作出处罚决定。对处以吊销机动车驾驶证的，按下列规定的权限审批：吊销机动车驾驶证六个月以下的，由县或者相当于同级公安机关交通管理部门审批；吊销机动车驾驶证六个月以上的(含)和吊销机动车驾驶证的，由地、市或者相当于同级的公安机关交通管理部门作出处罚决定。

三、行政处罚的实施

道路交通安全管理行政处罚的实施是指在处罚交通违法行为时依法进行的程序，也就是说处罚交通违法行为时必须遵守的工作流程，即先干什么后干什么的行为规范。交通管理部门、交通警察处理违法行为、维护交通秩序的情形主要分为现场执法和非现场执法两大类。现场执法包括适用简易程序对违法行为作出处罚、适用一般程序对违法行为开具处理通知书、采取行政强制措施三种情形；非现场执法包括适用简易程序和一般程序对违法行为作出处罚、采取行政强制措施三种情形。

1. 简易程序

当场裁决是指交通警察对违法行为在行为发生现场进行裁决。当场裁决具有节省人力物力、简单易行、处理迅速、见效快的优点，因此当场作出裁决可以使问题得到及时解决，防止复杂化，也可以使违法行为人及时受到教育，改正错误。对当场裁决的种类和限额，仅限于警告和二百元以下(含)罚款。

适用简易程序的，应当使用道路交通管理执勤执法用语口头告知。适用简易程序处罚的，应当按照下面程序实施：

(1)口头告知其违法行为的基本事实、拟作出的行政处罚、依据及其依法享有的权利；

(2)听取违法行为人的陈述和申辩，违法行为人提出的事实、理由或者证据成立的，应当采纳；

(3)制作《公安交通管理简易程序处罚决定书》(以下简称《简易决定书》，见表6-1)；

公安交通管理简易程序处罚决定书 表6-1

(此处印制公安机关名称)

公安交通管理简易程序处罚决定书

编号：

当事人：________________ 地址：________________

电话：________________ 其他联系方式：________________

驾驶证：□□□□□□□□□□□□□□□□□□□□

驾驶证档案编号：________________ 发证机关：________________

车辆牌号：________________ 车辆类型：________________

当事人于____年____月____日____时____分，在________________实施________违法行为(代码____)。(依据、罚款数额、记分分值见附页)

□当场缴纳(行人、乘车人、非机动车驾驶人)

□持本决定书在15日内到________银行缴纳。逾期不缴纳罚款的，每日按罚款数额的3%加处罚款。逾期3个月不缴纳罚款，或者连续两次逾期不缴纳罚款的，记12分。

当事人不服处罚决定的，可以依照《中华人民共和国行政复议法》在60日内向____________申请行政复议；或者依照《中华人民共和国行政诉讼法》在3个月内向________人民法院提起行政诉讼。

当事人签字：________ 备注：______

交通警察：(签名或者盖章)

(盖章)

年 月 日

(4)《简易决定书》应当由被处罚人签名、交通警察签名或者盖章；当事人拒绝签名的，交通警察应当在《简易决定书》上注明；

(5)将《简易决定书》当场交付被处罚人；当事人拒收的，交通警察应当在《简易决定书》上注明。

按照简易程序作出处罚决定的，可以由一名交通警察实施。

交通警察应当在二日内将《简易决定书》(一式三联)存档联交所属部门存档。

2. 一般程序

一般裁决程序规定了交通违法行为与事故处理的各个主要环节和步骤，全面概括了公安机关交通管理部门在处理交通事故案件时的主要程序。按规定一般裁决程序分为传唤、讯问、取证、裁决四个步骤。

(1)传唤

传唤是公安机关交通管理部门对违法行为人令其在规定的时间内，到指定的地点，接受讯问所采取的措施，目的是为了保证裁决的顺利进行。传唤分为“口头传唤”和“书面传唤”两种。

违法行为，一般都是当场发现，大多数情况下用口头传唤的方式。口头传唤应当场告诉当事人；书面传唤应当制作《传唤证》，并在宣告后交付当事人。当事人不在场的，应当依照《民事诉讼法》的有关规定，将《传唤证》送达当事人。对无正当理由不接受口头传唤或者逃避传唤的，可以强制传唤。必要时报经县以上(含)或者相当于同级的主管部门批准，可以使用械具。

(2)讯问

讯问是公安机关交通管理部门对交通违法行为人询问其违法行为发生的经过情况，以便澄清事实，正确实施处罚。被讯问人应当如实回答，不得隐瞒、缩小或夸大事实，更不能编造假情况进行欺骗。讯问要求全面、客观，切忌主观片面，而且应当作笔录。为了保证笔录的真实性、准确性和合理性，被讯问人经核对认为无误后，应当在笔录上签名或者盖章，讯问人也应当在笔录上签名，以便于对笔录负责。

(3)取证

取证是指能够直接或间接了解违法行为情况的有关人员询问某人违法行为活动的事实，目的是为了取得能够作为证据的证言、证物，以证明被查证的人有无违法行为活动的事实以及有关情节，以便弄清违法行为事实。交通警察收集证据材料时，为了得到有关单位和公民积极支持和协助，一定要注意工作方法和气氛。在取证询问证人时，应该注意询问的场合和询问的气氛。场合可以选择在被询问人的工作单位，也可以选择在家庭或其他适合询问的地方。询问气氛应当是平等融洽的，必须保证证人能有客观地、充分地提供证言的条件。首先应耐心听取证人陈述的情节，必要时可以提出简短明确的问题，但不能作指示性发问或暗示如何回答，更不能用强迫手段胁迫证人回答。如果被询问人有某种思想顾虑不愿提供证言，应耐心地做思想工作，讲明证人如实反映情况是法律规定的义务，以便促使证人把所知道的违法行为情况提供出来。提供的方法，可以书写，也可以口述。口述时应当做出询问笔录，证人经核对认为无误后，应当在笔录上签名或者盖章。

(4)裁决

裁决是公安机关交通管理部门在讯问、取证，事实清楚、证据确凿的基础上，对照《道路交通安全法》的有关条款，对违法行为人进行裁量决定、做出正确处罚的一种活动，是交通处罚工作基本环节之一。对违法行为行为人裁量不予处罚、免于处罚、给予何种处罚、从轻还是从重处罚等，都属于裁决活动的范围。在裁决时应注意以下问题：一是事实清楚、证据确凿，足以能够作出正确的裁决。二是要坚持处罚与教育相结合的原则。这是关系到是否能够伸张正义，守法人的积极性、合法权益是否能够得到保护，交通管理机关能否严格执法、依法行政的问题。因此，在裁决时，既要考虑到对行为人的教育与处罚，也要考虑到社会效果，该处罚的一定要处罚。三是处罚要有依据，应符合法规规定。四是除当场处罚的简易裁决程序外，一般程序作出处罚决定的，制作《公安交通管理行政处罚决定书》(简称《处罚决定书》)并在宣告当场交付当事人。当事人不在场的，应当在七日内依照《民事诉讼法》的有关规定，将处罚决定送达当事人。《处罚决定书》见表 6-2。

3. 行政强制执行

强制执行是交通管理部门对拒绝执行处罚的交通违法行为人所采取的强制接受处罚的措施，以便维护法律的严肃性和尊严以及权威性。

(1) 罚款处罚的执行与强制执行

对当事人处以罚款的，应当告知当事人自收到处罚决定书之日起十五日内，到指定的代收机构缴纳罚款。当事人逾期缴纳罚款的,每日按罚款数额的百分之三加处罚款。当事人拒绝缴纳罚款的,对其处以行政拘留或者依法申请人民法院强制执行,处以行政拘留后罚款仍应执行。对于这一执行与强制执行措施,公安部作了明确规定。即对无正当理由逾期不交纳罚款的,需要按日增加罚款,开具罚款收据。没有正当理由逾期十五日仍不交纳罚款的,可视为拒绝交纳罚款。受罚款处罚的人当场未交罚款的,公安机关对机动车驾驶人可以暂扣驾驶证或行驶证;对非机动车驾驶人,可以暂扣车辆;对其他人员,无正当理由不交纳罚款的,可以按日增加罚款一元至五元。受吊扣驾驶证处罚的人,无正当理由不按规定时间交出驾驶证的,迟交一日增加吊扣期限五日。无正当理由不缴纳罚款超过三个月的,可以撤销其机动车驾驶证;经通知超过六个月不领取被暂扣的车辆和被滞留的机动车行驶证的,可以撤销机动车号牌和行驶证,并按规定将车辆上缴财政部门。

公安交通管理行政处罚决定书 表 6-2

(此处印制公安机关名称)

公安交通管理行政处罚决定书

公(交)决字[ ]第 号

当事人:________________ 地址:________________

电话:________________ 其他联系方式:________________

驾驶证:□□□□□□□□□□□□□□□□□□□□□□□□

驾驶证档案编号:________________ 发证机关:________________

车辆牌号:________________ 类型:________________

当事人于____年____月____日____时____分,在________________实施________________违法行为(代码________)。

以上事实有________________等证据证明。

根据________________等规定,决定给予:

□罚款____元 持本决定书在 15 日内到________银行缴纳。到期不缴纳罚款的,每日按罚款数额 3%加处罚款。逾期 3 个月不缴纳罚款,或者连续两次逾期不缴纳罚款的,记 12 分。

□暂扣驾驶证____月 驾驶证是否转递:□是 □否

暂扣期满到________________领取。

□吊销驾驶证

当事人不服处罚决定的,可以依照《中华人民共和国行政复议法》在 60 日内向________申请行政复议;或者依照《中华人民共和国行政诉讼法》在 3 个月内向________人民法院提起行政诉讼。

当事人签字:________ 备注:________________

(盖章)

年 月 日

(2)拘留处罚执行与强制执行

受拘留处罚的人应当在限定的时间内,到指定的拘留所接受处罚。从公安机关通知被拘留人开始,到被拘留人到达指定拘留所为止的期间(24 小时),如无病危或途中出现意外等特殊原因,不按期到拘留所接受处罚的,则应视为不接受拘留处罚或抗拒执行,对此可以使用械具强制其执行。但必须对县级以上人大常委会报告备案,听取意见。需对现役军人裁决拘留处罚的,由县以上公安机关提出建议,移送军队保卫部门处理。因为拘留处罚是行政处罚中最重的一种,如处罚不当,将给被错处罚的人造成精神上、名誉上难以弥补的损失。为了避免出现拘留错误,保证执法的准确性和严肃性,可以暂缓执行拘留,但暂缓执行必须同时具备两个条件:一是被裁决拘留的人或者被侵害人已向上一级公安机关提出申请,或者已向当地人民法院提起诉讼;二是被裁决拘留处罚的人必须有担保人进行担保或者按规定交纳一定数额的保证金。不同时具备这两个条件则不能暂缓执行。暂缓期间从提出申诉或诉讼起,到上一级公安机关的裁决或法院判决生效时止。

(3)暂扣、吊销驾驶证处罚的执行与强制执行

受吊扣驾驶证处罚的人,无正当理由不按规定时间交出驾驶证的,晚交一日,增加吊扣期限五日。处吊扣驾驶证处罚的期限,自裁决之日起计算,且吊扣驾驶证合并执行不得超18个月。对负有交通事故责任的机动车驾驶人处以吊扣驾驶证处罚期满交通事故处理尚未结案的,应当发还驾驶证。吊扣驾驶证是对驾驶人暂停其驾驶资格的处罚手段,驾驶人如在驾驶证被吊扣期间驾驶机动车辆,按无驾驶证驾车(非驾驶人)的违法行为行为处理。吊销机动车驾驶证是对驾驶人资格处罚最重的一种,因此吊销驾驶证只对部分负有交通事故责任的驾驶人适用。吊销机动车驾驶证从裁决之日起生效,被吊销机动车驾驶证的,二年内不准重新申请领取机动车驾驶证。对需要追究刑事责任的驾驶人应当在案件移送人民检察院前吊销其驾驶证。对军人、武装警察给予吊扣、吊销机动车驾驶证处罚的,交由军队、武装警察部队执行,军队、武装警察部队应当及时将执行情况告知处理交通事故的公安机关。吊销驾驶证是取消驾驶资格的处罚手段,被处罚人如驾驶机动车辆按非驾驶人违法行为处理。

(4)传唤强制措施

具有下列情形之一的当事人,可以将其传唤到公安机关交通管理部门接受处理:

①因交通违法行为违反《治安管理处罚条例》的规定,需要按照一般程序接受处罚的;

②造成交通事故或者有交通肇事以及其他违法犯罪嫌疑的;

③驾驶的机动车与被查缉的走私或者被盗抢的机动车特征相同的。

对无正当理由不接受口头传唤或者逃避传唤的,可以强制传唤,必要时报经县以上(含)或者相当于同级的主管部门批准,可以使用械具。

(5)暂扣机动车的行政强制措施

在交通管理工作中,对某些违法行为行为,例如酒后开车、无证开车等,给予处罚后,但违法行为尚未消除又不能立即放行的,应采取行政强制措施。否则会放纵违法行为,继续违法行为将危害交通安全,造成交通秩序混乱。因此,必须暂时采用强制措施。暂扣机动车和非机动车的具体情形见《道路交通安全违法行为处理程序规定》第十三条。

暂扣车辆的,开具《公安交通管理行政强制措施凭证》(以下简称《凭证》)并当场交付当事人。车辆应停放在指定地点,妥善保管。一旦暂扣理由消除后,例如已有其他驾驶人代替开车、酒后开车的驾驶人身体已无酒精反应、疲劳过度的驾驶人经过一段时间休息已经恢复体力、车辆超载部分已卸下等等,应当立即发还被暂扣的车辆,予以放行。需要对机动车驾驶人予以处罚的,暂扣时间不得超过三日;需要对机动车来源等情况进行调查核实的,暂扣时间不得超过七日;需要延长暂扣期限的,须报上一级批准,但最长不得超过三十日。如果具有交通肇事嫌疑或者造成交通事故的,根据《道路交通事故处理程序规定》第二条,暂扣期限为二十日。需要延长的,经上级公安机关交通管理部门批准可再延长二十日。《凭证》见表6-3。

(6)拖曳车辆、锁定机动车车轮的强制措施

对于在道路上违法停放车辆、因故障不能行驶且不能立即修复,或因交通事故不能行驶或者需要进行事故检验、鉴定的,交通警察指派清障车将车辆拖曳至不妨碍交通或者指定的地

点。对于采取拖曳可能损坏机动车的、驾驶人不在现场或者拒绝移走的可以锁定机动车车轮。拖曳车辆、锁定机动车车轮后,如果当事人接受处罚和交纳清障费后,应当及时发还车辆或者解除锁定的机动车车轮。

公安交通管理行政强制措施凭证 表 6-3

(此处印制公安机关名称)

公安交通管理行政强制措施凭证

(道路交通安全违法行为处理通知书)

编号:

当事人:______________________地址:______________________

电话:______________________其他联系方式:______________________

驾驶证:□□□□□□□□□□□□□□□□□□□□

驾驶证档案编号:______________________发证机关:______________________

车辆牌号:______________________车辆类型:______________________

当事人于______年______月______日______时______分,在______________________实施______________________违法行为(代码______________)。

根据《中华人民共和国道路交通安全法》及其实施条例规定(依据见附页),采取行政强制措施:

扣留—□机动车 □非机动车 □驾驶证

□收缴非法装置 □检验血液

当事人不服本决定作出的行政强制措施的,可以在60日内向______________申请行政复议;或者在3个月内向______________人民法院提起行政诉讼。

持本凭证在15日内到______处接受处理。被扣留驾驶证,无正当理由逾期未接受处理的,吊销驾驶证。

对上述内容有无意见__________ 当事人:__________ 备注:__________

交通警察:(签名或者盖章)

(盖章)

年 月 日

4. 申诉程序

申诉是被裁决受行政处罚的人,认为公安机关所作裁决有错误,从而向上一级公安机关申诉理由,并提出重新审查处理的请求。有权提出申诉是《宪法》赋予我国公民的一项基本权利。被处罚人不服公安机关交通管理部门的警告、罚款裁决或者公安机关拘留裁决的,可在接到通知后5日内向主管公安机关或者上一级公安机关交通管理部门提出申诉,主管公安机关或者上一级公安机关交通管理部门应当在接到申诉后5日内作出裁决。不服主管公安机关或者上一级公安机关交通管理部门裁决的,可在接到通知5日内向当地人民法院提起诉讼。

上一级公安机关在接到当事人的申诉请求后,应对下级公安机关所作出的裁决进行全面的复审、核查,并在此基础上根据下列情况,分别作出裁定:

(1)原裁决认定事实和适用法律正确,处罚适当的,应维持原裁决。不得因为被处罚人提出申诉而加重处罚。

(2)原裁决认定事实没有错误,但适用法律有错误或者处罚幅度明显失当的,可以变更原裁决。

(3)原裁决事实不清楚或证据不足的,在查明事实或补充证据后,维持、变更或撤销原裁决。

对于上一级公安机关作出裁决撤销原处理裁定的,上一级公安机关可将案卷发回原裁决机关按第一次裁决的程序重新办理,也可由自己作出新的裁决。

被处罚人不服公安机关交通管理部门吊扣驾驶证裁决的，可以在接到裁决书后5日内，向上一级公安机关交通管理部门或者主管公安机关申请复议一次，上一级公安机关交通管理部门和主管公安机关应当在接到申请5日内作出复查决定。对交通管理处罚不服，超过期限提出申诉的，或者事后对当场处罚决定不服提出申诉的，可以作为人民来信来访处理。

第三节　道路交通安全管理的其他行政处罚

道路交通安全管理的行政处罚除了上述五种外，还有交通违法行为记分处罚和违反《从业资格证》管理规定的处罚。

一、道路交通安全违法行为记分管理

违法行为记分是预防和减少机动车驾驶人交通违法行为发生的一种有效的教育措施，交通违法行为处罚是公安机关交通管理部门依法管理交通的一种重要手段。违法行为记分在世界上许多国家早已实行。为了维护道路交通秩序，增强机动车驾驶人遵守交通法规的意识，减少道路交通违法行为，预防道路交通事故，借鉴国外交通违法行为记分办法的先进经验，我国于2000年3月1日实施了对违反交通法规的机动车驾驶人予以记分和考试，对遵守交通法规的机动车驾驶人予以奖励的管理办法。

1. 交通安全违法行为记分分值规定

(1)予以记分的行为

予以记分的交通安全违法行为主要是《中华人民共和国道路交通管理办法》中规定的，影响道路交通安全与畅通，应当予以处罚的交通违法行为。

(2)记分的档次

依据道路交通安全违法行为的严重程度，一次记分的分值为：12分、6分、3分、2分、1分共五种。根据《机动车驾驶证申领和使用规定》(公安部第71号令)的规定，道路交通安全违法行为记分分值分类为：一次记12分的7种；一次记6分的7种；一次记3分的16种；一次记2分的13种；一次记1分的8种，共51种违法行为，根据违法行为程度轻重记分。

2. 记分执行

道路交通安全违法行为累积记分周期(即记分周期)为12个月，满分为12分，从机动车驾驶证初次领取之日起计算。交通违法行为记分与机动车驾驶人违法行为进行纠正、处罚或者追究其交通事故行政责任同步执行。对非本地核发机动车驾驶证的驾驶人给予记分的，应将记分情况转至核发地公安机关交通管理部门。对机动车驾驶人的道路交通安全违法行为，处罚与记分同时执行。机动车驾驶人一次有两个以上违法行为记分的，应当分别计算，累加分值。

机动车驾驶人在一个记分周期内累积记分达到12分的，应当在十五日内到机动车驾驶证核发地或者违法行为地公安机关交通管理部门接受为期七日的道路交通安全法律、法规和相关知识的教育。机动车驾驶人接受教育后，车辆管理所应当在二十日内对其进行科目一考试。机动车驾驶人在一个记分周期内两次以上达到12分的，车辆管理所还应当在科目一考试合格后十日内对其进行科目三考试。机动车驾驶人对道路交通安全违法行为处罚不服，申请行政复议或者提起行政诉讼后，经依法裁决变更或者撤销原处罚决定的，相应记分分值予以变更或者撤销。

3．考试

公安机关交通管理部门对在一个记分周期内记分分值满 12 分的机动车驾驶人进行考试的内容是交通法规与相关知识和道路驾驶。交通管理部门应当向社会公布机动车驾驶人违法行为记分查询方式，对需要参加考试的机动车驾驶人应当提前通知考试的时间、地点和考试内容。机动车驾驶人平时应当注意被记分积累分值，或者主动查询自己的记分情况，如果分值达到 12 分，应按照公安机关交通管理部门通知的时间、地点参加考试。对于考试合格的，原记分分值予以消除；考试不合格的，可以申请补考。在一个记分周期内被再次记满 12 分的，除参加交通法规与相关知识和道路考试外，增加场地考试科目。对于记满 12 分的机动车驾驶人，经公安机关交通管理部门通知后，无正当理由逾期三个月不参加考试的，撤销其机动车驾驶证。机动车驾驶人如果对交通违法行为处罚和交通事故处罚不服，可以申请行政复议或者行政诉讼，在复议、诉讼期间，机动车驾驶人接受考试的时限顺延。撤销驾驶证后继续驾车的，将按照无证驾驶机动车对待，从严惩处。如需继续驾驶，撤销决定生效一年后，按初次领取驾驶证的要求，参加培训和交通法规与相关知识，场地驾驶、道路驾驶考试，考试合格后方可发机动车驾驶证。

4．注意事项

目前，全国已有北京、上海等 10 多个省、市颁布了地方性《机动车驾驶人交通违法行为记分办法》，均属于地方性法规。对地方法规、规章设定违法行为确定的记分分值，只适用于当地机动车驾驶人。对于外省、市、自治区的机动车驾驶人，应按照 2004 年 5 月 1 日公安部第 71 号令《机动车驾驶证申领和使用规定》和中华人民共和国国务院令第 405 号《道路交通安全法实施条例》规定的分值记分。

二、违反《从业资格证》管理规定的处罚

交通部于 2001 年 10 月 11 日发布的《营业性道路运输驾驶人职业培训管理规定》（以下简称《管理规定》），自 2002 年 7 月 1 日起施行。《管理规定》中明确规定，自 2002 年 7 月 1 日起，我国营业性道路运输将实行从业资格制度，从事营业性道路运输的驾驶人除了应持有《机动车驾驶证》外，还必须持有营运驾驶人《从业资格证》。

《从业资格证》与《机动车驾驶证》是两类性质和作用不同的证件。《机动车驾驶证》是公安机关交通管理部门（车辆管理所）发给公民在道路上驾驶机动车的法定文件；而营运驾驶人《从业资格证》是获准从事营业性道路运输的资格证件。要取得《从业资格证》，应当首先取得《机动车驾驶证》。《从业资格证》是在驾驶证基础上的一种营运驾驶人职业素质满足道路运输要求的标志。这也是当今世界上各国对营运驾驶人进行管理的普遍模式。

实行营运驾驶人从业资格制度后，有利于限制如残疾驾驶人、不合格驾驶人、未经培训取得驾驶证等的驾驶人进入营运驾驶人队伍，从而提高营运驾驶人队伍的整体素质。实行从业资格管理制度，可以将名目繁多的各种相关证件统一到《从业资格证》的管理上来，既有利于统一、规范行业管理，又有利于群众。

营运驾驶人从业资格考试分为营业性道路旅客运输驾驶人从业资格考试、营业性道路普通货物运输驾驶人从业资格考试、营业性道路危险物品运输驾驶人从业资格考试。在营运驾驶人从业资格考试中有舞弊行为的，其本次考试成绩视为不合格，且在本次考试结束之日起 180 日内不得再参加营运驾驶人从业资格考试。营运驾驶人从业资格证书间隔二年审验一次，经市级以上人民政府交通主管部门运政机构审验合格的，加盖继续有效印章。超过有效期

限180日未接受审验的，营运驾驶人从业资格证书自行失效，不得继续使用；各级人民政府交通主管部门及其所属运政机构的工作人员玩忽职守、徇私舞弊、滥用职权者，依法给予行政处分。

《管理规定》也规定了罚款处罚，罚款金额及适用的行为如下：

(1)从事营运驾驶人职业培训机构的道路运输企业不按规定进行营运驾驶人职业培训，弄虚作假，造成不良后果的，处以1000元以上5000元以下的罚款；

(2)未取得营运驾驶人《从业资格证》驾驶机动车从事营运性道路运输活动的，处以200元以下的罚款；

(3)营运驾驶人驾驶机动车从事营业性道路运输活动，其所驾驶的机动车与其所持有的营运驾驶人《从业资格证》核准的从业资格不一致的，处以100元以下罚款；

(4)道路运输经营者使用未取得营运驾驶人《从业资格证》的人驾驶机动车从事营业性道路运输活动的，处以200元以上1000元以下的罚款；

(5)伪造、倒卖、租借营运驾驶人《从业资格证》的，收缴其非法证件，处以100元以上1000元以下的罚款。

《营业性道路运输驾驶人职业培训管理规定》的施行，既提高了营运驾驶人的驾驶素质，杜绝了滥竽充数的所谓"驾驶人"混入营运队伍的行列；又规范了运输行业的管理，方便了群众，必将减少交通违法行为事故的发生，促进道路交通的安全畅通，对于保障公民的生命财产具有十分重要的意义。

第四节 案例分析

[例6-1] 交通违法处罚的一般规定

某市公安局交警大队警员田某和刑警队李某等人执行公务返城途中，途经某大桥，发现三辆面包车停在桥头附近，即下车对其进行罚款。其中一辆车的司机朱某发现警察查车罚款，即驾车驶离现场。警员见状即驾车紧跟其后，两辆警车共同追缉，打开警灯，拉响警报器，在农村非道路、乡间土路、村巷中追车达40余分钟。当追至某村中心路段时，朱母从车上下来，不慎致头部重度损伤，经抢救无效死亡。朱某向法院起诉，认为公安局警员罚款行为和追截车辆违法并导致其母死亡，要求赔偿损失。该市区级人民法院经审理认为，朱某违法停车，交警警员有权查处，但不应罚款，而且当该车已驶离桥头并开往农村道路时，应当停止尾追。被告对面包车在农村非道路上实施长时间的追缉没有法律依据；被告对朱母之死负有一定责任，并应承担相应经济赔偿。最后判决：确认被告公安局的追缉车辆行为违法；被告公安局向原告朱某赔偿人民币52320元。一审宣判后，公安局不服判决，向市中级人民院提起上诉。市中级人民法院审理认为原判决正确，二审驳回上诉，维持原判。

分析：

查处交通违法是一项严肃的行政执法工作，应当严格按照《道路交通安全法》的规定进行。

第一，依第八十七条第一款，查处道路交通违法的执法主体，只能是公安机关交通管理部门及其交通警察。根据这一规定，刑警李某等人完全无权查处。

第二，依第九十三条的规定，对朱某临时停车行为，交警只是可以指出其违法行为，并予以口头警告，令其立即驶离，没有规定可以罚款。同时追车也无法律依据，《道路交通安全法》未授权交警可采取追车措施。

第三，依第八十七条第二款，对违法行为应分清情节轻重，轻微违法使用警告后放行，不是上来都要罚款。而本案警员是在朱某主动驶离现场后，在农村非道路上对该车实施长达40多分钟的尾追，该车慌不择路，仓皇逃遁，使本来已恢复正常的道路交通秩序又混乱起来。并且发生朱母仓皇下车而摔跌致死的严重后果，这恰与道路交通安全管理的目的背道而驰，是滥用职权的违法行为，法院判其违法并予赔偿是正确的。

[例6-2]　对行人、乘车人、非机动车驾驶人的处罚

S市市民杨某骑自行车在新开街由南向北行驶时，经路口遇红色信号灯未停，闯红灯时被执勤交警发现，民警谢某对其违法行为予以纠正，并以市交管局二大队名义，开具公安交通管理当场处罚决定书，对原告处以罚款100元。杨某认为处罚过重，拒绝缴纳，并当场与交警发生争执，引起围观，交警遂将杨某的自行车扣留。杨某不服，向市公安局提出复议申请，复议机关作出维持罚款的复议决定；杨某仍不服，遂向人民法院提出行政诉讼，请求法院依法判决撤销被告对原告罚款和扣留自行车的处罚决定。法院在审理中查明：被告交管局的处罚依据的是《S市道路交通管理规定》第二十四条第四项、第五十三条，根据该规定对非机动车行驶违法行为处100元以下罚款或警告。该《S市道路交通管理规定》是于1999年8月11日经S市第八届人民代表大会常务委员会第十六次会议的批准于同年10月2日起正式施行的。

分析：

《道路交通安全法》第八十九条规定，行人和非机动车违法，只能处以警告或5至50元罚款。关于罚款的标准问题必须重视。对行人和非机动车，以及对机动车的罚款上限，《道路交通安全法》草案曾分别定为200元和500元，审议过程中经反复修改，考虑到种种情况，分别降至50元和200元。《道路交通安全法》出台以前，各地对此问题的规定比较混乱。某些执法机关往往从自身利益出发，任意突破50元和200元上限。对此，当事人要牢记法定标准，善于维护自己的权益，而本案中原告杨某骑自行车遇红色信号灯时闯红灯，违反了交通规章，事实清楚，被告依职权进行处理，其行为是合法的，但被告在适用法律上却有问题。交管局对杨某罚款100元，显然与此规定不符。虽然该局所依据的《S市道路交通管理规定》有罚款100元的规定，但依据“上位法优于下位法、后法优于前法”的原理，《S市道路交通管理规定》与《道路交通安全法》对同样违法行为的行为处罚标准不一致，下级法与上级法相抵触时，下级法无效。交管局有法不依继续适用本市土政策是错误的。因此，交管局的处罚错误，其罚款数额不符合法定标准。

对拒绝接受罚款处罚的非机动车驾驶人，可以扣留其非机动车。杨某毕竟有违法行为，不能不负法律责任。同时从本案情况看，交警是在其拒不接受处罚时扣其自行车的，扣车行为并不违法。尽管交管局超额罚款不对，但并不意味杨某的诉讼请求正确。

[例6-3]　交通违法处罚的种类

贾师傅退休后无事可干，就帮着儿子贾某看管五金商店。贾某为进货方便买了一辆小客货，平时就停在五金店的后院。一日晚间，贾师傅想过过车瘾，他先开着车在大院里转了几圈，觉得还不过隐，干脆开到了大街上。到了一个路口看到红灯，贾师傅紧踩几脚刹车，没想到路面刚刚洒过水有点打滑，车没停住，他又赶紧向左打轮，结果擦刮到左侧车道的一辆面包车，把其倒车镜刮坏。执勤交警询问情况后，当场扣留了该车，并通知贾师傅听候处理。一周后处罚决定下来，贾某陪父亲去交警队接受处理，办案的交警要求其交2200元。贾某提出罚款太高了，警察解释说这2200元包括罚款1200元和办案费及拖带、保管车辆等杂费1000元，如果拒不交纳，就不能把车领走。

分析：

依据《道路交通安全法》第八十八条规定，对道路交通安全违法行为的处罚种类有警告、罚款、暂扣或者吊销机动车驾驶证、拘留。对不合法的处罚，当事人有权拒绝。一般来说，公安机关交通管理部门及交通警察纠正、处罚交通违法行为时可以采取的行政强制措施主要有以下五类：扣留车辆；拖移机动车；扣留机动车驾驶证；收缴非法装置；检验体内酒精、国家管制的精神药品、麻醉药品含量等。交通警察在道路上执勤、执法时，有权指挥机动车驾驶人立即停车、接受检查、处理。对于无证驾驶或者违法行为尚未消除，不能立即放行的车辆，可以采取扣留车辆，将车辆移至不妨碍交通的地点或公安机关交通管理部门指定的地点停放。交通警察在纠正和处理违法行为时，还可扣留机动车驾驶证。公安机关交通管理部门暂扣证件、车辆后，除决定暂扣、吊销或收缴的证件、依法没收的车辆外，应当归还本人或者有关单位。

贾师傅无证开车，因此交警处以总数为1200元的罚款，这是其应负的法律责任，应当缴纳。但是办案费、拖带、保管车辆等杂费却无法无据，贾某有权拒绝缴纳。另外，在本案中扣车本身不是目的，它不是处罚形式，而是一种行政强制措施。贾师傅父子缴纳罚款后，交警应当把车返还，交警不应该长期扣车。

［例6-4］ 对机动车驾驶人一般交通违法行为的处罚

陈某是一个有十多年驾龄的驾驶人，经常参加安全学习，平时爱骑摩托车，注意安全防护。有一次他驾驶两轮摩托车接儿子放学回家，为了儿子的安全，他把自己的头盔给儿子戴上，自己戴别人的备用头盔。由于戴着不太合适，就没有系扣袢。行驶途中接了一次手机，只说了一句话，恰恰遇上交警检查。交警以陈某不戴安全头盔和驾车打手机为由罚款100元。陈某很不服，认为自己戴了头盔还要被罚没道理；同时他还专门查阅了《道路交通安全法》，也没有发现有关驾驶机动车不准打手机的具体规定，觉得交警罚款没有依据。带着这些疑问，他走访了几个朋友，他们也都认为处罚不当，替他打抱不平，建议他对交警提起行政诉讼。

分析：

对驾驶机动车违法行为的处罚，《道路交通安全法》分为两种情况：一般违法和严重违法。一般违法指驾驶人违反《道路交通安全法》和其他法律法规规定的安全驾驶要求的行为；严重违法指违反《道路交通安全法》第七章各有关条文列举的行为。对一般违法行为，《道路交通安全法》第九十条规定，应处以警告或者20元以上200元以下罚款，超出这一种类和限度的处罚，即为不合法。陈某的行为即属于一般违法，交警对陈某的处罚完全正确。《道路交通安全法》第五十一条对驾驶人的交通行为作了明确规定：摩托车驾驶人和乘坐人员应当按规定戴安全头盔。戴头盔指的是妥善戴好，而未系头盔扣袢，实际上等于未戴安全头盔，属违法行为，应负相应的责任。我国《道路交通安全法》对打手机的问题确实没作具体的条文规定，但是，如果驾驶人在驾驶机动车时拨打手机就会分散注意力、妨碍安全行车，从而构成了交通违法行为，也应该受到相应的处罚。因此交警对其罚款100元，完全符合《道路交通安全法》第九十条的规定，陈某认为处罚无依据的想法是错误的。

［例6-5］ 对一般的饮酒后驾车和醉酒驾车的处罚

某局小车驾驶人小李，平时每餐必饮酒，喝白酒七八两根本不成问题，不但一点醉意都没有，而且开车照样稳稳的，领导出门都喜欢带他。中秋节，小李开车陪局长白某去市里办事，当时正是该市交通集中整治期间，车过收费站时遇上交警检查。交警当场发现车里酒气熏天，遂进行盘问。小李满不在乎地告诉交警，今天午餐时只不过喝了一瓶啤酒，这点酒对自己来说是小菜一碟，"漱漱口罢了"。白局长也在一边作证，说小李是"酒仙"，喝这点酒不影响开车，绝对不会出事，就别难为他了，罚50块钱放我们走吧，还要回去过中秋节呢。白局长特别强调，我们酒后开车从没出过事，小李酒量好这件事在我们县谁都信，包括县交警队都知道，不信可以问。交警说，真要是那样问题就更大了，非得多罚你不可。

分析：

所谓"饮酒后"，一是指不论饮量多少，只要饮用了含有酒精的酒，包括白酒、啤酒或果酒等，时间在8小时以内的，均为饮酒后；二是酒精检测器检测，看血液中是否含有酒精成分，含有酒精成分的则为"酒后"。小李虽只喝了一瓶啤酒，但已构成酒后驾车。《道路交通安全法》第九十一条分酒后驾车和醉酒驾车两种情况予以重罚。对饮酒后驾驶机动车的，处200元以上500元以下罚款，并处暂扣1个月以上3个月以下机动车驾驶证。如果是饮酒后驾驶营运机动车，处500元罚款，并处暂扣3个月机动车驾驶证。对酒醉后驾驶机动车的，由公安机关交通管理部门约束其至酒醒，处15日以下拘留和500元以上2000元以下罚款，并处暂扣3个月以上6个月以下机动车驾驶证。如果是醉酒后驾驶营运机动车的，约束其至酒醒，处15日以下拘留和2000元罚款并处暂扣6个月机动车驾驶证。因此，交警应对小李处以200至500元罚款，同时暂扣其3个月以下驾驶证。

［例6-6］ 严重超载、混载的行为责任

某县农民张某，弄辆客车跑运输，拉客赚钱，由于根本不懂交通法规，平时都是既拉客又拉货，可谓多多益善。春运期间，租车的人较多，有一天他又揽到一个活，拉某村的一群小贩到邻省某县的集贸市场卖年货。虽然人多，还有行李及各种货物，但这难不住张某。他将车上的12个座位都卸了下来，把所有的行李往车厢一放，当作座位，然后一股脑地塞进了24个人。虽说挤了点，但硬座换成了"软座"，还别说，比原来坐着舒服多了。就这样他们一路摇摇晃晃，好不容易来到了两省交界处。由于春运期间检查较严，邻省高速交警总队某县大队交警在站口对过往的车辆进行例行检查时查获了这辆客车。交警从打不开的门缝里一看，这哪是客车呀，狭窄的车厢里堆满了行李、物品，男男女女就像货物一样横七竖八地挤在上面。因此交警认为该车严重超员，客货混装，当场将该车扣下。

分析：

严重超载、混载行为指《道路交通安全法》第九十二条规定的两种情况：一是公路客运车辆载客超过额定乘员20%以上或者违反规定载货的；二是货运机动车超过核定载质量30%以上或者违反规定载客的。对超过20%、30%界线的严重超载行为，由公安机关交通管理部门扣留其机动车直至违法状态消除，并处500元以上2000元以下罚款。

在本案中，张某违法的表现一是超载，二是客货混载。客车上原来只有12个座位，经非法改装，硬是塞进24个人，多装了一倍，构成严重超载，违反了《道路交通安全法》第四十九条关于"机动车载人不得超过核定人数"的规定，属违法行为；同时，其客车载货的行为还违反了《道路交通安全法》第四十九条"客运机动车不得违反规定载货"之规定。张某既超载又混载，情节严重，交警应当依法对他重惩，应根据《道路交通安全法》第九十二条，处以500元以上2000元以下罚款，同时继续扣留其客车至违法状态消除。

[例 6-7] 对乱停乱放机动车的处理

星期天,吴先生骑新购买的摩托车去百货大楼购物,见大楼前停满了车,图方便就将车停在路边。等买完东西出来,发现自己的车已被执勤的交警拖走了。待找到交警大队接受处理时,交警部门办案人员以吴先生乱停车为由要罚款 20 元,同时,还要交清障费。吴先生认为自己违章停车是事实,但交警未经自己同意即把车拖走是交警的单方行为,拖车本没道理,更不应收取清障费。交警坚持不交钱就不准把车开走,吴先生无奈交了罚款和费用,但去领车子时,发现车子不少地方受损,还擦掉了好大一块漆,右边的车灯也被损坏了。吴先生非常生气,就要求交警部门照价赔偿。可交警部门认为,这一切是违章停车所造成的,与他们无关,并拒绝赔偿。

分析:

根据《道路交通安全法》第九十三条,违反道路交通安全法律、法规关于机动车停放、临时停车规定的,机动车驾驶人不在现场,而停车又妨碍其他车辆、行人通行的,交警可以在处 20 元以上 200 元以下罚款的同时,将该机动车拖移至不妨碍交通的地点或者指定的地点停放。吴先生把车停在繁华路段的街边,显然影响交通,违反了临时停车的规定。交通民警可以直接采用拖曳车辆这一行政强制措施,把车辆拖至不妨碍交通的地方。采取拖曳车辆的行政强制措施不需要经过驾驶人同意,交警拖车符合法律规定。

《道路交通安全法》已明文规定"拖车不得收取费用",以各种名义收取清障费用都是违法的,因此,交警不该收取清障费。另外,交警在执行公务中,损坏了吴先生的摩托车,侵犯了吴先生的合法权益,吴先生有权要求交警部门对此承担赔偿责任,交警部门也应赔偿。

[例 6-8] 机动车安检部门安检行为违法的行政责任

某市设立了专门的机动车安全技术检验机构。该机构成员由原交通局内部人员组成,交通局指定全市机动车的安全检验只能在该部门进行,别的地方出具的安全技术检验证明没有效力。该检查部门在收取正常费用之外,还规定了一系列附加费用,比国务院规定的正常检验费用要高一倍;该检验机构自恃有后台,在检验过程中看面子、看人情,经营极其不规范。公交公司为了降低成本,使用已经报废的汽车进行营运,该机构为其出具了安全证明。后来,在营运过程中,该车因为已经达到报废标准,发生了交通事故,造成死亡 11 人、伤 8 人,引起当地民众的极大愤慨,伤亡家属要求严惩相关的部门。

分析:

该安全技术检验机构违反国务院规定的物价标准,变相收取高于国家规定的检验费用,违反了《道路交通安全法》第十三条的有关规定。依照《道路交通安全法》第九十四条的规定,应当责令该安检机构向当事人退还其违反规定多收的部分,包括以各种名目收取的附加费用;根据《价格法》规定,物价局有权对其依法处以警告或罚款。根据本案案情,该安检机构没有严格遵守国家机动车安全技术标准,为公交公司的报废车出具安全证明,构成"出具虚假检验证明"的违法行为。鉴于该违法行为情节严重,应当对其进行严厉处罚。该安检机构应负的责任包括:一是由公安机关交通管理部门处以罚款,金额为该机构所收检验费用的 5 至 10 倍;二是撤销其检验资格,不许其再从事检验业务;三是如果认定其构成犯罪的还要追究其刑事责任。

[例 6-9] 机动车号牌、标志、证件等手续不全的行政责任

某市公安交警大队,结合本辖区交通秩序状况开展摩托车、农用车交通秩序专项治理活

动。由大队交通警察和辖区安全干部组成的联合检查小组在执勤时,查扣了由王某驾驶的一辆无牌照农用三轮车,王某未带驾车手续。执勤交警让其到交警大队接受处理,但王某以车上装有西瓜为由,拒绝去大队接受处理。交警帮助其将车上的西瓜卸完,再次让其到交警大队接受处理,王某仍然拒绝,并对执勤交警大打出手,进行人身攻击。大队领导赶到现场了解情况后,让王某次日再去交警队接受处理。之后,经多次告知和传唤到交警大队接受处理均被王某拒绝,交警大队作出对王某罚款200元的处罚决定。王某对处罚不服,随后向市公安交警支队提起复议,要求赔偿经济损失。市交警支队根据法律规定,维持了区交警大队所作的处罚决定。王某又向区人民法院提起诉讼,把区交警大队推上被告席,要求其赔偿西瓜的损失及扣车以来影响其贩瓜收入的损失3000元。区人民法院公开开庭审理了此案,认为王某诉讼请求不成立,判其败诉。宣判后,原告王某对判决不服,又一次向市中级人民法院提起上诉。该院依法组成合议庭,公开开庭进行了审理。最后,法庭作出终审判决:驳回上诉,维持原判。

分析:

根据《道路交通安全法》第九十五条的规定,机动车上路行驶未随车携带驾驶证等牌证的,交警部门应当扣车并通知当事人提供或补办相应手续,待其提供后退还机动车。同时,《道路交通安全法》第九十条规定,对当事人的违法行为,可处警告或20元至200元罚款。区交警大队执法行为完全合法。首先,公安交警有依法维护交通安全、维护交通秩序的职责,交警大队在辖区内开展整治交通秩序活动,执勤检查小组在道路上纠正违法行为行为是正常执行公务。而王某未携带驾驶证驾驶无牌号机动车上路,违反了《道路交通安全法》有关规定,交警依法对其进行处理,王某与交警发生争执并动手打人,后来,王某经多次传唤不到,在这种情况下,交警大队作出罚款200元的决定,符合《道路交通安全法》第九十条的规定。因此,人民法院认为:执勤交警对王某违法行为做出暂扣车辆并到交警大队接受处理的处罚决定是依法执行公务,交警的行为不构成民事侵权行为,维持原判。

[例6-10] 对伪造、变造混用机动车牌证的处罚

孙某是某市局机关的驾驶人,经常开车为局领导办事。一天,在外出办事的过程中,将车牌丢失,于是孙某向单位领导汇报,想到交通部门重新做一个车牌。但是,该单位的领导认为,到交通管理部门办理牌照时间太长,这样会耽误很多事情。所以让孙某可以想一想办法,快一点。单位领导认为车牌是真的,只不过丢了,没什么大不了的,如果实在有问题,到时候,局里的领导再出面。得到了局里的指示后,孙某找地方做了一个假的牌照,但不巧在行驶的过程中,被交通警察发现。交通警察认为应当扣留该车,而孙某认为,罚款无所谓,但是扣车不行,因为还有很多事情要办,于是孙某自恃有正当理由,将车开走。

分析:

《道路交通安全法》第十六条规定禁止任何单位和个人伪造、变造或者使用伪造、变造的机动车号牌或行驶证及其他合格标志;根据第九十六条,伪造、变造或者使用伪造、变造的机动车登记证书、号牌、行驶证、检验合格标志、保险标志、驾驶证或者使用其他车辆的机动车登记证证书、号牌、行驶证、检验合格标志、保险标志的,都是违法行为,应当处罚,因此孙某制作使用假牌照构成交通违法行为。《道路交通安全法》规定车辆一律禁止挂假牌照。因此,孙某的违法行为和一般的使用伪造牌证的行为没什么两样,应当依法接受处罚。孙某擅自将车开走,是一种不服从交通管理的表现,构成二次违法。对孙某这种情况,办案交警应当根据《道路交通安全法》第九十六条的规定,先把其车扣下,然后依法定程序处以200元至2000元的罚款,同时通知该局补办车牌,待将车牌补办后,再将车返还。孙某擅自将车开走,应对孙某本人按有关规定另行处罚。

［例 6-11］ 非法安装警报器、标志灯具的行政责任

胡某是高干子女,时常打着自己父亲的旗号说话办事。该市的交通管理部门对胡某基本是有求必应,胡某要求给自己的车上装上警灯警笛,以便自己在路上行驶方便一些。该市交通部门的领导认为,这件事可大可小,所以迟迟没有答应。但具体办理此事的人员为了讨好胡某,私自为其安装了这些装置,并出具了健全的手续。经过半年后,全国开始整顿警报、警灯标志,要求各地认真落实该项措施,彻底解决"扰民"的现象。办事人员找胡某商量,要求其将警灯警笛拆除,不然大家都不好办。胡某对此表示不以为然,认为这是交通部门给安装的,有正规的发票,所以不怕有人说三道四,坚持不拆。

分析:

根据公安部关于特种车辆安装、使用警报器和标志灯具的规定,其车辆使用范围包括:

(1)警车:包括公安、检察、法院、司法机关用于维护社会秩序,处理治安、刑事案件的指挥车、勘查车、执行警卫任务的前后护卫车,以及其他执行特别紧急任务的车辆。

(2)消防车:公安及其他消防部门用于灭火的专用车辆和现场指挥车辆。

(3)工程救险车:水电、煤炭、矿山、建筑、铁道等工程部门用于抢救公用设施和人民生命财产的专用车辆及现场指挥车辆。

(4)救护车:医疗救护部门用于救护处于生命危险人员的专用车辆。

除以上特种车辆外,其他车辆一律不准安装使用警报器和标志灯具,凡需安装特种车辆报警器、标志灯具的,必须由本单位向所在地市(县)公安局申请领取《特种车辆警报器和标志灯具使用证》,方准安装、使用。

某些人为了自己方便,或为了要威风、搞特殊,往往通过某种关系自行或托人安装警报装置,不但扰乱了正常的交通管理秩序,而且严重扰民,群众意见很大。胡某的车不符合安装警报装置的条件,擅自安装已构成违法行为,公安机关有权制止。根据《道路交通安全法》第九十七条的规定,公安交警部门可以对胡某的车强制拆除其警灯警笛,同时对胡某给予 200 元至 2000 元的罚款处罚。

［例 6-12］ 未投保机动车第三者责任强制保险的行政责任

李某是山西某地的行政机关干部,购买了一辆 20 吨的货车,在办理车辆落户的过程中,交通管理部门指出,像李某这样的车辆必须进行投保。但是李某觉得,自己购买车辆已经是一笔非常大的开销了,而且自己目前没有见到收益,便不想办理车辆保险。于是,李某表面答应实际拖延不办,并且指示驾驶人驾驶车辆上路行驶,开始进行煤的外运生意。之后一年,省内发生多起交通事故,其中,车辆大多没有投保,造成了很坏的影响,山西省开始对全省车辆进行检查,重点是车辆的保险问题。李某的车辆被当地的交通警察部门查获,交通部门立即将其车进行扣留。此时,李某非常着急,因为正是运煤的黄金季节,于是,马上办理了车辆的保险手续。随后,李某亲自到交通部门进行活动,当地的交通部门认为都是老同志,应当照顾一下,既然已经将保险手续补齐,就应当放行。

分析:

机动车第三者责任保险是一项利国利民的制度,它可以有效地分化社会风险,维护社会稳定，不但利于救助事故受害方，而且对于车主来说，可保其万一出现事故后能够减轻自己的负担，不至于因为高额赔偿而难以继续经营。

我国实行机动车第三者责任强制保险制度。《道路交通安全法》第十七条规定投保机动车第三者责任强制保险是车主的法定义务，不履行就是违法。李某开始没有办理保险，已构成违法，虽然事后投保，并不能免除其法律责任。根据《道路交通安全法》第九十八条的规定，对未办保险的由交警部门扣留车辆，直至当事人依法投保，并处以罚款。这两项是并用的，扣车是强制措施，而罚款是行政处罚，二者不可互相替代，补办保险手续并不能免除其行政责任。

［例 6-13］ 对八类严重的交通违法行为的处罚

赖某是小汽车修理厂老板。一天，赖某的妻子骑摩托车进城办事。11 时许，下起雨来，赖某叫上修理厂的学徒工小张开着小轿车一起去县城接妻子。赖某自己开车将妻子接走，叫小张等雨停后将摩托车骑回修理厂。赖某知道小张无驾驶证，还特地嘱咐他小心点。小张骑着摩托车行至县城金水大道时，与前面一辆同方向正在慢行的农用车发生追尾事故，造成小张身受重伤、摩托车受损的严重后果。事故发生后，县交警队依照有关法律法规，认定小张负事故的主要责任，赖某负事故的次要责任。小张无证驾驶、雨天超速行驶，违反了《道路交通安全法》规定；赖某将车辆交给没有驾驶证的人驾驶，也构成了违法。

分析：

依据《道路交通安全法》第九十九条第一款第一项和第二款的规定，未取得机动车驾驶证、机动车驾驶证被吊销或者机动车驾驶证被暂扣期间驾驶机动车的应予重罚。小张没有取得机动车驾驶证，就驾驶摩托车上路行驶，应认定为无证驾驶，除赔偿对方损失外，交通部门还应对小张处以 200 元至 2000 元罚款。如果情形严重，可并处 15 日以下行政拘留。

将机动车交由未取得机动车驾驶证或者机动车驾驶证被吊销、暂扣的人驾驶的，亦应依本条第一款第二项进行处罚。赖某将机动车辆借给无驾驶证的人驾驶是一种严重的违法行为，这种做法会给人民群众生命财产安全带来极大的威胁。根据《道路交通安全法》第九十九条的规定，应处 200 元至 2000 元的罚款，如果交通部门认为情节严重，还会吊销赖某的驾驶证。

［例 6-14］ 强迫他人违法违规驾车肇事的行政责任

黄某经营几辆铲车从事货物搬运业务。他认为铲车上公路行驶不需要任何证件，因而他的五辆铲车没有一辆上过牌证，经营多年从没受到交通管理部门的查处，这使黄某的安全意识更加淡漠。有一次，铲车驾驶人廖某发现黄某要求开的铲车严重超载。由于铲车的锅炉箱较高，几乎挡住了前面几十米范围内的视线，加上运输距离长达 5 公里，而这段路日均车流量达 2 万余辆次，即使有经验的人都不敢开这种“盲车”。廖某见状担心会发生意外，便不肯出车。但是，车主黄某为赚钱，要求廖某出车，许诺给他加 100 元工资，如不出车则将其辞退。在此情况下，廖某抱着侥幸的心理开车上路。当时他是凭左侧公路的位置来判断行驶路线的，他右侧坐着的是货主派来的关照货物安全的人，帮着观看右边情况，正前方是“盲区”。这样，廖某开的铲车只能摸索前行。开始一二公里倒还算顺利。后来，廖某远远望见前方同向路边有一骑自行车的人，当靠近时，那人便从视线中“消失”了。正在此时，有一辆大货车要超车，正居中行驶的铲车往右避了避，廖某便听到车轮下传来“咯嚓”一声响，下车一看，发现一辆自行车被撞在路边沟里，骑车的妇女腿被撞断。

分析：

《道路交通安全法》第二十二条规定，任何人不得强迫、指使驾驶人违反道路交通安全法律、法规和机动车安全驾驶要求驾驶机动车，这是一项法定义务。第九十九条又进一步明确了强迫驾驶人违法行为的行政责任。本案中司机廖某发现超载和安全隐患，当场向车主提出，车主黄某不但不听取意见加以改正，反而在利益的驱动下铤而走险，强令其上路，正是由于这些原因造成了后来的交通事故。黄某作为车主，首先应当承担民事责任，赔偿受害者人身和财产损失，是事故的主要责任者。此外，根据《道路交通安全法》第九十九条第一款第五项的规定，黄某还应受到行政处罚，应处以 200 元以上 2000 元以下罚款；对黄不办牌证手续的违法行为，应责令其补办，并依相关规定处罚；鉴于黄某违法情节较严重，可依本法第九十九条第二款的规定，并处 15 日以下拘留。

［例 6-15］ 严重超速的行政责任

退伍军人郑某，假日最喜欢在郊区开快车，以车技出众为荣。一日，郑某载着当兵时同班的战友阿光，到邻县另一个战友的家中做客。行驶途中，内侧车道一部新车呼啸而过，车上的小伙子似乎在向路人展示他优越的开车技术及车的良好性能，阿光不禁夸其厉害。这些看在郑某眼里却很不是滋味。他心想："你这个目中无人的小子，我玩车的时候还没你呢！现在让你知道知道什么叫开车！"于是郑某猛踩油门，加快速度，完全不理最高限速 80 公里的规定，码表直冲每小时 130 公里，不一会儿功夫，就追上刚刚从身旁冲过的那部车。一会儿功夫，郑某就把那小伙子狠狠地甩在后头。郑某得意地微笑着道："这才叫开车，凭你的技术还差的远呢！"阿光对郑某的技术佩服得五体投地。正当二人得意洋洋时，前面的交通警察示意停车。郑某停车后，警察吊销了郑某的驾驶证，并对其进行了罚款处罚。

分析：

《道路交通安全法》规定，机动车上路行驶不得超过最高限速。飙车给交通安全带来极大的隐患，开快车也历来是公安机关交通管理部门严厉打击的违法行为之一。郑某超速开车，违反了交通限速，构成违法行为，应受到处罚。

《道路交通安全法》第九十九条规定：机动车行驶超过规定时速 50%的构成严重超速，要处 200 元以上 2000 元以下罚款，同时可并处吊销驾驶证。超过规定时速不到 50%的是一般超速行为，处以警告或 20 元至 200 元的罚款。郑某在限速 80 公里的路段以 130 公里的时速飙车，交通警察应依规定给予罚款，同时吊销驾驶证。

［例 6-16］ 交通肇事犯罪和肇事逃逸行为的行政责任

某日晚，22 岁的林某驾驶两轮摩托车，载女朋友去看电影。当他沿某公路由北向南驶至某村路段向左侧拐弯时，因车速太快，驾驶的摩托车失控，撞向由东向西横过公路的荣某及自行车，造成荣某受伤。事后，林某发现该路段比较偏僻，行人稀少，不但没有立即报案、积极抢救伤者和保护现场，反而驾车逃逸。荣某被过路人发现并救助时已昏迷近两小时，经医院抢救无效于当晚死亡。路人报案后公安机关立即展开调查，林某于 5 日后被公安机关抓获归案。按照道路交通安全法律、法规的有关规定，当事人逃逸或者故意破坏、伪造现场、毁灭证据，使交通事故责任无法认定的，应当负全部责任。法院认为，被告林某无视交通管理法规及乘客安全，超速行驶，违法驶入非机动车道，造成严重后果，其行为已构成交通肇事罪，且属情节恶劣，应当惩处。依《中华人民共和国刑法》第一百三十三条对交通肇事罪的规定，对林某判处有期徒刑 3 年。林某不服判决,认为对自己应当按照《道路交通安全法》处以罚款和拘留,因此提出上诉。

分析:

交通肇事罪指违反交通运输管理法规,因而发生重大事故,致人重伤、死亡或者使公私财产遭受重大损失的行为。违反交通运输管理法规,因而发生重大事故,致人重伤、死亡或者使公私财产遭受重大损失的,处三年以下有期徒刑或者拘役;交通运输肇事后逃逸或者有其他特别恶劣情节的,处三年以上七年以下有期徒刑;因逃逸致人死亡的,处七年以上有期徒刑。这里重大事故是针对构成交通肇事罪客观要件中的结果而言的,与交通事故等级划分标准中的"重大事故"不是同一个概念。在本案的处理中,对林某是进行行政处罚还是刑事处罚的界限在于责任人的行为是否构成犯罪,构成犯罪的予以刑事处罚,未构成犯罪的予以行政处罚,而对其认定应严格按法律执行。2000 年 11 月 10 日,最高人民法院在《关于审理交通肇事刑事案件具体应用法律若干问题的解释》中进一步明确了构成交通肇事罪的要件:

(1)死亡 1 人或重伤 3 人以上,负事故全部或者主要责任的;

(2)死亡 3 人以上,负事故同等责任的;

(3)造成公共财产或者他人财产直接损失,负事故全部责任或者主要责任,无能力赔偿数额在 30 万元以上的;

(4)交通肇事致 1 人以上重伤,负事故全部或者主要责任,并具有下列情形之一的,以交通肇事罪处罚:

①酒后、吸食毒品后驾驶机动车辆的;

②无驾驶资格驾驶机动车辆的;

③明知是安全装置不全或者是安全机件失灵的机动车辆而驾驶的;

④明知是无牌证或者已报废的机动车辆而驾驶的;

⑤严重超载驾驶的;

⑥为逃避法律追究逃离事故现场的。

因此,无论何种交通事故,只要具有以上要素,都应当依据《刑法》追究肇事者的刑事责任;反之,则予以行政处罚。根据本案情况,林某已构成交通肇事罪,应依法追究刑事责任,原判正确。应当明确刑事责任和行政责任并不能相互替代,依据《道路交通安全法》第一百条,林某在判刑的同时,还应当承担行政责任。应由交通部门依法吊销其驾驶证,且终生不得重新取得驾驶证。

[例 6-17] 对频发交通事故的运输单位的处理

某县汽车运输公司由于客运业务较多,只顾赚钱、不顾安全。新招聘的驾驶人素质不高,安全工作管理混乱。1 月 16 日上午 7 时,该公司驾驶人范某驾驶(48 座)大客车载客 79 人超载行驶,从该县县城开往省会。当车行至某山道路段左急转弯路口时,由于车速过快,加之承载量过大,大型客车右前轮开始超出有效路面,左前轮悬空,车辆向右倾斜,驾驶人范某打开驾驶门跳车,紧接着坐在驾驶人并排零号位上的乘客也随着跳下,车内乘客纷纷离开座位向右侧车门方向涌去,大型客车遂翻向右侧山谷,造成乘客死亡 13 人、重伤 3 人、轻伤 1 人、大型客车报废、直接经济损失近 85 万元的特大道路交通事故。

同年 7 月 6 日晚 10 点左右,该公司另一名驾驶人邱某驾驶已超载 4 名乘客的小客运汽车,由该县开往邻县。当车行至匝道处时,邱某违章超车,并驶入非机动车道。为躲避骑自行车正常行驶的行人,邱某在向左侧打方向盘时,驾驶的小客车失控发生侧翻。在滑行过程中,油箱汽油外泄被电火花引燃,导致车上未及时逃离的 3 名乘客被烧死、7 人受到不同程度的烧伤。

分析：

单位受处罚的条件是6个月内发生2次以上特大交通事故。道路交通事故分为以下四类：轻微事故、一般事故、重大事故、特大事故。特大事故是指一次造成死亡3人以上，或者死亡1人，同时重伤8人以上，或者死亡2人，同时重伤5人以上，或者财产损失6万元以上的事故。本案中，该公司的两起事故，都已构成特大交通事故。对这种情况，除对驾驶人依照刑法判刑外，对负有责任的公司管理人员应当予以行政处分。此外，根据《道路交通安全法》第一百零二条的规定，应责令该公司消除隐患，未消除事故隐患的机动车，禁止上道路行驶。因此，该公司应当服从交通部门的决定，积极配合，认真进行整改。公司要加强对其内部人员的管理，从驾驶人的资格审查、思想品德、技术水平、行车经历，及车辆状况等方面严格把关，对不能认真遵守交通法规的驾驶人要坚决辞退；同时强化内部安全管理，切实制定防范措施，杜绝事故再次发生。

[例6-18]　有关部门对生产不合格机动车所负的责任

某市工商局接到群众举报，某个体汽配厂擅自购买配件拼装农用车并向农民出售。工商局接到举报后，立即派工商管理人员赶到该汽配厂检查，对5辆(已销售12辆)涉嫌农用车予以扣留。查扣以后，工商局依照程序，请法定部门省汽车摩托车质量监督检验站作了检测，检测结果表明这款车未经国家机动车产品主管部门许可，有16项不符合标准，其中有两项是刹车制动系统。工商局依据有关规定，作出了吊销该厂营业执照的行政处罚决定。处罚决定作出后，汽配厂不服，向法院提起诉讼，称自己是经工商部门依法登记成立的正规汽车生产厂家，工商局对自己的处罚没有法律依据，请求人民法院依法撤销工商局对其作出的行政处罚决定书。

分析：

依据《道路交通安全法》第一百零三条规定，对机动车生产有权查处的是技术监督局和工商局。如果生产的车型经有关部门许可，则其质量不合格问题由技术监督局查处；如果该车型根本未获批准而擅自生产，则由工商管理部门查处。该汽配厂擅自生产未经许可的车型，工商局是有处罚权限的，汽配厂认为其生产假劣车型不归工商局管是错误的。在本案中，汽配厂违反了《道路交通安全法》的规定，生产非法车型，不仅损害了用户的合法权益，更威胁人们的生命安全。市工商局有行政处罚主体资格和查处职能，处罚决定本身适用法律正确，程序合法，因此应当维持市工商局作出的行政处罚决定。

[例6-19]　对擅自挖掘道路、占用道路施工等影响交通安全的非法行为处理

村民任某因没有合适场地打场晒粮，就在其村北城乡公路的大桥上摊晒麦穗，借过往车辆碾压脱粒。交警巡逻时发现任某摊晒的麦穗占去大半个路面，造成过往车辆车轮打滑，口头告知其在当日内收走，但任某觉得交警队的人多管闲事，就没加理会。同日，村民刘某驾驶无牌照的手扶拖拉机路过大桥时，为避开麦穗而往左侧绕了一点，不慎同与其相对行驶的骑自行车的金某发生刮碰，致金某左胸多发性骨折住院84天，花去医疗费13126元，法医鉴定其伤构成九级伤残。交警部门对该交通事故作出责任认定：刘某无证驾驶，对该事故负主要责任，任某、金某负次要责任。金某因损失赔偿问题经交警队调解不成，将任某、刘某诉至法院，要求二被告赔偿其医疗费、误工费、护理费、伤残补助费17000元。经县法院审理，依法判决被告任某赔偿原告医疗费、伤残补助费、误工费、护理费4000元；被告刘某赔偿12000元，其他部分由原告金某自理。任某和其他村民都想不通，别人肇事，为什么让任某承担责任。

分析：

对占道施工和其他影响交通的行为，其处罚权主要由路政部门行使，可以责令当事人恢复原状并给予罚款，但公安机关交通管理部门也有权责令其停止违法行为，迅速恢复交通，这同样是一种执法权，当事人应当服从。同时，《道路交通安全法》第一百零四条规定，占用道路从事其他影响道路交通安全活动的，致使通行人员、车辆及其他财产遭受损失的，应依法承担赔偿责任。被告任某在公路大桥上打场晒粮，不仅违法，而且是造成该事故的原因之一，应承担一定的赔偿责任；被告刘某无证驾驶车辆是造成该事故的主要原因，应承担主要赔偿责任；原告金某骑自行车，在与手扶拖拉机会车时，桥面已被部分麦穗侵占，而没有采取有效措施，也是造成该事故的原因之一，应减轻被告的赔偿责任。因此，交警部门作出的责任认定是正确的。

［例 6-20］ 影响通行安全并未依法采取警示防范措施而致他人损害的民事责任

某县进行路网改造，规定由县公路段统一负责，沿途涉及到的各乡人民政府进行配合，组织所辖各村村委会具体施工。在青山乡路段，由于路上堆放了一些砂石料，平时夜间收工时因怕发生危险，都是从很远处拉来电线接上临时照明灯起警示作用。有一天因狂风刮断电线，负责的电工又不在，施工的村民想明天再修，就回家了。当天夜间，外地司机蒋某驾驶平头货车，行至该路段时，因主车道及停车带堆有砂石料，该车避让不及，冲上砂石堆后失去控制撞上山石，驾驶人受伤当场昏迷，该车驾驶室也变形。事故勘验结果表明，非法堆放砂石料是引发事故的直接原因，蒋某疲劳驾驶，造成反应不当属于次要原因。事故发生后，蒋某一纸诉状将青山乡政府、施工的牛家村村委会、某县公路段三家告上法庭，要求三家共同赔偿医疗费、事故车辆损失及施救费。经县人民法院审理，判决如下：原告因伤造成的医疗费及伤残生活补助费、事故车辆损失及施救费等损失，由青山乡政府、牛家村村委会、县公路段分别承担赔偿总额的25%、30%和25%，剩下的20%由原告蒋某自行承担。

分析：

根据《道路交通安全法》第一百零五条的规定，道路施工欠缺防护措施导致车辆、行人损失的，负有相关职责的单位应承担赔偿责任，而《民法通则》规定的道路致损赔偿义务人是施工人，即负责施工的单位。根据这些规定，法院审理后认为：县公路段是公路的管理者，又是路网改造的建设单位，负有安全管理的义务；青山乡政府是路网改造的组织者和实施者，牛家村村委会是路网改造的直接实施者，均负有安全施工的义务，故三被告均应承担相应的赔偿责任。原告蒋某违反交通安全规程，疲劳驾驶，对损害的发生有一定的过错，可适当减轻被告的赔偿责任。

这项赔偿责任是民法上的一种无过错责任，即被告没有过错也要承担责任。我国《民法通则》第一百二十五条规定施工人承担责任的条件有三项：损害；施工未采取安全措施；二者间的因果关系。该法并没有说被告对事故发生有故意或过失才予赔偿。《道路交通安全法》也没有这项主观条件的要求。所以，按照法律的本意，被告承担无过错责任。其次，本条规定的"未设立警示标志、未采取防护措施"，应当理解为施工单位不仅有设置标志和采取安全措施的义务，还有对其标志、措施进行保护和维持的义务，否则形同虚设。

［例 6-21］ 行政机关对当事人逾期不履行处罚决定时可以采取的措施

甲县交通管理局在关键路段设立检查站，检查行车状况。某晚 12 点，公安交通管理局交警在检查站检查过往车辆时，发现一辆载客限额 38 人的长途汽车行驶速度缓慢，有明显的超载嫌疑。执勤交警上车查验,发现长途汽车上实际有乘客57人,并载有各种货物若干。交警随即将该车扣留,要求司机王某与其所属客运公司联系,妥善安置车上超载的19名乘客,要求王某当场把车上所载货物全部卸下,并对王某作出罚款1500元的决定,限其在15日内到该县某银行缴纳。车上超载的19名乘客全部下车换乘另外的车辆,车上所载货物全部卸下后将车放行。事后,王某没有在规定的15天期限内到指定的银行缴纳1500元的罚款,也没有采取任何方式向县交通管理局的上级主管部门申请行政复议或者向县人民法院就该罚款决定提起行政诉讼。

分析:

对罚款决定加处罚款和申请人民法院强制执行,是行政处罚决定的强制执行方式中的两种。所谓行政处罚的强制执行,是指当事人(包括公民、法人及其他组织)逾期不履行行政处罚决定,由有关执行机关依法采取强制措施,迫使其履行行政处罚决定或达到与履行该行政处罚决定相同状态的活动。在行政处罚的强制执行中,人民法院居于主导地位,行政机关的行政强制执行权有限,只能在法律明确规定的范围内行使。对于交通管理中当事人因交通违法受到的行政处罚,法律已经明确规定了由作出处罚决定的行政机关申请人民法院强制执行,因此对这类行政处罚决定的执行权就只属于人民法院。在本案中,对于王某超过规定的15天期限仍拒绝缴纳处罚决定确定的罚款的行为,作出该罚款决定的交通管理局有两种可以选择的方式:一种是加处罚款,对于王某拒绝缴纳的罚款,按照每超过一天,加处罚款额3%的罚款,也就是每天增加罚款45元。依据有关法律规定,如果作出加处罚款的,交通管理局应当作出《加处罚款决定书》,对加处罚款比例予以明确说明,并送达王某。另一种是申请县人民法院强制执行。交通管理局申请县人民法院强制执行需要满足以下条件:

(1)交通管理局申请法院强制执行,应该在王某就该罚款决定的法定起诉期限届满之日起180日内提出,逾期申请的,除非有正当理由,否则法院不予受理。

(2)王某在罚款决定确定的15天期限内没有履行义务。

(3)县法院对该执行申请有管辖权。

[例6-22] 暂扣机动车驾驶证期限的计算方法

杨某是某客运公司的驾驶人。3月31日傍晚,杨某因酒后驾车被交警当场扣留了机动车驾驶证,并被告知在15日之内到交通管理局接受相应的处理,办理有关手续。交警于4月1日将该案件移送给交通管理局。杨某回到客运公司后,公司依据内部管理规定,对他进行了处理,组织他参加交通法规学习班,要他就酒后驾车写检查作深刻反省,结果接连几天都没有时间到交通管理局接受正式处理,一直拖到4月10日,杨某才去交通管理局。交通管理局对他作出暂扣机动车驾驶证3个月的处罚决定,并出具了行政处罚决定书。

分析:

行政处罚决定作出后,只要依法送达当事人,即具有法律上的确定力和拘束力,其内容依法定程序不得随意撤销或者变更。当事人必须承认其效力,并履行处罚决定。除依法申请行政复议或者提起行政诉讼撤销行政处罚决定外,不得否认处罚决定的效力。行政处罚决定书一经送达行政责任人,行政责任人在法定期限内未申请法律救济,又不自觉履行的,则行政处罚决定发生强制执行的效力。据此,交通管理局暂扣杨某机动车驾驶证3个月的处罚决定在杨某没有就该决定提起行政复议或者行政诉讼的情况下,自其接到行政处罚决定书的4月10日开始生效。

《道路交通安全法》第一百一十三条规定，暂扣机动车驾驶证的期限从处罚决定生效之日起计算；处罚决定生效前先予扣留机动车驾驶证的，扣留一日折抵暂扣期限一日。杨某的驾驶证是在3月31日被交警当场扣留的。到4月10日处罚决定生效时，已经扣留了11天，所以杨某的驾驶证还应该被暂扣的时间是3个月减去11天，也就是到6月30日暂扣驾驶证的3个月期限才届满。根据《行政诉讼法》以及《最高人民法院关于执行中华人民共和国行政诉讼法若干问题的解释》，进行行政诉讼的程序如下：当事人在法律规定的期限内向对案件有管辖权的人民法院提出起诉，由人民法院对起诉进行审查，对符合法定条件的决定立案审理，从而引起诉讼程序开始。行政诉讼也实行两审终审原则，第一审程序是所有行政案件必经的基本程序。对一审结果不服的，当事人可以上诉，进入第二审程序。据此，本案当事人杨某如果对交通管理局对他酒后驾车作出的暂扣驾驶证3个月的处罚决定不服，想提起行政诉讼，应该向该交通管理局所在地的基层人民法院提出起诉。该法院受理案件并立案的，就进入审理程序。如果该法院裁定不予受理，杨某还可以就不予受理的裁定，在接到裁定书之日起10日内向作出裁定的法院的上一级法院提出上诉。

[例6-23] 交通警察利用职务便利收受好处、参与经营等违法行为的行政处分

王某是A市交通管理局的一名交通警察，负责办理机动车驾驶证的发放和年检工作。王某的弟弟在B市开了一家汽车修理厂，经营状况良好，于是王某也投资加入和弟弟一起经营，但是对外不说自己也有份。王某经常对来领取驾驶证和年检的驾驶人们宣传弟弟的修理厂，建议他们到弟弟的修理厂修车，一些驾驶人了解情况后都到王某弟弟的修理厂修车。王某对这些人提出的发放驾驶证、年检时降低一点标准之类的要求也都尽力办到。一次，一个想办理驾驶证的人给王某送了3000元的好处费，但是由于交通管理局严格管理驾驶证的发放工作，加强对驾驶证办理的监督，王某没有替该人办到驾驶证，对方一气之下到交通管理局揭发了王某的行为。经过调查，王某在负责驾驶证发放和年检工作中的问题被陆续发现。交通管理局决定对王某实行行政处分。

分析：

行政机关的工作人员由于担任行政职务，被法律赋予了普通公民所没有的行政职权。为了保证行政职权不被滥用，法律同时也规定他们要比一般公民承担更多的义务。其中一项就是在行使行政机关的职权时，应当遵守法律的有关规定，不得利用职务上的便利为个人谋取私利。在上述案例中，王某违反法律规定的行为主要表现在以下几方面：

(1)王某利用自己管理驾驶证发放和年检的职权，收受他人好处获得了不正当利益。

(2)给不符合条件的人发放驾驶证，降低年检的标准，不履行法定职责。

(3)利用驾驶证管理工作得到的和驾驶人打交道的机会，宣传弟弟的修理厂，为亲友谋取经济利益。王某还在弟弟的修理厂投资，虽然对外没有承认自己也有经营份额，但其实质还是参与了经营活动，这就构成了法律所禁止的经商行为。

行政处分与行政机关工作人员的职务纪律和道德密切相关，是用来保证行政机关工作人员遵守职务纪律、保持其应有的道德水准的强制手段，是督促行政机关工作人员恪尽职守的保障。行政处分的种类依据国家对公务员的有关规定，包括六种：警告、记过、记大过、降级、撤职和开除。在本案中，王某是交通管理局的工作人员。对王某的上述违法行为，交通管理局可以依据法律规定选择警告、记过、记大过、降级中的一种给予行政处分。如果王某的行为属于情节严重的，例如收取的好处费数额大，构成犯罪的，或者造成的影响极其恶劣，交通管理局可加

重对他的行政处分力度。

［例 6-24］ 交通管理部门违法行为的法律责任

某市交通管理局看到社会上越来越多的人想取得机动车驾驶证，于是想到利用自身有利条件，增加单位经济效益和职工福利，为此开展了一系列工作：面向社会开办驾驶人培训班、汽车修理厂。所收取的培训费、汽车修理费除去各项基本开支，一律由交通管理局掌握，以奖金、津贴、补助等形式发放给工作人员。为了提高培训班的吸引力，驾驶培训班由负责机动车驾驶证考试的交警直接教课。在培训班学习驾驶的学员，驾驶证考试时无论水平如何，总能通过，更有甚者是许多人没有经过考试就取得了驾驶证。为了激励交警对交通违法人予以罚款，交通管理局还给执勤交警宣布了一项内部制度，对执勤过程中当场收取的罚款，按照 10% 的比例作为奖励发给交警。此制度宣布以后，交警对道路交通违法人予以罚款的决定与以前发生了变化，即使是轻微的违规，行为人也会被处以 10 元、20 元不等的罚款，交警作出罚款处罚决定的比例明显增加。对此，交通管理局没有表示任何异议。而交警上缴的所收罚款，交通管理局在上缴国库时也留下了一部分，另设账户处理。交通管理局在短短一年半的时间里，盖起了新的办公大楼，其下所属交警的个人生活水平也都不同程度地得到了提升。

分析：

交通管理局在行使交通管理职权的活动中，不得利用职权谋取不正当利益。在本案中，该交通管理局的违法行为主要有：

(1)以营利为目的，面向社会举办驾驶培训班、机动车修理厂，收取各项费用，获得经济效益。

(2)为没有经过考试的人员发放机动车驾驶证。

(3)不按照规定将依法收缴的罚款全部上缴国库，私自留存罚款，并提取一定比例发给交警作为激励。

由于这些行为不是交通管理局个别交警的行为，而是交通管理局整体的行为，不能对其中的交警予以法律规定的处罚。因此，法律规定对这些违法行为的处理方式，是对交通管理局中负有责任的主管人员和其他直接责任人员给予相应的行政处分。

如何确定该交通管理局中应当承担违法行为责任的人员，法律只是给出了一个概括的标准，即由负有责任的主管人员和其他直接责任人员承担。负有责任的主管人员，是指对实施违法行为负领导责任的人员，包括实施该违法行为的行政机关的主管领导，实施该违法行为行政机关内部责任部门的领导，即实施该违法行为的领导者、决定者、组织者。所谓其他直接责任人员是指实施该违法行为的经办人。处理行政机关违法行为适用行政处分，应当根据行为人在实施违法行为过程中的地位和作用，决定是给予负有责任的主管人员、其他直接责任人员，还是同时给予负有责任的主管人员和其他直接责任人员以行政处分。该交通管理局的主管领导对以上三种违法行为都要承担责任。主管办理培训班、汽车修理厂事宜的负责人，管理机动车驾驶证发放工作的负责人，管理罚款收缴工作的负责人，应该就其各自负责的工作发生的违法行为承担责任。而实施各违法行为的具体经办人是交通管理局所属交警，他们多数是依据交通管理局的规定办事，因此在其他直接责任人员的确定问题上，不宜把所有进行前述三种违法行为的交警都确定为其他直接责任人员，对其中积极实施该行为的可以确定为直接责任人员。对被确定要承担违法行为责任的人员，应根据违法行为的情节、违法程度及危害后果等情况分别处以行政处分。

附录 1

中华人民共和国道路交通安全法

(2003 年 10 月 28 日第十届全国人民代表大会常务委员会第五次会议通过,2003 年 10 月 28 日中华人民共和国主席令第 8 号公布,自 2004 年 5 月 1 日起施行)

目　录

第一章　总　　则

第一条　为了维护道路交通秩序,预防和减少交通事故,保护人身安全,保护公民、法人和其他组织的财产安全及其他合法权益,提高通行效率,制定本法。

第二条　中华人民共和国境内的车辆驾驶人、行人、乘车人以及与道路交通活动有关的单位和个人,都应当遵守本法。

第三条　道路交通安全工作,应当遵循依法管理、方便群众的原则,保障道路交通有序、安全、畅通。

第四条　各级人民政府应当保障道路交通安全管理工作与经济建设和社会发展相适应。

县级以上地方各级人民政府应当适应道路交通发展的需要,依据道路交通安全法律、法规和国家有关政策,制定道路交通安全管理规划,并组织实施。

第五条　国务院公安部门负责全国道路交通安全管理工作。县级以上地方各级人民政府公安机关交通管理部门负责本行政区域内的道路交通安全管理工作。

县级以上各级人民政府交通、建设管理部门依据各自职责,负责有关的道路交通工作。

第六条　各级人民政府应当经常进行道路交通安全教育,提高公民的道路交通安全意识。

公安机关交通管理部门及其交通警察执行职务时,应当加强道路交通安全法律、法规的宣传,并模范遵守道路交通安全法律、法规。

机关、部队、企业事业单位、社会团体以及其他组织,应当对本单位的人员进行道路交通安全教育。

教育行政部门、学校应当将道路交通安全教育纳入法制教育的内容。

新闻、出版、广播、电视等有关单位,有进行道路交通安全教育的义务。

第七条 对道路交通安全管理工作,应当加强科学研究,推广、使用先进的管理方法、技术、设备。

第二章 车辆和驾驶人

第一节 机动车、非机动车

第八条 国家对机动车实行登记制度。机动车经公安机关交通管理部门登记后,方可上道路行驶。尚未登记的机动车,需要临时上道路行驶的,应当取得临时通行牌证。

第九条 申请机动车登记,应当提交以下证明、凭证:

(一)机动车所有人的身份证明;

(二)机动车来历证明;

(三)机动车整车出厂合格证明或者进口机动车进口凭证;

(四)车辆购置税的完税证明或者免税凭证;

(五)法律、行政法规规定应当在机动车登记时提交的其他证明、凭证。

公安机关交通管理部门应当自受理申请之日起五个工作日内完成机动车登记审查工作,对符合前款规定条件的,应当发放机动车登记证书、号牌和行驶证;对不符合前款规定条件的,应当向申请人说明不予登记的理由。

公安机关交通管理部门以外的任何单位或者个人不得发放机动车号牌或者要求机动车悬挂其他号牌,本法另有规定的除外。

机动车登记证书、号牌、行驶证的式样由国务院公安部门规定并监制。

第十条 准予登记的机动车应当符合机动车国家安全技术标准。申请机动车登记时,应当接受对该机动车的安全技术检验。但是,经国家机动车产品主管部门依据机动车国家安全技术标准认定的企业生产的机动车型,该车型的新车在出厂时经检验符合机动车国家安全技术标准,获得检验合格证的,免予安全技术检验。

第十一条 驾驶机动车上道路行驶,应当悬挂机动车号牌,放置检验合格标志、保险标志,并随车携带机动车行驶证。

机动车号牌应当按照规定悬挂并保持清晰、完整,不得故意遮挡、污损。

任何单位和个人不得收缴、扣留机动车号牌。

第十二条 有下列情形之一的,应当办理相应的登记:

(一)机动车所有权发生转移的;

(二)机动车登记内容变更的;

(三)机动车用作抵押的;

(四)机动车报废的。

第十三条 对登记后上道路行驶的机动车,应当依照法律、行政法规的规定,根据车辆用途、载客载货数量、使用年限等不同情况，定期进行安全技术检验。对提供机动车行驶证和机动车第三者责任强制保险单的，机动车安全技术检验机构应当予以检验，任何单位不得附加其他条件。对符合机动车国家安全技术标准的，公安机关交通管理部门应当发给检验合格标志。

对机动车的安全技术检验实行社会化。具体办法由国务院规定。

机动车安全技术检验实行社会化的地方，任何单位不得要求机动车到指定的场所进行检验。

公安机关交通管理部门、机动车安全技术检验机构不得要求机动车到指定的场所进行维修、保养。

机动车安全技术检验机构对机动车检验收取费用，应当严格执行国务院价格主管部门核定的收费标准。

第十四条 国家实行机动车强制报废制度，根据机动车的安全技术状况和不同用途，规定不同的报废标准。

应当报废的机动车必须及时办理注销登记。

达到报废标准的机动车不得上道路行驶。报废的大型客、货车及其他营运车辆应当在公安机关交通管理部门的监督下解体。

第十五条 警车、消防车、救护车、工程救险车应当按照规定喷涂标志图案，安装警报器、标志灯具。其他机动车不得喷涂、安装、使用上述车辆专用的或者与其相类似的标志图案、警报器或者标志灯具。

警车、消防车、救护车、工程救险车应当严格按照规定的用途和条件使用。

公路监督检查的专用车辆，应当依照公路法的规定，设置统一的标志和示警灯。

第十六条 任何单位或者个人不得有下列行为：

(一)拼装机动车或者擅自改变机动车已登记的结构、构造或者特征；

(二)改变机动车型号、发动机号、车架号或者车辆识别代号；

(三)伪造、变造或者使用伪造、变造的机动车登记证书、号牌、行驶证、检验合格标志、保险标志；

(四)使用其他机动车的登记证书、号牌、行驶证、检验合格标志、保险标志。

第十七条 国家实行机动车第三者责任强制保险制度，设立道路交通事故社会救助基金。具体办法由国务院规定。

第十八条 依法应当登记的非机动车，经公安机关交通管理部门登记后，方可上道路行驶。

依法应当登记的非机动车的种类，由省、自治区、直辖市人民政府根据当地实际情况规定。

非机动车的外形尺寸、质量、制动器、车铃和夜间反光装置，应当符合非机动车安全技术标准。

第二节　机动车驾驶人

第十九条 驾驶机动车，应当依法取得机动车驾驶证。

申请机动车驾驶证，应当符合国务院公安部门规定的驾驶许可条件；经考试合格后，由公安机关交通管理部门发给相应类别的机动车驾驶证。

持有境外机动车驾驶证的人，符合国务院公安部门规定的驾驶许可条件，经公安机关交通管理部门考核合格的,可以发给中国的机动车驾驶证。

驾驶人应当按照驾驶证载明的准驾车型驾驶机动车;驾驶机动车时,应当随身携带机动车驾驶证。

公安机关交通管理部门以外的任何单位或者个人,不得收缴、扣留机动车驾驶证。

第二十条 机动车的驾驶培训实行社会化,由交通主管部门对驾驶培训学校、驾驶培训班实行资格管理,其中专门的拖拉机驾驶培训学校、驾驶培训班由农业(农业机械)主管部门实行资格管理。

驾驶培训学校、驾驶培训班应当严格按照国家有关规定,对学员进行道路交通安全法律、法规、驾驶技能的培训,确保培训质量。

任何国家机关以及驾驶培训和考试主管部门不得举办或者参与举办驾驶培训学校、驾驶培训班。

第二十一条 驾驶人驾驶机动车上道路行驶前,应当对机动车的安全技术性能进行认真检查;不得驾驶安全设施不全或者机件不符合技术标准等具有安全隐患的机动车。

第二十二条 机动车驾驶人应当遵守道路交通安全法律、法规的规定,按照操作规范安全驾驶、文明驾驶。

饮酒、服用国家管制的精神药品或者麻醉药品,或者患有妨碍安全驾驶机动车的疾病,或者过度疲劳影响安全驾驶的,不得驾驶机动车。

任何人不得强迫、指使、纵容驾驶人违反道路交通安全法律、法规和机动车安全驾驶要求驾驶机动车。

第二十三条 公安机关交通管理部门依照法律、行政法规的规定,定期对机动车驾驶证实施审验。

第二十四条 公安机关交通管理部门对机动车驾驶人违反道路交通安全法律、法规的行为,除依法给予行政处罚外,实行累积记分制度。公安机关交通管理部门对累积记分达到规定分值的机动车驾驶人,扣留机动车驾驶证,对其进行道路交通安全法律、法规教育,重新考试;考试合格的,发还其机动车驾驶证。

对遵守道路交通安全法律、法规,在一年内无累积记分的机动车驾驶人,可以延长机动车驾驶证的审验期。具体办法由国务院公安部门规定。

第三章 道路通行条件

第二十五条 全国实行统一的道路交通信号。

交通信号包括交通信号灯、交通标志、交通标线和交通警察的指挥。

交通信号灯、交通标志、交通标线的设置应当符合道路交通安全、畅通的要求和国家标准,并保持清晰、醒目、准确、完好。

根据通行需要,应当及时增设、调换、更新道路交通信号。增设、调换、更新限制性的道路交通信号,应当提前向社会公告,广泛进行宣传。

第二十六条 交通信号灯由红灯、绿灯、黄灯组成。红灯表示禁止通行,绿灯表示准许通行,黄灯表示警示。

第二十七条 铁路与道路平面交叉的道口,应当设置警示灯、警示标志或者安全防护设施。无人看守的铁路道口,应当在距道口一定距离处设置警示标志。

第二十八条 任何单位和个人不得擅自设置、移动、占用、损毁交通信号灯、交通标志、交通标线。

道路两侧及隔离带上种植的树木或者其他植物,设置的广告牌、管线等,应当与交通设施保持必要的距离,不得遮挡路灯、交通信号灯、交通标志,不得妨碍安全视距,不得影响通行。

第二十九条 道路、停车场和道路配套设施的规划、设计、建设,应当符合道路交通安全、畅通的要求,并根据交通需求及时调整。

公安机关交通管理部门发现已经投入使用的道路存在交通事故频发路段,或者停车场、道路配套设施存在交通安全严重隐患的,应当及时向当地人民政府报告,并提出防范交通事故、消除隐患的建议,当地人民政府应当及时作出处理决定。

第三十条 道路出现坍塌、坑槽、水毁、隆起等损毁或者交通信号灯、交通标志、交通标线等交通设施损毁、灭失的,道路、交通设施的养护部门或者管理部门应当设置警示标志并及时修复。

公安机关交通管理部门发现前款情形,危及交通安全,尚未设置警示标志的,应当及时采取安全措施,疏导交通,并通知道路、交通设施的养护部门或者管理部门。

第三十一条 未经许可,任何单位和个人不得占用道路从事非交通活动。

第三十二条 因工程建设需要占用、挖掘道路,或者跨越、穿越道路架设、增设管线设施,应当事先征得道路主管部门的同意;影响交通安全的,还应当征得公安机关交通管理部门的同意。

施工作业单位应当在经批准的路段和时间内施工作业,并在距离施工作业地点来车方向安全距离处设置明显的安全警示标志,采取防护措施;施工作业完毕,应当迅速清除道路上的障碍物,消除安全隐患,经道路主管部门和公安机关交通管理部门验收合格,符合通行要求后,方可恢复通行。

对未中断交通的施工作业道路,公安机关交通管理部门应当加强交通安全监督检查,维护道路交通秩序。

第三十三条 新建、改建、扩建的公共建筑、商业街区、居住区、大(中)型建筑等,应当配建、增建停车场;停车泊位不足的,应当及时改建或者扩建;投入使用的停车场不得擅自停止使用或者改作他用。

在城市道路范围内,在不影响行人、车辆通行的情况下,政府有关部门可以施划停车泊位。

第三十四条 学校、幼儿园、医院、养老院门前的道路没有行人过街设施的,应当施划人行横道线,设置提示标志。

城市主要道路的人行道,应当按照规划设置盲道。盲道的设置应当符合国家标准。

第四章 道路通行规定

第一节 一般规定

第三十五条 机动车、非机动车实行右侧通行。

第三十六条 根据道路条件和通行需要,道路划分为机动车道、非机动车道和人行道的,机动车、非机动车、行人实行分道通行。没有划分机动车道、非机动车道和人行道的,机动车在道路中间通行,非机动车和行人在道路两侧通行。

第三十七条 道路划设专用车道的,在专用车道内,只准许规定的车辆通行,其他车辆不得进入专用车道内行驶。

第三十八条 车辆、行人应当按照交通信号通行;遇有交通警察现场指挥时,应当按照交通警察的指挥通行;在没有交通信号的道路上,应当在确保安全、畅通的原则下通行。

第三十九条 公安机关交通管理部门根据道路和交通流量的具体情况,可以对机动车、非机动车、行人采取疏导、限制通行、禁止通行等措施。遇有大型群众性活动、大范围施工等情况,需要采取限制交通的措施,或者作出与公众的道路交通活动直接有关的决定,应当提前向社会公告。

第四十条 遇有自然灾害、恶劣气象条件或者重大交通事故等严重影响交通安全的情形,采取其他措施难以保证交通安全时,公安机关交通管理部门可以实行交通管制。

第四十一条 有关道路通行的其他具体规定,由国务院规定。

第二节 机动车通行规定

第四十二条 机动车上道路行驶,不得超过限速标志标明的最高时速。在没有限速标志的路段,应当保持安全车速。

夜间行驶或者在容易发生危险的路段行驶,以及遇有沙尘、冰雹、雨、雪、雾、结冰等气象条件时,应当降低行驶速度。

第四十三条 同车道行驶的机动车,后车应当与前车保持足以采取紧急制动措施的安全距离。有下列情形之一的,不得超车:

(一)前车正在左转弯、掉头、超车的;

(二)与对面来车有会车可能的;

(三)前车为执行紧急任务的警车、消防车、救护车、工程救险车的;

(四)行经铁路道口、交叉路口、窄桥、弯道、陡坡、隧道、人行横道、市区交通流量大的路段等没有超车条件的。

第四十四条 机动车通过交叉路口,应当按照交通信号灯、交通标志、交通标线或者交通警察的指挥通过;通过没有交通信号灯、交通标志、交通标线或者交通警察指挥的交叉路口时,应当减速慢行,并让行人和优先通行的车辆先行。

第四十五条 机动车遇有前方车辆停车排队等候或者缓慢行驶时,不得借道超车或者占用对面车道,不得穿插等候的车辆。

在车道减少的路段、路口,或者在没有交通信号灯、交通标志、交通标线或者交通警察指挥的交叉路口遇到停车排队等候或者缓慢行驶时,机动车应当依次交替通行。

第四十六条 机动车通过铁路道口时,应当按照交通信号或者管理人员的指挥通行;没有交通信号或者管理人员的,应当减速或者停车,在确认安全后通过。

第四十七条 机动车行经人行横道时,应当减速行驶;遇行人正在通过人行横道,应当停车让行。

机动车行经没有交通信号的道路时,遇行人横过道路,应当避让。

第四十八条 机动车载物应当符合核定的载质量,严禁超载;载物的长、宽、高不得违反装载要求,不得遗洒、飘散载运物。

机动车运载超限的不可解体的物品，影响交通安全的，应当按照公安机关交通管理部门指定的时间、路线、速度行驶，悬挂明显标志。在公路上运载超限的不可解体的物品，并应当依照公路法的规定执行。

机动车载运爆炸物品、易燃易爆化学物品以及剧毒、放射性等危险物品，应当经公安机关批准后，按指定的时间、路线、速度行驶，悬挂警示标志并采取必要的安全措施。

第四十九条 机动车载人不得超过核定的人数，客运机动车不得违反规定载货。

第五十条 禁止货运机动车载客。

货运机动车需要附载作业人员的，应当设置保护作业人员的安全措施。

第五十一条 机动车行驶时，驾驶人、乘坐人员应当按规定使用安全带，摩托车驾驶人及乘坐人员应当按规定戴安全头盔。

第五十二条 机动车在道路上发生故障，需要停车排除故障时，驾驶人应当立即开启危险报警闪光灯，将机动车移至不妨碍交通的地方停放；难以移动的，应当持续开启危险报警闪光灯，并在来车方向设置警告标志等措施扩大示警距离，必要时迅速报警。

第五十三条 警车、消防车、救护车、工程救险车执行紧急任务时，可以使用警报器、标志灯具；在确保安全的前提下，不受行驶路线、行驶方向、行驶速度和信号灯的限制，其他车辆和行人应当让行。

警车、消防车、救护车、工程救险车非执行紧急任务时，不得使用警报器、标志灯具，不享有前款规定的道路优先通行权。

第五十四条 道路养护车辆、工程作业车进行作业时，在不影响过往车辆通行的前提下，其行驶路线和方向不受交通标志、标线限制，过往车辆和人员应当注意避让。

洒水车、清扫车等机动车应当按照安全作业标准作业；在不影响其他车辆通行的情况下，可以不受车辆分道行驶的限制，但是不得逆向行驶。

第五十五条 高速公路、大中城市中心城区内的道路，禁止拖拉机通行。其他禁止拖拉机通行的道路，由省、自治区、直辖市人民政府根据当地实际情况规定。

在允许拖拉机通行的道路上，拖拉机可以从事货运，但是不得用于载人。

第五十六条 机动车应当在规定地点停放。禁止在人行道上停放机动车；但是，依照本法第三十三条规定施划的停车泊位除外。

在道路上临时停车的，不得妨碍其他车辆和行人通行。

第三节 非机动车通行规定

第五十七条 驾驶非机动车在道路上行驶应当遵守有关交通安全的规定。非机动车应当在非机动车道内行驶；在没有非机动车道的道路上，应当靠行车道的右侧行驶。

第五十八条 残疾人机动轮椅车、电动自行车在非机动车道内行驶时，最高时速不得超过十五公里。

第五十九条 非机动车应当在规定地点停放。未设停放地点的，非机动车停放不得妨碍其他车辆和行人通行。

第六十条 驾驭畜力车，应当使用驯服的牲畜；驾驭畜力车横过道路时，驾驭人应当下车牵引牲畜；驾驭人离开车辆时，应当拴系牲畜。

第四节　行人和乘车人通行规定

第六十一条　行人应当在人行道内行走，没有人行道的靠路边行走。

第六十二条　行人通过路口或者横过道路，应当走人行横道或者过街设施；通过有交通信号灯的人行横道，应当按照交通信号灯指示通行；通过没有交通信号灯、人行横道的路口，或者在没有过街设施的路段横过道路，应当在确认安全后通过。

第六十三条　行人不得跨越、倚坐道路隔离设施，不得扒车、强行拦车或者实施妨碍道路交通安全的其他行为。

第六十四条　学龄前儿童以及不能辨认或者不能控制自己行为的精神疾病患者、智力障碍者在道路上通行，应当由其监护人、监护人委托的人或者对其负有管理、保护职责的人带领。

盲人在道路上通行，应当使用盲杖或者采取其他导盲手段，车辆应当避让盲人。

第六十五条　行人通过铁路道口时，应当按照交通信号或者管理人员的指挥通行；没有交通信号和管理人员的，应当在确认无火车驶临后，迅速通过。

第六十六条　乘车人不得携带易燃易爆等危险物品，不得向车外抛洒物品，不得有影响驾驶人安全驾驶的行为。

第五节　高速公路的特别规定

第六十七条　行人、非机动车、拖拉机、轮式专用机械车、铰接式客车、全挂拖斗车以及其他设计最高时速低于七十公里的机动车，不得进入高速公路。高速公路限速标志标明的最高时速不得超过一百二十公里。

第六十八条　机动车在高速公路上发生故障时，应当依照本法第五十二条的有关规定办理；但是，警告标志应当设置在故障车来车方向一百五十米以外，车上人员应当迅速转移到右侧路肩上或者应急车道内，并且迅速报警。

机动车在高速公路上发生故障或者交通事故，无法正常行驶的，应当由救援车、清障车拖曳、牵引。

第六十九条　任何单位、个人不得在高速公路上拦截检查行驶的车辆，公安机关的人民警察依法执行紧急公务除外。

第五章　交通事故处理

第七十条　在道路上发生交通事故，车辆驾驶人应当立即停车，保护现场；造成人身伤亡的，车辆驾驶人应当立即抢救受伤人员，并迅速报告执勤的交通警察或者公安机关交通管理部门。因抢救受伤人员变动现场的，应当标明位置。乘车人、过往车辆驾驶人、过往行人应当予以协助。

在道路上发生交通事故，未造成人身伤亡，当事人对事实及成因无争议的，可以即行撤离现场，恢复交通，自行协商处理损害赔偿事宜；不即行撤离现场的，应当迅速报告执勤的交通警察或者公安机关交通管理部门。

在道路上发生交通事故，仅造成轻微财产损失，并且基本事实清楚的，当事人应当先撤离现场再进行协商处理。

第七十一条 车辆发生交通事故后逃逸的,事故现场目击人员和其他知情人员应当向公安机关交通管理部门或者交通警察举报。举报属实的,公安机关交通管理部门应当给予奖励。

第七十二条 公安机关交通管理部门接到交通事故报警后,应当立即派交通警察赶赴现场,先组织抢救受伤人员,并采取措施,尽快恢复交通。

交通警察应当对交通事故现场进行勘验、检查,收集证据;因收集证据的需要,可以扣留事故车辆,但是应当妥善保管,以备核查。

对当事人的生理、精神状况等专业性较强的检验,公安机关交通管理部门应当委托专门机构进行鉴定。鉴定结论应当由鉴定人签名。

第七十三条 公安机关交通管理部门应当根据交通事故现场勘验、检查、调查情况和有关的检验、鉴定结论,及时制作交通事故认定书,作为处理交通事故的证据。交通事故认定书应当载明交通事故的基本事实、成因和当事人的责任,并送达当事人。

第七十四条 对交通事故损害赔偿的争议,当事人可以请求公安机关交通管理部门调解,也可以直接向人民法院提起民事诉讼。

经公安机关交通管理部门调解,当事人未达成协议或者调解书生效后不履行的,当事人可以向人民法院提起民事诉讼。

第七十五条 医疗机构对交通事故中的受伤人员应当及时抢救,不得因抢救费用未及时支付而拖延救治。肇事车辆参加机动车第三者责任强制保险的,由保险公司在责任限额范围内支付抢救费用;抢救费用超过责任限额的,未参加机动车第三者责任强制保险或者肇事后逃逸的,由道路交通事故社会救助基金先行垫付部分或者全部抢救费用,道路交通事故社会救助基金管理机构有权向交通事故责任人追偿。

第七十六条 机动车发生交通事故造成人身伤亡、财产损失的,由保险公司在机动车第三者责任强制保险责任限额范围内予以赔偿。超过责任限额的部分,按照下列方式承担赔偿责任:

(一)机动车之间发生交通事故的,由有过错的一方承担责任;双方都有过错的,按照各自过错的比例分担责任。

(二)机动车与非机动车驾驶人、行人之间发生交通事故的,由机动车一方承担责任;但是,有证据证明非机动车驾驶人、行人违反道路交通安全法律、法规,机动车驾驶人已经采取必要处置措施的,减轻机动车一方的责任。

交通事故的损失是由非机动车驾驶人、行人故意造成的,机动车一方不承担责任。

第七十七条 车辆在道路以外通行时发生的事故,公安机关交通管理部门接到报案的,参照本法有关规定办理。

第六章 执法监督

第七十八条 公安机关交通管理部门应当加强对交通警察的管理,提高交通警察的素质和管理道路交通的水平。

公安机关交通管理部门应当对交通警察进行法制和交通安全管理业务培训、考核。交通警察经考核不合格的,不得上岗执行职务。

第七十九条 公安机关交通管理部门及其交通警察实施道路交通安全管理,应当依据法定的职权和程序，简化办事手续，做到公正、严格、文明、高效。

第八十条　交通警察执行职务时，应当按照规定着装，佩带人民警察标志，持有人民警察证件，保持警容严整，举止端庄，指挥规范。

第八十一条　依照本法发放牌证等收取工本费，应当严格执行国务院价格主管部门核定的收费标准，并全部上缴国库。

第八十二条　公安机关交通管理部门依法实施罚款的行政处罚，应当依照有关法律、行政法规的规定，实施罚款决定与罚款收缴分离；收缴的罚款以及依法没收的违法所得，应当全部上缴国库。

第八十三条　交通警察调查处理道路交通安全违法行为和交通事故，有下列情形之一的，应当回避：

(一)是本案的当事人或者当事人的近亲属；

(二)本人或者其近亲属与本案有利害关系；

(三)与本案当事人有其他关系，可能影响案件的公正处理。

第八十四条　公安机关交通管理部门及其交通警察的行政执法活动，应当接受行政监察机关依法实施的监督。

公安机关督察部门应当对公安机关交通管理部门及其交通警察执行法律、法规和遵守纪律的情况依法进行监督。

上级公安机关交通管理部门应当对下级公安机关交通管理部门的执法活动进行监督。

第八十五条　公安机关交通管理部门及其交通警察执行职务，应当自觉接受社会和公民的监督。

任何单位和个人都有权对公安机关交通管理部门及其交通警察不严格执法以及违法违纪行为进行检举、控告。收到检举、控告的机关，应当依据职责及时查处。

第八十六条　任何单位不得给公安机关交通管理部门下达或者变相下达罚款指标；公安机关交通管理部门不得以罚款数额作为考核交通警察的标准。

公安机关交通管理部门及其交通警察对超越法律、法规规定的指令，有权拒绝执行，并同时向上级机关报告。

第七章　法律责任

第八十七条　公安机关交通管理部门及其交通警察对道路交通安全违法行为，应当及时纠正。

公安机关交通管理部门及其交通警察应当依据事实和本法的有关规定对道路交通安全违法行为予以处罚。对于情节轻微，未影响道路通行的，指出违法行为，给予口头警告后放行。

第八十八条　对道路交通安全违法行为的处罚种类包括：警告、罚款、暂扣或者吊销机动车驾驶证、拘留。

第八十九条　行人、乘车人、非机动车驾驶人违反道路交通安全法律、法规关于道路通行规定的，处警告或者五元以上五十元以下罚款；非机动车驾驶人拒绝接受罚款处罚的，可以扣留其非机动车。

第九十条　机动车驾驶人违反道路交通安全法律、法规关于道路通行规定的，处警告或者二十元以上二百元以下罚款。本法另有规定的，依照规定处罚。

第九十一条 饮酒后驾驶机动车的，处暂扣一个月以上三个月以下机动车驾驶证，并处二百元以上五百元以下罚款；醉酒后驾驶机动车的，由公安机关交通管理部门约束至酒醒，处十五日以下拘留和暂扣三个月以上六个月以下机动车驾驶证，并处五百元以上二千元以下罚款。

饮酒后驾驶营运机动车的，处暂扣三个月机动车驾驶证，并处五百元罚款；醉酒后驾驶营运机动车的，由公安机关交通管理部门约束至酒醒，处十五日以下拘留和暂扣六个月机动车驾驶证，并处二千元罚款。

一年内有前两款规定醉酒后驾驶机动车的行为，被处罚两次以上的，吊销机动车驾驶证，五年内不得驾驶营运机动车。

第九十二条 公路客运车辆载客超过额定乘员的，处二百元以上五百元以下罚款；超过额定乘员百分之二十或者违反规定载货的，处五百元以上二千元以下罚款。

货运机动车超过核定载质量的，处二百元以上五百元以下罚款；超过核定载质量百分之三十或者违反规定载客的，处五百元以上二千元以下罚款。

有前两款行为的，由公安机关交通管理部门扣留机动车至违法状态消除。

运输单位的车辆有本条第一款、第二款规定的情形，经处罚不改的，对直接负责的主管人员处二千元以上五千元以下罚款。

第九十三条 对违反道路交通安全法律、法规关于机动车停放、临时停车规定的，可以指出违法行为，并予以口头警告，令其立即驶离。

机动车驾驶人不在现场或者虽在现场但拒绝立即驶离，妨碍其他车辆、行人通行的，处二十元以上二百元以下罚款，并可以将该机动车拖移至不妨碍交通的地点或者公安机关交通管理部门指定的地点停放。公安机关交通管理部门拖车不得向当事人收取费用，并应当及时告知当事人停放地点。

因采取不正确的方法拖车造成机动车损坏的，应当依法承担补偿责任。

第九十四条 机动车安全技术检验机构实施机动车安全技术检验超过国务院价格主管部门核定的收费标准收取费用的，退还多收取的费用，并由价格主管部门依照《中华人民共和国价格法》的有关规定给予处罚。

机动车安全技术检验机构不按照机动车国家安全技术标准进行检验，出具虚假检验结果的，由公安机关交通管理部门处所收检验费用五倍以上十倍以下罚款，并依法撤销其检验资格；构成犯罪的，依法追究刑事责任。

第九十五条 上道路行驶的机动车未悬挂机动车号牌，未放置检验合格标志、保险标志，或者未随车携带行驶证、驾驶证的，公安机关交通管理部门应当扣留机动车，通知当事人提供相应的牌证、标志或者补办相应手续，并可以依照本法第九十条的规定予以处罚。当事人提供相应的牌证、标志或者补办相应手续的，应当及时退还机动车。

故意遮挡、污损或者不按规定安装机动车号牌的，依照本法第九十条的规定予以处罚。

第九十六条 伪造、变造或者使用伪造、变造的机动车登记证书、号牌、行驶证、检验合格标志、保险标志、驾驶证或者使用其他车辆的机动车登记证书、号牌、行驶证、检验合格标志、保险标志的，由公安机关交通管理部门予以收缴，扣留该机动车，并处二百元以上二千元以下罚款；构成犯罪的，依法追究刑事责任。

当事人提供相应的合法证明或者补办相应手续的，应当及时退还机动车。

第九十七条 非法安装警报器、标志灯具的，由公安机关交通管理部门强制拆除，予以收缴，并处二百元以上二千元以下罚款。

第九十八条 机动车所有人、管理人未按照国家规定投保机动车第三者责任强制保险的，由公安机关交通管理部门扣留车辆至依照规定投保后，并处依照规定投保最低责任限额应缴纳的保险费的二倍罚款。

依照前款缴纳的罚款全部纳入道路交通事故社会救助基金。具体办法由国务院规定。

第九十九条 有下列行为之一的，由公安机关交通管理部门处二百元以上二千元以下罚款：

(一)未取得机动车驾驶证、机动车驾驶证被吊销或者机动车驾驶证被暂扣期间驾驶机动车的；

(二)将机动车交由未取得机动车驾驶证或者机动车驾驶证被吊销、暂扣的人驾驶的；

(三)造成交通事故后逃逸，尚不构成犯罪的；

(四)机动车行驶超过规定时速百分之五十的；

(五)强迫机动车驾驶人违反道路交通安全法律、法规和机动车安全驾驶要求驾驶机动车，造成交通事故，尚不构成犯罪的；

(六)违反交通管制的规定强行通行，不听劝阻的；

(七)故意损毁、移动、涂改交通设施，造成危害后果，尚不构成犯罪的；

(八)非法拦截、扣留机动车辆，不听劝阻，造成交通严重阻塞或者较大财产损失的。

行为人有前款第二项、第四项情形之一的，可以并处吊销机动车驾驶证；有第一项、第三项、第五项至第八项情形之一的，可以并处十五日以下拘留。

第一百条 驾驶拼装的机动车或者已达到报废标准的机动车上道路行驶的，公安机关交通管理部门应当予以收缴，强制报废。

对驾驶前款所列机动车上道路行驶的驾驶人，处二百元以上二千元以下罚款，并吊销机动车驾驶证。

出售已达到报废标准的机动车的，没收违法所得，处销售金额等额的罚款，对该机动车依照本条第一款的规定处理。

第一百零一条 违反道路交通安全法律、法规的规定，发生重大交通事故，构成犯罪的，依法追究刑事责任，并由公安机关交通管理部门吊销机动车驾驶证。

造成交通事故后逃逸的，由公安机关交通管理部门吊销机动车驾驶证，且终生不得重新取得机动车驾驶证。

第一百零二条 对六个月内发生二次以上特大交通事故负有主要责任或者全部责任的专业运输单位，由公安机关交通管理部门责令消除安全隐患，未消除安全隐患的机动车，禁止上道路行驶。

第一百零三条 国家机动车产品主管部门未按照机动车国家安全技术标准严格审查，许可不合格机动车型投入生产的，对负有责任的主管人员和其他直接责任人员给予降级或者撤职的行政处分。

机动车生产企业经国家机动车产品主管部门许可生产的机动车型，不执行机动车国家安全技术标准或者不严格进行机动车成品质量检验，致使质量不合格的机动车出厂销售的，由质量技术监督部门依照《中华人民共和国产品质量法》的有关规定给予处罚。

擅自生产、销售未经国家机动车产品主管部门许可生产的机动车型的，没收非法生产、销售的机动车成品及配件，可以并处非法产品价值三倍以上五倍以下罚款；有营业执照的，由工商行政管理部门吊销营业执照，没有营业执照的，予以查封。

生产、销售拼装的机动车或者生产、销售擅自改装的机动车的，依照本条第三款的规定处罚。

有本条第二款、第三款、第四款所列违法行为，生产或者销售不符合机动车国家安全技术标准的机动车，构成犯罪的，依法追究刑事责任。

第一百零四条 未经批准，擅自挖掘道路、占用道路施工或者从事其他影响道路交通安全活动的，由道路主管部门责令停止违法行为，并恢复原状，可以依法给予罚款；致使通行的人员、车辆及其他财产遭受损失的，依法承担赔偿责任。

有前款行为，影响道路交通安全活动的，公安机关交通管理部门可以责令停止违法行为，迅速恢复交通。

第一百零五条 道路施工作业或者道路出现损毁，未及时设置警示标志、未采取防护措施，或者应当设置交通信号灯、交通标志、交通标线而没有设置或者应当及时变更交通信号灯、交通标志、交通标线而没有及时变更，致使通行的人员、车辆及其他财产遭受损失的，负有相关职责的单位应当依法承担赔偿责任。

第一百零六条 在道路两侧及隔离带上种植树木、其他植物或者设置广告牌、管线等，遮挡路灯、交通信号灯、交通标志，妨碍安全视距的，由公安机关交通管理部门责令行为人排除妨碍；拒不执行的，处二百元以上二千元以下罚款，并强制排除妨碍，所需费用由行为人负担。

第一百零七条 对道路交通违法行为人予以警告、二百元以下罚款，交通警察可以当场作出行政处罚决定，并出具行政处罚决定书。

行政处罚决定书应当载明当事人的违法事实、行政处罚的依据、处罚内容、时间、地点以及处罚机关名称，并由执法人员签名或者盖章。

第一百零八条 当事人应当自收到罚款的行政处罚决定书之日起十五日内，到指定的银行缴纳罚款。

对行人、乘车人和非机动车驾驶人的罚款，当事人无异议的，可以当场予以收缴罚款。

罚款应当开具省、自治区、直辖市财政部门统一制发的罚款收据；不出具财政部门统一制发的罚款收据的，当事人有权拒绝缴纳罚款。

第一百零九条 当事人逾期不履行行政处罚决定的，作出行政处罚决定的行政机关可以采取下列措施：

(一)到期不缴纳罚款的，每日按罚款数额的百分之三加处罚款；

(二)申请人民法院强制执行。

第一百一十条 执行职务的交通警察认为应当对道路交通违法行为人给予暂扣或者吊销机动车驾驶证处罚的，可以先予扣留机动车驾驶证，并在二十四小时内将案件移交公安机关交通管理部门处理。

道路交通违法行为人应当在十五日内到公安机关交通管理部门接受处理。无正当理由逾期未接受处理的，吊销机动车驾驶证。

公安机关交通管理部门暂扣或者吊销机动车驾驶证的，应当出具行政处罚决定书。

第一百一十一条 对违反本法规定予以拘留的行政处罚，由县、市公安局、公安分局或者相当于县一级的公安机关裁决。

第一百一十二条 公安机关交通管理部门扣留机动车、非机动车，应当当场出具凭证，并告知当事人在规定期限内到公安机关交通管理部门接受处理。

公安机关交通管理部门对被扣留的车辆应当妥善保管,不得使用。

逾期不来接受处理,并且经公告三个月仍不来接受处理的,对扣留的车辆依法处理。

第一百一十三条 暂扣机动车驾驶证的期限从处罚决定生效之日起计算;处罚决定生效前先予扣留机动车驾驶证的,扣留一日折抵暂扣期限一日。

吊销机动车驾驶证后重新申请领取机动车驾驶证的期限,按照机动车驾驶证管理规定办理。

第一百一十四条 公安机关交通管理部门根据交通技术监控记录资料,可以对违法的机动车所有人或者管理人依法予以处罚。对能够确定驾驶人的,可以依照本法的规定依法予以处罚。

第一百一十五条 交通警察有下列行为之一的,依法给予行政处分:

(一)为不符合法定条件的机动车发放机动车登记证书、号牌、行驶证、检验合格标志的;

(二)批准不符合法定条件的机动车安装、使用警车、消防车、救护车、工程救险车的警报器、标志灯具,喷涂标志图案的;

(三)为不符合驾驶许可条件、未经考试或者考试不合格人员发放机动车驾驶证的;

(四)不执行罚款决定与罚款收缴分离制度或者不按规定将依法收取的费用、收缴的罚款及没收的违法所得全部上缴国库的;

(五)举办或者参与举办驾驶学校或者驾驶培训班、机动车修理厂或者收费停车场等经营活动的;

(六)利用职务上的便利收受他人财物或者谋取其他利益的;

(七)违法扣留车辆、机动车行驶证、驾驶证、车辆号牌的;

(八)使用依法扣留的车辆的;

(九)当场收取罚款不开具罚款收据或者不如实填写罚款额的;

(十)徇私舞弊,不公正处理交通事故的;

(十一)故意刁难,拖延办理机动车牌证的;

(十二)非执行紧急任务时使用警报器、标志灯具的;

(十三)违反规定拦截、检查正常行驶的车辆的;

(十四)非执行紧急公务时拦截搭乘机动车的;

(十五)不履行法定职责的。

公安机关交通管理部门有前款所列行为之一的,对直接负责的主管人员和其他直接责任人员给予相应的行政处分。

第一百一十六条 依照本法第一百一十五条的规定,给予交通警察行政处分的,在作出行政处分决定前,可以停止其执行职务;必要时,可以予以禁闭。

依照本法第一百一十五条的规定,交通警察受到降级或者撤职行政处分的,可以予以辞退。

交通警察受到开除处分或者被辞退的,应当取消警衔;受到撤职以下行政处分的交通警察,应当降低警衔。

第一百一十七条 交通警察利用职权非法占有公共财物,索取、收受贿赂,或者滥用职权、玩忽职守,构成犯罪的,依法追究刑事责任。

第一百一十八条 公安机关交通管理部门及其交通警察有本法第一百一十五条所列行为之一,给当事人造成损失的,应当依法承担赔偿责任。

第八章　附　　则

第一百一十九条　本法中下列用语的含义:

(一)"道路",是指公路、城市道路和虽在单位管辖范围但允许社会机动车通行的地方,包括广场、公共停车场等用于公众通行的场所。

(二)"车辆",是指机动车和非机动车。

(三)"机动车",是指以动力装置驱动或者牵引,上道路行驶的供人员乘用或者用于运送物品以及进行工程专项作业的轮式车辆。

(四)"非机动车",是指以人力或者畜力驱动,上道路行驶的交通工具,以及虽有动力装置驱动但设计最高时速、空车质量、外形尺寸符合有关国家标准的残疾人机动轮椅车、电动自行车等交通工具。

(五)"交通事故",是指车辆在道路上因过错或者意外造成的人身伤亡或者财产损失的事件。

第一百二十条　中国人民解放军和中国人民武装警察部队在编机动车牌证、在编机动车检验以及机动车驾驶人考核工作,由中国人民解放军、中国人民武装警察部队有关部门负责。

第一百二十一条　对上道路行驶的拖拉机,由农业(农业机械)主管部门行使本法第八条、第九条、第十三条、第十九条、第二十三条规定的公安机关交通管理部门的管理职权。

农业(农业机械)主管部门依照前款规定行使职权,应当遵守本法有关规定,并接受公安机关交通管理部门的监督;对违反规定的,依照本法有关规定追究法律责任。

本法施行前由农业(农业机械)主管部门发放的机动车牌证,在本法施行后继续有效。

第一百二十二条　国家对入境的境外机动车的道路交通安全实施统一管理。

第一百二十三条　省、自治区、直辖市人民代表大会常务委员会可以根据本地区的实际情况,在本法规定的罚款幅度内,规定具体的执行标准。

第一百二十四条　本法自 2004 年 5 月 1 日起施行。

附录 2

中华人民共和国道路交通安全法实施条例

(2004 年 4 月 28 日国务院第 49 次常务会议通过,2004 年 4 月 30 日中华人民共和国国务院令第 405 号公布,自 2004 年 5 月 1 日起施行)

目　　录

第一章　总　　则

第一条　根据《中华人民共和国道路交通安全法》(以下简称道路交通安全法)的规定,制定本条例。

第二条　中华人民共和国境内的车辆驾驶人、行人、乘车人以及与道路交通活动有关的单位和个人,应当遵守道路交通安全法和本条例。

第三条　县级以上地方各级人民政府应当建立、健全道路交通安全工作协调机制,组织有关部门对城市建设项目进行交通影响评价,制定道路交通安全管理规划,确定管理目标,制定实施方案。

第二章　车辆和驾驶人

第一节　机 动 车

第四条　机动车的登记,分为注册登记、变更登记、转移登记、抵押登记和注销登记。

第五条　初次申领机动车号牌、行驶证的,应当向机动车所有人住所地的公安机关交通管理部门申请注册登记。

申请机动车注册登记,应当交验机动车,并提交以下证明、凭证:

(一)机动车所有人的身份证明;

(二)购车发票等机动车来历证明;

(三)机动车整车出厂合格证明或者进口机动车进口凭证;

(四)车辆购置税完税证明或者免税凭证;

(五)机动车第三者责任强制保险凭证;

(六)法律、行政法规规定应当在机动车注册登记时提交的其他证明、凭证。

不属于国务院机动车产品主管部门规定免予安全技术检验的车型的,还应当提供机动车安全技术检验合格证明。

第六条 已注册登记的机动车有下列情形之一的,机动车所有人应当向登记该机动车的公安机关交通管理部门申请变更登记:

(一)改变机动车车身颜色的;

(二)更换发动机的;

(三)更换车身或者车架的;

(四)因质量有问题,制造厂更换整车的;

(五)营运机动车改为非营运机动车或者非营运机动车改为营运机动车的;

(六)机动车所有人的住所迁出或者迁入公安机关交通管理部门管辖区域的。

申请机动车变更登记,应当提交下列证明、凭证,属于前款第(一)项、第(二)项、第(三)项、第(四)项、第(五)项情形之一的,还应当交验机动车;属于前款第(二)项、第(三)项情形之一的,还应当同时提交机动车安全技术检验合格证明:

(一)机动车所有人的身份证明;

(二)机动车登记证书;

(三)机动车行驶证。

机动车所有人的住所在公安机关交通管理部门管辖区域内迁移、机动车所有人的姓名(单位名称)或者联系方式变更的,应当向登记该机动车的公安机关交通管理部门备案。

第七条 已注册登记的机动车所有权发生转移的,应当及时办理转移登记。

申请机动车转移登记,当事人应当向登记该机动车的公安机关交通管理部门交验机动车,并提交以下证明、凭证:

(一)当事人的身份证明;

(二)机动车所有权转移的证明、凭证;

(三)机动车登记证书;

(四)机动车行驶证。

第八条 机动车所有人将机动车作为抵押物抵押的,机动车所有人应当向登记该机动车的公安机关交通管理部门申请抵押登记。

第九条 已注册登记的机动车达到国家规定的强制报废标准的,公安机关交通管理部门应当在报废期满的2个月前通知机动车所有人办理注销登记。机动车所有人应当在报废期满前将机动车交售给机动车回收企业,由机动车回收企业将报废的机动车登记证书、号牌、行驶证交公安机关交通管理部门注销。机动车所有人逾期不办理注销登记的,公安机关交通管理部门应当公告该机动车登记证书、号牌、行驶证作废。

因机动车灭失申请注销登记的，机动车所有人应当向公安机关交通管理部门提交本人身份证明，交回机动车登记证书。

第十条 办理机动车登记的申请人提交的证明、凭证齐全、有效的，公安机关交通管理部门应当当场办理登记手续。

人民法院、人民检察院以及行政执法部门依法查封、扣押的机动车，公安机关交通管理部门不予办理机动车登记。

第十一条 机动车登记证书、号牌、行驶证丢失或者损毁，机动车所有人申请补发的，应当向公安机关交通管理部门提交本人身份证明和申请材料。公安机关交通管理部门经与机动车登记档案核实后，在收到申请之日起15日内补发。

第十二条 税务部门、保险机构可以在公安机关交通管理部门的办公场所集中办理与机动车有关的税费缴纳、保险合同订立等事项。

第十三条 机动车号牌应当悬挂在车前、车后指定位置，保持清晰、完整。重型、中型载货汽车及其挂车、拖拉机及其挂车的车身或者车厢后部应当喷涂放大的牌号，字样应当端正并保持清晰。

机动车检验合格标志、保险标志应当粘贴在机动车前窗右上角。

机动车喷涂、粘贴标识或者车身广告的，不得影响安全驾驶。

第十四条 用于公路营运的载客汽车、重型载货汽车、半挂牵引车应当安装、使用符合国家标准的行驶记录仪。交通警察可以对机动车行驶速度、连续驾驶时间以及其他行驶状态信息进行检查。安装行驶记录仪可以分步实施，实施步骤由国务院机动车产品主管部门会同有关部门规定。

第十五条 机动车安全技术检验由机动车安全技术检验机构实施。机动车安全技术检验机构应当按照国家机动车安全技术检验标准对机动车进行检验，对检验结果承担法律责任。

质量技术监督部门负责对机动车安全技术检验机构实行资格管理和计量认证管理，对机动车安全技术检验设备进行检定，对执行国家机动车安全技术检验标准的情况进行监督。

机动车安全技术检验项目由国务院公安部门会同国务院质量技术监督部门规定。

第十六条 机动车应当从注册登记之日起，按照下列期限进行安全技术检验：

(一)营运载客汽车5年以内每年检验1次；超过5年的，每6个月检验1次；

(二)载货汽车和大型、中型非营运载客汽车10年以内每年检验1次；超过10年的，每6个月检验1次；

(三)小型、微型非营运载客汽车6年以内每2年检验1次；超过6年的，每年检验1次；超过15年的，每6个月检验1次；

(四)摩托车4年以内每2年检验1次；超过4年的，每年检验1次；

(五)拖拉机和其他机动车每年检验1次。

营运机动车在规定检验期限内经安全技术检验合格的，不再重复进行安全技术检验。

第十七条 已注册登记的机动车进行安全技术检验时，机动车行驶证记载的登记内容与该机动车的有关情况不符，或者未按照规定提供机动车第三者责任强制保险凭证的，不予通过检验。

第十八条 警车、消防车、救护车、工程救险车标志图案的喷涂以及警报器、标志灯具的安装、使用规定，由国务院公安部门制定。

第二节　机动车驾驶人

第十九条　符合国务院公安部门规定的驾驶许可条件的人，可以向公安机关交通管理部门申请机动车驾驶证。

机动车驾驶证由国务院公安部门规定式样并监制。

第二十条　学习机动车驾驶，应当先学习道路交通安全法律、法规和相关知识，考试合格后，再学习机动车驾驶技能。

在道路上学习驾驶，应当按照公安机关交通管理部门指定的路线、时间进行。在道路上学习机动车驾驶技能应当使用教练车，在教练员随车指导下进行，与教学无关的人员不得乘坐教练车。学员在学习驾驶中有道路交通安全违法行为或者造成交通事故的，由教练员承担责任。

第二十一条　公安机关交通管理部门应当对申请机动车驾驶证的人进行考试，对考试合格的，在 5 日内核发机动车驾驶证；对考试不合格的，书面说明理由。

第二十二条　机动车驾驶证的有效期为 6 年，本条例另有规定的除外。

机动车驾驶人初次申领机动车驾驶证后的 12 个月为实习期。在实习期内驾驶机动车的，应当在车身后部粘贴或者悬挂统一式样的实习标志。

机动车驾驶人在实习期内不得驾驶公共汽车、营运客车或者执行任务的警车、消防车、救护车、工程救险车以及载有爆炸物品、易燃易爆化学物品、剧毒或者放射性等危险物品的机动车；驾驶的机动车不得牵引挂车。

第二十三条　公安机关交通管理部门对机动车驾驶人的道路交通安全违法行为除给予行政处罚外，实行道路交通安全违法行为累积记分（以下简称记分）制度，记分周期为 12 个月。对在一个记分周期内记分达到 12 分的，由公安机关交通管理部门扣留其机动车驾驶证，该机动车驾驶人应当按照规定参加道路交通安全法律、法规的学习并接受考试。考试合格的，记分予以清除，发还机动车驾驶证；考试不合格的，继续参加学习和考试。

应当给予记分的道路交通安全违法行为及其分值，由国务院公安部门根据道路交通安全违法行为的危害程度规定。

公安机关交通管理部门应当提供记分查询方式供机动车驾驶人查询。

第二十四条　机动车驾驶人在一个记分周期内记分未达到 12 分，所处罚款已经缴纳的，记分予以清除；记分虽未达到 12 分，但尚有罚款未缴纳的，记分转入下一记分周期。

机动车驾驶人在一个记分周期内记分 2 次以上达到 12 分的，除按照第二十三条的规定扣留机动车驾驶证、参加学习、接受考试外，还应当接受驾驶技能考试。考试合格的，记分予以清除，发还机动车驾驶证；考试不合格的，继续参加学习和考试。

接受驾驶技能考试的，按照本人机动车驾驶证载明的最高准驾车型考试。

第二十五条　机动车驾驶人记分达到 12 分，拒不参加公安机关交通管理部门通知的学习，也不接受考试的，由公安机关交通管理部门公告其机动车驾驶证停止使用。

第二十六条　机动车驾驶人在机动车驾驶证的 6 年有效期内，每个记分周期均未达到 12 分的，换发 10 年有效期的机动车驾驶证；在机动车驾驶证的 10 年有效期内，每个记分周期均未达到 12 分的，换发长期有效的机动车驾驶证。

换发机动车驾驶证时，公安机关交通管理部门应当对机动车驾驶证进行审验。

第二十七条　机动车驾驶证丢失、损毁，机动车驾驶人申请补发的，应当向公安机关交通管理部门提交本人身份证明和申请材料。公安机关交通管理部门经与机动车驾驶证档案核实后，在收到申请之日起3日内补发。

第二十八条 机动车驾驶人在机动车驾驶证丢失、损毁、超过有效期或者被依法扣留、暂扣期间以及记分达到12分的，不得驾驶机动车。

第三章 道路通行条件

第二十九条 交通信号灯分为：机动车信号灯、非机动车信号灯、人行横道信号灯、车道信号灯、方向指示信号灯、闪光警告信号灯、道路与铁路平面交叉道口信号灯。

第三十条 交通标志分为：指示标志、警告标志、禁令标志、指路标志、旅游区标志、道路施工安全标志和辅助标志。

道路交通标线分为：指示标线、警告标线、禁止标线。

第三十一条 交通警察的指挥分为：手势信号和使用器具的交通指挥信号。

第三十二条 道路交叉路口和行人横过道路较为集中的路段应当设置人行横道、过街天桥或者过街地下通道。

在盲人通行较为集中的路段，人行横道信号灯应当设置声响提示装置。

第三十三条 城市人民政府有关部门可以在不影响行人、车辆通行的情况下，在城市道路上施划停车泊位，并规定停车泊位的使用时间。

第三十四条 开辟或者调整公共汽车、长途汽车的行驶路线或者车站，应当符合交通规划和安全、畅通的要求。

第三十五条 道路养护施工单位在道路上进行养护、维修时，应当按照规定设置规范的安全警示标志和安全防护设施。道路养护施工作业车辆、机械应当安装示警灯，喷涂明显的标志图案，作业时应当开启示警灯和危险报警闪光灯。对未中断交通的施工作业道路，公安机关交通管理部门应当加强交通安全监督检查。发生交通阻塞时，及时做好分流、疏导，维护交通秩序。

道路施工需要车辆绕行的，施工单位应当在绕行处设置标志；不能绕行的，应当修建临时通道，保证车辆和行人通行。需要封闭道路中断交通的，除紧急情况外，应当提前5日向社会公告。

第三十六条 道路或者交通设施养护部门、管理部门应当在急弯、陡坡、临崖、临水等危险路段，按照国家标准设置警告标志和安全防护设施。

第三十七条 道路交通标志、标线不规范，机动车驾驶人容易发生辨认错误的，交通标志、标线的主管部门应当及时予以改善。

道路照明设施应当符合道路建设技术规范，保持照明功能完好。

第四章 道路通行规定

第一节 一般规定

第三十八条 机动车信号灯和非机动车信号灯表示：

(一)绿灯亮时,准许车辆通行,但转弯的车辆不得妨碍被放行的直行车辆、行人通行;

(二)黄灯亮时,已越过停止线的车辆可以继续通行;

(三)红灯亮时,禁止车辆通行。

在未设置非机动车信号灯和人行横道信号灯的路口,非机动车和行人应当按照机动车信号灯的表示通行。

红灯亮时,右转弯的车辆在不妨碍被放行的车辆、行人通行的情况下,可以通行。

第三十九条 人行横道信号灯表示:

(一)绿灯亮时,准许行人通过人行横道;

(二)红灯亮时,禁止行人进入人行横道,但是已经进入人行横道的,可以继续通过或者在道路中心线处停留等候。

第四十条 车道信号灯表示:

(一)绿色箭头灯亮时,准许本车道车辆按指示方向通行;

(二)红色叉形灯或者箭头灯亮时,禁止本车道车辆通行。

第四十一条 方向指示信号灯的箭头方向向左、向上、向右分别表示左转、直行、右转。

第四十二条 闪光警告信号灯为持续闪烁的黄灯,提示车辆、行人通行时注意瞭望,确认安全后通过。

第四十三条 道路与铁路平面交叉道口有两个红灯交替闪烁或者一个红灯亮时,表示禁止车辆、行人通行;红灯熄灭时,表示允许车辆、行人通行。

第二节 机动车通行规定

第四十四条 在道路同方向划有 2 条以上机动车道的,左侧为快速车道,右侧为慢速车道。在快速车道行驶的机动车应当按照快速车道规定的速度行驶,未达到快速车道规定的行驶速度的,应当在慢速车道行驶。摩托车应当在最右侧车道行驶。有交通标志标明行驶速度的,按照标明的行驶速度行驶。慢速车道内的机动车超越前车时,可以借用快速车道行驶。

在道路同方向划有 2 条以上机动车道的,变更车道的机动车不得影响相关车道内行驶的机动车的正常行驶。

第四十五条 机动车在道路上行驶不得超过限速标志、标线标明的速度。在没有限速标志、标线的道路上,机动车不得超过下列最高行驶速度:

(一)没有道路中心线的道路,城市道路为每小时 30 公里,公路为每小时 40 公里;

(二)同方向只有 1 条机动车道的道路,城市道路为每小时 50 公里,公路为每小时 70 公里。

第四十六条 机动车行驶中遇有下列情形之一的,最高行驶速度不得超过每小时 30 公里,其中拖拉机、电瓶车、轮式专用机械车不得超过每小时 15 公里:

(一)进出非机动车道,通过铁路道口、急弯路、窄路、窄桥时;

(二)掉头、转弯、下陡坡时;

(三)遇雾、雨、雪、沙尘、冰雹,能见度在 50 米以内时;

(四)在冰雪、泥泞的道路上行驶时;

(五)牵引发生故障的机动车时。

第四十七条 机动车超车时,应当提前开启左转向灯,变换使用远、近光灯或者鸣喇叭。

在没有道路中心线或者同方向只有1条机动车道的道路上，前车遇后车发出超车信号时，在条件许可的情况下，应当降低速度、靠右让路。后车应当在确认有充足的安全距离后，从前车的左侧超越，在与被超车辆拉开必要的安全距离后，开启右转向灯，驶回原车道。

第四十八条 在没有中心隔离设施或者没有中心线的道路上，机动车遇相对方向来车时应当遵守下列规定：

（一）减速靠右行驶，并与其他车辆、行人保持必要的安全距离；

（二）在有障碍的路段，无障碍的一方先行；但有障碍的一方已驶入障碍路段而无障碍的一方未驶入时，有障碍的一方先行；

（三）在狭窄的坡路，上坡的一方先行；但下坡的一方已行至中途而上坡的一方未上坡时，下坡的一方先行；

（四）在狭窄的山路，不靠山体的一方先行；

（五）夜间会车应当在距相对方向来车150米以外改用近光灯，在窄路、窄桥与非机动车会车时应当使用近光灯。

第四十九条 机动车在有禁止掉头或者禁止左转弯标志、标线的地点以及在铁路道口、人行横道、桥梁、急弯、陡坡、隧道或者容易发生危险的路段，不得掉头。机动车在没有禁止掉头或者没有禁止左转弯标志、标线的地点可以掉头，但不得妨碍正常行驶的其他车辆和行人的通行。

第五十条 机动车倒车时，应当察明车后情况，确认安全后倒车。不得在铁路道口、交叉路口、单行路、桥梁、急弯、陡坡或者隧道中倒车。

第五十一条 机动车通过有交通信号灯控制的交叉路口，应当按照下列规定通行：

（一）在划有导向车道的路口，按所需行进方向驶入导向车道；

（二）准备进入环形路口的让已在路口内的机动车先行；

（三）向左转弯时，靠路口中心点左侧转弯。转弯时开启转向灯，夜间行驶开启近光灯；

（四）遇放行信号时，依次通过；

（五）遇停止信号时，依次停在停止线以外。没有停止线的，停在路口以外；

（六）向右转弯遇有同车道前车正在等候放行信号时，依次停车等候；

（七）在没有方向指示信号灯的交叉路口，转弯的机动车让直行的车辆、行人先行。相对方向行驶的右转弯机动车让左转弯车辆先行。

第五十二条 机动车通过没有交通信号灯控制也没有交通警察指挥的交叉路口，除应当遵守第五十一条第（二）项、第（三）项的规定外，还应当遵守下列规定：

（一）有交通标志、标线控制的，让优先通行的一方先行；

（二）没有交通标志、标线控制的，在进入路口前停车瞭望，让右方道路的来车先行；

（三）转弯的机动车让直行的车辆先行；

（四）相对方向行驶的右转弯的机动车让左转弯的车辆先行。

第五十三条 机动车遇有前方交叉路口交通阻塞时，应当依次停在路口以外等候，不得进入路口。

机动车在遇有前方机动车停车排队等候或者缓慢行驶时，应当依次排队，不得从前方车辆两侧穿插或者超越行驶，不得在人行横道、网状线区域内停车等候。

机动车在车道减少的路口、路段，遇有前方机动车停车排队等候或者缓慢行驶的，应当每车道一辆依次交替驶入车道减少后的路口、路段。

第五十四条　机动车载物不得超过机动车行驶证上核定的载质量,装载长度、宽度不得超出车厢,并应当遵守下列规定:

(一)重型、中型载货汽车,半挂车载物,高度从地面起不得超过4米,载运集装箱的车辆不得超过4.2米;

(二)其他载货的机动车载物,高度从地面起不得超过2.5米;

(三)摩托车载物,高度从地面起不得超过1.5米,长度不得超出车身0.2米。两轮摩托车载物宽度左右各不得超出车把0.15米;三轮摩托车载物宽度不得超过车身。

载客汽车除车身外部的行李架和内置的行李箱外,不得载货。载客汽车行李架载货,从车顶起高度不得超过0.5米,从地面起高度不得超过4米。

第五十五条　机动车载人应当遵守下列规定:

(一)公路载客汽车不得超过核定的载客人数,但按照规定免票的儿童除外,在载客人数已满的情况下,按照规定免票的儿童不得超过核定载客人数的10%;

(二)载货汽车车厢不得载客。在城市道路上,货运机动车在留有安全位置的情况下,车厢内可以附载临时作业人员1人至5人;载物高度超过车厢栏板时,货物上不得载人;

(三)摩托车后座不得乘坐未满12周岁的未成年人,轻便摩托车不得载人。

第五十六条　机动车牵引挂车应当符合下列规定:

(一)载货汽车、半挂牵引车、拖拉机只允许牵引1辆挂车。挂车的灯光信号、制动、连接、安全防护等装置应当符合国家标准;

(二)小型载客汽车只允许牵引旅居挂车或者总质量700千克以下的挂车。挂车不得载人;

(三)载货汽车所牵引挂车的载质量不得超过载货汽车本身的载质量。

大型、中型载客汽车,低速载货汽车,三轮汽车以及其他机动车不得牵引挂车。

第五十七条　机动车应当按照下列规定使用转向灯:

(一)向左转弯、向左变更车道、准备超车、驶离停车地点或者掉头时,应当提前开启左转向灯;

(二)向右转弯、向右变更车道、超车完毕驶回原车道、靠路边停车时,应当提前开启右转向灯。

第五十八条　机动车在夜间没有路灯、照明不良或者遇有雾、雨、雪、沙尘、冰雹等低能见度情况下行驶时,应当开启前照灯、示廓灯和后位灯,但同方向行驶的后车与前车近距离行驶时,不得使用远光灯。机动车雾天行驶应当开启雾灯和危险报警闪光灯。

第五十九条　机动车在夜间通过急弯、坡路、拱桥、人行横道或者没有交通信号灯控制的路口时,应当交替使用远近光灯示意。

机动车驶近急弯、坡道顶端等影响安全视距的路段以及超车或者遇有紧急情况时,应当减速慢行,并鸣喇叭示意。

第六十条　机动车在道路上发生故障或者发生交通事故,妨碍交通又难以移动的,应当按照规定开启危险报警闪光灯并在车后50米至100米处设置警告标志,夜间还应当同时开启示廓灯和后位灯。

第六十一条　牵引故障机动车应当遵守下列规定:

(一)被牵引的机动车除驾驶人外不得载人,不得拖带挂车;

(二)被牵引的机动车宽度不得大于牵引机动车的宽度;

（三）使用软连接牵引装置时，牵引车与被牵引车之间的距离应当大于4米小于10米；

（四）对制动失效的被牵引车，应当使用硬连接牵引装置牵引；

（五）牵引车和被牵引车均应当开启危险报警闪光灯。

汽车吊车和轮式专用机械车不得牵引车辆。摩托车不得牵引车辆或者被其他车辆牵引。

转向或者照明、信号装置失效的故障机动车，应当使用专用清障车拖曳。

第六十二条 驾驶机动车不得有下列行为：

（一）在车门、车厢没有关好时行车；

（二）在机动车驾驶室的前后窗范围内悬挂、放置妨碍驾驶人视线的物品；

（三）拨打接听手持电话、观看电视等妨碍安全驾驶的行为；

（四）下陡坡时熄火或者空挡滑行；

（五）向道路上抛撒物品；

（六）驾驶摩托车手离车把或者在车把上悬挂物品；

（七）连续驾驶机动车超过4小时未停车休息或者停车休息时间少于20分钟；

（八）在禁止鸣喇叭的区域或者路段鸣喇叭。

第六十三条 机动车在道路上临时停车，应当遵守下列规定：

（一）在设有禁停标志、标线的路段，在机动车道与非机动车道、人行道之间设有隔离设施的路段以及人行横道、施工地段，不得停车；

（二）交叉路口、铁路道口、急弯路、宽度不足4米的窄路、桥梁、陡坡、隧道以及距离上述地点50米以内的路段，不得停车；

（三）公共汽车站、急救站、加油站、消防栓或者消防队（站）门前以及距离上述地点30米以内的路段，除使用上述设施的以外，不得停车；

（四）车辆停稳前不得开车门和上下人员，开关车门不得妨碍其他车辆和行人通行；

（五）路边停车应当紧靠道路右侧，机动车驾驶人不得离车，上下人员或者装卸物品后，立即驶离；

（六）城市公共汽车不得在站点以外的路段停车上下乘客。

第六十四条 机动车行经漫水路或者漫水桥时，应当停车察明水情，确认安全后，低速通过。

第六十五条 机动车载运超限物品行经铁路道口的，应当按照当地铁路部门指定的铁路道口、时间通过。

机动车行经渡口，应当服从渡口管理人员指挥，按照指定地点依次待渡。机动车上下渡船时，应当低速慢行。

第六十六条 警车、消防车、救护车、工程救险车在执行紧急任务遇交通受阻时，可以断续使用警报器，并遵守下列规定：

（一）不得在禁止使用警报器的区域或者路段使用警报器；

（二）夜间在市区不得使用警报器；

（三）列队行驶时，前车已经使用警报器的，后车不再使用警报器。

第六十七条 在单位院内、居民居住区内，机动车应当低速行驶，避让行人；有限速标志的，按照限速标志行驶。

第三节　非机动车通行规定

第六十八条　非机动车通过有交通信号灯控制的交叉路口，应当按照下列规定通行：

（一）转弯的非机动车让直行的车辆、行人优先通行；

（二）遇有前方路口交通阻塞时，不得进入路口；

（三）向左转弯时，靠路口中心点的右侧转弯；

（四）遇有停止信号时，应当依次停在路口停止线以外。没有停止线的，停在路口以外；

（五）向右转弯遇有同方向前车正在等候放行信号时，在本车道内能够转弯的，可以通行；不能转弯的，依次等候。

第六十九条　非机动车通过没有交通信号灯控制也没有交通警察指挥的交叉路口，除应当遵守第六十八条第（一）项、第（二）项和第（三）项的规定外，还应当遵守下列规定：

（一）有交通标志、标线控制的，让优先通行的一方先行；

（二）没有交通标志、标线控制的，在路口外慢行或者停车瞭望，让右方道路的来车先行；

（三）相对方向行驶的右转弯的非机动车让左转弯的车辆先行。

第七十条　驾驶自行车、电动自行车、三轮车在路段上横过机动车道，应当下车推行，有人行横道或者行人过街设施的，应当从人行横道或者行人过街设施通过；没有人行横道、没有行人过街设施或者不便使用行人过街设施的，在确认安全后直行通过。

因非机动车道被占用无法在本车道内行驶的非机动车，可以在受阻的路段借用相邻的机动车道行驶，并在驶过被占用路段后迅速驶回非机动车道。机动车遇此情况应当减速让行。

第七十一条　非机动车载物，应当遵守下列规定：

（一）自行车、电动自行车、残疾人机动轮椅车载物，高度从地面起不得超过 1.5 米，宽度左右各不得超出车把 0.15 米，长度前端不得超出车轮，后端不得超出车身 0.3 米；

（二）三轮车、人力车载物，高度从地面起不得超过 2 米，宽度左右各不得超出车身 0.2 米，长度不得超出车身 1 米；

（三）畜力车载物，高度从地面起不得超过 2.5 米，宽度左右各不得超出车身 0.2 米，长度前端不得超出车辕，后端不得超出车身 1 米。

自行车载人的规定，由省、自治区、直辖市人民政府根据当地实际情况制定。

第七十二条　在道路上驾驶自行车、三轮车、电动自行车、残疾人机动轮椅车应当遵守下列规定：

（一）驾驶自行车、三轮车必须年满 12 周岁；

（二）驾驶电动自行车和残疾人机动轮椅车必须年满 16 周岁；

（三）不得醉酒驾驶；

（四）转弯前应当减速慢行，伸手示意，不得突然猛拐，超越前车时不得妨碍被超越的车辆行驶；

（五）不得牵引、攀扶车辆或者被其他车辆牵引，不得双手离把或者手中持物；

（六）不得扶身并行、互相追逐或者曲折竞驶；

（七）不得在道路上骑独轮自行车或者 2 人以上骑行的自行车；

（八）非下肢残疾的人不得驾驶残疾人机动轮椅车；

（九）自行车、三轮车不得加装动力装置；

（十）不得在道路上学习驾驶非机动车。

第七十三条 在道路上驾驭畜力车应当年满16周岁，并遵守下列规定：

（一）不得醉酒驾驭；

（二）不得并行，驾驭人不得离开车辆；

（三）行经繁华路段、交叉路口、铁路道口、人行横道、急弯路、宽度不足4米的窄路或者窄桥、陡坡、隧道或者容易发生危险的路段，不得超车。驾驭两轮畜力车应当下车牵引牲畜；

（四）不得使用未经驯服的牲畜驾车，随车幼畜须拴系；

（五）停放车辆应当拉紧车闸，拴系牲畜。

第四节 行人和乘车人通行规定

第七十四条 行人不得有下列行为：

（一）在道路上使用滑板、旱冰鞋等滑行工具；

（二）在车行道内坐卧、停留、嬉闹；

（三）追车、抛物击车等妨碍道路交通安全的行为。

第七十五条 行人横过机动车道，应当从行人过街设施通过；没有行人过街设施的，应当从人行横道通过；没有人行横道的，应当观察来往车辆的情况，确认安全后直行通过，不得在车辆临近时突然加速横穿或者中途倒退、折返。

第七十六条 行人列队在道路上通行，每横列不得超过2人，但在已经实行交通管制的路段不受限制。

第七十七条 乘坐机动车应当遵守下列规定：

（一）不得在机动车道上拦乘机动车；

（二）在机动车道上不得从机动车左侧上下车；

（三）开关车门不得妨碍其他车辆和行人通行；

（四）机动车行驶中，不得干扰驾驶，不得将身体任何部分伸出车外，不得跳车；

（五）乘坐两轮摩托车应当正向骑坐。

第五节 高速公路的特别规定

第七十八条 高速公路应当标明车道的行驶速度，最高车速不得超过每小时120公里，最低车速不得低于每小时60公里。

高速公路上行驶的小型载客汽车最高车速不得超过每小时120公里，其他机动车不得超过每小时100公里，摩托车不得超过每小时80公里。

同方向有2条车道的，左侧车道的最低车速为每小时100公里；同方向有3条以上车道的，最左侧车道的最低车速为每小时110公里，中间车道的最低车速为每小时90公里。道路限速标志标明的车速与上述车道行驶车速的规定不一致的，按照道路限速标志标明的车速行驶。

第七十九条 机动车从匝道驶入高速公路，应当开启左转向灯，在不妨碍已在高速公路内的机动车正常行驶的情况下驶入车道。

机动车驶离高速公路时，应当开启右转向灯，驶入减速车道，降低车速后驶离。

第八十条 机动车在高速公路上行驶，车速超过每小时100公里时，应当与同车道前车保持100米以上的距离，车速低于每小时100公里时，与同车道前车距离可以适当缩短，但最小距离不得少于50米。

第八十一条 机动车在高速公路上行驶，遇有雾、雨、雪、沙尘、冰雹等低能见度气象条件时，应当遵守下列规定：

（一）能见度小于200米时，开启雾灯、近光灯、示廓灯和前后位灯，车速不得超过每小时60公里，与同车道前车保持100米以上的距离；

（二）能见度小于100米时，开启雾灯、近光灯、示廓灯、前后位灯和危险报警闪光灯，车速不得超过每小时40公里，与同车道前车保持50米以上的距离；

（三）能见度小于50米时，开启雾灯、近光灯、示廓灯、前后位灯和危险报警闪光灯，车速不得超过每小时20公里，并从最近的出口尽快驶离高速公路。

遇有前款规定情形时，高速公路管理部门应当通过显示屏等方式发布速度限制、保持车距等提示信息。

第八十二条 机动车在高速公路上行驶，不得有下列行为：

（一）倒车、逆行、穿越中央分隔带掉头或者在车道内停车；

（二）在匝道、加速车道或者减速车道上超车；

（三）骑、轧车行道分界线或者在路肩上行驶；

（四）非紧急情况时在应急车道行驶或者停车；

（五）试车或者学习驾驶机动车。

第八十三条 在高速公路上行驶的载货汽车车厢不得载人。两轮摩托车在高速公路行驶时不得载人。

第八十四条 机动车通过施工作业路段时，应当注意警示标志，减速行驶。

第八十五条 城市快速路的道路交通安全管理，参照本节的规定执行。

高速公路、城市快速路的道路交通安全管理工作，省、自治区、直辖市人民政府公安机关交通管理部门可以指定设区的市人民政府公安机关交通管理部门或者相当于同级的公安机关交通管理部门承担。

第五章　交通事故处理

第八十六条 机动车与机动车、机动车与非机动车在道路上发生未造成人身伤亡的交通事故，当事人对事实及成因无争议的，在记录交通事故的时间、地点、对方当事人的姓名和联系方式、机动车牌号、驾驶证号、保险凭证号、碰撞部位，并共同签名后，撤离现场，自行协商损害赔偿事宜。当事人对交通事故事实及成因有争议的，应当迅速报警。

第八十七条 非机动车与非机动车或者行人在道路上发生交通事故，未造成人身伤亡，且基本事实及成因清楚的，当事人应当先撤离现场，再自行协商处理损害赔偿事宜。当事人对交通事故事实及成因有争议的，应当迅速报警。

第八十八条 机动车发生交通事故，造成道路、供电、通讯等设施损毁的，驾驶人应当报警等候处理，不得驶离。机动车可以移动的，应当将机动车移至不妨碍交通的地点。公安机关交通管理部门应当将事故有关情况通知有关部门。

第八十九条 公安机关交通管理部门或者交通警察接到交通事故报警，应当及时赶赴现场，对未造成人身伤亡，事实清楚，并且机动车可以移动的，应当在记录事故情况后责令当事人撤离现场，恢复交通。对拒不撤离现场的，予以强制撤离。

对属于前款规定情况的道路交通事故，交通警察可以适用简易程序处理，并当场出具事故认定书。当事人共同请求调解的，交通警察可以当场对损害赔偿争议进行调解。

对道路交通事故造成人员伤亡和财产损失需要勘验、检查现场的，公安机关交通管理部门应当按照勘查现场工作规范进行。现场勘查完毕，应当组织清理现场，恢复交通。

第九十条 投保机动车第三者责任强制保险的机动车发生交通事故，因抢救受伤人员需要保险公司支付抢救费用的，由公安机关交通管理部门通知保险公司。

抢救受伤人员需要道路交通事故救助基金垫付费用的，由公安机关交通管理部门通知道路交通事故社会救助基金管理机构。

第九十一条 公安机关交通管理部门应当根据交通事故当事人的行为对发生交通事故所起的作用以及过错的严重程度，确定当事人的责任。

第九十二条 发生交通事故后当事人逃逸的，逃逸的当事人承担全部责任。但是，有证据证明对方当事人也有过错的，可以减轻责任。

当事人故意破坏、伪造现场、毁灭证据的，承担全部责任。

第九十三条 公安机关交通管理部门对经过勘验、检查现场的交通事故应当在勘查现场之日起 10 日内制作交通事故认定书。对需要进行检验、鉴定的，应当在检验、鉴定结果确定之日起 5 日内制作交通事故认定书。

第九十四条 当事人对交通事故损害赔偿有争议，各方当事人一致请求公安机关交通管理部门调解的，应当在收到交通事故认定书之日起 10 日内提出书面调解申请。

对交通事故致死的，调解从办理丧葬事宜结束之日起开始；对交通事故致伤的，调解从治疗终结或者定残之日起开始；对交通事故造成财产损失的，调解从确定损失之日起开始。

第九十五条 公安机关交通管理部门调解交通事故损害赔偿争议的期限为 10 日。调解达成协议的，公安机关交通管理部门应当制作调解书送交各方当事人，调解书经各方当事人共同签字后生效；调解未达成协议的，公安机关交通管理部门应当制作调解终结书送交各方当事人。

交通事故损害赔偿项目和标准依照有关法律的规定执行。

第九十六条 对交通事故损害赔偿的争议，当事人向人民法院提起民事诉讼的，公安机关交通管理部门不再受理调解申请。

公安机关交通管理部门调解期间，当事人向人民法院提起民事诉讼的，调解终止。

第九十七条 车辆在道路以外发生交通事故，公安机关交通管理部门接到报案的，参照道路交通安全法和本条例的规定处理。

车辆、行人与火车发生的交通事故以及在渡口发生的交通事故，依照国家有关规定处理。

第六章 执法监督

第九十八条 公安机关交通管理部门应当公开办事制度、办事程序，建立警风警纪监督员制度，自觉接受社会和群众的监督。

第九十九条 公安机关交通管理部门及其交通警察办理机动车登记，发放号牌，对驾驶人考试、发证，处理道路交通安全违法行为，处理道路交通事故，应当严格遵守有关规定，不得越权执法，不得延迟履行职责，不得擅自改变处罚的种类和幅度。

第一百条　公安机关交通管理部门应当公布举报电话，受理群众举报投诉，并及时调查核实，反馈查处结果。

第一百零一条　公安机关交通管理部门应当建立执法质量考核评议、执法责任制和执法过错追究制度，防止和纠正道路交通安全执法中的错误或者不当行为。

第七章　法律责任

第一百零二条　违反本条例规定的行为，依照道路交通安全法和本条例的规定处罚。

第一百零三条　以欺骗、贿赂等不正当手段取得机动车登记或者驾驶许可的，收缴机动车登记证书、号牌、行驶证或者机动车驾驶证，撤销机动车登记或者机动车驾驶许可；申请人在3年内不得申请机动车登记或者机动车驾驶许可。

第一百零四条　机动车驾驶人有下列行为之一，又无其他机动车驾驶人即时替代驾驶的，公安机关交通管理部门除依法给予处罚外，可以将其驾驶的机动车移至不妨碍交通的地点或者有关部门指定的地点停放：

（一）不能出示本人有效驾驶证的；

（二）驾驶的机动车与驾驶证载明的准驾车型不符的；

（三）饮酒、服用国家管制的精神药品或者麻醉药品、患有妨碍安全驾驶的疾病，或者过度疲劳仍继续驾驶的；

（四）学习驾驶人员没有教练人员随车指导单独驾驶的。

第一百零五条　机动车驾驶人有饮酒、醉酒、服用国家管制的精神药品或者麻醉药品嫌疑的，应当接受测试、检验。

第一百零六条　公路客运载客汽车超过核定乘员、载货汽车超过核定载质量的，公安机关交通管理部门依法扣留机动车后，驾驶人应当将超载的乘车人转运、将超载的货物卸载，费用由超载机动车的驾驶人或者所有人承担。

第一百零七条　依照道路交通安全法第九十二条、第九十五条、第九十六条、第九十八条的规定被扣留的机动车，驾驶人或者所有人、管理人30日内没有提供被扣留机动车的合法证明，没有补办相应手续，或者不前来接受处理，经公安机关交通管理部门通知并且经公告3个月仍不前来接受处理的，由公安机关交通管理部门将该机动车送交有资格的拍卖机构拍卖，所得价款上缴国库；非法拼装的机动车予以拆除；达到报废标准的机动车予以报废；机动车涉及其他违法犯罪行为的，移交有关部门处理。

第一百零八条　交通警察按照简易程序当场作出行政处罚的，应当告知当事人道路交通安全违法行为的事实、处罚的理由和依据，并将行政处罚决定书当场交付被处罚人。

第一百零九条　对道路交通安全违法行为人处以罚款或者暂扣驾驶证处罚的，由违法行为发生地的县级以上人民政府公安机关交通管理部门或者相当于同级的公安机关交通管理部门作出决定；对处以吊销机动车驾驶证处罚的，由设区的市人民政府公安机关交通管理部门或者相当于同级的公安机关交通管理部门作出决定。

公安机关交通管理部门对非本辖区机动车的道路交通安全违法行为没有当场处罚的，可以由机动车登记地的公安机关交通管理部门处罚。

第一百一十条　当事人对公安机关交通管理部门及其交通警察的处罚有权进行陈述和申

辩，交通警察应当充分听取当事人的陈述和申辩，不得因当事人陈述、申辩而加重其处罚。

第八章　附　　则

第一百一十一条　本条例所称上道路行驶的拖拉机，是指手扶拖拉机等最高设计行驶速度不超过每小时 20 公里的轮式拖拉机和最高设计行驶速度不超过每小时 40 公里、牵引挂车方可从事道路运输的轮式拖拉机。

第一百一十二条　农业(农业机械)主管部门应当定期向公安机关交通管理部门提供拖拉机登记、安全技术检验以及拖拉机驾驶证发放的资料、数据。公安机关交通管理部门对拖拉机驾驶人作出暂扣、吊销驾驶证处罚或者记分处理的，应当定期将处罚决定书和记分情况通报有关的农业(农业机械)主管部门。吊销驾驶证的，还应当将驾驶证送交有关的农业(农业机械)主管部门。

第一百一十三条　境外机动车入境行驶，应当向入境地的公安机关交通管理部门申请临时通行号牌、行驶证。临时通行号牌、行驶证应当根据行驶需要，载明有效日期和允许行驶的区域。

入境的境外机动车申请临时通行号牌、行驶证以及境外人员申请机动车驾驶许可的条件、考试办法由国务院公安部门规定。

第一百一十四条　机动车驾驶许可考试的收费标准，由国务院价格主管部门规定。

第一百一十五条　本条例自 2004 年 5 月 1 日起施行。1960 年 2 月 11 日国务院批准、交通部发布的《机动车管理办法》，1988 年 3 月 9 日国务院发布的《中华人民共和国道路交通管理条例》，1991 年 9 月 22 日国务院发布的《道路交通事故处理办法》，同时废止。

参考文献

[1] 公安部交通管理局．道路交通安全法及相关配套法规汇编．北京：中国人民公安大学出版社，2004

[2] 李忠信，周晓红．中华人民共和国道路交通安全法释义．北京：中国物价出版社，2003

[3] 罗韦因，刘钧泉，陈国华．中国日本国公路交通安全生产法规比较．辽宁工程技术大学学报，2003，22

[4] 裴玉龙．道路交通事故成因分析与预防对策研究．东南大学博士论文．2002

[5] 公安部交通管理局．道路交通管理法规汇编．北京：中国人民公安大学出版社，2000

[6] 中华人民共和国道路交通安全法适用指南．北京：中国人民公安大学出版社，2003

[7] 申少君，陈永胜，刘小明．中外道路交通安全法规体系对比研究．武汉交通管理干部学院学报，2003，5

[8] 公安部交通管理局．交通警察执法手册．北京：中国人民公安大学出版社，2004

[9] 公安部交通管理局事故对策处．道路交通事故预防和处理．北京：人民交通出版社，1994

[10] 苗泽青，谷志杰．交通安全法规及管理．北京：人民交通出版社，2003

[11] 张世诚编著．中华人民共和国道路交通安全法通释．北京：人民交通出版社，2003

[12] 裴玉龙，程国柱．高速公路车速离散性与交通事故关系及车速管理研究．中国公路学报，2004，17

[13] 国务院法制办政法司．中华人民共和国道路交通安全法释义．北京：人民交通出版社，2003

[14] 陈天助主编．道路交通安全法案例解说．北京：中国民主法制出版社，2004

[15] 罗俊仪，姜艳君．道路交通管理法学．哈尔滨：黑龙江人民出版社，1994

[16] 李圣哲，庄凯衡，周欣，等编著．道路交通安全法实例解说．北京：农村读物出版社，2003

[17] 陈文荦．中华人民共和国道路交通管理条例解说和运用．北京：人民交通出版社，1996

[18] 胡学义，邢佑玺，张宏勋．我国道路交通安全管理现状、问题及建议．劳动保护科学技术，2000，20

[19] 段里仁，等著．道路安全手册．北京：档案出版社，1990

[20] 邵毅明，等编著．高等级公路交通安全管理．北京：人民交通出版社，1999

[21] 张巍汉，何勇，张昊．加拿大的道路交通安全．公路交通科技，2003，20

[22] 中华人民共和国交通部．JTJ 074—94 高速公路交通安全设施设计及施工技术规范．北京：人民交通出版社，1994

[23] 中华人民共和国交通行业标准．公路交通安全设施标准汇编．北京：人民交通出版社，1999

[24] 美国城市道路交通管理述略．雍希宏，杨利编译．国外公路，1998，18

[25] Pei Yulong, Ma Ji, Cheng Guozhu. Research on the Relation Between Highway Alignment, Speed and Road Traffic Accident in China. 10th World Congress and Exhibition on Intelligent. Transport Systems and Services. Madrid, Spain. November 16-20, 2003

[26] 张雪梅．论道路交通法规的规范作用．山西高等学校社会科学学报，2000，12

[27] 赵恩棠，刘稀柏合编．道路交通安全．北京：人民交通出版社，1990
[28] 过秀成．道路交通安全学．南京：东南大学出版社，2001
[29] 路平．交通事故调查与处理指南．北京：人民交通出版社，1998
[30] 裴玉龙，马骥．道路交通事故道路条件成因分析及预防对策研究．中国公路学报，2003，16
[31] 郭忠印，方守恩，等编著．道路安全工程．北京：人民交通出版社，2003
[32] (前苏) 巴布可夫著．道路条件与交通安全．景天然译．上海：同济大学出版社，1990
[33] 陆化普编著．城市交通现代化管理．北京：人民交通出版社，1998
[34] 许洪国，等编著．交通事故分析与处理．北京：人民交通出版社，2003
[35] 何勇．我国道路交通安全现状及对策．公路交通科技，2003，20
[36] 王漱权．道路交通事故分析与处理方法．北京：人民交通出版社，2001
[37] 日本道路交通安全和自然灾害预防系统．杨斌传译．河南交通科技，1995

21世纪交通版高等学校教材、教学参考书（公路类）目录

交通工程专业

序号	教 材 名 称	主编学校	定价
1	国家规划教材 交通工程学	北京工业大学	42元
2	交通工程总论（第二版）	东南大学	32元
3	交通运输工程导论	同济大学	22元
4	普通高等教育土建学科专业“十五”规划教材 道路工程（土木、交通工程）	同济大学	40元
5	交通工程专业英语	哈尔滨工业大学	28元
6	交通调查与分析（第二版）	长安大学	38元
7	道路通行能力分析	长安大学	27元
8	城市交通网络分析	华中科技大学	
9	道路交通工程系统分析方法	东南大学	28元
10	交通影响分析	华中科技大学	
11	交通系统仿真技术	北京工业大学	26元
12	交通流理论	吉林大学	21元
13	城市总体规划原理	同济大学	
14	交通枢纽规划与设计	哈尔滨工业大学	
15	交通规划与设计	东南大学	
16	公路网规划	哈尔滨工业大学	27元
17	停车场规划设计与管理	北京工业大学	30元
18	交通设计方法与运用	同济大学	
19	交通工程设施设计	东南大学	35元
20	交通工程设计理论与方法	长安大学	40元
21	机电工程系统	华南理工大学	
22	国家规划教材 交通管理与控制（第三版）	同济大学	32元
23	交通与环境	长安大学	
24	智能运输系统概论	吉林大学	25元
25	道路交通安全	哈尔滨工业大学	32元
26	道路交通安全管理法规概论及案例分析	哈尔滨工业大学	23元（估）
27	环境经济学	长安大学	32元
28	运输经济学	同济大学	40元
29	客运交通系统	同济大学	
30	物流学	同济大学	
31	城市轨道交通	同济大学	
32	交通工程计算示例	湖南大学	
33	交通工程专业课程设计指导书	同济大学	
34	交通工程专业生产实习指导书	哈尔滨工业大学	7元
35	交通工程专业毕业设计指导书	长安大学	
36	综合运输系统规划（研）	哈尔滨工业大学	
37	交通安全系统分析（研）	哈尔滨工业大学	

标有估价者为即将出版

土木工程专业（道路工程专业方向）

序号	教材名称	主编学校	定价
一、基本知识技能层次教材			
1	土质学与土力学（第三版）	同济大学	26元
2	道路建筑材料（第四版）	同济大学	35元
3	公路工程地质（第三版）	长安大学	23元
4	测量学（第二版）	长安大学	34元
5	土木工程概论	同济大学	
6	画法几何与工程结构制图（第四版）	同济大学　湖南大学	
7	专业英语（第二版）(土木、路桥工程专业)	湖南大学	30元
8	工程经济学原理与应用	长沙理工大学	
9	道路勘测设计（第二版）	长安大学	40元
10	公路施工组织及概预算（第二版）	长沙理工大学	
11	公路工程项目管理	长安大学	
12	路基路面工程（第二版）	东南大学	52元
13	公路经济学教程	长沙理工大学	23元
14	道路结构力学（上册、下册）	长安大学	50元
15	国家土木工程专业规划教材一路面工程	东南大学	
16	道路经济与管理（第二版）	长安大学	
17	道路施工技术与管理	重庆交院	
18	道路工程（桥隧方向）	重庆交院	32元
二、知识技能拓展及提高层次教材			
1	城市道路设计（第二版）	华中科大	22元
2	道路经济与管理决策	华中科大	
3	软土与软土地基处理	同济大学	
4	路基路面工程检测技术	长沙理工大学	46元
5	交通地理信息系统	华南理工	
6	公路工程计算机辅助管理	长安大学	
7	沥青路面	长安大学	
8	水泥混凝土路面	同济大学	
9	公路养护与管理	长安大学	
10	道路与桥梁工程计算机绘图	长安大学	31元
11	公路土工合成材料原理与应用	东南大学	22元
12	道路管理与系统分析方法	东南大学	42元（估）
13	地基处理	东南大学	
14	路基设计原理与计算	东南大学	40元
15	GPS测量原理及其应用	东南大学	28元
16	公路几何设计与交通安全	长安大学	
17	公路防排水与水毁防治技术	长安大学	
18	高速公路（第二版）	同济大学	21元
19	公路工程造价编制与管理	重庆交院	31元
20	工程项目招标与投标	重庆交院	30元
21	公路环境与景观设计	长沙理工大学	30元

22	道路设施管理	同济大学	
23	道路规划与几何设计	同济大学	
24	特殊地区路基工程	长安大学	
25	现代加筋土理论与技术	长安大学	
26	高速公路设计	长安大学	
27	现代土木工程施工	重庆交院	
28	土木工程造价控制	长安大学	
29	公路工程监理	山东交通学院	
30	道路测设新技术	长安大学	
31	道路勘测设计一体化	北京工业大学	
32	集成化道路、桥梁工程CAD	大连理工大学	
33	路基防护与加固工程	重庆交院	
34	公路小桥涵勘测设计	重庆交院	31元
35	道路与桥梁工程病害诊断与处治	北京工业大学	
36	道路与桥梁检测技术	福州大学	
37	水泥与水泥混凝土	长安大学	30元
38	道路工程结构分析数值方法（研）	长沙理工大学	
39	路面设计原理（研）	同济大学　长沙理工大学	
40	路基设计原理（研）	长安大学　长沙理工大学	
41	路线设计原理（研）	华南理工　长安大学	
42	现代道路工程材料（研）	华南理工重庆交院	
43	工程经济学（研）	同济大学	
44	路线CAD原理与方法　（研）	东南大学	
45	路面断裂与损伤（研）	长安大学	
46	高等土质学（研）	长安大学	
47	沥青与沥青混合料（研）	长安大学	
48	路面功能设计（研）	东南大学	
49	道路景观设计（研）	东南大学	
50	路面新技术（研）	东南大学	

土木工程专业（桥梁与隧道工程专业方向）

序号	教材名称	主编学校	定价
	一、基本技能层次教材		
1	桥梁工程（桥方向）（上、下）	同济大学 重庆交院	上册42元 下册30.8元
2	桥梁工程（路方向）	同济大学	
3	桥梁工程（土木、交通工程）	湖南大学	52元
4	基础工程（第二版）	长安大学	33元
5	结构设计原理（第二版）	东南大学	51元
6	隧道工程（第二版）	长安大学	
7	桥涵水文(第三版)	长安大学	24元
8	钢桥	同济大学	
9	斜弯桥设计与分析	同济大学	
10	水力学	长安大学	19元
11	轨道交通桥梁	同济大学　重庆交院	
12	工程弹塑性力学（研）	浙江大学	

	二、知识技能拓展与提高层次		
1	桩基设计与计算	湖南大学	
2	桥梁检测与加固	华中科大	27元
3	桥梁钢－混凝土组合结构设计原理	哈工大	26元
4	桥梁结构试验	同济大学	22元
5	桥梁抗震	同济大学	15元
6	桥梁抗风	同济大学	
7	桥梁工程CAD及信息技术	湖南大学	
8	桥梁施工技术	同济大学	
9	桥梁施工组织管理	长安大学	
10	大跨与新型桥梁	福州大学	
11	斜拉桥的设计、施工与控制	长沙理工大学	
12	大跨度桥梁结构计算理论	长沙理工大学	18元
13	服役桥梁动态可靠度理论与维修加固策略	长沙理工大学	
14	公路隧道勘察设计	长安大学	
15	隧道结构力学计算	长安大学	29元
16	大跨度桥梁极限承载力分析	长沙理工大学	
17	现代大跨拱桥	重庆交院	
18	隧道施工（第二版）	长安大学	
19	工程结构试验	同济大学	
20	隧道运营管理	长安大学	
21	桥梁工程概论（土木、交通工程）	长安大学	
22	桥梁结构分析建模方法与应用	长安大学	
23	桥梁加固理论与方法	长安大学	
24	桥梁结构电算（本、研）	同济大学	
25	高等工程结构试验（研）	同济大学	
26	箱梁理论（第二版）（研）	福州大学	
27	结构工程数值方法　（研）	长安大学	
28	桥梁健康状态监测　（研）	同济大学	
29	结构分析的有限元方法与程序设计（研）	浙江大学	
30	桥梁结构动力计算（研）	福州大学	
31	桥梁结构稳定理论与计算（研）	福州大学	
32	桥梁施工控制与监测　（研）	湖南大学 长沙理工大学 重庆交院	
33	高等混凝土结构理论（研）	湖南大学　重庆交院	
34	现代预应技术－理论与实践（研）	福州大学　重庆交院	
35	轨道交通桥梁结构理论　（研）	同济大学	
36	高等隧道与地下工程结构理论（研）	同济大学　长安大学　重庆交院	
37	高等钢筋混凝土结构　（研）	重庆交院	27元
38	高等桥梁结构理论（研）	同济大学	35元

公路工程管理专业

序号	教材名称	主编学校	定价
1	建设项目投资控制与管理	长沙理工大学	
2	管理信息系统	重庆交院	31元

3	工程项目融资	长沙理工大学　华南理工	29元
4	公路建设项目可行性研究	东南大学	
5	工程风险管理	湖南大学	21元
6	公路工程定额原理与估价	长安大学	34元
7	工程质量控制与管理	长安大学	29元

工程机械管理专业

序号	教材名称	主编学校	定价
1	工程机械底盘设计	长安大学	36元
2	工程机械设计	长安大学	38元
3	公路工程机械化施工与管理	重庆交院	40元
4	工程机械维修	长安大学	38元
5	施工机械概论	长安大学	35元
6	公路施工机械	长沙理工大学	43元

四、教学指导书与示例丛书

序号	教材名称	主编学校	定价
一、路、桥隧专业方向课程设计、毕业设计指导书			
1	《道路勘测设计》毕业设计指导	长安大学	30元
2	《基础工程》毕业设计指导书	长安大学	
3	土木工程专业毕业设计指南《道路工程分册》	长沙理工大学	
4	土木工程专业毕业设计指南《隧道与地下工程分册》	长安大学	
5	土木工程专业毕业设计指南《桥梁工程分册》	重庆交院	
6	土木工程专业毕业设计指南《岩土工程分册》	湖南大学	
7	交通工程专业毕业设计指南	长安大学	
二、设计计算示例			
1	桥梁计算示例丛书		
①	拱桥（1）	华中科大	36元
	拱桥（2）	重庆交院	
	钢管混凝土拱桥	华南理工	
②	连续梁桥（1）	重庆交院	
	连续梁桥（2）	华南理工	
③	斜拉桥	重庆交院	
④	悬索桥（第二版）	重庆交院	16元
⑤	混凝土简支梁（板）桥（第二版）	同济大学	27元
⑥	桥梁地基与基础	湖南大学	16元
2	道路结构计算示例	长安大学	
3	简明桥梁施工计算示例	重庆交院	
4	隧道设计示例	长安大学	
5	《结构设计原理》计算示例	东南大学	
6	公路小桥涵设计示例		
三、工程实习指导书			
	《桥梁工程》	重庆交院	

公路工程现行标准、规范、规程、指南一览表

序号	类别		编　　号	书名(书号)	定价(元)
1	基础		JTJ 002—87	公路工程名词术语(0346)	22.00
2			JTJ 003—86	公路自然区划标准(0348)	16.00
3			JTJ/T 0901—98	1：1000000 数字交通图分类与图示规范(0242)	78.00
4			JTG B01—2003	公路工程技术标准(04957)	28.00
5			JTJ 004—89	公路工程抗震设计规范(0347)	15.00
6			JTG/T B02-01—2008	公路桥梁抗震设计细则(1228)	35.00
7			JTG B03—2006	公路建设项目环境影响评价规范(0927)	26.00
8			JTG B04—2010	公路环境保护设计规范(08473)	28.00
9			JTG/T B05—2004	公路项目安全性评价指南(0784)	18.00
10			JTG B06—2007	公路工程基本建设项目概算预算编制办法(06903)	26.00
11			JTG/T B06-01—2007	公路工程概算定额(06901)	110.00
12			JTG/T B06-02—2007	公路工程预算定额(06902)	138.00
13			JTG/T B06-03—2007	公路工程机械台班费用定额(06900)	24.00
14			交通部定额站 2009 版	公路工程施工定额(07864)	78.00
15			JTG/T B07-01—2006	公路工程混凝土结构防腐蚀技术规范(0973)	16.00
16			交通部 2007 年第 30 号	国家高速公路网相关标志更换工作实施技术指南(1124)	58.00
17			交通部 2007 年第 35 号	收费公路联网收费技术要求(1126)	62.00
18	勘测		JTG C10—2007	公路勘测规范(06570)	28.00
19			JTG/T C10—2007	公路勘测细则(06572)	42.00
20			JTJ 064—98	公路工程地质勘察规范(0220)	28.00
21			JTG/T C21-01—2005	公路工程地质遥感勘察规范(0839)	17.00
22			JTG C30—2003	公路工程水文勘测设计规范(0604)	22.00
23			JTG/T C22—2009	公路工程物探规程(1311)	28.00
24	设计	公路	JTG D20—2006	公路路线设计规范(0996)	38.00
25			JTG D30—2004	公路路基设计规范(05326)	48.00
26			JTG/T D31—2008	沙漠地区公路设计与施工指南(1206)	32.00
27			JTG D40—2002	公路水泥混凝土路面设计规范(04621)	26.00
28			JTG D50—2006	公路沥青路面设计规范(06248)	36.00
29			JTJ 018—96	公路排水设计规范(0147)	12.00
30			JTJ/T 019—98	公路土工合成材料应用技术规范(0218)	12.00
31		桥隧	JTG D60—2004	公路桥涵设计通用规范(05068)	24.00
32			JTG/T D60-01—2004	公路桥梁抗风设计规范(0814)	28.00
33			JTG/T D65-01—2007	公路斜拉桥设计细则(1125)	28.00
34			JTG D61—2005	公路圬工桥涵设计规范(0887)	19.00
35			JTG D62—2004	公路钢筋混凝土及预应力混凝土桥涵设计规范(05052)	48.00
36			JTG D63—2007	公路桥涵地基与基础设计规范(06892)	48.00
37			JTJ 025—86	公路桥涵钢结构及木结构设计规范(0176)	20.00
38			JTG/T D65-04—2007	公路涵洞设计细则(06628)	26.00
39			JTG D70—2004	公路隧道设计规范(05180)	50.00
40			JTG/T D70—2010	公路隧道设计细则(08478)	66.00
41			JTJ 026.1—1999	公路隧道通风照明设计规范(0397)	16.00
42			JTG/T D71—2004	公路隧道交通工程设计规范(0810)	26.00
43		交通	JTG D80—2006	高速公路交通工程及沿线设施设计通用规范(0998)	25.00
44			JTG D81—2006	公路交通安全设施设计规范(0977)	25.00
45			JTG/T D81—2006	公路交通安全设施设计细则(0997)	35.00
46			JTG D82—2009	公路交通标志和标线设置规范(07947)	116.00
47		综合	交公路发〔2007〕358 号	公路工程基本建设项目设计文件编制办法(06746)	26.00
48			交公路发〔2007〕358 号	公路工程基本建设项目设计文件图表示例(06770)	600.00

续上表

序号	类别		编　　号	书名(书号)	定价(元)
49	检测		JTG E40—2007	公路土工试验规程(06794)	79.00
50			JTJ 052—2000	公路工程沥青及沥青混合料试验规程(0429)	40.00
51			JTG E30—2005	公路工程水泥及水泥混凝土试验规程(0830)	32.00
52			JTG E41—2005	公路工程岩石试验规程(0828)	18.00
53			JTJ 056—84	公路工程水质分析操作规程(02971)	8.00
54			JTG E42—2005	公路工程集料试验规程(0829)	30.00
55			JTG E50—2006	公路工程土工合成材料试验规程(0982)	28.00
56			JTG E51—2009	公路工程无机结合料稳定材料试验规程(08046)	48.00
57			JTG E60—2008	公路路基路面现场测试规程(07296)	38.00
58	施工	公路	JTG F10—2006	公路路基施工技术规范(06221)	40.00
59			JTJ 034—2000	公路路面基层施工技术规范(0431)	20.00
60			JTG F30—2003	公路水泥混凝土路面施工技术规范(04622)	46.00
61			JTJ 037.1—2000	公路水泥混凝土路面滑模施工技术规程(0425)	16.00
62			JTG F40—2004	公路沥青路面施工技术规范(05328)	38.00
63			JTG F41—2008	公路沥青路面再生技术规范(07105)	25.00
64		桥隧	JTJ 041—2000	公路桥涵施工技术规范(03770)	52.00
65			JTG/T F81-01—2004	公路工程基桩动测技术规程(0783)	20.00
66			JTG F60—2009	公路隧道施工技术规范(07992)	42.00
67			JTG/T F60—2009	公路隧道施工技术细则(07991)	58.00
68		交通	JTG F71—2006	公路交通安全设施施工技术规范(0976)	20.00
69			JTG/T F83-01—2004	高速公路护栏安全性能评价标准(0809)	15.00
70	质检安全		JTG F80/1—2004	公路工程质量检验评定标准　第一册　(土建工程)(05327)	46.00
71			JTG F80/2—2004	公路工程质量检验评定标准　第二册　(机电工程)(05325)	26.00
72			JTG G10—2006	公路工程施工监理规范(06267)	20.00
73			JTJ 076—95	公路工程施工安全技术规程(0049)	12.00
74	养护管理		JTG H10—2009	公路养护技术规范(08071)	49.00
75			JTJ 073.1—2001	公路水泥混凝土路面养护技术规范(0520)	12.00
76			JTJ 073.2—2001	公路沥青路面养护技术规范(0551)	13.00
77			JTG H11—2004	公路桥涵养护规范(05025)	30.00
78			JTG H12—2003	公路隧道养护技术规范(0695)	26.00
79			JTG H20—2007	公路技术状况评定标准(1140)	15.00
80			JTG H30—2004	公路养护安全作业规程(05154)	36.00
81	加固设计与施工		JTG/T J22—2008	公路桥梁加固设计规范(07380)	52.00
82			JTG/T J23—2008	公路桥梁加固施工技术规范(07378)	30.00
1	技术指南		中建标公路[2002]1号	公路沥青玛蹄脂碎石路面技术指南(0634)	20.00
2			交公便字[2005]330号	公路机电系统维护技术指南(0922)	30.00
3			交公便字[2006]02号	公路工程水泥混凝土外加剂与掺合料应用技术指南(0925)	50.00
4			交公便字[2005]329号	微表处和稀浆封层技术指南(0920)	18.00
5			交公便字[2005]329号	公路冲击碾压应用技术指南(0921)	15.00
6			交公便字[2006]02号	公路工程抗冻设计与施工技术指南(0926)	26.00
7			厅公路字[2006]418号	公路安全保障工程实施技术指南(1034)	40.00
8			交公便字[2006]02号	公路土钉支护技术指南(0995)	22.00
9			交公便字[2006]274号	公路钢箱梁桥面铺装设计与施工技术指南(1008)	25.00
10			交公便字[2006]243号	盐渍土地区公路设计与施工指南(1006)	20.00
11				横张预应力混凝土桥梁设计施工指南(0831)	15.00
12			2008年第25号公告	汶川地震灾后公路恢复重建技术指南(1246)	10.00
13			交公便字[2009]145号	公路交通标志和标线设置手册(07990)	165.00

注:JTG——公路工程行业标准体系;JTG/T——公路工程行业推荐性标准体系;JTJ——仍在执行的公路工程原行业标准体系。

人民交通出版社公路类教材一览

（◆教育部普通高等教育“十一五”国家级规划教材 ▲建设部土建学科专业“十一五”规划教材）

一、交通工程教学指导分委员会规划推荐教材

1. ◆交通规划（王 炜）………………………… 33 元
2. ◆道路交通安全（裴玉龙）………………… 36 元
3. 交通系统分析（王殿海）…………………… 31 元
4. 交通管理与控制（徐建闽）………………… 26 元
5. 交通经济学（邵春福）……………………… 25 元

二、21 世纪交通版高等学校教材

（一）交通工程专业

1. ◆交通工程总论（第三版）（徐吉谦）……… 36 元
2. ◆交通工程学（第二版）（任福田）………… 38 元
3. ◆交通管理与控制（第四版）（吴 兵）…… 35 元
4. ◆道路通行能力分析（陈宽民）…………… 27 元
5. ◆交通工程设计理论与方法（马荣国）…… 40 元
6. ◆公路网规划（裴玉龙）…………………… 27 元
7. 交通工程专业英语（裴玉龙）……………… 28 元
8. ◆交通运输工程导论（第二版）（姚祖康）… 23 元
9. 交通流理论（王殿海）……………………… 21 元
10. 交通系统仿真技术（刘运通）……………… 26 元
11. 停车场规划设计与管理（关宏志）………… 30 元
12. 交通工程设施设计（李峻利）……………… 35 元
13. ◆智能运输系统概论（第二版）（杨兆升）… 25 元
14. 智能运输系统概论（第二版）（黄 卫）…… 24 元
15. ◆运输经济学（第二版）（严作人）……… 44 元
16. ◆道路交通工程系统分析方法（王 炜）… 28 元
17. 交通调查与分析（第二版）（严宝杰）…… 38 元
18. ◆交通运输设施与管理（郭忠印）………… 33 元
19. 道路交通安全管理法规概论及案例分析（裴玉龙）… 29 元
20. 交通地理信息系统（符锌砂）……………… 31 元
21. 公路建设项目可行性研究（过秀成）……… 27 元
22. 交通工程专业生产实习指导书（朱从坤）… 7 元

（二）城市轨道交通系列教材

1. 城市轨道交通概论（孙 章）………… 30 元（估）
2. 城市轨道交通系统（彭 辉）……………… 32 元
3. 轨道工程（练松良）………………………… 36 元
4. 城市轨道交通设备系统（周顺华）………… 32 元
5. ◆地铁与轻轨（第二版）（张庆贺）……… 40 元

（三）土木工程专业（路桥）/道路桥梁与渡河工程专业

I. 专业基础课教材

1. 土木工程概论（项海帆）…………………… 32 元
2. 道路概论（第二版）（孙家驷）…………… 20 元
3. 土质学与土力学（第四版）（袁聚云）…… 30 元
4. 公路工程地质（第三版）（窦明健）……… 23 元
5. ▲道路工程制图（第四版）（谢步瀛）…… 36 元
6. ▲道路工程制图习题集（第四版）（袁 果）… 26 元
7. ◆道路建筑材料（第四版）（李立寒）…… 35 元
8. ◆测量学（第三版）（许娅娅）…………… 36 元
9. ◆基础工程（第三版）（王晓谋）………… 33 元
10. 结构设计原理（第二版）（叶见曙）……… 51 元
11. 公路经济学教程（袁剑波）………………… 23 元
12. 专业英语（第二版）（李 嘉）…………… 33 元

II. 专业核心课教材

13. ◆路基路面工程（第二版）（邓学均）…… 52 元
14. ◆道路勘测设计（第三版）（杨少伟）…… 42 元
15. 道路结构力学计算（上、下）（郑传超、王秉纲）……… 50 元
16. 水力学（王亚玲）…………………………… 19 元
17. ◆桥梁工程（第二版）（姚玲森）………… 62 元
18. 桥梁工程（第二版）（土木、交通工程）（邵旭东）…… 52 元
19. ◆桥梁工程（第二版）（上）（范立础）…… 42 元
20. ◆桥梁工程（第二版）（下）（顾安邦）…… 38 元
21. 桥梁工程（陈宝春）………………………… 45 元
22. ◆桥涵水文（第四版）（高冬光）………… 28 元
23. ◆预应力混凝土结构设计原理（第二版）……… 28 元（估）
24. ◆现代钢桥（上）（吴 冲）……………… 34 元
25. ◆钢桥（徐君兰）…………………………… 16 元
26. ◆公路施工组织及概预算（第三版）（王首绪）…… 32 元
27. ▲桥梁施工及组织管理（第二版）（上）（魏红一）…… 39 元
28. ▲桥梁施工及组织管理（第二版）（下）（邬晓光）…… 39 元
29. ◆隧道工程（第二版）（上）（王毅才）…… 65 元

III. 专业方向选修课教材

29. ◆道路工程（严作人）……………………… 40 元
30. 道路工程（土木工程专业）（凌天清）…… 32 元
31. ◆高速公路（第二版）（方守恩）………… 21 元
32. 高速公路设计（赵一飞）…………………… 38 元
33. 城市道路设计（吴瑞麟）…………………… 22 元
34. GPS 测量原理及其应用（胡伍生）……… 28 元
35. 公路测设新技术（雒 应）………………… 36 元
36. 公路施工技术与管理（廖正环）………… 40 元
37. 土木工程造价控制（石勇民）……………… 30 元
38. 公路工程定额原理与估价（石勇民）…… 36 元
39. 道路桥梁检测技术（胡昌斌）…………… 31 元
40. 特殊地区基础工程（冯忠居）…………… 29 元
41. 道路与桥梁工程计算机绘图（许金良）…… 31 元
42. ◆公路小桥涵勘测设计（第四版）（孙家驷）… 31 元
43. 路基设计原理与计算（李峻利）…………… 40 元
44. 路基路面工程检测技术（李宇峙）………… 46 元
45. 公路土工合成材料应用原理（黄晓明）…… 22 元
46. 水泥与水泥混凝土（申爱琴）……………… 30 元
47. ◆环境经济学（董小林）…………………… 32 元
48. 公路环境与景观设计（刘朝辉）…………… 30 元
49. 桥梁工程概论（第二版）（罗 娜）……… 27 元
50. 桥梁检测与加固（王国鼎）………………… 27 元
51. 桥梁钢—混凝土组合结构设计原理（黄 侨）…… 26 元
52. 桥梁结构试验（章关永）…………………… 22 元
53. 桥梁抗震（叶爱君）………………………… 15 元
54. ◆桥梁建筑美学（第二版）（盛洪飞）…… 30 元
55. 大跨度桥梁结构计算理论（李传习）……… 18 元
56. 隧道结构力学计算（夏永旭）……………… 29 元
57. 公路隧道运营管理（吕康成）……………… 22 元
58. 隧道与地下工程灾害防护（张庆贺）…… 45 元
59. 土木规划学（石 京）……………………… 38 元

IV. 实践环节教材及教参教辅

60. 《道路勘测设计》毕业设计指导（许金良）…… 30 元
61. 桥梁计算示例丛书—桥梁地基与基础（第二版）（赵明华）…………………………………… 18 元

62. 桥梁计算示例丛书—混凝土简支梁(板)桥(第三版)(易建国) …… 27元
63. 桥梁计算示例丛书—连续梁桥(邹毅松) …… 20元
64. 结构设计原理计算示例(叶见曙) …… 40元

V. 研究生教学用书

道路与铁道工程

1. 现代加筋土理论与技术(雷胜友) …… 24元
2. 道路规划与几何设计(朱照宏) …… 32元

桥梁与隧道工程

1. 高等桥梁结构理论(项海帆) …… 35元
2. 高等钢筋混凝土结构(周志祥) …… 27元
3. 结构分析的有限元法与MATIAB程序设计(徐荣桥) …… 28元
4. 工程结构数值分析方法(夏永旭) …… 27元
5. 箱形梁设计理论(第二版)(房贞政) …… 32元

(四)公路工程管理专业

1. ◆工程项目融资(赵　华) …… 29元
2. 管理信息系统(李友根) …… 31元
3. 公路工程定额原理与估价(石勇民) …… 36元
4. 工程风险管理(邓铁军) …… 21元
5. ◆工程质量控制与管理(邬晓光) …… 29元
6. 公路工程造价编制与管理(第二版)(沈其明) …… 43元
7. 工程项目招标与投标(周　直) …… 30元
8. 高速公路管理(王选仓) …… 35元

(五)工程机械专业

1. ◆施工机械概论(王　进) …… 35元
2. ◆公路施工机械(第二版)(李自光) …… 43元
3. 现代工程机械发动机与底盘构造(陈新轩) …… 38元
4. 工程机械维修(许　安) …… 38元
5. 工程机械状态检测与故障诊断(陈新轩) …… 29元
6. 工程机械底盘设计(郁录平) …… 36元
7. 公路工程机械化施工与管理(第二版)(郭小宏) …… 37元
8. 工程机械设计(吴永平) …… 38元
9. 工程机械技术经济学(吴永平) …… 23元
10. 工程机械专业英语(宋永刚) …… 36元
11. 工程机械机电液系统动态仿真(王国庆) …… 18元

三、普通高等学校规划教材

1. 理论力学(东南大学) …… 29元
2. 材料力学(东南大学) …… 25元
3. 工程力学(东南大学) …… 29元
4. 交通土建工程制图(第二版)(和丕壮) …… 38元
5. 交通土建工程制图习题集(第二版)(和丕壮) …… 20元
6. 画法几何与土建制图(第二版)(林国华) …… 39元
7. 画法几何与土建制图习题集(第二版)(林国华) …… 25元
8. 土木工程制图(丁建梅　周佳新) …… 36元
9. 土木工程制图习题集(丁建梅　周佳新) …… 18元
10. ◆土木工程计算机绘图基础(尚守平) …… 39元
11. 工程经济学(李雪淋) …… 22元
12. 工程测量(胡伍生) …… 25元
13. 交通土木工程测量(张坤宜) …… 33元
14. 结构设计原理(毛瑞祥) …… 26元
15. 路基路面工程(何兆益) …… 45元
16. 道路勘测设计(第二版)(孙家驷) …… 46元
17. 道路与桥梁工程概论(黄晓明) …… 32元
18. 道路经济与管理 …… 16元
19. 公路施工组织与管理(赖少武　李文华) …… 35元
20. 公路工程施工组织学(第二版)(姚玉玲) …… 38元
21. 公路施工与组织管理(廖正环) …… 22元
22. 公路养护与管理(许永明) …… 18元
23. 水力学与桥涵水文(叶镇国) …… 38元
24. 桥位勘测设计(高冬光) …… 20元
25. 道路规划与设计(李清波) …… 46元
26. 道路交通环境工程(张玉芬) …… 19元
27. 公路实用勘测设计(何景华) …… 19元
28. 公路计算机辅助设计(符锌砂) …… 30元
29. 公路工程预算与工程量清单计价(雷书华) …… 35元
30. 公路工程造价(周世生) …… 42元
31. 软土环境工程地质学(唐益群) …… 35元
32. 公路与桥梁施工技术(盛可鉴) …… 30元
33. 桥梁美学(和丕壮) …… 40元
34. 桥梁结构理论与计算方法(贺拴海) …… 58元
35. 钢管混凝土(胡曙光) …… 38元
36. 隧道施工(于书翰) …… 23元
37. 公路隧道机电工程(赵忠杰) …… 40元
38. ◆道路交通管理与控制(袁振洲) …… 40元
39. 交通工程学(第二版)(李作敏) …… 28元
40. 交通项目评估与管理(谢海红) …… 36元
41. 工程项目管理(周　直) …… 20元
42. 测绘工程基础(李芹芳) …… 36元
43. 工程机械运用技术(许　安) …… 40元
44. 现代工程机械液压与液力系统(颜荣庆) …… 39元
45. 水泥混凝土路面施工与施工机械(何挺继) …… 30元
46. 现代公路施工机械(何挺继) …… 45元
47. 工程机械机电液一体化(焦生杰) …… 28元

四、高等学校应用型本科规划教材

1. 结构力学(万德臣) …… 30元
2. 道路工程制图(谭海洋) …… 28元
3. 道路工程制图习题集(谭海洋) …… 24元
4. 道路建筑材料(伍必庆) …… 37元
5. 土木工程材料(张爱勤) …… 39元
6. 土质学与土力学(赵明阶) …… 30元
7. 结构设计原理(黄平明) …… 47元
8. 结构设计原理学习指导(安静波) …… 35元
9. 结构设计原理计算示例(赵志蒙) …… 40元
10. 工程测量(朱爱民) …… 30元
11. 基础工程(刘　辉) …… 26元
12. 道路勘测设计(张维全) …… 32元
13. 桥梁工程(刘龄嘉) …… 45元
14. 公路工程试验检测(乔志琴) …… 47元
15. 路桥工程专业英语(赵永平) …… 44元
16. 水力学与桥涵水文(王丽荣) …… 27元
17. 工程招标与合同管理(刘　燕) …… 33元
18. 工程项目管理(李佳升) …… 32元
19. 公路施工技术(杨渡军) …… 64元
20. 公路工程机械化施工技术(徐永杰) …… 32元
21. 公路工程经济(周福田) …… 22元
22. 公路工程监理(朱爱民) …… 33元
23. 道路工程(资建民) …… 38元
24. 道路工程CAD(许金良) …… 23元
25. 路基路面工程(陈忠达) …… 46元

各地经销商电话见人民交通出版社网站首页,网址:http://www.ccpress.com.cn。
咨询电话:010-85285965(岑瑜)